▲関西国際空港から飛び立つ国際線の一番機(平成6〈1994〉年9月4日)　関西国際空港は日本で最初の24時間運行の空港として，泉南沖の人工島につくられた。経済沈下の進む関西復興の期待がよせられている。

►百《も》舌鳥《ず》古墳群と臨海工業地域　5世紀，倭《わ》の五王の時代，河内平野に巨大古墳群が出現した。被葬者がだれであるにせよ，日本の統一に大きくかかわった人物であることには間違いない。古代と現代が同居している風景である。

◀平野《ひらの》出土の銅鐸(高さ42.2cm)　この銅鐸は最近の調査で大阪市平野区から江戸時代に出土したことが判明した。

▼船形埴輪(長原《ながはら》遺跡出土，全長128.7cm，重文)　船形埴輪の出土例は少なくないが，長原遺跡出土の埴輪はその大きさと構造が特徴的で，外洋航海に使った船(準構造船)を模したものであろうか。この埴輪をもとにした復原船「なみはや」が韓国(釜山)まで航行している。

▲難波宮《なにわのみや》復原図　いわゆる大化の改新(645年)後，難波の地に難波長柄豊碕《なにわのながらのとよさきの》宮《みや》が造営された。この豊碕宮は天武天皇の朱鳥元(686)年に焼亡したが，のちに聖武天皇のときに同じ地に再建された。図は奈良時代の後期難波宮の復原図である。長岡京遷都(784年)まで，難波宮は首都あるいは副都として政治的にも外交のうえにおいても重要な役割をになっていた。

▲舞楽面(納曽利《なそり》，重文)　聖徳太子が建立した四天王寺には，早くから大陸や朝鮮半島の舞楽が伝えられ，現在にまで及んでいる。毎年聖霊会《しょうりょうえ》が行われるが，そのときに使われる面である。

▼水無瀬《みなせ》荘絵図(正倉院宝物)　水無瀬荘(三島郡)は早くから東大寺の荘園となった。この図は正倉院に残されたもので，「天平勝寶8歳」は756年にあたる。

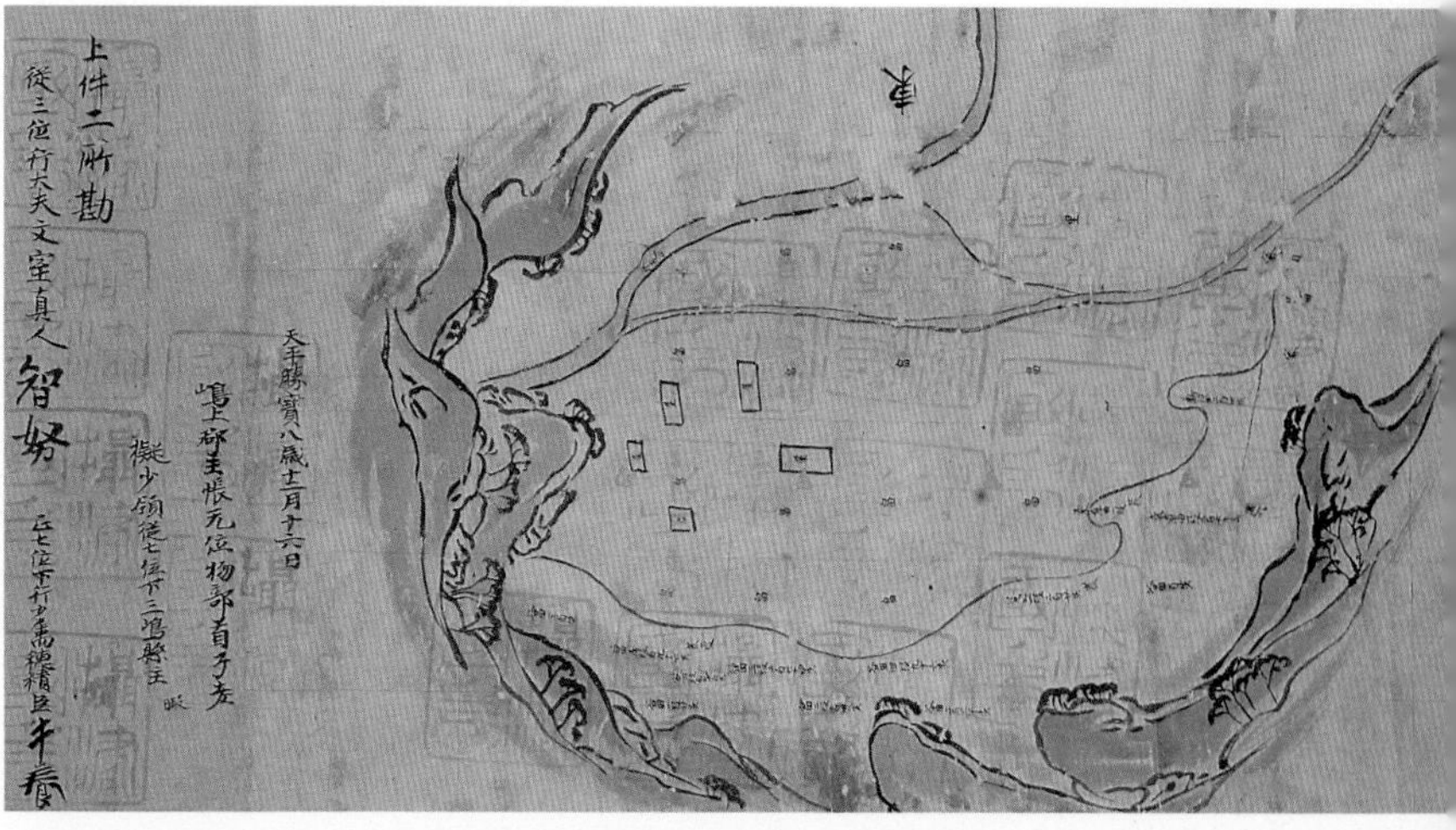

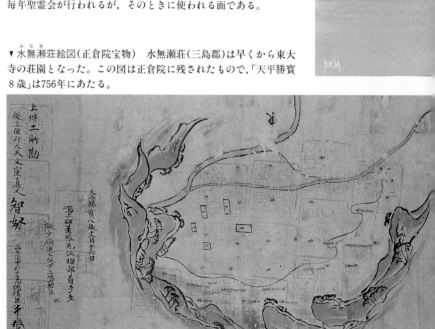

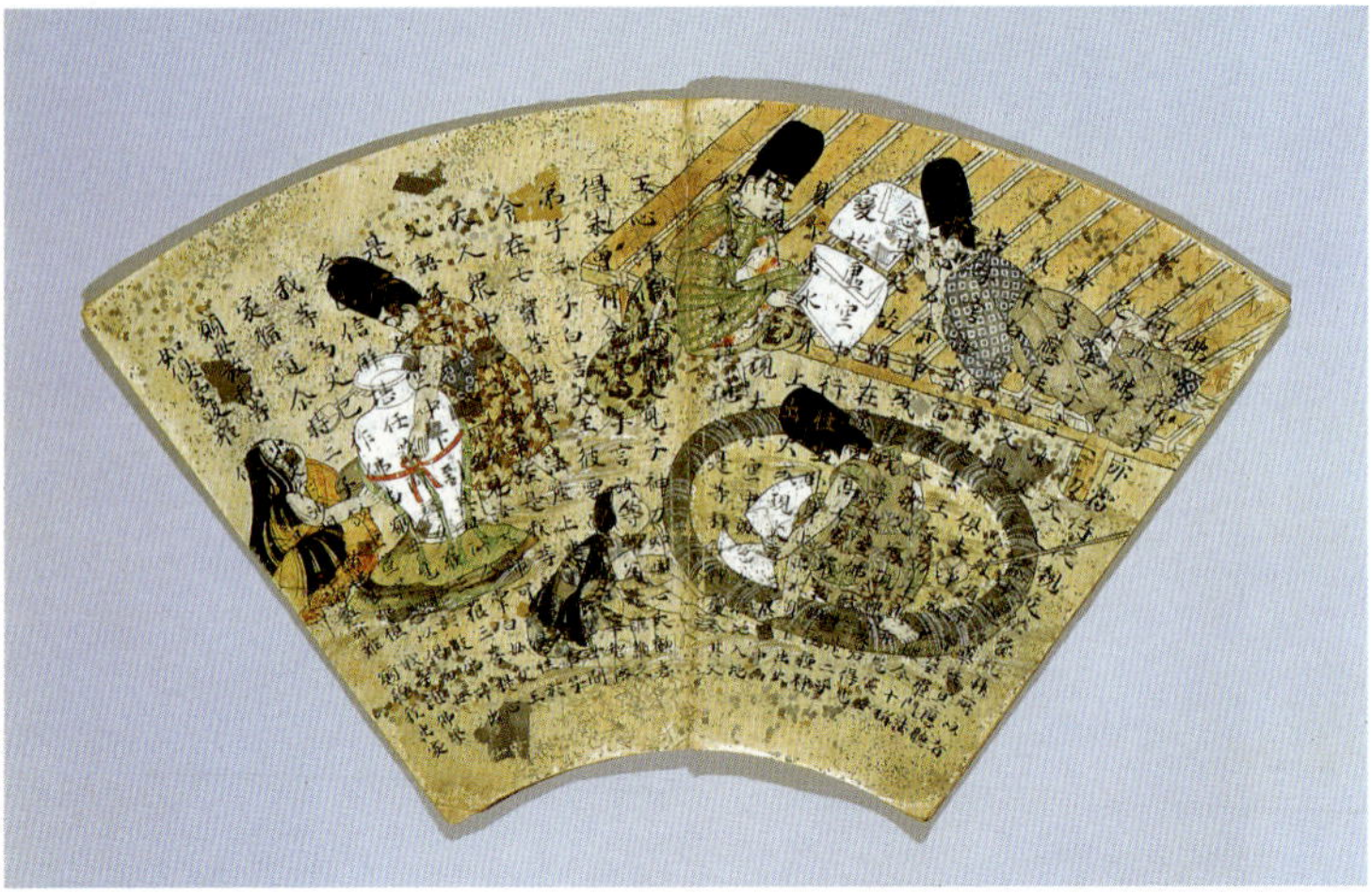

▲四天王寺扇面古写経(国宝)　中世には四天王寺の西門は極楽に通じているという信仰が盛んとなり，四天王寺参詣が隆盛となった。その折に奉納されたものである。

▲住吉物語絵巻(重文)　住吉の神は古くから和歌の神としても知られた。住吉物語は，継母《ままはは》のいじめから住吉にのがれた姫を，求婚者の少将がたずねあて，京につれ帰るというもの。

▼住吉祭礼図屛風　堺は自治都市として知られたが，ポルトガル人が来日してからは貿易港としてますます栄えた。この図には南蛮人などの姿もみられ，堺の繁栄の様子がうかがえる。

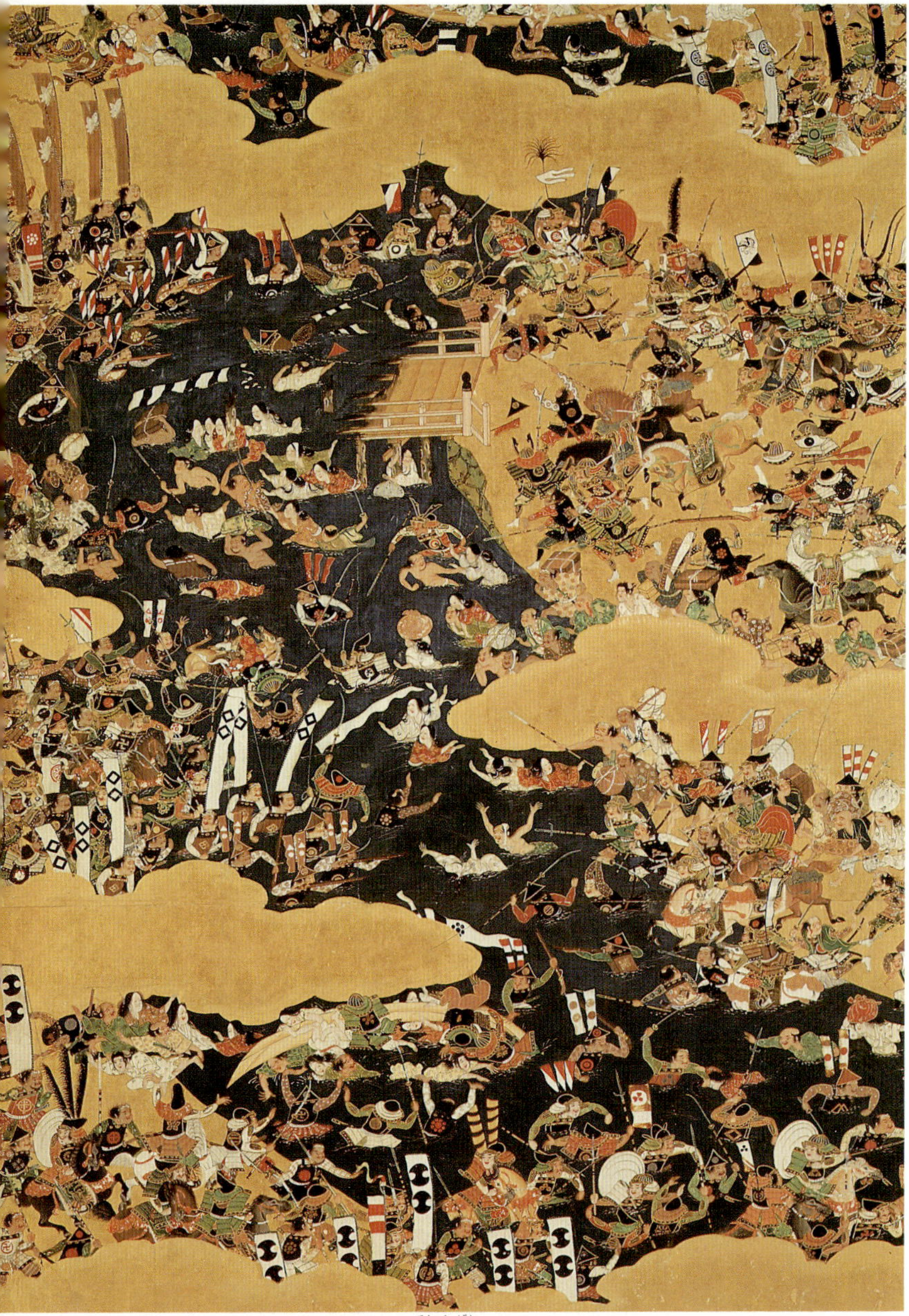

▲大坂夏の陣図屏風(重文)　中央の橋は天《てん》満《ま》橋《ばし》といわれる。豊臣氏が滅亡した戦いであるが，逃げ惑う庶民の姿が描かれ，戦争の悲惨さを伝えている。この夏の陣に勝利をおさめたことで徳川300年の平和がもたらされた。

▲天神祭り(「浪速天満祭」)　天神祭りは大阪の夏祭りが最高潮になるときである。その興奮は今も変わりがない。むしろ昔のほうがもっと華やかで変化に富んでいたかもしれない。

▼川口遊里《ゆうり》図屏風　近世初期の大坂の様子を伝えるものはそれほど多くないが，この図は市井《しせい》の様子をいきいきと描いている。

▲川口築港繁栄の図(「浪花川口築港繁栄之図」)　明治になって大阪は開港され，諸外国の船が入港するようになった。この図はその様子をあらわすもので，天保山《てんぽうざん》付近を帆船や蒸気船などが行き来している。

▼海遊館《かいゆうかん》の夜景(天保山ハーバービレッジ)　近年天保山付近でみる夕日が美しいと評判になり，見物客が訪れている。中世には藤原家隆《いえたか》が夕陽丘《ゆうひがおか》から落日の景を詠んだが，その伝承が現代に生き返ったともいえる。落日と海遊館などの照明が印象的である。

地方史研究協議会名誉会長
学習院大学名誉教授
児玉幸多　監修

企画委員　熱田公―川添昭二―西垣晴次―渡辺信夫

大阪府の歴史 目次

藤本篤―前田豊邦―馬田綾子―堀田暁生

大阪府の歴史

風土と人間——瀬戸内・西日本の要

なにわ・ナニワ●

つゆとをち　つゆときへにし　わがみかな　なにわの事も　ゆめの又ゆめ

十六世紀の後半、織田信長の軽卒《けいそつ》を振りだしに、ついに天下を統一して関白《かんぱく》・太政大臣《だじょうだいじん》に栄進し、壮大な大坂城をきずかせた豊臣秀吉は、慶長三（一五九八）年八月十八日、かねて用意していた右の辞世《じせい》を残して世を去った。

なにわ・ナニワ―。『広辞苑』には【難波・浪速・浪花】として「大阪市およびその付近の古称」とある。しかし、秀吉の在世中にはすでにオオサカという地名も用いられていたし、ナニワも現在なお浪花《なにわ》節《ぶし》・浪花踊りを始め、学校名・商会名などに冠していることも多く、一般には古称というよりも「大阪の異称」として広く親しまれている。

ナニワの語源については「ナは魚、ニワは庭、波の平らかな漁業を行う海面の転化で漁獲の豊富な大阪湾を指す」という説が一時流布されたことがあった。しかし、この説については、『日本書紀』神武《じんむ》天皇東征の説話中に「戊午年《ぼごのとし》春二月丁酉朔丁未《きさらぎのていゆうさくていびのひ》、皇師《みいくさ》遂に東にゆく、舳艫《ともへ》相接《つ》けり。方《まさ》に難波《なには》之碕《のみさき》に到るとき、奔潮《はやきなみ》有りて太《はなは》だ急《はやき》に會《あ》ひぬ。因《よ》りて以て名《な》づけて浪速国《なみはやのくに》と為《な》す、亦浪華《なみはな》と曰《い》ふ。今難波《なには》と謂《い》ふは訛《よこなま》れるなり」とあることや、近年の自然地理・考古学の発展により、古代の大阪平野内陸部に大きな潟湖の存在があきらかになったため、書紀の記す語源説は上町《うえまち》台地東側に大阪湾と結ぶ広大な湖や入江があった古代に、その水が潮汐の干満時に大阪湾に流入するときの状況を示したもの、すなわち「奔流のために航行が困難である」という意から浪速《なみはや》が訛《なま》って難波《なにわ》となったのであり、浪速・難波の語源を新しい観点から復活しようとするという説が浮上した（福尾猛市郎『浪速・難波の名義に関する復古的提唱』）。

大坂と大阪●

一方、オオサカという地名については、現在はもっぱら「大阪」の文字があてられているが、十五世紀の終り頃の明応五（一四九六）年秋、本願寺の前法主蓮如《れんにょ》が上町台地の一角「摂州東成《ひがしなり》郡生玉《いくだま》の庄内《しょうない》、大坂トイフ在所」を選んで布教の拠点としたとあるのが初見とされ（「蓮如上人御文」）、中世に作成された『小松寺《こまつでら》奉加帳《ほうがちょう》』や積川《つがわ》神社の石灯籠《いしどうろう》にも「大坂」とある。

資料の豊富な近世でも、文書・記録類には大坂城《じょう》代《だい》・大坂町奉行《まちぶぎょう》・大坂町鑑《まちかがみ》・大坂三郷町中御取立承伝記などと「大坂」が圧倒的に多く用いられているようだが、坂と阪は混用され、箕面《みのお》市で発見された安永

大阪湾を中心とした地形見取図

八（一七七九）年在銘の道標や、住吉《すみよし》大社・百舌《も》鳥《ず》八幡宮などの石灯籠、そのほかの文献類にも「大阪」と記されたものも少なくない。

それでは、オオサカのサカの字が「坂」から「阪」に変わったのは、いつ、どのような理由によるのか？　これについて幕末の狂言《きょうげん》作者浜松歌国《はままつうたくに》は「或人のいはく、大坂と書くに、坂の字を用ゆる事、心得あるべし、坂の字は土扁に反るといふ。土にかへるとあるゆへ忌きらひ、阝扁にかくべきとあり」と記している（『摂陽落穂集《せつようおちぼしゅう》』）。すなわち「坂」を分解すれば「土に反る」（消滅するの意）となる「坂」の文字をきらい、同文字で縁起のよい阝《コザト》扁の「阪」を書くべきだというのである。阜《コザト》（他の文字の扁とするときは阝）は、もともと「大陸」とか「土山」の義。「大きくなる」「盛んにする」「厚くする」「伸びる」などの意味もある。

諸橋轍次『漢和大辞典』では「坂」「阪」は同文字とされ、「字形、阪は説文の形。坂は後出の字」とある。「説文」とは漢の許慎《きょしん》撰『説文解字』の略。当時の文字

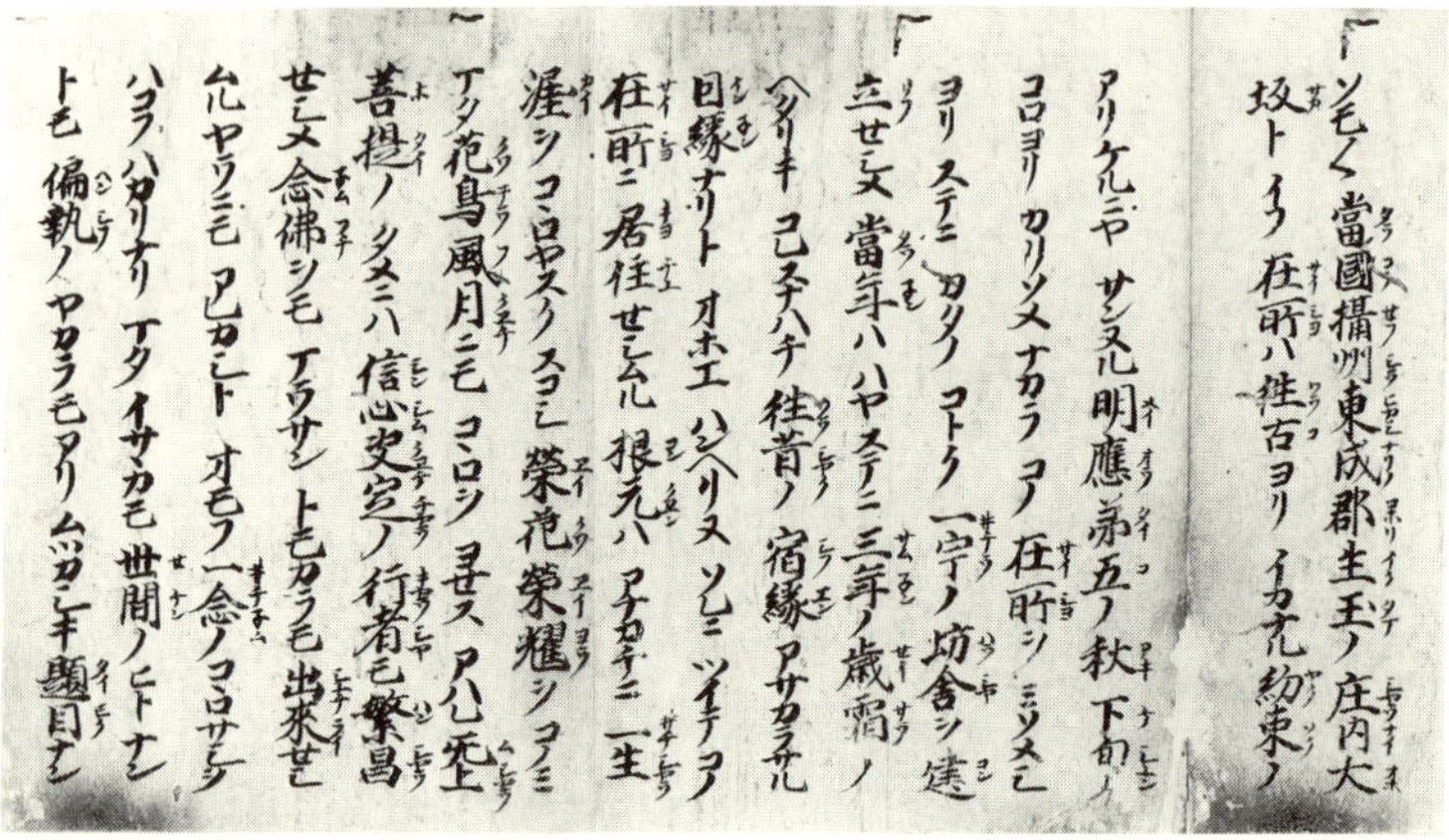

蓮如の消息文　石山坊舎建立の御文。１行目から２行目にかけて「大坂」の名がみえる。

につき、その成立と字形・意義および音声をあきらかにした基本的な古典であり、博覧強記で知られた浜松歌国は、こうしたことを十分承知のうえ、「阝扁にかくべき……」と記したのに違いない。したがって、音《おん》さえ同じであれば、かなり無造作に異体字・俗字を多用した江戸時代の民衆が、同字の「坂」と「阪」を併用したことは不思議ではないし、いつ、どのような理由による変化か？ などは、改めて問題にするほどのことでもあるまい。もっとも府名については、明治元（一八六八）年五月二日の大阪府設置の当初から「大阪府」であったとされ（伊吹順隆『大坂と大阪の研究』）、地名を含めて「大阪」が一般化した。

その大阪府は、明治元年の成立以前には河内《かわち》・和泉《いずみ》の両国と摂津《せっつ》国の東部であった。日本列島本州の中央部やや西寄りに位置し、北は北摂山地（老《おい》ノ坂《さか》山地）、東は生駒《いこま》山地と金剛《こんごう》山地、南は和泉山地によって三方をコの字型に囲まれた盆地状の凹地、その東半部が大阪平野となり、西は兵庫県に接して大阪湾に面している。

北摂山地の前面には千里山《せんりやま》丘陵・池田台地・豊中《とよなか》台地が広がり、南北に縦走する生駒山地と金剛山地は奈良県側にゆるやかで、大阪府側に急傾斜しているが、その北端には枚方《ひらかた》丘陵と交野《かたの》台地が続く。また、南の和泉山地はその北側に続く和泉丘陵がさらに北へのびて岸和田《きしわだ》台地・鳳《おおとり》台地・上町台地となっている。これらの山地の切れ目からは、大阪湾にむかって淀川・大和川を始め、大小の河川が大阪湾に流入し、その沖積作用によって大阪平野その他の沖積平野をうみだした。

南北に長くのびる府域は東西六〇キロ、南北八六・五キロ。面積は全国最小の香川県よりも少し多い一八九〇・七九平方キロ。平年の気象は平成元（一九八九）年から五年までの五年間で、平均気温摂氏一六・三度、平均湿度六五％、平均気圧一〇一五・一ヘクトパスカル。年間降雨量平均一三一八・〇ミリメートトルとなっており、いわゆる瀬戸内型の温暖な住みやすいところである。

大阪らしさ●

学校の国語教育や放送などで、いわゆる「標準語」にならされた人びとが、新大阪駅や大阪駅に降り立ったとき、まず耳にして奇異に感じるのは大阪弁であろう。アクセントの違いのほか、「あかん」(だめ)、「うちとこ」(私の家)、「けったいな」(おかしい)、「てんご・てんごう」(冗談)、「かめへん」(かまわない)、「じゃまくさい」(面倒くさい)などと、聞きなれない語句も少なくない。

もっとも一口に大阪弁といっても、本来の大阪弁は京都の公家言葉から脈を引いた上品で丁重、格式と気品とをそなえた船場《せんば》言葉だそうだが、やがて島《しま》の内《うち》言葉・阿波座《あわざ》言葉が大阪弁の中心勢力になり、上級町人の言葉にかわって露骨で直接的な言葉が多く使われはじめたという。いわゆる「上方の好き嫌いはあろうが、聞き慣れて来ると独特の陽気なニュアンス、艶《つや》めいた口調の大阪弁で憂鬱が吹き飛ばされ、心温まるものがある」ということであろうか?

江戸時代には京都・江戸・大坂を三都といい、よく対比されることがあった。隣接する京都・大阪について「京の着倒れ、大阪の食い倒れ」というのもその一つで、「京都の人は衣服に凝り、大阪では飲食に奢って身代の倒れることも考えない」というのである。「千年の都」と異称され、久しく堂上《とうしょう》貴族たちと交際の多かった京都の人が、まず「上品」を心がけて外面をかざるのに比し、「天下の台所」をささえてきた大阪では実用的な食事を大切にするということであろう。

たしかに大阪の食べ物はうまい。会席料理もそうだが、とくにお好み焼き・うどん・ふぐ(河豚・鰒)は絶品であろう。お好み焼きは、まずイカ・タコ・豚肉など好みのものを熱した鉄板のうえで焼き、それに小麦粉ときざみキャベツをまぜ卵でといたものを加え、大型のホット・ケーキ状に焼きながら、最後の仕上げに削り節や青海苔を振りかけ、小型のコテ（フライ返し）で一口大に切って、フガフガと熱いものを思いのままに食べるものである。紳士・淑女を気どった人びとにとっては、いかにも上品な食べ物・食べ方とはいえないであろうが、味のよさは抜群、量は十分に一食分にたりる。見栄よりも実をとうとぶ大阪ならではの食べ物であろう。

河豚の産地は多く山口県の下関。ここでは「ふぐ」が「不具」につうずるとしていみきらい、「福」と同音の「ふく」とよぶが、大阪では「てつぽう」略して「てつ」という。鉄砲は目標に河豚は毒気に、ともによく中《あた》るということからきた大阪人のジョークであり、ちり鍋は「てっちり」、刺身は「てっさ」とよぶ。

江戸時代から天下の台所・諸国取引第一の場所、豊富な海の幸・山の幸の集まる大阪に生きる人びとが、食い物に贅《ぜい》をつくすのは「金銭を費すために働き、働

フグ料理店の特大のフグ提燈（新世界〈浪速区〉）

くために食う」のであって、それは調理においても「同じ食うなら旨い食い方を……」という合理主義の産物であり、富めるものも貧しいものも、それぞれの分限に応じて楽しむことができるのも、町人の町・庶民大衆の町である「大阪らしさ」といえよう。

1章

黎明期の大阪

ナウマン象の足跡化石

1　先住の大阪人

大阪の狩人たち●

およそ三万年前から一万年前頃までのあいだ、後期旧石器人が活躍していた時期のことである。ヨーロッパの氷期編年にしたがえば、その頃の自然環境は第四氷期（ウルム氷期）の後半に該当する。ウルム氷期の最盛期（二五〇〇〇～一万五〇〇〇年前）には、海水面が現在の海水面よりも一五〇メートルもさがったといわれ、その後しだいに気候も温暖化して、縄文《じょうもん》時代前期には海水面が最高に上昇して「縄文海進《かいしん》」とよばれた。

このウルム氷期最盛期には宗谷《そうや》海峡《かいきょう》・津軽《つがる》海峡および朝鮮・対馬《つしま》海峡は大陸とつながり、陸地を伝って大陸のナウマン象・オオツノジカなどの大型獣が日本列島に移動し、これらの動物を追って人びとがやってきたことは確かであろう。現在までに大陸の海底や大阪市内の地下鉄工事のさいに、たびたびゾウの化石骨が発見されている。最近では長原《ながはら》遺跡（大阪市平野《ひらの》区）や山之内《やまのうち》遺跡（大阪市住吉《すみよし》区）からナウマン象の化石骨が発見されているので、これらのゾウと人びととの関係があきらかになるのも、そう遠くないことであろう。

この頃の大阪地方の気候は、東大阪市深野南《ふこのみなみ》で採取された約二万年前の地層から、尾瀬や北海道の沼沢地にみられるミツガシワとよばれる水草がみつかっていること（梶山彦太郎・市原実『大阪平野の生い立ち』）から、年平均気温で現在よりも七、八度も低かったと推定され、現在の札幌辺りの気候に類似して

❖コラム

大阪にもワニがいた

昭和三十九（一九六四）年、豊中市柴原《しばはら》、待兼山《まちかねやま》（大阪大学理学部構内）で新学舎建築の現場からワニの化石が発見された。出土した土地の名をとりマチカネワニ（学名トミストーマ＝マチカネンセ）とよばれる。ワニの化石がみつかった層は、大阪層群の第七層と第八層のあいだのカスリ火山灰層で、更新世前期（今から約四〇万年前頃）のものである。ワニの化石骨は全長八メートルに及び、頭骨は細長く、現在ではボルネオ・スマトラ・マライ半島に棲息しているシュレーゲルワニに類似するといわれている。このワニの化石が発見されたのは、わが国で最初の報告例として著名である。以後、大阪では高槻《たかつき》市北部に分布する大阪層群からも脊椎骨《せきついこつ》を主とする二頭分のワニ類の化石が発見され、タカツキワニと仮称されている。このほか、アケボノゾウ・シカ類の化石が多く発見されている明石付近でも、陸上や海底からワニ類の化石が発見されている。また、琵琶湖の湖東地方に分布する大阪層群相当層からもワニの化石がみつかっている。

したがって近畿地方に分布する大阪層群からは、ワニの化石がつぎつぎと発見されているところから、当時ワニが棲息できるような環境であったことは確かである。人類の歴史からみると、ワニの化石骨は旧石器時代の前期に該当するが、わが国では前期旧石器についてはほとんど不明であり、それらの生物と人類との関わりについてもまったく不明である。

いたようである。植物相もまたマツを中心にモミ・ツガ・トウヒといった亜寒帯針葉樹、コウヤマキ・スギなどの温帯針葉樹、ブナ・コナラ・クリといった広葉樹が混生して繁茂するという状況にあったとされている。

大阪は北に北摂《ほくせつ》山地、東は生駒《いこま》山地、南を和《い》泉《ずみ》山脈に囲まれて、西は大阪湾に面するという地勢であるが、かつてウルム氷期の最盛期には海面が低下したこともあり、その当時の大阪は海抜一五〇メートル以上の高地になっていた。現在の大阪湾の中央部には古淀川《こよどがわ》が流れていて、紀伊水道の辺りが海岸線となっていたという。今となってはこの古淀川ぞいの旧石器時代遺跡については調査も不可能であるが、現在、大阪府下全域の旧石器時代の遺跡は一〇〇カ所を超えている。大阪における旧石器の研究は、昭和三十二（一九五七）年からはじまった国府《こう》遺跡（藤井寺《ふじいでら》市国府）の発掘調査以後、府下の各地で

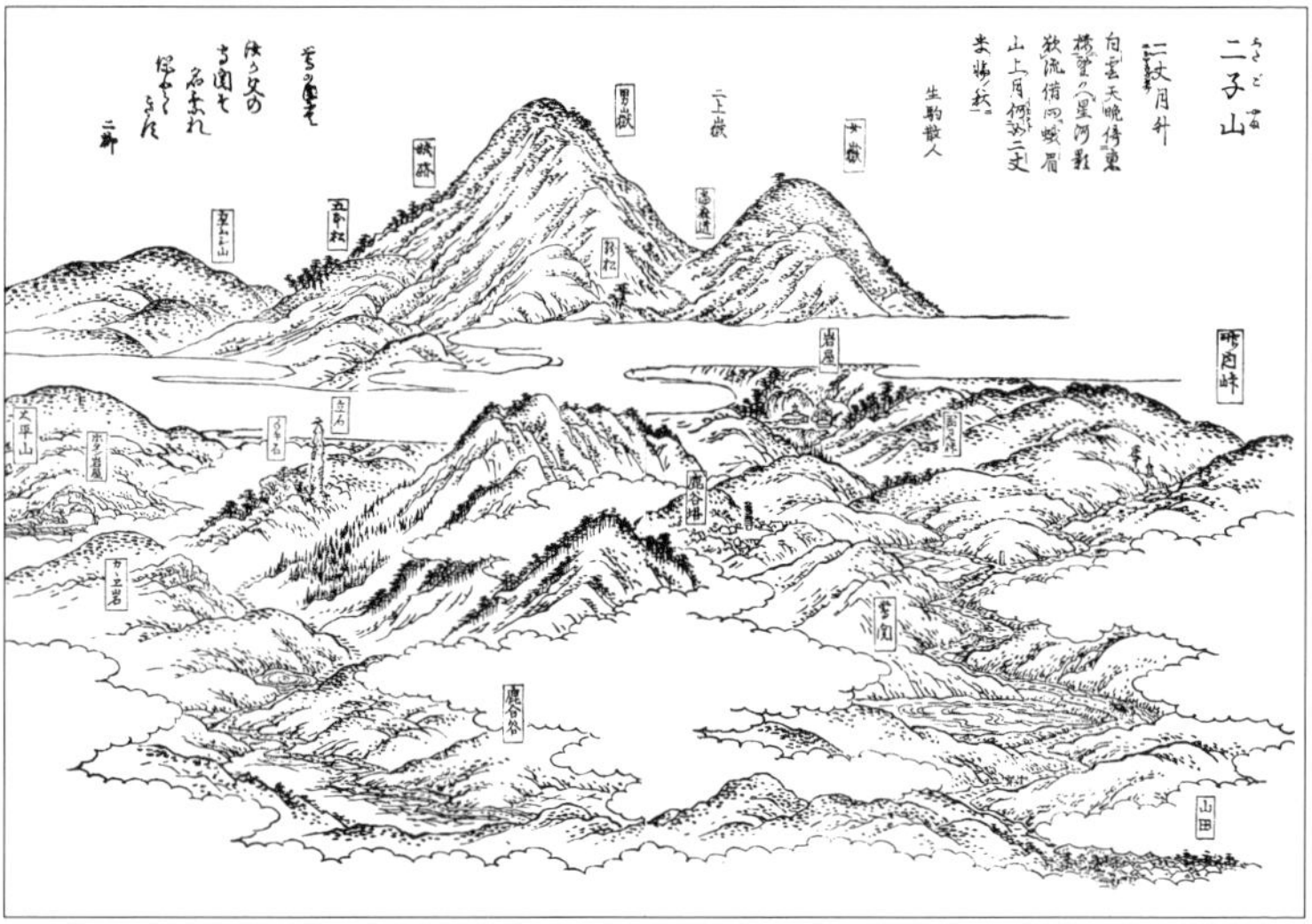

『河内名所図会』にみる二上山

開発に伴う発掘調査が増加するようになった。

ところで、大阪府下で発見される旧石器の石材の大半はサヌカイトである。それは大阪と奈良県境にある二上山《にじょうざん》一帯から産出するサヌカイトが比較的容易に入手できて、石器としての優越性があることが早くから着目されていたためであろう。旧石器時代は前期と後期とに区分されているが、大阪府下の遺跡はナイフ形石器の盛行する後期旧石器時代が中心となる。

国府型ナイフ●

後期の旧石器時代はナイフ形石器文化期ともいわれており、この時期には日本列島各地で特有の技法がみられるが、大阪では国府型ナイフ形石器と称される技法が盛んに行われた。この技法は瀬戸内を中心に分布するところから「瀬戸内技法」ともよばれている。

大阪における旧石器は、現在、国府期の石器がもっとも古い位置にある。この国府期の石器とは、サヌカイトの石核から横長の剝片《はくへん》を、一定の手順で得た翼状《よくじょう》剝片をもとにナイフ形石器に仕上げたものをいう。これは国府遺跡の黄色粘土層中から出土した石器を標式としており、最初に出土した遺跡名にちなんで「国府石器群」とよび、この石器のみられた時期を「国府文化期」ともよんでいる。なお、国府石器群の中心地以外の土地では、石器製作の手法は同様であっても、用いる石材は異なっている。石神怡《いしがみゆたか》の地域区分をもとにして、大阪府下にみられる旧石器の遺構をわけると、つぎのように二上山麓、羽曳野《はびきの》台地、生駒西麓、富田《とんだ》台地、和泉丘陵、それに上町《うえまち》・瓜破《うりわり》台地の六グループになる。

(1)二上山麓遺跡群　南河内を流れる石川《いしかわ》右岸から二上山にかけて点在する遺跡群で、生活遺跡も知られるが、ほとんどの遺跡はサヌカイトの原石を採掘した遺跡で、その立地を反映しているものと思われる。

⑵羽曳野台地遺跡群　石川の左岸から羽曳野台地にかけて分布する遺跡である。国府型ナイフ形石器の命名のきっかけとなった国府遺跡を中心に、約四〇カ所の遺跡が判明している。なかでも昭和六十年に発見されたはさみ山《やま》遺跡梨田《なしだ》地点（藤井寺市）で、国府型ナイフ形石器文化期に属する住居跡が確認された。

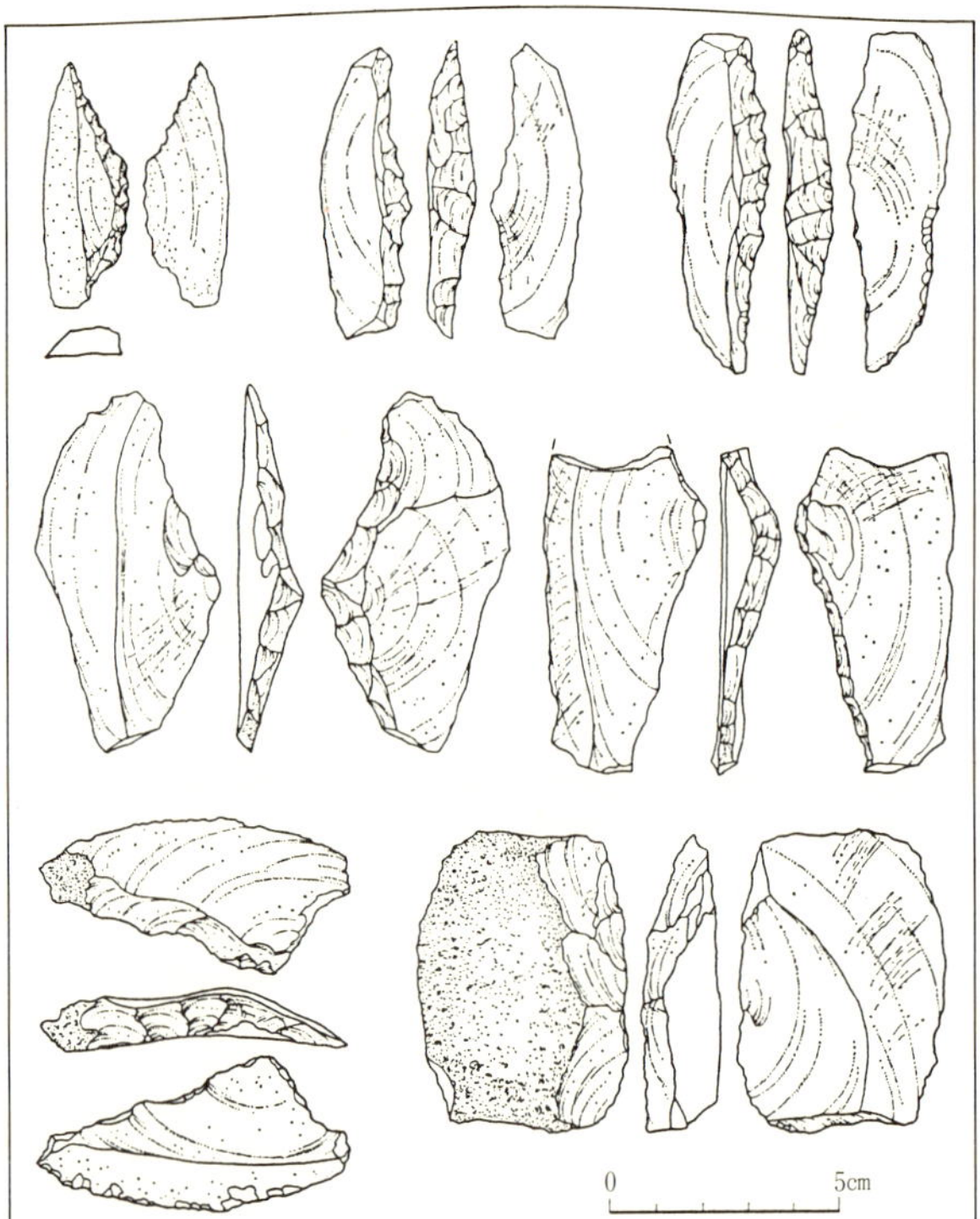

国府遺跡出土の翼状剝片(『大阪府史』第１巻による)

長径は六メートル、短径は推定五メートル、深さ三〇センチ、柱穴七個（直径一五～二〇センチ）の竪穴住居の半分とはいえ、発見された意義は大きい。

(3)生駒西麓遺跡群　生駒山西麓の標高一〇～一〇〇メートルの地に、二〇カ所の遺跡がみられる。このグループは狭義の生駒山麓グループと枚方台地グループとにわかれるが、前者は国府型ナイフ形石器文化期と有舌尖頭器《ゆうぜつせんとうき》の時期の遺跡で、後者は国府型ナイフ形石器文化期に続く宮田山《みやたやま》型ナイフ形石器文化期の遺跡が多いようである。

(4)富田台地遺跡群　淀川の右岸、高槻市域の富田台地グループと吹田《すいた》市域の千里丘陵のグループにわかれ、前者は郡家今城《ぐんげいましろ》C地点遺跡（高槻市郡家新町）を中心として、国府型ナイフ形石器文化期から有舌尖頭器の時期の遺跡がみられ、一方の千里丘陵の吉志部《きしべ》遺跡（吹田市吉志部北）では、伝統的な横長剝片を素材としたものをあわせて、縦長薄片を素材としたものもみられ、伝統的な国府型ナイフ形石器をのりこえようとする、小型で切りだし形をした新しい動きが石器から感じられる。

(5)和泉丘陵遺跡群　和泉山脈から東西にのびる標高一〇～五〇メートルの丘陵上に点在する。国府型ナイフ形石器文化期と有舌尖頭器の頃のものがあり、なかでも有舌尖頭器の製作跡がみつかった大園《おおその》遺跡（高石《たかいし》市南部から泉大津市・和泉市にまたがる旧石器時代～江戸時代の集落遺跡）や、国府型ナイフ形石器文化期の竪穴住居遺構で知られる南花田《みなみはなだ》遺跡（堺市南花田町）は、とくに注目されるであろう。

(6)上町・瓜破台地遺跡群　大阪市域を南北にのびる台地上に立地する。このうち瓜破台地のグループは、東西南北二・五キロの範囲内に、長原・城山《じょうやま》・長吉野山《ながよしのやま》・瓜破（以上、大阪市平野区）・八尾《やお》南（八尾市）の各遺跡が、それぞれ標高一〇メートル前後の平坦地にあって、国府型ナイフ形石器や有舌尖頭器の時期の遺跡である。長原遺跡調査地Ⅲの場合は、半径三〇〇～四〇〇メートル内に、四～五カ所の生活痕跡《こんせき》が確認されている。なお石神怡はこのグループにつき大阪湾東岸遺跡群として、大阪市域の遺跡群を上町台地遺跡群と大阪市東南部遺跡群とに細分している。

大阪の場合、国府型ナイフ形石器のあとに続くものとして、ナイフ形石器の小型化、それに続いて有舌尖頭器の登場で、縄文時代へと時代は変遷していく。狩猟生活のなかで中心となったナイフ形石器の小型化は、狩猟社会における対象物の変化でもある。つまり気候の変化に伴う大型獣が消滅していくなかで、敏捷性《びんしょうせい》のある小型獣を狩るという必要性から、石器にも大きな変化がみられるようになってきたものと思われる。

ところで、有舌尖頭器の登場は、棒の先端に装着してはなれた位置から動物をめがけて投げる槍として効果的であったことであろう。これは縄文時代になって弓矢があらわれても、なお存続しており、縄文土器と共伴して有舌尖頭器が出土する。

放浪から定住へ●

獲物や植物質食料を求めて移動を繰り返していた人びとは、やがて縄文時代にはいると、生活条件のととのった場所に定住するようになってくる。その証拠として遺跡内に住居跡が確認されたり、人びとが用いる土器が平底に変化することがあげられる。

大阪府下の縄文時代遺跡は、総数で三〇一カ所ある。それらのうち縄文土器が出土する遺跡は一七一カ所となっている。内訳は早期二〇、前期二六、中期五七、後期九二、晩期一一〇カ所で、全般的には早期・前期の遺跡は少なく、生駒山西麓を中心に海進した河内潟《かわちがた》の沿岸部は中期以降になると徐々に増加の

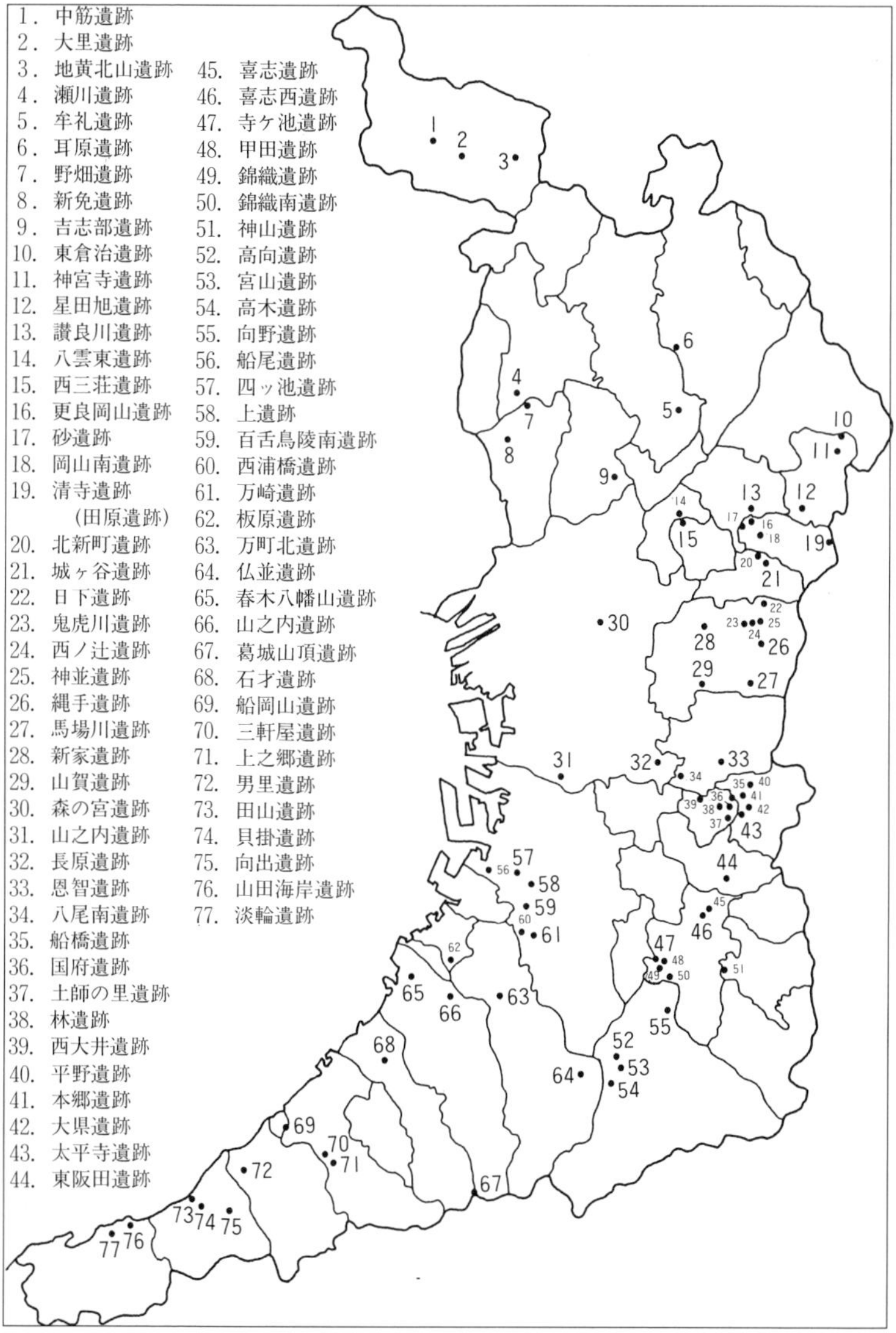
1．中筋遺跡
2．大里遺跡
3．地黄北山遺跡
4．瀬川遺跡
5．牟礼遺跡
6．耳原遺跡
7．野畑遺跡
8．新免遺跡
9．吉志部遺跡
10．東倉治遺跡
11．神宮寺遺跡
12．星田旭遺跡
13．讃良川遺跡
14．八雲東遺跡
15．西三荘遺跡
16．更良岡山遺跡
17．砂遺跡
18．岡山南遺跡
19．清寺遺跡（田原遺跡）
20．北新町遺跡
21．城ヶ谷遺跡
22．日下遺跡
23．鬼虎川遺跡
24．西ノ辻遺跡
25．神並遺跡
26．縄手遺跡
27．馬場川遺跡
28．新家遺跡
29．山賀遺跡
30．森の宮遺跡
31．山之内遺跡
32．長原遺跡
33．恩智遺跡
34．八尾南遺跡
35．船橋遺跡
36．国府遺跡
37．土師の里遺跡
38．林遺跡
39．西大井遺跡
40．平野遺跡
41．本郷遺跡
42．大県遺跡
43．太平寺遺跡
44．東阪田遺跡
45．喜志遺跡
46．喜志西遺跡
47．寺ヶ池遺跡
48．甲田遺跡
49．錦織遺跡
50．錦織南遺跡
51．神山遺跡
52．高向遺跡
53．宮山遺跡
54．高木遺跡
55．向野遺跡
56．船尾遺跡
57．四ッ池遺跡
58．上遺跡
59．百舌鳥陵南遺跡
60．西浦橋遺跡
61．万崎遺跡
62．板原遺跡
63．万町北遺跡
64．仏並遺跡
65．春木八幡山遺跡
66．山之内遺跡
67．葛城山頂遺跡
68．石才遺跡
69．船岡山遺跡
70．三軒屋遺跡
71．上之郷遺跡
72．男里遺跡
73．田山遺跡
74．貝掛遺跡
75．向出遺跡
76．山田海岸遺跡
77．淡輪遺跡
大阪府のおもな縄文時代遺跡(大阪府教育委員会編『大阪誕生』による)

きざしがみえてくる。後期・晩期の遺跡の増加は西日本では一般的であるが、とくに河内潟では生産活動の場の拡大と生業との関わりがあるように思われる。遺跡の分布は生駒山西麓の扇状地、河内潟へ流入する河川の自然堤防上に集中する傾向がみられる（泉北考古資料館編『大阪府縄文時代遺跡一覧表』）。

縄文早期の景観についてみると、旧石器時代のおわりごろ、それまで寒冷であった気候も、気温の上昇に伴い温暖な気候になってくるため、自然環境も大きく変化した。海面の上昇がはじまり、西日本では瀬戸内海が誕生し、大阪平野では海水が生駒山西麓まで押しよせて河内潟がうまれた。この現象を「縄文海進」とよび、縄文時代前期に該当する。

植物相も約一万年前頃はコナラを中心にミズナラ・ブナ・ハンノキ・ハシバミ・ケヤキ・トチノミ、それに常緑樹のマツがまじった落葉樹林が中心をなした時期であったが、八〇〇〇年前頃にはコナラが減少してブナ・エノキ・ハシバミ・ケヤキ・カシの類がふえてくるようになり、縄文海進期にはコナラ林からカシ林に移行し、それ以後はイチイガシ・アラカシなどといった照葉樹林が中心となってくる（前田保夫『縄文の海と森』）。縄文時代は一万数千年前からはじまったとされているが、狩猟の対象となる獲物が小型獣になり従来の投槍とともに弓矢も登場し、植物質食料の採取も盛んに行われるようになって土器が用いられはじめ、前時代と比べて大きな進展がみられるようになってくる。

大阪府下では縄文時代早期の遺跡のうち、豆粒文《とうりゅうもん》土器や隆起細線文《りゅうきさいせんもん》土器という古いタイプの土器は未発見で、押型文《おしがたもん》土器を出土する遺跡がもっとも古いといえよう。その押型文土器を出土する遺跡も神並《こうなみ》遺跡（東大阪市）をのぞくと、あとは地黄北山《じおうきたやま》遺跡（豊能《とよの》郡能勢《のせ》町）のように山間部に位置している。神並遺跡は河内湾岸から比較的近くにあって、配石遺構とともに頭や手足のない土偶《どぐう》が出土している。神並遺跡では、旧石器時代の名残をとどめる有舌尖頭器に、早期の押型文土器が伴って出土しており、旧石器時代の伝統が縄文時代まで比較的長く続いていたことがわかる。河内潟が誕生することによって、生活環境も縄文時代の早期から前期にかけて、縄文人の生活の舞台は湾岸ぞいに点在していたことが、遺跡の分布調査によってあきらかになっている。

縄文海進と河内●

前述したように、縄文時代の前期には海面が上昇することによって、河内平野のほとんどが海面下に没してしまう。これ以後、河内平野が形成される過程を出土遺物や土層観察によって説明した梶山彦太郎・市原実の業績を参考にすると、前期の遺跡は縄文海進の影響であろうか、河内地域の低地部には遺跡は比較的少なく河内湾岸にそって八尾南遺跡・恩智《おんぢ》遺跡（八尾市）・勝山《かつやま》遺跡（大阪市生野《いくの》区）が点在する程度である。それに対して、やや山間部には中筋《なかすじ》遺跡（豊能郡能勢町）・瀬川《せがわ》遺跡（箕面《みのお》市）・錦織《にしごおり》遺跡（富田林《とんだばやし》市）が点在する。河内湾岸の遺跡は断片的な資料ということもあって不明な点が多い。それにくらべて山間部にある中筋遺跡は、遺跡の立地条件を反映するかのように石鏃《せきぞく》二〇〇点あまりが出土している。瀬川遺跡では、南海産のイモガイの殻頂部を輪切りにした形態を模倣して作成したであろうと思われる「の」字形石製品（蛇紋岩《じゃもんがん》製）の破片が出土しており、他地域との交流を考えさせられる資料として注目される。

また河内湾岸からは少しはなれたところに国府遺跡があり、遺跡は大和川と石川の合流点の近くにあって、南からのびてきた標高二〇～二五メートルの洪積層の台地上に位置している。旧石器時代のナイフ形石器の標式遺跡として知られるばかりでなく、縄文から中世にかけて連綿と続く著名な遺跡である。明治二十二（一八八九）年に、山崎直方《なおかた》が石器や土器を採集し、国府遺跡が世に知られるようになって以来、大正五（一九一六）年、喜田貞吉《きたさだきち》が採集した大型の粗製石器に注目して、翌年、浜田耕作《こうさく》らが中心となって発掘調査が実施された。その結果、縄文時代のものとして前期の爪型文《つめがたもん》土器や羽状縄文をもつ土器（北白川下層式）が出土し、一部の弥生時代のものも含めて一〇〇体以上の埋葬人骨が発見されている。これらの埋葬された人骨は屈葬《くっそう》状態のものが圧倒的に多く、なかには胸に人頭大の川原石をだかせたものや、頭部に深鉢《ふかばち》形土器を被《かぶ》せたものもあった。また、硬玉《こうぎょく》製耳飾や骨角製・土製の装身具が副葬されていた。当時の風習を知る貴重な資料である。昭和三十二（一九五七）年の調査では、瀬戸内技法のナイフ形石器が確認され、国府型ナイフ形石器として知られるようになったが、昭和四十九年には、縄文時代前期の墓域を中心に国の史跡に指定されている。

縄文時代中期になると、河内湾沿岸では部分的に砂洲《さす》が形成されるようになり、海岸線が徐々に後退をはじめるようになってくる。この時期の遺跡は、大阪府下も西日本の各地と同様に少なく、府下の各地に数カ所単位で分布していることが報告されている。なかでも生駒山西麓には、馬場《ばば》川や縄手《なわて》遺跡（東大阪市）を始めとして、八カ所の遺跡が集中してみられる。この時期には照葉樹林が優勢に

国府遺跡(藤井寺市)

なっていたこともあって、縄文人の生産活動のうち植物質の食料確保が生活の中心にすえられ、堅果類の採取が盛んであった。

それを立証するかのように、讃良川《さらがわ》遺跡（寝屋川《ねやがわ》市）から四カ所の貯蔵穴《けつ》が確認されている。貯蔵穴は大小二カ所ずつあって、大きいほうは直径二・一メートル、深さ一・三メートル、そのうちの一つの貯蔵穴からは土器や獣骨・ドングリなどとともに、厚さ五〇センチほどの貝層があって、そこからマガキやセタシジミが採集されている（塩山則之「讃良川遺跡の調査」『第九回近畿地方埋蔵文化財研究会資料』）。なお、河内湾岸の各遺跡では、関東地方や瀬戸内地方の特色をもった土器も発見されているので、各地との交流があったことがうかがえる。

貝塚からみた後期の遺跡●

後期になると遺跡が急増して、前期の遺跡数にくらべて三倍もの増加となる。遺跡は自然環境の変化に伴い、各河川の流域、生駒山西麓の扇状地、それと河内湾が河内潟へとうつりかわり、人びとは生活の舞台を、渚《なぎさ》の後退によって生じた低湿地などに求めて進出してくるようになる。とりわけ河内湾から河内潟への変遷は、汽水《きすい》域（海水と淡水との混合によって生じた低塩分の海水域）から淡水域へと水域の分布がうつりかわって、縄文人の生産活動にも大きく影響するようになり、森の宮遺跡（大阪市東区）の発掘調査によって、それを証明する資料を提供する意義深い結果が得られた。

森の宮遺跡は上町台地の東斜面に位置し、現在の大阪市立労働会館敷地を中心とした一帯が遺跡の範囲である。第一次～第四次にわたる発掘調査によって、縄文時代中期から近世におよぶ複合遺跡であることが判明している。東西四五メートル・南北一〇〇メートルの範囲に、縄文時代後期から弥生時代中期に至る貝塚《かいづか》が形成されていて、西日本では数少ない大規模な貝塚遺跡であることも判明した。

貝層の調査では、森の宮貝塚をきずいた人びとは、各地から直接来住したか、もしくは各地の影響のもとでつくられた土器を用いていた。中期末の段階では関東地方の加曽利《かそり》E式土器がみられたが、後期には瀬戸内の中津《なかつ》式土器があらわれたかと思えば、また関東地方の堀之内《ほりのうち》式土器、そしてふたたび瀬戸内の津雲《つぐも》A式というように、たえず異なった要素が流入していたことが、これらの土器からもうかがうことができる。貝層のうえからセタシジミ層、下層からマガキ層の堆積が確認されている。

この結果、森の宮遺跡の場合、梶山彦太郎・市原実の『大阪平野の生い立ち』は、河内湾から河内潟へとうつりかわる自然環境の変遷を立証することになったといえよう。縄文時代後期以降、上町台地にそって難波《なんば》・天満《てんま》砂堆《さたい》が発達し、淀川・大和川の土砂の堆積による汽水域から淡水域へと変化する環境にあわせて、縄文人の採取対象が後期にはマガキを、晩期にはセタシジミを採取するように変化していく。こうした水域の変化は貝類の採取だけでなく、捕獲する対象魚にも大きく反映した。このように森の宮遺跡は、遺跡の立地や出土遺物からみて、その生産活動は漁撈を主とした性格の遺跡であったといえよう。このほか漁撈活動を主とした遺跡に、四ツ池遺跡（堺市）・春木《はるき》八幡山《はちまんやま》遺跡（岸和田市）・淡輪《たんのわ》遺跡（泉南郡岬町）などがあげられる。

また、森の宮貝塚から出土する遺物をみると、当時の縄文人の生活の一端をうかがい知ることができ、森の宮遺跡の貝類採取場所は、東に広がる遠浅の干潟であったことがわかる。森の宮遺跡からもっとも近い採取場所として、南西へ約六〇キロもはなれた泉南郡岬町以南の岩礁海岸に生息するアワビやサザエが、貝層から出土していることを考えるとき、これはわざわざ採取にいったというよりも、交流によって入手したと考えるほうが妥当かも知れない。

森の宮貝塚のマガキ層の断面をみると、かなりの厚さの堆積であり、貝を採取して肉を取りだしたのち一度に投棄していた可能性がある。貝の加工は一度に大量に処理されたものと考えられる。マガキは塩分の比較的少ない内湾の汽水域を好み、潮間帯《ちょうかんたい》やなんらかの構築物などに付着して生息するとされているが、そうしたことから、河内潟は恰好の生息場所であったに違いない。貝類学者の梶山彦太郎は、河内潟でマガキが生息した場所として礫が多くみられる庭窪《にわくぼ》（守口市）と淀川大堰《おおぜき》（大阪市北区）辺りをあげており、森の宮遺跡でのマガキは淀川大堰辺りから採取されたものであるとしている（梶山・市原前掲書）。

しかし、マガキ層の水洗選別を行ってみたところ、カキ殻の付着した人間の拳《こぶし》大の礫《れき》が数多くみつかっているところから、森の宮遺跡の近くで上町台地から河内潟へ流入する小河川沿いや干潟《ひがた》の転石《てんせき》に、

森の宮遺跡の貝層断面（第４次Ｃ区北壁。『森の宮遺跡 第３・４次発掘調査報告書』による）

カキが付着した礫を遺跡の場所にもちこんで処理したものではないかとも考えられる。また、カキは幼生のプランクトンが着生する場所でなければ生育しないといわれているが、河川の流入する場所はプランクトンにとんだ水域で、稚魚が集まり、その稚魚を餌として大型魚も回遊してくるところから、これらの魚も縄文人が捕獲の対象としたに違いない。

遺物からみた葬制と習俗●

大阪府下で縄文時代の人骨がみつかった遺跡は少なく、国府遺跡および日下《くさか》遺跡（東大阪市）・森の宮遺跡の三遺跡にすぎない。そのうち国府遺跡をのぞく二遺跡は貝塚を伴う遺跡である。国府遺跡の人骨は、既述のように屈葬《くっそう》のうえ胸に石をだかせる抱石葬《だきいしそう》や、頭部に甕を被せる甕被葬《かめかぶりそう》という埋葬形式である。森の宮遺跡では一八体の人骨が掘りだされたが、屈葬の状態で埋葬されており、墓地としての墓域が確立していた可能性が指摘されている。日下遺跡は、戦前から知られている遺跡であるが、最近の発掘調査では土壙墓《どこう》一六基、甕棺三基がみつかっている。なかでも土壙墓の六基は直径約六・二メートルの環状に埋葬するという特異なものである。いずれも後期～晩期前半に該当する。

この当時の縄文人の習俗を考古学の立場から説明するには困難な点が多いが、出土遺物から、身体を飾る装身具がどのようなものであったかを推定することは可能である。たとえば森の宮遺跡出土の耳飾りは鹿角製、三軒屋《さんげんや》遺跡（泉佐野市）や国府遺跡のものは土製であるが、材質の違いこそあっても、耳たぶに穴をうがって着装していたものと思われる。森の宮遺跡の環状鹿角製品は、鹿角を薄くけずった棒状部分から突起した形状をしており、棒状部分の一方に直径二・二センチの環状部分があり、文様《もんよう》は棒状部分の一面にだけ格子目《こうしめ》の陰刻がほどこされていて、腰につける飾りではないかとされている。森の宮遺跡から出土しているもののなかには、女性の下顎骨の筋突起を完全にけずりおとしたうえ、全体を研磨して一部に紐をかけたと思われる溝のある異様な遺物がある。

歯牙に加工をほどこしたりする叉状研歯《さじょうけんし》と抜歯《ばっし》の資料は、昭和四十五（一九七〇）年に大阪府教育委員会が実施した発掘調査でも確認されている。縄文時代の習俗のなかで普遍的にみられる抜歯はあるが、森の宮遺跡では東北地方にもみられるような、上顎の左右犬歯だけが抜歯の対象となっているものもあって、どのような影響の下にうまれたかは疑問である。仏並《ぶつなみ》遺跡（和泉市）からユーモアたっぷりの土製の面が出土しているが、面に表現された両眉には、縦に二状の切込みがほどこされていて、眉に縦の入れ墨をほどこした表現ではないかと思う。これらの遺物は大阪府下においては資料不足ということもあって、他地方との比較検討などは今後の課題となろう。

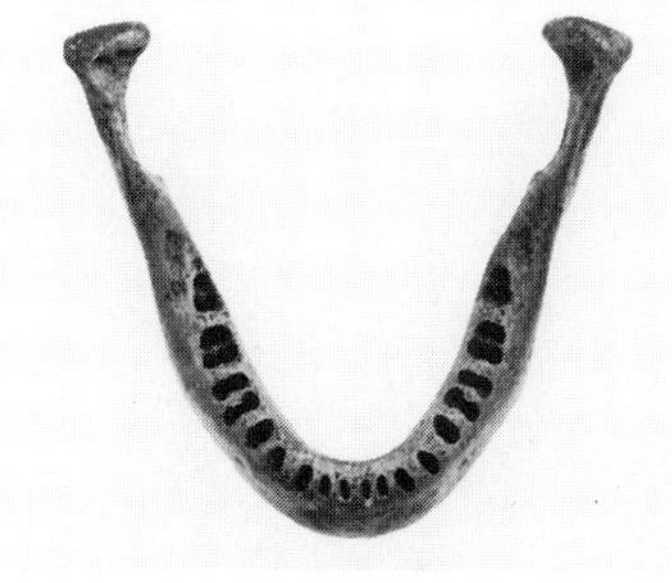

加工された女性下顎骨（森の宮遺跡出土）

縄文の消失と終焉●

　およそ一万年近く用いられてきた縄文の文様が、後期の後半（元住吉山Ⅱ式）の頃をさかいに、とつじょ土器の表面からみられなくなる。今までの土器の表面を縄文で華麗に飾っていた後期初頭の中津式以後、土器を飾るポイントは縁帯文《えんたいもん》という土器の口縁部を中心としたものから、やがて曲線から帯状に直線化し、沈線や凹線だけという一見して弥生《やよい》土器に近似した形に変化していく。近畿の中央部では宮滝《みやたき》式土器（奈良県）の影響下でうまれた滋賀里《しがさと》式土器から縄文の文様は姿を消してしまう。生活のなかで中心的な役割を占めてきた土器から伝統的な縄文が消えることは、生活のなかになんらかの大きな変動が生じたことの反映であろうと思われる。

　縄文時代後期から晩期にかけては、自然環境も大きく変化したことであろう。たとえば河内潟の沿岸に砂洲が発達してくる現象は、河川の土砂の堆積と潮流の影響で陸地の拡大となり生活の舞台が広がるが、海底が砂泥質から砂質に変化することにより、プランクトンの減少を招き、それを求める魚介類の生息場所が移動せざるを得なくなってきて、従来の生産活動の変更を余儀なくされてくることにつながっていく。

　また、植物質の獲得が堅果類の乱獲となり、資源の枯渇が深刻になっていったのではなかろうか？　長原遺跡（大阪市平野区）では、発掘された土坑《どこう》（一〇一号）内からナラガシワの実が発見されたが、その実には数多くの幼果が含まれていた（財団法人大阪市文化財協会『長原遺跡発掘調査報告書』Ⅲ）。このことは、逼迫した木の実の採集状況を示すものであろう。なお、この時期に佐賀県の菜畑《なばたけ》遺跡では晩期の水田跡が発見されており、大阪平野でもプラント・オパール分析によって、山賀《やまが》遺跡（八尾市）の晩期の層から栽培稲が確認されてはいるものの、生産活動の中心は長原遺跡や八尾遺跡のように堅果類の採集であり、河内潟沿岸の遺跡では森の宮遺跡のような漁撈が中心となっていたものと思われる。今後の調査しだいでは、大阪平野でも明確な水田跡や水田経営の実態があきらかになり、稲作がどのように伝わってきたか判明する日もそう遠くはないであろう。

2 豊葦原瑞穂邦

稲作の普及●

弥生《やよい》時代は縄文時代のあとに続く約六〇〇年ほどの期間であり、前期・中期・後期の三つの時期に区分されている。この時代は今までとは異なった本格的な稲作の開始と金属器の出現という大きな変革の時代でもある。今から二三〇〇〜二四〇〇年前頃、北九州にもたらされた稲作文化が、短期間のあいだに日本列島の主要な地域にまで伝わっていった。水稲栽培の開始とともに、人びとは太型蛤刃石斧《ふとがたはまぐりばせきふ》・扁平片刃石斧《へんぺいかたばいしおの》・抉入片刃石斧《えぐりいりかたばいしおの》・鑿形石斧《のみがたいしおの》などを用いて木製農耕具（鍬《くわ》・鋤《すき》など）をつくり、これを用いて水田を造成した。収穫には稲穂を摘み取る石包丁《いしぼうちょう》を使い、脱穀には竪杵や竪臼を用いた。このようにして農業生産を飛躍的に高めていったものと考えられる。

これらの動きを比較的早く稲作がもたらされていた河内平野を中心に述べると、当時の河内平野は潟となっており、各河川からの土砂の流入が進んで、汀線《ていせん》がいちだんと沖へと後退し、肥沃な低湿地が広がっていた。河内平野の中央部に位置する山賀《やまが》遺跡（八尾《やお》市）では畦畔《けいはん》（上端幅四〇センチ、下端幅一四〇センチ）によって区切られた水田（最小が七×七メートル、最大が一四×一〇メートル）が発見されており、その水田面には人の足跡と農耕具の痕跡《こんせき》が確認されている（財団法人大阪文化財センター『山賀』その一）。これらの水田をいとなんでいた人びとは、今から二千数百年前のある日、瀬戸内海を東進してきた弥生人の集団で、葦の生いしげる河内潟の肥沃《ひよく》な沿岸にそった低湿地の微高地に住居を構え、そのまわりで稲作をはじめ新しいムラをつくっていった。この景観こそ豊葦原瑞穂邦《とよあしはらのみずほのくに》である。河内平野の中央部では、山賀《やまが》遺跡をはじめとして、美園《みその》遺跡・亀井《かめい》遺跡（八尾市）、鬼塚《おにづか》遺跡・高井田《たかいだ》遺跡・瓜生堂《うりゅうどう》遺跡（東大阪市）などが最初に誕生した「ムラ」である。これら弥生時代前期の遺跡のなかには縄文時代晩期の土器（長原式土

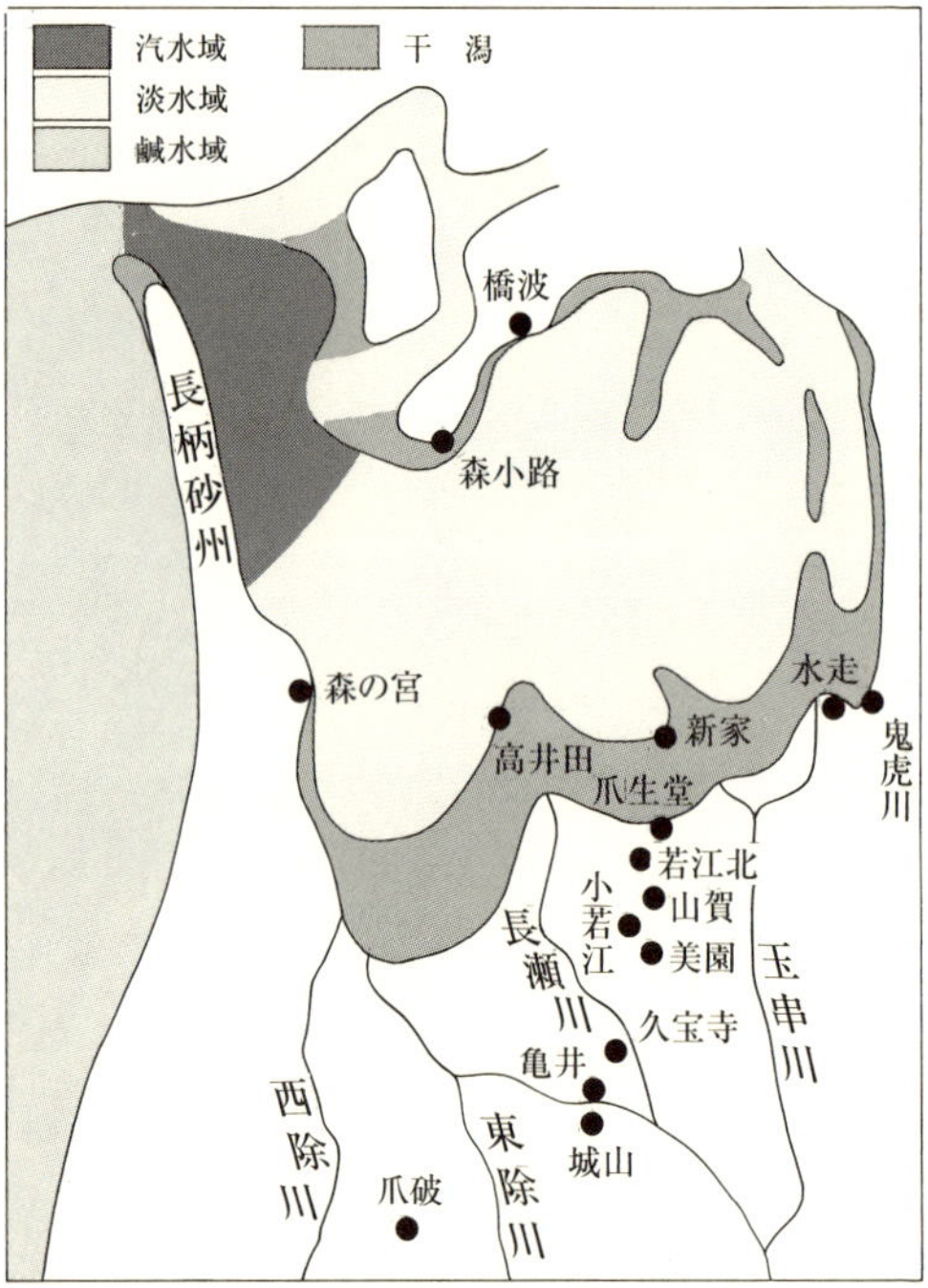

河内潟沿岸のおもな弥生時代前期の遺跡（梶山彦太郎・市原実「河内湾の時代」『大阪平野の生い立ち』より一部改変）

器）と弥生前期の土器（前期の土器は古・中・新段階にわける）の中段階か新段階の土器とが共伴することがあり、縄文人と弥生人との接触が土器を通して垣間《かいま》みることができる。前頁の図は、弥生時代前期の集落が河内潟沿岸、大和《やまと》川・淀《よど》川流域の低湿地に定住している状況を示している。

中期になると瓜生堂・亀井・鬼虎《きとらがわ》川遺跡（東大阪市）などの遺跡が核となって、大集落を形成するようになり、地域性のある摂津の土器や河内の土器とよばれる土器が出現し、地域の独自性が強くなった反映として、土器に地域性がうまれたものと考えられる。これらの地域のなかから有力な家長層のあるものは、やがてつぎの古墳時代になると地域の首長として成長してくる。

後期には河内潟の入口部にあたる位置に立地した崇禅寺《そうぜんじ》遺跡（大阪市東淀川区）では、伊勢湾沿岸地方や近江地方、さらに吉備地方の影響下の土器がみられたり、素環頭太刀《そかんとうたち》の一部が出土していることなどを考えると、遺跡が水上交通の要衝に位置していたことが理解できる。このように河内潟沿岸の地は地理的条件もととのっており、やがて古代においても交通の要衝の地となり、難波《なにわ》を中心とする政治権力の中枢地として発展する下地がみられる。

大溝に囲まれたムラ●

弥生時代の村の多くは板付《いたつけ》遺跡（福岡県）や唐古《からこ》遺跡（奈良県）のように、前期の頃から集落の周囲を溝でめぐらす場合が多い。前期から中期の弥生の集落のほとんどは、水稲栽培のため低湿地に進出していたこともあって、たえず河川の氾濫《はんらん》による水害を被る可能性があり、ムラをまもるために溝を掘削してきた。大阪府下では標高一〇メートル以下の沖積平野や扇状地末端に位置するいくつかの遺跡のなかには、幅三～五メートル、深さ一～二メートル程度の溝を掘っている例がある。このように集落をとり囲むように溝をそなえた代表的な遺跡に、安満《あま》遺跡（高槻市）と池上《いけがみ》遺跡（和泉《いずみ》市）をあげることができる。

安満遺跡は戦前から知られており、遺跡が位置するところは檜尾《ひのお》川の扇状地《せんじょうち》上にあって前期から二本の溝が平行してムラをとり囲むように掘られている。集落外側の溝（A溝）は幅三・五メートル、深さ一・二メートル、長径一五〇メートル、短径九〇メートルで、内側の溝（B溝）は幅四メートル、深さ一・二メートル、長径一一〇メートル、短径七〇メートルの長楕円形状をしているという。溝の断面は台形を呈し、常時水をたたえていたかは疑わしいとされている。豪雨時には雨水が流れこむことはあっても、普段は干上がっており、前期のおわりごろには廃棄物によって埋没している（『高槻市史』第一巻）。

池上遺跡も前期からはじまる大規模遺跡であるが、中期になって幅四メートル、深さ一メートルの溝が、東西三〇〇メートル、南北三五〇メートルの範囲内

池上遺跡の大型掘立柱建物跡(弥生時代中期後半)

を二重の溝でとり囲んでいるといわれてきたが、坂口昌男によると、最近の史跡整備の調査で遺跡の西側は自然排水の状態となって人工の溝はみられないという。つまり環濠《かんごう》といわれてきた溝は、遺跡地の南東が高く北西が低くなっている地形から、洪水のさいの水を逃がすために掘られたものであって、従来いわれてきた防御を第一にした溝ではない。最近の調査で、遺跡のほぼ中央部において、桁行九間（一七メートル）・梁行二間の東西方向の巨大な掘立柱建物に接して、内法《うちのり》約二メートルの井戸枠（クスノキ材）が発見され、その重要性が注目されている。この井戸枠の年輪年代測定から掘立柱建物跡が、紀元前五二年であると新聞で報道された。

このほか河内平野に点在する瓜生堂・若江北・山賀・美園・亀井遺跡（八尾市）は、遺跡の調査が道路幅に限定されていることもあって全貌を知ることができないが、発掘調査で確認されている溝は、いずれも溝幅が広いわりには深さはなく、排水を意識したものと考えられる。旧大和川の氾濫原に位置していることから、溝の機能は洪水から集落をまもるためのものであろう。ただ、遺跡の全面調査は行われていないために、溝は集落をどの程度めぐっていたかは不明であるので今後の課題でもある。

こうした前期や中期の集落に伴う溝は、そのほとんどの断面形が台形や皿状を呈している場合が多く、雨のたびに崩壊したことであろう。また溝が埋没した土層断面をみても、生活の廃棄物を投棄されていたりして、たえず水をたたえていた溝とは考えられない。本来、環濠集落は濠に深さがあって、たえず水をたたえている状態の施設につけられた中世的な名称であり、弥生時代の集落をめぐる溝は不断水をたたえていない場合が多いのではないか。そういう意味ではこれらの溝と濠とは区別しなければならないであろう。防御的に掘られた場合には、深さもあり水もたたえていなければならないし、溝の断面もV字状でなければならない。遺跡の立地にもよるが、沖積地にみられる集落をとり囲む溝は、防御を第一義的に考えるよりも、水害から集落をまもることが本来的な目的ではなかったかと思われる。

漁撈の盛んな大阪湾●

大阪の弥生時代の特色の一つに漁撈活動をあげることができる。このうち弥生時代後期になると盛んになる製塩を別にしてみると、漁撈にかかわる漁具の遺物はかなり多様な形で出土している。それらの漁撈具は地域によって、その地域性を反映したものがみられる。遺跡の位置する場所が淡水域か鹹水域によって出土する漁具が異なってくるのは当然のことと思われる。たとえば、鹹水域では網漁・釣漁が発達している関係から土錘《どすい》・石錘《せきすい》・釣針・ヤス・モリ・蛸壺《たこつぼ》形土器がみられる。それに対して淡水域では管状《くだじょう》土錘・タモ網・ヤス・筌《うけ》などがあげられる。

水域別にみると、河内潟沿岸の遺跡は周囲の景観から淡水産の魚を対象としていたことが中心であった

組合せ式手網枠(西岩田遺跡出土)

土錘(西岩田遺跡出土)

石錘(瓜生堂遺跡出土)

蛸壺形土器(亀井遺跡出土)

ように考えられる。それに対して大阪湾東岸（和泉の海岸から大阪市内）においては、鹹水域であるため出土遺物がやや異なってくる。漁網錘は、縄文時代の大阪湾岸でよく使われた石製の礫石錘はみられなくなり、かわって土製の錘になる。さらにイイダコを捕獲する蛸壺形土器が中期以後各遺跡から出土し、池上遺跡のように一カ所から一〇〇個以上出土している例もある。大阪市域の上町《うえまち》台地西側の砂堆《さたい》上に点在する遺跡は工事によって発見された場合が多いが、これらの遺跡からも必ずといってよいほど蛸壺形土器が出土している。これらの地域では古墳時代を経て古代に至るまでイイダコ漁が継続して行われている。

後期になると、そういう集落内のなかから専業の漁撈集団が出現する下地ができ上がっていたものと考えられる。このほか、貝類の採捕は縄文時代のように盛んではなく、前期から中期の遺跡のなかに小規模の貝塚が付随してみられる場合もあるが、後期になるとほとんどみられなくなる。このように海浜を生活の舞台とする漁業集団は海に関する知識も豊かであり、やがて海上交通の担《にな》い手《て》として活躍するものもうまれてくる。大阪は瀬戸内海の東端に位置していることもあって、海上交通のうえからも重要な位置を占めており、彼らの知識が要求されたことは確かであろう。

墳丘のある墓●

この時代の代表的な墓制として方形周溝墓《ほうけいしゅうこうぼ》がある。方形周溝墓は、大場磐雄《おおばいわお》によって調査された宇津木《うつき》遺跡（東京都八王子市）からみつかった墓につけられた名称である。方形をめぐらした墓であり、今日では若干の盛土がなされていた墓が多い。これらの周溝墓のなかには円形周溝墓もあるが、池上遺跡や長原遺跡にみられるような方形のものに、さらに小さい方形の造り出しをもつ前方後方状のものもある。しかし形態が似ているからといって、これがただちに古墳時代の前方後方墳につながるとは即断できない。

大阪では弥生時代前期から方形周溝墓がつくられており、さらに古墳時代にはいっても瓜破《うりわり》北遺跡のように布留《ふる》式土器が伴う方形周溝墓もみられる。また中期になると一辺が一〇メートルを超える大きな規模の方形周溝墓が登場する。たとえば瓜生堂《うりゅうどう》遺跡の調査でみつかった二号墓は、長辺が一五メートル、短辺が一〇メートル、高さが約一メートルの規模をもち、そこには木棺六、土器棺六、土壙六基が同一の墳丘上に埋葬されていた。これら木棺埋葬の時間的な新旧や、性別から男女三組とその子供たちの墓であることが確認され、家族墓の様相を示す墓制であるとされている（『瓜生堂遺跡』Ⅲ）。

さらに加美《かみ》遺跡（大阪市平野《ひらの》区）からは、昭和五十六（一九八一）年から六十二年にかけて行われた発掘調査で、弥生時代後期から古墳時代にかけてきずかれた四六基の方形周溝墓の下層から、中期の方形周溝墓が発見された。この墓は南北二二メートル、東西一一メートルの長方形状で、高さも二メートルの墳丘をもっており、この盛り土の量は五五〇立方メートルと推定されている。墳丘上には二三基の木棺が確認されている。そのうち一一基は小児を埋葬したものであるといい、墳丘のほぼ中央部にある大型の木棺は、側板《そくばん》・小口板《こぐちいた》・蓋《ふた》が二重になっていて、葬られた人物が共同体の最高位にあったことがうかがわれる。弥生時代には古墳時代のような墳丘をもった埋葬施設があらわれても、一つの墳丘上に複数の埋葬がなされており、遺骸に伴う副葬品も少なく、家族的というか共同体全体の墓という感じが強い埋葬の形態をとっている。

銅鐸と祭り●

弥生時代の青銅器の一つである銅鐸《どうたく》の祖形は朝鮮式の小銅鐸にあるといわれ、その機能は音を発するものから眺めるものへと変遷していくといわれている。今までみつかった銅鐸の出土状況からみて、墳墓から出土するという例は皆無であることからも個人の所有物ではなく、共同体の全体にかかわる農耕儀礼などに用いられたものといえそうである。銅鐸の出現時期については、鶏冠井《かいで》遺跡（京都府向日市）出土銅鐸の鋳型が畿内第Ⅰ様式から第Ⅱ様式の土器を伴うところから、前期末から中期初頭にかけての頃に鋳造が開始されていたものと考えられる。

銅鐸の鋳造に用いられたおもな原材料は大陸からもたらされたものといわれているが、必ずしもそのすべてが大陸のものと断定してしまうには、いささか問題があるのではないだろうか。日本列島には少量ではあるがいたるところに銅鉱石が産出し、利用の簡単な自然銅の露頭《ろとう》もあって、その道にくわしいものであれば容易に入手できたであろうことは、江戸時代の文献にも記載されている。畿内では、銅鉱山として摂津国能勢《のせ》銅山をはじめ、山城・大和・紀伊国等に点在している。なかでも能勢の地は大阪平野北部、猪《い》名《な》川の上流域に位置し、先史時代から開けた土地であり、長暦元（一〇三七）年、能勢郡初めて銅を献上し、山城の岡田山に次いで古代銅山として知られる。やがて能勢採銅所が設置され三種の土貢（銅・紺青・緑青）を献上し中世末まで稼動していた地である。横町遺跡（大阪府能勢郡能勢町）では弥生時代中期の「河内の土器」が出土し、河内の鬼虎川《きとらがわ》遺跡では銅鐸などの鋳型が出土しているので、能勢と河内との地がなんらかの形でつながりがあるのではないかと考えられる。能勢の山を東に越えると銅鐸の鋳型が出土した東奈良遺跡（茨木《いばらき》市）があり、また猪名川の下流には銅剣の鋳型が出土した田能《たのう》遺跡（兵庫県尼崎《あまがさき》市）がある。弥生時代には能勢の自然銅が採取され、銅器の原材料として用いられた可能性があってもおかしくないのではないかと思う。大阪府下では現在のところ二〇カ所からおよそ三〇個ほどの銅鐸が発見されている。出土した銅鐸の位置をみると、丘陵地や山間部の集落からは直接みえない場所から発見されることがあるかと思えば、集落のなかから出土することもある。このような出土例のなかで、とくに低湿地にいとなまれた集落のなかから発見される銅鐸をみると、銅鐸が用いられた当時の儀式の一端をうかがい知ることができるのではないかとさえ思われる。こうした例には、江戸時代に発見された北長柄《きたながら》村（大阪市北区）の銅鐸がある。この銅鐸は西谷真治《にしたにしんじ》によってみいだされた『好古集帳《こうこしゅうちょう》』（天理図書館蔵）に、「江戸時代に掘り出された」と記載されているもので、現在はボストン美術館蔵となっている。北長柄村は現在の大阪市北区長柄三丁目から同長柄東三丁目の辺りであろうと考えられる。つまりこの地は淀川と中津《なかつ》川の合流地点で、寛政九（一七九七）年の『河絵図』には三頭《みつがしら》と記載されている土地である。また、これとよく似た例として平野《ひらの》寺前《てらまえ》（大阪市平野区）の銅鐸がある。明和年間（一七六四〜七二）に井戸を掘ったさいに出土していることが古文書に記載されていたのと、その銅鐸が現在では京都国立博物館に保管

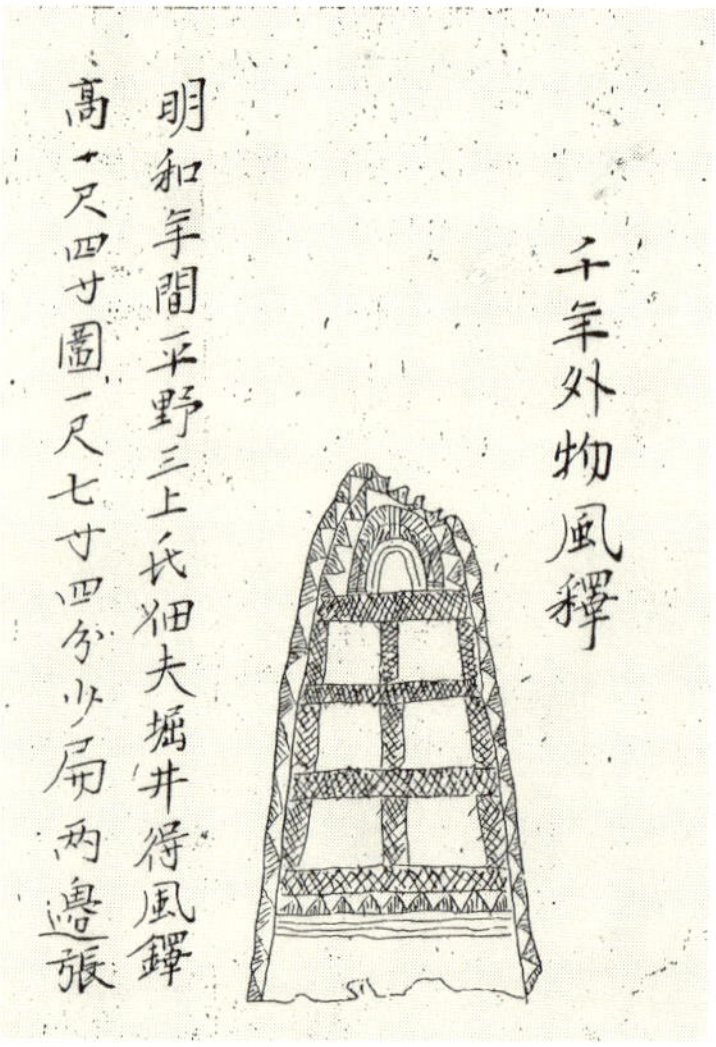

平野寺前出土の銅鐸スケッチ(「三上家文書」『大阪の歴史』35号による)

されていることを確認したことがあり、出土地は平野川にそった自然堤防上に位置していたものと考えられる。そのほかに出土遺物は確認されていないものの、この地から北へ数百メートルのところには加美遺跡（大阪市平野区）があり、平野川の上流数キロの跡部《あとべ》遺跡（八尾市）からも銅鐸が出土している。さらに古川《ふる》（旧淀川）にそった京阪電車の大和田《おおわだ》駅（門真《かどま》市）陸橋工事の際にも三個の銅鐸が出土している。

このように銅鐸が河川にそった土地から出土することは、和歌山県の紀ノ川河川敷の有本《ありもと》・砂山《すなやま》両遺跡の出土例から考えると、荒ぶる川や水田をうるおす水を提供する河川に対してなんらかの祭りが行われ、その祭具として銅鐸が用いられたのではないかとも思われる。

高地性集落の出現●

弥生時代の一般的な集落は、稲作農耕を本格的に実施するために低湿地を中心とした平地にいとなまれる場合が多い。ところが中期頃から集落が丘陵や山の上にいとなまれるようになり、後期には普遍的にその傾向が強まってくる。このように、丘陵上に構える集落は高地性集落とよばれている。高地性集落がいとなまれた原因は畑作を目的とした集落説や自然災害による退避説、さらに『魏志《ぎし》』にみられる「倭国の大乱」による避難説がみられる。また、はじまる時期には、高地性集落にも中期からのものや、後期からのものもある。さらにそのいとなまれた場所の高さは平地からの比高が一〇〇メートル以上から、数十メートル未満のものとの例があって一様ではない。

高地性集落のなかには、前述したように集落のまわりに溝の断面がV字状を呈した溝を掘りめぐらし、あきらかに外敵から集落をまもることを意識したものもみられる。その典型的な例が観音寺山《かんのんじやま》遺跡（和泉市）である。このように高地性集落の性格は明確なものもあれば、どのような理由でつくられたか明確でないものもある。

大阪府下のおもな高地性集落はおよそ三〇カ所ほどで、生駒山麓や北摂丘陵・和泉丘陵などにみられる。北摂丘陵には猪名川を眼下にみおろす五月山《さつきやま》遺跡（池田市）、千里《せんり》丘陵の南端には垂水《たるみ》遺跡（吹田市）から竪穴住居・焼土壙・土壙墓などが確認されている。高槻丘陵の紅茸山《べにたけやま》遺跡（高槻市）では、竪穴住居一八棟と方形周溝墓が確認されている。生駒山麓の北には淀川をみおろすように鷹塚山《たかつかやま》遺跡（枚方《ひらかた》市）があり、四棟の竪穴住居と小型重圏文《じゅうけんもん》鏡・分銅《ふんどう》形土製品・手焙《てあぶ》り形土器・球状土製品が出土しており、この集落が祭祀遺跡としての特殊性もみられる。和泉丘陵の観音寺山遺跡（和泉市）は、二本の溝に取り囲まれた一〇八棟以上の竪穴住居をもつ大規模な遺跡である。

高地性集落（古曽部・芝谷遺跡II区全景）

2章

王権の誕生

武人形埴輪(長原45号墳出土)

1　古墳の築造

前方後円墳の出現●

弥生時代と古墳時代の境をなす指標として、前方後円墳の出現をあげることができる。弥生時代においてもすでに古墳を思わせる墳丘をもった墓や、円形の墳墓に方形の造り出しのあるものもみられるが、これらの墳墓には特定の首長墓というより共同体の墓という感じが強く、墳丘上に複数の埋葬施設があったり、埋葬施設にもつぎの古墳時代の墳墓と比較して格段の差がみうけられる。古墳時代は、鉄器の普及と大陸からの新しい技術の伝来を背景に、治水や土木工事が盛んに行われ、農業生産力は弥生の時代に比較して飛躍的な発展をとげた。その結果、地域の支配者の墳墓としてふさわしい前方後円墳が築造されたのであろう。築造の時期は三世紀末から四世紀初頭にかけての頃と考えられ、それが旧播磨《はりま》・大和《やまと》・北河内《かわち》・東摂津《せっつ》・山城《やましろ》・近江《おうみ》に初現的な古墳が築造されている。なかでも注目すべきは、奈良盆地の東南部を中心に権力をにぎった首長の墓である箸墓《はしはか》古墳（全長二八〇メートル、奈良県桜井市）に代表される前方後円墳の出現であろう。

こうして幕を開けた古墳時代は、前・中・後期の三時期に区分することができる。大阪府下での前期古墳は摂津では弁天山《べんてんやま》A一号墳（高槻市）、北河内では森一号墳（交野《かたの》市）がそのさきがけとなる古墳であろう。こののち北河内では森二号墳・三号墳（交野市）、万年山《まんねんやま》古墳（枚方《ひらかた》市）、中河内では向山《むこうやま》古墳（八尾《やお》市）、南河内では玉手山《たまてやま》丘陵上に密集するように玉手山一・九号墳（柏原《かしわら》市）、東に松岳山《まつおかやま》古墳（柏原市）、石川の上流には大師山《だいしやま》古墳がみられる。和泉では河内などの地域よりやや遅れて摩湯山《まゆやま》古墳（岸和田市）がまず築造され、乳《ち》ノ岡《おか》古墳（堺市）・黄金塚《こがねづか》（和泉《いずみ》市）・久米田《くめだ》貝吹山《かいふきやま》古墳が築造されるようになってくる。

　これらの古墳のうち、石川と大和川の合流点近くにある玉手山丘陵上には、一八基の前方後円墳が築造されている。この玉手山古墳群は前期の前方後円墳の群集墳としても珍しく、その埋葬者の性格や、中期になって丘陵の西側に形成される古市《ふるいち》古墳群（羽曳野《はびきの》市）との関わりを知るうえで重要な鍵をにぎる古墳群である。玉手山古墳群中の勝敗山《かちまけやま》古墳（全長一〇六メートル）出土といわれる割竹形石棺《わりだけがたせっかん》は、安福寺《あんぷくじ》境内に保管されているが、石棺は香川県鷲《わし》の山産出の石材であるといわれ、また同古墳群東部の松丘山古墳の後円部上にみられる板石でおおわれた形状は、石清尾山《いわせおやま》古墳群（香川県高松市）の積石塚《つみいしづか》古墳を思わせ、主体部の石棺の側石は鷲の山産出のものであるという。このことから玉手山古墳群や松丘山古墳を築造した地域の埋葬者たちは香川県との関わりが強く、大和川と石川とに接して位置していることから、水上交通において大きな影響力をもっていたのではないかとさえ考えられる。

倭の五王とその墳墓●

古墳時代中期になると畿内の首長クラスの墳墓は、それまで丘陵上にきずかれていた前期と異なって平野部に築造されるようになり、その威容を誇示するかのように巨大化してくる。とくに河内の古市古墳群、和泉の百舌鳥《もず》古墳群（堺市）のような大王クラスの巨大な前方後円墳はその代表的なものである。このほか、淀川の右岸には大田《おおた》茶臼山古墳（茨木市）、左岸では牧野車塚《まきのくるまづか》古墳（枚方市）が、生駒山《いこまやま》西麓には墓《はか》の堂《どう》古墳（東大阪市）、心合寺山《しおんじやま》古墳（八尾市）、和泉の西南部では西陵《さいりょう》古墳・淡輪《たんのわ》ミサンザイ古墳（泉南郡岬町）と、それぞれの地域の首長の権力を示すかの状態で古墳が築造されてくる。

　このような社会背景には、農業生産の発展のほかに、大陸との交流による人とモノの流入による経済的な豊かさが考えられる。それらを統率した大王は、対外的にも権力を誇示する必要にせまられていたのではないか。五世紀には中国の史書『晋書』に、四一三年、讃《さん》とよばれる倭王《わおう》が中国（晋）に朝貢したことが記されており、倭国はこの後も珍《ちん》・済《さい》・興《こう》・武《ぶ》という王が宋へ朝貢したという。この五王がどの天皇にあてはまるのかは、文献史学の問題であり、ここではふれないことにする。しかし考古学上から、中期に築造された巨大前方後円墳をその形態や埴輪などから編年順にならべると、石部《いしべ》正志《まさし》らのいう河内大塚山《おおつかやま》古墳を六世紀の築造とすると、仲津山《なかつやま》古墳・石津丘《いしづがおか》古墳・誉田山《こんだやま》古墳・大山《だいせん》古墳・百舌鳥ニサンザイ古墳の順となり、五世紀には大王墓五基が古市と百舌鳥の地に築造されていたことになるという。大王墓五基がなぜ河内に築造されたのであろうか。大和政権は五

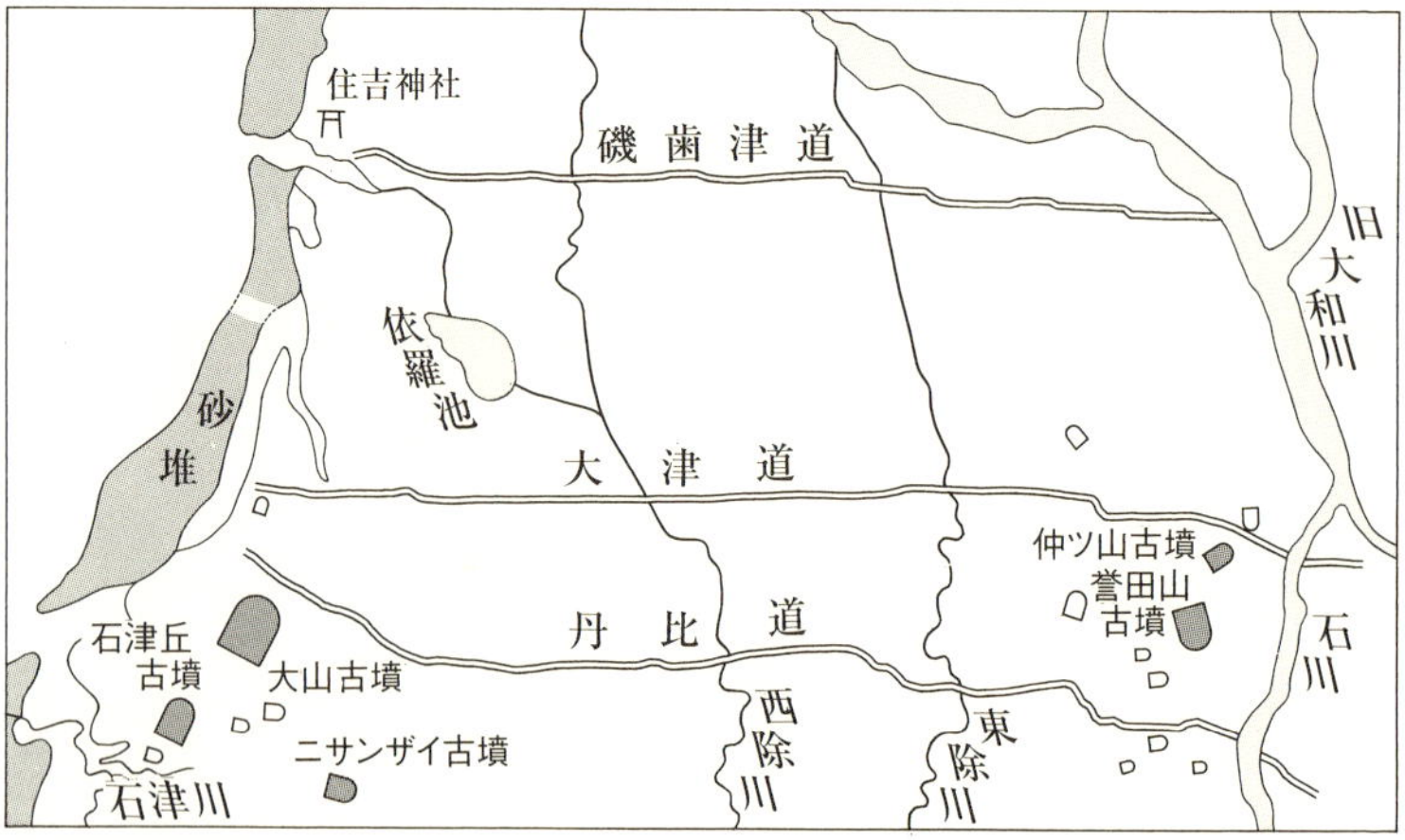

倭の五王の墳墓と古道

世紀に奈良盆地の北辺のウワナベ・コナベ古墳群を築造したが、四周を山に囲まれた奈良盆地よりも、海に向けて開かれた河内の重要性に着目し、ウワナベ・コナベ古墳群(奈良市)と同じような形態の古墳群を、古市・百舌鳥の地に設けたのではないだろうか。記紀の所伝から応神天皇以後数代の天皇の名(諡号《しごう》)が、それ以前のイリヒコ系・タラシ系と異なりワケ系となるのと、難波と河内の地に関係をもつところから河内王権の誕生とみなす見解がある。五世紀の河内は平野中央部にあった河内潟が河内湖となり、さらに水域が縮小して淀川や大和川などの沖積作用による肥沃な土地が誕生して古代国家の首都圏になったが、その海につうじる水上交通の重要性と、対外的に威厳を誇示する必要もあって、大和への交通の要衝の地にあえて奥津城《おくつき》(墳墓)を設けたのではないだろうか。

盛んな土木工事●

弥生時代に、集落を囲む溝を掘削する土木工事が共同体単位で実施されていた。前期・中期の段階では集落は低地に開かれていたため、溝を掘削する場合には木製の鍬や鋤で十分に掘削できた。しかし、やがて鉄器が渡来するとかたい地盤の花崗岩や洪積層からなる丘陵上の掘削も可能になったため、周囲を溝で囲んだ高地性集落も出現したので

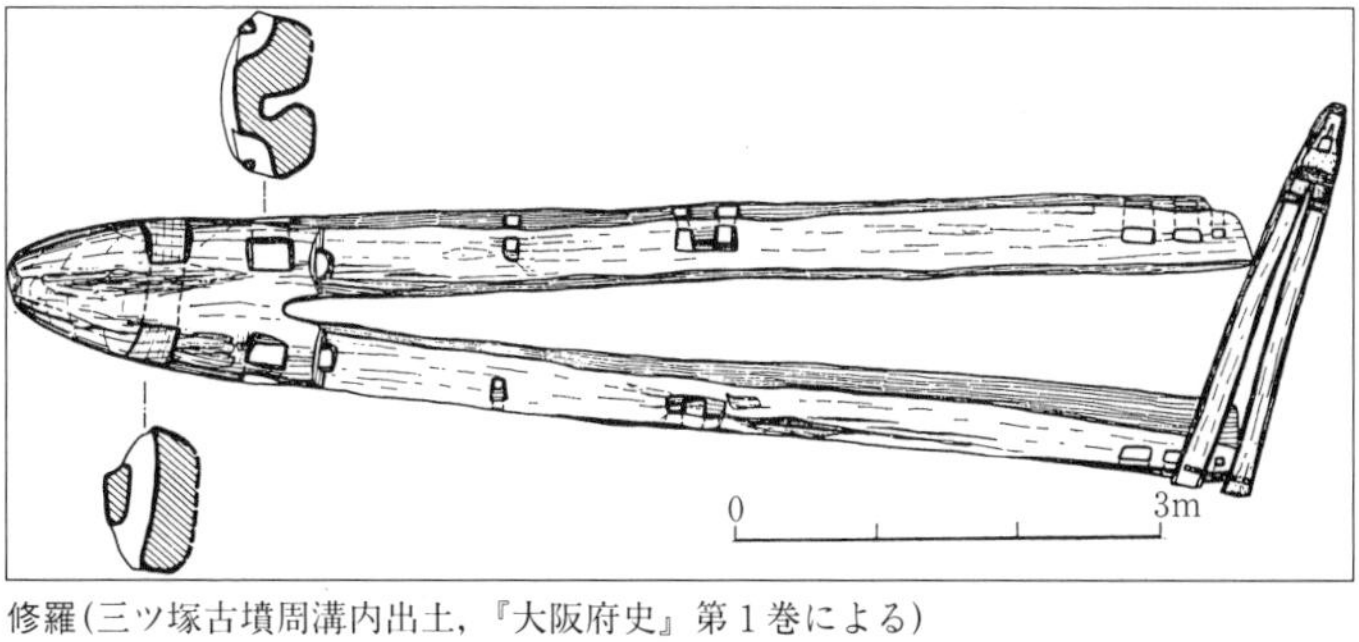

修羅(三ツ塚古墳周溝内出土,『大阪府史』第1巻による)

あろう。やがて五世紀の中頃、大きな権力をにぎった大王は、広範囲の地域共同体をまとめて大規模な土木工事を行ってきた。その代表的なものは、大王の奥津城である巨大な墳墓の築造であり、なかでも百舌鳥古墳群中の大山古墳（伝・仁徳《にんとく》天皇陵）である。墳丘の長さは四八六メートル、前方部幅三〇四メートル、後円部直径二四四メートル、体積は一四〇万立方メートルで、築造には一日一人の人間が掘削できる土量を一立方メートルと仮定すると、延べ一四〇万人を必要とし、一〇〇〇人の人間を動員した場合、四年の歳月が必要であるといわれている。このほか掘りあげた土の運搬と盛り土、葺石の運搬と張り付け、埴輪の製作と配置作業の労働力を考えると、それ以上の多くの人間を必要としたといわれている。

古墳時代中期の大王の墓には、巨石を用いた長持形《ながもちがた》石棺などがみられるが、巨石の運搬には修羅《しゅら》が使用されていたことが判明した。修羅は仲ツ媛陵の陪塚《ばいちょう》と考えられる三ツ塚古墳の八島塚と中山塚のあいだの周溝内から出土した。アカガシ属の自然木の二股に枝分かれする部分を用材とし、大型のものは全長八・八メートル、頭部先端部を尖り気味に上方にそらせ、先端から一メートルのところに引き綱をとおす幅二三センチ、高さ一七センチの「えつり穴」をうがち、約二・二メートルのところから上部を平坦に加工、荷をのせる部分をつくっている。二本の足の側縁には、それぞれ斜めに六カ所の穴をあけ、荷綱を通したり引き綱をとめている。小型のものは大型のものの南端に一部が重なる状態で出土していた。このような運搬具の出現は当然のことながら大規模な土木事業を一層推進することになる。

この時期には巨大古墳の築造のほか、『日本書紀』にも依網池《よさみ》（崇神紀）、高石池《たかいし》・茅淳池《ちぬ》（垂仁紀）、茨《まん》田池《だ》・和珥《わに》池・横野《よこの》堤・感玖《こむく》大溝（仁徳紀）、戸苅《とかり》池・依網池（推古紀）などと、池や溝を掘り堤をきずく大規模な土木工事が行われていたことが記されているが、工事が具体的にどのようなものであったかは現

古市大溝と古市古墳群(谷岡武雄原図・森図房作図「羽曳野市域古代歴史地理図」『羽曳野市史』史料編別巻による)

段階では判明していない。

そうしたなかで、『日本書紀』仁徳天皇十四年の条に「又大溝を感玖に掘る。乃《すなわ》ち石河の水を引きて……」と記載された大溝らしきものが、古市古墳群内から発見されている。航空写真によると古墳群のなかをとおる溝が前方後円墳の墳丘や濠の方向と相互に関連しあっているところから、秋山日出雄はこの溝が「感玖の大溝と考えて大過なきもの」という指摘を主張している。大溝は数カ所の発掘調査によって掘削時期は五世紀頃で、数度の改削ののち七世紀にはその機能が失われ、八世紀には埋没したといわれている。また、古市古墳群がつくられている期間内には機能し続けたが、古墳の築造の終了と同時に放棄されているともいう。このほか現地名と文献記事との関連を指摘されるところがあるが、発掘調査によってあきらかにされたものは少ない。

このように造墓・造池・築堤・溝の開削といった大がかりな土木工事は、五世紀にはいって鉄製の鍬や鋤の普及、朝鮮半島からもたらされた優れた技術、それに大量の人間を動員することができた大王の出現によってはじめて可能となったのである。

生産遺跡●

この時代の指標となる古墳の築造は、農業生産や漁業生産を中心にした多彩な経済的な基盤《きばん》の上にささえられた技術の成果としてみることができる。大阪府下の生産遺跡には、土器・塩・玉造りなどのほかに鉄の鍛冶があげられる。土器の生産は、弥生土器に続いてつくられた土師器《はじき》があり、五世紀中頃に生産がはじまった須恵器《すえき》は、それ以後も長くつくられることになる。須恵器は朝鮮半島から渡来した工人の手によって開始された焼き物で、轆轤《ろくろ》による成形と窯《かま》を使う焼成《しょうせい》という新しい技術を伴っていた。焼成には、

❖コラム

幻の赤毛馬と応神陵

『日本書紀』雄略《ゆうりゃく》天皇九年七月の条に、つぎのような話が記載されている。「河内国飛鳥戸《あすかべ》郡に住む田辺史伯孫《たなべのふひとはくそん》が、古市に住む娘の嫁ぎ先（書首加竜《ふみのおびとかりょう》）で女児の出産祝いにでかけた帰り、応神陵の下までくると赤毛の馬にのった人にあい、その馬が駿馬《しゅんめ》であったので伯孫が欲しくなり自分の馬に鞭《むち》をあてて赤毛の馬を追った。赤毛の馬の人物は伯孫の気持を知って馬をとめて取りかえてくれた。伯孫も大よろこびで帰宅し秣《まぐさ》をやって眠った。翌朝、その馬が埴輪《はにわ》にかわっており、おどろいて応神陵へいくと自分の馬が埴輪馬の列のあいだに立っていた」という。この話には、出産祝いでかなりのお酒を飲んで千鳥足にて帰路の途上のこととて、幻想的な雰囲気がただよっている。この話を史実としての信頼性は別にして、かつて応神の濠の外には埴輪馬がならべて立てられていた事実の反映ではないかと思われる。実際、応神陵は全長四二〇メートル、後円部径二五二メートル、後円部高さ三五メートル、前方部幅三三〇メートル、高さ三四メートル、体積では大山古墳（仁徳陵）をしのいでいる。墳丘の周りには二重の濠をめぐらしており、外濠はすでに埋め立てられ耕地や宅地になっている。その外濠や外堤の調査では、円筒埴輪や、形象埴輪として衣蓋・家・盾・水鳥がみつかっている。したがって未調査部分に馬の埴輪が眠っているものと思われる。応神陵の陪塚《ばいちょう》の丸山古墳・東山古墳から馬具類が出土している。こうしたことから四世紀の前期古墳にはみられなかった騎馬の風習が、五世紀には普及していた事実の反映であり、大きな社会の変革といえるものである。

丘陵の斜面を細長く掘り、壁土で天井をつくった窖窯《あながま》（登窯《のぼりがま》）が用いられた。窯跡には大阪南部の陶邑《すえむら》古窯址《こようし》群（堺市ほか）と千里《せんり》丘陵古窯址群（吹田《すいた》市）の二大窯跡群、さらに枚方窯跡群（枚方市）や二上《にじょう》山《ざん》窯跡群（南河内郡太子町）がある。生産にあたっては原料となる粘土、窯をきずく条件のよい傾斜地、燃料となる薪《まき》などが必要とされ、さらに完成した製品の運搬ルートが確保されなければならなかった。陶邑窯跡群はその条件を満たしていたといえよう。また同じ焼きものという意味では、埴輪の製作遺跡も誉《こん》田《だ》白鳥遺跡や新池《しんいけ》遺跡（高槻市）で、その焼成窯と工房などが一緒に出土しているのは注目すべきである。須恵器には甕《かめ》・壺《つぼ》・高杯《たかつき》・提瓶・蓋杯・器台・甑《こしき》・蛸壺《たこつぼ》形土器・硯《すずり》など多彩な製品があり、日常生活や葬送儀礼・祭祀など広範囲に用いられた。その需要と供給についても、おそらく大和政権の統制下におかれていたのではないかと思われる。

塩の生産は、縄文時代後期に関東地方の海岸部でおこり、大阪湾岸では弥生時代中期に備讃瀬戸《びさんせと》地方でおこった土器製塩が後期頃に波及したものといわれ、和泉の沿岸部を中心として盛んになった。和泉の沿岸部では石敷炉《いしじきろ》がみられ、製塩土器も台脚が倒杯《とうはい》形へと小型化して台脚を失い丸底の土器へと変化していく。薄手丸底土器は和泉の北部にみられるのに対して、同じ丸底でも伝統的な叩き技法でつくられた土師質の土器は河内北部の遺跡から発見されている。丸底の製塩土器は六世紀にはいると、器形が横へ膨らみを増して、容量がふえるものの粗略化する傾向にあるという（石部正志「原始・古代の塩生産」『塩の古代史』）。

玉造りの明確な生産遺構は確認されていないが、遠里小野《おりおの》遺跡（大阪市住吉区）では、かなりの量の滑《かっ》石《せき》製勾玉《まがたま》・管玉《くだたま》・臼玉《うすだま》が出土している。また、池島・福万寺《ふくまんじ》遺跡（東大阪市）の竪穴住居跡からも未完成

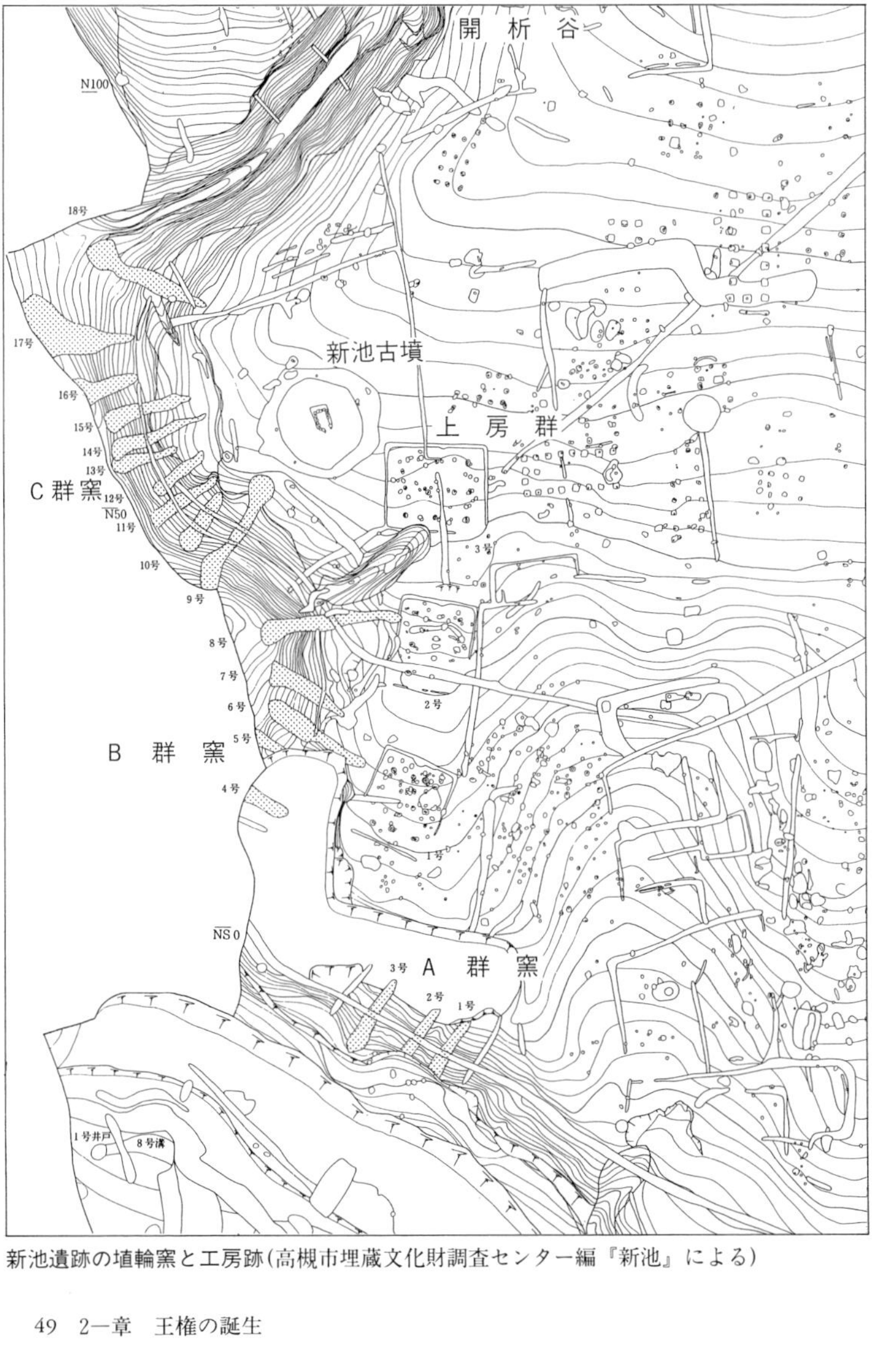

新池遺跡の埴輪窯と工房跡(高槻市埋蔵文化財調査センター編『新池』による)

品を含む臼玉・滑石の原石が出土している。さらに高安《たかやす》遺跡（八尾市）からは滑石製の管玉・未完成品・滑石製模造品・砥石《といし》などが採集されており、この遺跡の東方には玉祖《たまおや》神社（八尾市）があることから、玉造りの集団が居住していたものと思われる。神社の南方にある鳥坂《とさか》寺跡（柏原市）からは、篦描《へらが》きで「玉作飛鳥評《こおり》」と陰刻された平瓦が出土し、河内国飛鳥郡内にも玉造部《べ》の人びとが住んでいた証拠とされている。このほか大阪市内にも玉造という地名がみられて玉造部の存在をうかがわせるが、その根拠となるものは発見されていない。大阪城周辺出土と称する砥石「天狗の爪研ぎ石」も、天満宮境内に残されているだけである。大阪では玉の原料となる滑石はみあたらないから、原料は他地方から運ばれ、それぞれの地で加工が行われていたのではないかと思われる。

五世紀の鍛冶にかかわる遺跡では、鞴《ふいご》の羽口《はぐち》、鉄滓《てっさい》などの遺物が出土している遺跡が現在では約二〇カ所ばかり発見されている。それらの遺跡は河内に圧倒的に多く、古市古墳群・百舌鳥古墳群の周辺にもみられ、古墳の副葬品との関わりが想定される。鍛冶関係の遺跡のうちでは、大県《おおがた》遺跡（柏原市）では各種の鍛冶炉がみつかっており、遺跡のかなりの範囲を鍛冶遺構が占め、鉄滓・鞴の羽口・砥石などが多量に出土していて、五世紀から八世紀まで操業していたといわれる。

群集墳と終末期の古墳●

六世紀になって大陸の葬制が普及してくると、追葬が可能な横穴式石室に棺をおさめる古墳時代後期の家族墓的な墳墓が増加してきた。地域集団の領域内には墓域が設定されてつぎつぎに墳墓が形成されたが、こうして成立した古墳は群集墳《ぐんしゅうふん》とよばれ、数基から数百基におよぶ群集墳は「八十塚」「千塚古墳」などと称されて、大阪では後期の群集墳は河内、とくに生駒山西麓に集中している。生駒山地には辻子谷《ずしだに》（東大阪市石切町）から、南は鳴川谷《なるかわ》（東大阪市四条町）にかけて、変斑れい岩や閃緑岩質斑れい岩（生駒石《いこまいし》）が分布し、その北方と南方は花崗片麻岩によって構成されているという。これらの岩石は転石《てんせき》として山中や麓にあるため、これらの石材を用いて横穴式石室が構築されている。

生駒山地には、山畑《やまはた》古墳群（約五〇基、東大阪市）・高安《たかやす》千塚古墳群（三〇〇基以上、八尾市）・平尾山《ひらおやま》千塚古墳群（一二七〇基以上、柏原市）・一須賀《いちすか》古墳群（二〇〇基以上、南河内郡河南《かなん》町・太子《たいし》町）がみられる。高安千塚古墳群は高安山の西麓、八尾市服部川地区を中心に南北一キロの範囲におよび、標高五〇〜三五〇メートルの斜面に群集している。平尾山千塚古墳群のほとんどは円墳で、柏原市平野《ひらの》・大県・太平寺《たいへいじ》・安堂《あんどう》・高井田《たかいだ》・青谷《あおだに》・雁多尾畑《かりんどばた》・本堂《ほんどう》の地区に囲まれた通称東山丘陵に築造され、古墳総数は一二七九基が確認されているという（大阪府教育委員会調査）。

生駒山西麓の群集墳を築造した集団は、それぞれの古墳群のグループわけからみて単に山麓に居を構えた人びとだけでなく、山麓からはなれた河内の低地に住む集団も墓地として利用していた可能性もあるのではないだろうか。また、河内には渡来系の集団の存在もみのがすことができないものと思われる。

一須賀古墳群は、石川と二上山・金剛山地にはさまれた「近飛鳥《ちかつあすか》」とよばれる地にきずかれた群集墳であり、なかでも山城・一須賀・東山・葉室の丘陵上に密集しているという。この古墳群の内部主体は横穴式石室で、石室内には木棺と石棺とが埋葬され、石棺は二上山の松香石《しょうこうせき》を用いた組合せ式石棺である。副葬品には金銅製冠帽・同沓《くつ》、純金製垂飾《すいしょく》付耳飾、金銅製あるいは銀製釵子《かんす》、金銅製単龍環頭大刀《たんりゅうかんとうたち》・同装三葉《さんよう》環頭大刀といった注目すべきものがみられる。とくにこの高安・平尾山・一須賀古墳群には、石室構造や副葬品等のなかに渡来文化の要素が認められ、古墳群の築造にさいしても自然発生的共同墓地ではなく、政治的・等質的で渡来文化の特性が共通するという（堀江門也「河内における大型群集墳論展望」『古代文化論叢』）。

一方、和泉地方の南部には花崗岩や和泉《いずみ》砂岩《さがん》が豊富にみられるが、信太《しのだ》千塚《せんづか》古墳群のある信太山台地（和泉市）の南西部一帯では横穴式石室を構築する石材が得がたく、竪穴式の小石室の比率が高いとされている。信太千塚古墳群は和泉地方を代表する最大の群集墳であり、和泉丘陵から派生する丘陵上に立地

高安千塚古墳分布図(『古代学研究』42・43号による)

する。古墳の総数は約八〇基以上といわれ、内部主体も竪穴式石室・横穴式石室・木棺直葬・埴輪円筒棺と多彩である。大きな円墳には横穴式石室が設けられ、小円墳には川原石でつくった竪穴式石室が構築されているという。信太千塚古墳群は紀伊《きい》（和歌山県）との関係があるのか、有力者には横穴式石室の石材に紀伊の結晶片岩を使用している（石部正志『大阪の古墳』）。

時期は少しさかのぼるが、河内平野の中央部に位置する長原《ながはら》古墳群（大阪市平野区）では、大きな円墳を中心に、一辺一〇メートル程度の方形墳も数百基みられる。古墳群は五世紀初頭から六世紀にかけて築造されているが、盛んに築造されるようになったのは五世紀後半以降と考えられている。墳丘はほとんど削平されていて、埋葬施設は墳丘上に木棺直葬という形をとっている。

七世紀になると、家形石棺の棺身の小口部分に長方形状の口をあけた横口式石槨《せっかく》をもった古墳が、南河内を中心にみられる。お亀石古墳（富田林市）はこのタイプではもっとも古い部類に属しており、槨室《かくしつ》の周囲には付近にある新堂廃寺の瓦が積まれていて、被葬者は寺をたてた渡来系の首長に違いないという。同一場所に氏墓・氏寺を建立するという特異な例として注目すべきであろう。

須恵器生産の中心にある陶器《とうき》千塚古墳群（堺市・大阪狭山市）のなかで、カマド塚とよばれる直径二一メートル、高さ三メートルの窯《かまど》形をした円墳では、焚《た》き口と煙出しをそなえた丸太組み（木心）の外部や、上部をスサまじりの粘土でおおった窯形木心槨（長さ六・八メートル、中央部の幅二・二メートル）があきらかにされている。こうした類例は和泉地方を中心に、死者の埋葬にさいして従来の共同体のなかに秩序が崩壊するなにかがみられるともいわれる。仏教の思想が従来の埋葬に大きく影響しているのかもしれない。

仏教の要素が古墳にとりいれられている例としては、御嶺山《ごりょうやま》古墳（羽曳野市）の棺台があげられる。切り石づくりの竪穴状の石室内におかれ、その側面には仏教建築にみられる格狭間《こうさま》が彫りこまれている（梅原末治『河内磯名《しなが》御嶺山《ごりょうやま》古墳』）。このほか切り石積みの石室や、東大阪市高井田の横穴古墳の羨道《せんどう》壁に陰刻された蓮華文《れんげもん》、水泥《みどろ》古墳（奈良県）の家形石棺の縄掛け突起に彫りこまれた蓮華文というような仏教的要素がみられて、従来の埋葬に変化がうかがえる。

2　仏教の伝来と祭祀

四天王寺の創建●

日本に仏教が伝えられた時期について、『日本書紀』は欽明《きんめい》天皇十三（五五二）年としているが、聖徳太子《しょうとくたいし》の来歴をあらわした『上宮聖徳法王帝説《じょうぐうしょうとくほうおうていせつ》』および『元興寺伽藍縁起流記資財帳《がんごうじがらんえんぎるきしざいちょう》』は、欽明天皇の戊午の年（五三八）であるとしている。これは欽明天皇の七年にあたる。このように仏教伝来の時期については『日本書紀』と他の古い文献とは一致しないばかりか、欽明天皇の即位時期および在位期間についても相違がみられ、いまだに解決されていない。

『日本書紀』の欽明天皇十三年冬十月の条に、百済《くだら》の聖明《せいめい》王が「釈迦《しゃか》像の金銅像一軀《かねのみかたひとはしら》、幡蓋《はたきぬがさ》若干《そこら》、経《きょう》論《ろん》若干巻を献《たてまつ》る」とあり、この記載が文献にみえる仏教公伝の最初であるとされる。天皇は群臣に仏教受容の可否を問うた。蘇我稲目《そがのいなめ》は積極的に受容すべきだと答申したが、物部尾輿《もののべのおこし》と中臣鎌子《なかとみのかまこ》は国神の怒りを招くことを理由に反対し、やがて国内に疫病《えきびょう》が流行すると仏像を礼拝したためとして、仏像を投棄するよう上奏し「難波《なにわ》の堀江《ほりえ》」にすて伽藍《がらん》を焼いたという。

ついで敏達《びだつ》天皇六（五七七）年の冬十一月朔日には、百済国王から「経論若干巻、并に律師《りっし》、禅師《ぜんじ》、比丘尼《びくに》、呪禁師《じゅこむのはかせ》、仏工《ほとけつくり》、造寺工《てらつくり》の六人」が献上され、難波の大別王の寺に安置したとあり、用明《ようめい》天皇の二（五八七）年秋七月、天皇は仏教帰依《きえ》の可否を群臣にはかった。物部守屋《もりや》・中臣勝海《かつみ》は帰依に反対し蘇我馬子《うまこ》は受容を支持したが、これがきっかけとなって、物部氏と蘇我氏との戦いとなった。このとき蘇我側の陣営に立った聖徳太子が白膠木《ぬるで》（ウルシ科の落葉植物）で四天王像をつくり頭髪にいただき、勝利の暁には四天王のために寺塔をいとなむことを誓い、戦勝後、四天王《してんのう》寺を創建したという説話は、『日本書紀』崇峻《すしゅん》天皇二年の条を始め『上宮聖徳法王帝説』『四天王寺本願縁起』『元亨釈書《げんこうしゃくしょ》』『扶桑略記《ふそうりゃっき》』など諸書にのせられている。

物部守屋は大連《おおむらじ》として、大臣《おおおみ》の蘇我馬子とともに国政をあずかっていた有力氏族で、その勢力範囲は現在の八尾《やお》市付近から東大阪市にわたっていたと考えられる。物部氏が軍兵を集めた「阿都《あと》」はのちの河内《かわち》国渋川郡跡部《あとべ》（八尾市跡部）であり、交戦のあった「衣摺《きずり》」は東大阪市衣摺および渋川町にあたる。もっとも、物部氏が仏教の受容に真っ向から反対したという『日本書紀』の記述に問題がないわけではない。物部氏の本拠地であった跡部郷（八尾市春日町）には渋川寺（宝積寺《ほうしゃくじ》）跡があったが、この寺の創設は六世紀中頃と考えられ、その創建者が物部氏と推定されるからである。また物部氏の勢力範囲で所有した渋川郡鞍作の地は、仏師として著名な鞍作止利《くらつくりのとり》が住んだところであり、仏教が信仰されていたと思われる。その土地を支配する物部氏も仏教を許容していた可能性がある。

大阪府下最古の寺院として知られている四天王寺（大阪市天王寺区）は和宗《わしゅう》総本山。荒陵山敬田院《こうりょうざんけいでんいん》と号し荒陵《あらはか》寺・難波《なにわ》寺ともいい、略して天王寺という。創建は『日本書紀』の推古天皇元（五九三）年の条に「是《こ》の歳《とし》、始めて四天王寺を難波の荒陵《あらはか》に造りたまふ」とみえる。難波の地は大陸文化の窓口であり、飛鳥《あすか》・白鳳《はくほう》期に建立された寺院は四〇カ寺におよんでいるが、そうしたなかで飛鳥期以来今日まで長く法灯《ほうとう》をうけついできた四天王寺は、大化元（六四五）年十二月九日、都が飛鳥板蓋宮《あすかいたぶきのみや》から難波長柄豊碕宮《なにわのながらとよさきのみや》に移されてからとくに重視されたが、その塔と金堂を前後に配置し、南の中門から講堂に連なる廻廊でとり囲む様式は「四天王寺様式」とよばれる。

現在の四天王寺は、過去の戦乱や災害によって創建当初のものではないが、昭和三十（一九五五）年から同三十二年にかけて発掘調査が実施され伽藍配置が確認された。塔の心礎は地下式で、基壇上面から約三・五メートルの深さに掘りさげたうえ木炭を充塡している。講堂は西北の隅の軒隅が地面に落下した痕跡をとどめ、扇桷《おうぎたるき》や茅負《かやおい》・隅木《すみき》のあとが発見され建築史上貴重な発見といわれた。なお、創建当初から存在していた建物は塔と金堂だけで、伽藍全体の完成までには

四天王寺（西門より）

かなりの期間を要したという。

その他の古代寺院●

聖徳太子によって四天王寺が創建されたのち、仏教は国家の保護をうけて、各地の豪族らの氏寺が盛んにたてられるようになった。四天王寺についでたてられたといわれる新堂廃寺《しんどうはいじ》（富田林市）は、飛鳥期の瓦が出土するものの後世の整地などによって当初の建物跡は確認されていない。推古天皇二十九（六二一）年に、聖徳太子を葬ったと伝える叡福《えいふく》寺（南河内郡太子町）を「上《かみ》の太子《たいし》」というのに対して、「中《なか》の太子」ともよばれる野中《やちゅう》寺（羽曳野市）は、百済系渡来氏族である船連《ふねのむらじ》の氏寺であり、寺宝の弥勒菩薩半《みろくぼさつはん》跏思惟像《かしゆいぞう》は日本美術史上白鳳《はくほう》時代前期遺品の代表とされているが、台座の下に六二の文字がきざまれていて、一一八人の知識《ちしき》（高僧）の発願により、天智《てんじ》天皇五（六六六）年に制作されたことがわかる。

こうして七世紀中葉以降になると、高安《たかやす》古墳群（八尾市）や高尾山《たかおやま》古墳群（柏原市）をきずいた豪族らの寺々もその麓にたてられた。孝謙《こうけん》天皇が巡拝した河内六大寺とされる三宅《みやけ》寺・大里《おおさと》寺・安堂《あんどう》寺・鳥坂《とさか》寺（いずれも柏原市）などがそれであるが、奈良時代になると仏教は鎮護国家《ちんごこっか》を目的とした国家仏教の性格を強め、朝廷の強力な造寺のすすめにより、諸国に奈良の東大寺を頂点とした国分僧寺と尼寺が造営された。しかし、その造営は各国には大きな負担となって、律令体制が崩壊するきっかけにもなったという。

和泉《いずみ》の国分寺の位置は未詳であるが、摂津《せっつ》の国分寺は上町《うえまち》台地上の天王寺区国分《こくぶ》町にあったと推定されている。奈良時代後半頃の瓦が出土しているが、建物の規模についてはあきらかでない。国分尼寺は東淀川区柴島《くにじま》にあったが、明治時代に浄水場を建設したとき破壊された。

河内国分寺は大和《やまと》川左岸の柏原市国分東条町にあって、明神山《みょうじんやま》台地の先端部に位置している。発掘調査によって、塔跡の基壇は地山をけずりだしてつくり、凝灰岩《ぎょうかいがん》切り石の延石、地覆石《じふくいし》、羽目石《はめいし》を積んでいることが判明した。規模は東西が一八・七七メートル、南北一八・九七メートル、高さ一・五メートルで、階段は東・南・北の三面で確認されている。寺域は東西二〇〇メートル・南北二五〇メートル。西半部に南大門・中門・金堂・講堂を一列に配して、東半部に塔を独立させ、その北に食堂《じきどう》・大炊屋《おおいや》などを配置する伽藍配置が想定されている（『柏原市国分東条町河内国分寺跡発掘調査概要』）。

行基の布教と開発事業●

このように国家仏教が隆盛をきわめていた一方では、民衆のための仏教の布教活動も活発になった。奈良時代は国家が仏教を保護し、仏教は国をまもるものという鎮護国家のためのものであって、一般民衆のためのものではなかった。そのようななかにあって、民衆のために仏教を広めるとともに今でいう社会事業活動に力をつくした人に行基《ぎょうき》がいる。中国系氏族の分派高志《こし》氏の子として、天智天皇七（六六八）年に河内国大鳥郡蜂田《はちだ》郷（のち和泉国大鳥郡・現在の堺市）にうまれた。一五歳のときに出家し、三七歳まで仏教の学問を修行したが、僧や尼が「僧尼令《そうにれい》」によって寺からでることなく、もっぱら学問・修行にうちこんでいることに疑問を感じて、慶雲元（七〇四）年蜂田郷の生家を清めて家原寺《えばら》（堺市家原寺）とした。

行基はつねに民衆とともにあってその教化に精励した。彼のいくところ信者は群集して教えを乞い、また、鋤《すき》・鍬《くわ》をもって田畑を開き、池を掘り、橋をかけ、道路や堤《つつみ》・樋《ひ》などの土木工事に協力した。また、都に調《ちょう》・庸《よう》を運ぶ人びとのために、宿泊と飲食とをほどこす布施屋《ふせや》を各所に設置したり寺院を建立した。しかし「僧尼令」では、僧や尼が寺の外で布教活動をすることを固く禁じていたため、養老元（七一七）年四月、方今《ほうこん》小僧行基幷《ならび》に弟子等《ら》、街衢《がいく》に零畳《れいじょう》して妄《みだ》りに罪福《ざいふく》を説《と》く。朋党を合わせ構え、指臂《へき》を焚剝《たきは》ぎ、歴門仮説して強《し》いて余物を乞い、詐《いつわ》って聖道と称して百姓を妖惑《ようわく》す。道俗擾乱して四民業を棄つ。進んでは釈教に違《たが》い退いては法令を犯す(『続日本紀』巻七)。

と、人びとを惑わし法令を侵犯するものとされた。同様な禁令は養老六年にもだされている。

行基が創建した寺院は「四十九院」と伝えられるが、『行基年譜』には五三の寺院・道場の名をあげている。その内訳は、大和八・和泉一三・河内七・摂津一五・山背《やましろ》一〇となっていて、畿内に広く分布している。また、橋・溝・布施屋などの施設は、和泉一三・河内九・摂津四〇・山背四の計六六カ所で大和にはない。行基創建の寺で著名なものとしては、大修恵院《すえいん》(高倉寺、堺市高倉台)、久修園院《くずおんいん》(枚方《ひらかた》市楠葉中之芝)、大野寺・大野尼院(堺市土塔町)、久米田寺《くめだ》(隆池院、岸和田《きしわだ》市池尻町)がある。また灌漑土木関係の工事では、茨城池(河内国のち和泉国蜂田郷、堺市)・山崎橋(河内国楠葉、枚方市)・檜尾池《ひのお》(堺市檜尾)・久米田池(岸和田市池尻町)などがあり、ほかに長柄橋、次田堀川《すきたのほりかわ》(島下郡吹田里、吹田市)、比賣嶋《ひめじま》堀川・白鷺嶋《しらさぎしま》堀川(西城《にしなり》郡津守《つもり》村、大阪市西成区)、大庭《おおば》堀川(河内国茨田《まった》郡大庭里、守口市)などがあり、狭山池(河内国北郡狭山、大阪狭山市)などの修復にも力をつくしている。

行基の関係した土木工事のなかで、とりわけ著名なものは和泉地方最大の灌漑用水池である久米田池と、大野寺土塔である。久米田池は農耕のために牛滝川と津田川の水を引いてつくられた灌漑用の溜池で、面積は六二町(約六一四九アール)。土塔は大野寺の付属施設で、土砂を盛り上げて四角錐状につくられ、高さは八メートル、基底部の一辺は五四~五九メートルの長さがある。この形は東南アジアにみられる仏塔に類似しており、インドで発生した原形を伝えていると考えられる。行基が学んだ仏教が、インド系仏教と東南アジア系仏教であったことをうかがわせるものである。土塔の斜面からは奈良時代〜室町時代の古瓦が出土し、瓦には僧俗男女の人名を箆書《へらが》きしたものが発見されている。

天平三（七三一）年八月、朝廷は行基に対する態度を一変し、行基を「行基法師」とよび、行基にしたがう修行者で法をまもるものは、男は六一歳、女は五五歳以上であれば、僧尼になることを許すと達した。行基の行動が国家によって認められたことになる。のちに東大寺大仏創建が開始されると、行基は全面的に協力をおしまず、朝廷も行基の弟子や民衆の動員力に期待して、天平十七年には大僧正とした。行基は民衆からは菩薩《ぼさつ》とたたえられ、聖武天皇も厚く遇した大徳《だいとこ》（高僧）であったが、天平二十一年二月、平城右京の菅原寺に八〇歳で没した。

なお、奈良時代のユニークな寺院跡としては「岩屋《いわや》」と「鹿谷寺《ろくたにじ》」がある。ともに大和と河内の国境の二上《にじょう》山《ざん》山腹に位置し、竹之内街道《たけのうちかいどう》に接して建っていた。これらの寺院跡は大陸の石窟寺院の様相を示すものとして、

岩屋(南河内郡太子町)

わが国ではほかに類例をみないものである。岩屋は西南西に面して凝灰岩の崖《がけ》に間口《まぐち》七・六メートル、奥行き四・五メートル、高さ六・一四メートルの石窟《せっくつ》をうがち内部に基壇《きだん》を設けてそのうえに多層塔をつくり、北壁には石仏を浮き彫りにしているものであって、石窟の天井部には垂木《たるき》などを差しこんだとみられる孔列が残されている。石窟の前面には覆屋《おおいや》がだされていた可能性がある。また鹿谷寺跡は地山の凝灰岩を彫り残してつくった十三重塔と、石窟内部に線刻された如来坐像三体があり、岩屋と同じ性格の寺跡とみられる。これらの大陸的な石窟寺院が、飛鳥の地と難波の地を結ぶ古道に接してあることは当時の社会情勢を反映したものとして注目されよう。

3　難波津の発展と難波宮

難波津と古道●

縄文海進以来、上町《うえまち》台地の東方には河内潟《かわちがた》が広がり、時代とともに淀《よど》川・大和《やまと》川沖積作用によって海退が進んだ。この潟湖《せきこ》と大阪湾とのあいだにある水路が上町台地の北方にあって、潮の干満のさいには急流となり浪速《なにわ》の地名のおこりともなった。先史時代以来、瀬戸内海の東端に位置する難波は各地との交流が盛んであったことは、遺跡の出土遺物から証明されている。文献上では「仁徳《にんとく》朝に宮北の郊原を掘り、南水を引きて西海に入る。よりてその水路を堀江と号す」とあるように、五世紀の倭《わ》の五王の時代に上町台地の北の天満砂堆《てんまさたい》を東西に掘ったものと考えられる。考古学的にはなんら港の痕跡をみいだせないが、難波津はおそらくこのとき以来この堀江につくられた港津《こうしん》であろうと思われる。港の機能を高める条件は、水深が深く、船が風によってあおられることのないこと、それに港と後背地との連絡がとれることなどが十分に満たされていなければならない。

難波津がこの堀江に存在したであろうと想定できるのは、堀江が港としての条件がととのっており、文献の記載だけでなく、法円坂《ほうえんざか》町で五世紀の倉庫と思われる掘立柱《ほったてばしら》建物群が発見されたことも傍証の一つとしてあげられよう。また難波津は堀江の水路をつうじて、淀川から山城へ、大和川をつうじて大和へと後背地との連絡が可能であり、港津としての機能が十分はたせる一面をもっている。また長柄豊碕宮の誕生によって、朱雀《すじゃく》大路を経由して難波大道から磯歯津道《しはつみち》や大津道（長尾街道）、丹比《たじひ》道（竹内街道《たけのうちかいどう》）、さらには茅渟《ちぬ》道へつうじて大和と連絡される交通の要衝に位置している。その難波津はどこにあったかをめぐって議論がわかれている。千田稔《せんだみのる》は、難波御津は難波津の国家的港津としての美称であり、中央区三津寺町付近とし、日下雅義《くさかまさよし》は天満砂洲《てんまさす》の中央のせまいラグーンに、難波堀江の開削に伴って成立した計画的人工港としての難波津を認めて高麗橋《こうらいばし》付近に比定している。

また、直木孝次郎《なおきこうじろう》は、難波には港津として猪飼津や桑津《くわづ》などの港を思わせる地名があることから、難波津は一カ所にかぎらず、その総称ではないかといっている。難波津に隣接して住吉津があり、この津は住吉大社の南を流れる細江川の入江にあったと考えられているようである。現在の細江川は幅員のせまい川であるが、かつては桃ヶ池や長池（大阪市阿倍野《あべの》区）の水を集めて南西に流れる川、それと依羅池《よさみいけ》の水を集めて北西に流れる川とが合流して細江川となっていた。明治十八（一八八五）年の陸軍参謀本部発行の地図をみると、住吉大社の南にはかつての入江の痕跡がみられる。

この住吉津の東方には上町台地が南北に連なり、その台地をこえると寺岡村南東端付近から真直ぐに東

❖コラム

枯野号と難波の海

『古事記』下巻、応神《おうじん》天皇記三十一年条に「免寸河《とのきがわ》（河内国にある河）の西に一つの高樹があって、その樹木の影が朝日にあたれば淡路島におよび、夕日にあたれば高安山をこえるといわれ、その樹を伐って船をつくればたいへんはやく走りその船を枯野《かれの》と名づけた。その船で朝夕淡路島の寒泉をくんで大御水を天皇に献上した。そしてその船がこわれたのでその船を燃やして塩を焼き、残った木で琴をつくるとその音色は七つの里に響いた」といわれる。

この話は、内容の真偽を別にしても、当時、難波と瀬戸内海の水上交通が盛んであったことは想像できる。遠くは縄文時代から各地の土器が大阪の遺跡から出土し、古墳時代には古墳の築造、飛鳥・奈良時代には寺院建築にあたり、各地から資材を船を利用して調達していた。さらに遣唐使船が難波津などから出帆し、住吉津《すみのえのつ》・御津《みつ》・猪飼津《いがいつ》といった古代の港津が存在し、難波の海がにぎわいをみせていたことが文献で知ることができる。それらを立証するかのように、大阪の地から古代の丸木船がもっとも数多く出土しているだけでなく、久宝寺《きゅうほうじ》遺跡（八尾市）からは、外洋を航海できる準構造船が出土している。また、長原《ながはら》遺跡の高廻り一・二号墳（大阪市平野区）、和泉市菩提《ぼだい》池《いけ》遺跡からは土師《はじ》質の船形埴輪《はにわ》が出土している。したがって大阪の地は名実ともに古代から水の都にふさわしい交通の要衝であったといえよう。

へのびた道が鷹合村《たかあい》（大阪市東住吉区）の南辺りまで達している。この道こそは磯歯津道であり、さらに東へたどると八尾に至り渋川《しぶかわ》道に合流することがわかる。難波津の東南には猪飼津の港があり、猪飼津から猫間《ねこま》川をさかのぼると桑津がある。これらを古代の港と判断する証拠は今のところみあたらないが、地名や川の流れにそう土地であることから港として利用された可能性があるのではないかと思われる。桑津や猪飼津の場合、川の幅員もせまいこともあって土砂の堆積もあり、港としては比較的短期間に栄えた港であったものと思われる。また、河内には大和川の流路沿いに弥刀《みと》や久宝寺《きゅうほうじ》三津《みつ》、さらに大東市の三箇《さんが》なども古代の港津として考えられる。弥刀や久宝寺三津などの港津は大和川と平行している渋川道と合流が可能であり、三箇の港も生駒山麓を南北につうじる背後の東高野街道との連絡ができるところから、各港津とも陸の道路とも密接なつながりをもっている。

最古の都城●

この間、難波の地には二度にわたって宮室がおかれたことがあった。すなわち『日本書紀』応神天皇二十二年三月条には「天皇難波《なにわ》に幸して大隅宮《おおすみのみや》に居まします」とある。この大隅宮のおかれた地は『日本書紀』安閑《あんかん》天皇二年九月の条に、「別に大連《おおむらじ》に勅して云く、宜しく牛を難波《なにわ》の大隅《おおすみ》嶋と媛《ひめ》嶋の松原とに放つべし」と記されている淀川河口の砂洲《さす》状態の島で、その地形を利用した牛の放牧地であったらしい。現在の大阪市東淀川区のほぼ全域にあたるものと思われる。

今一度は仁徳天皇元年正月条に「難波に都をつくる。是《これ》を高津宮《たかつのみや》と謂《い》う」と見えるもので、現在も大阪市の町名として残されていて、『大阪市歌』の冒頭にも「高津の宮の昔より……」とあるが、やがて宮室や都は、履中《りちゅう》天皇の大和磐余稚桜宮《いわれのわかさくらのみや》、反正《はんぜい》天皇の河内の丹比柴籬宮《たじひのしばがき》、允恭《いんぎょう》天皇の大和遠飛鳥宮《とおつあすか》へと遷《うつ》った。丹比柴籬宮については、現在の松原市上田の柴垣神社の社地が伝承地とされ、大阪府の史跡に指定されている。

それはさておき、大化元（六四五）年十二月には「大化改新」という改革政治がはじまった。皇極《こうぎょく》天皇にかわり孝徳《こうとく》天皇のもとに新政府が樹立されて、人心を一新するため年号も「大化」と改められ、天皇は白雉二（六五二）年、新しく造立された難波長柄豊碕宮《なにわのながらとよさきのみや》へ移ったという。この宮室は孝徳天皇一代のものであり、その後、都はふたたび飛鳥の地に戻ったが、宮室は火災にあうなどして荒廃したが、神亀三（七二六）年十月、聖武《しょうむ》天皇は難波宮に赴き式部卿藤原宇合《うまかい》を知造難波宮事《ちぞうなにわきゅうじ》に任命して再建させ、ついで天平十六（七四四）年二月にも諸司《しょし》・朝集使《ちょうしゅうし》らを難波宮に集め、二十日には恭仁宮《くに》の高御座《たかみくら》と大盾《たて》を

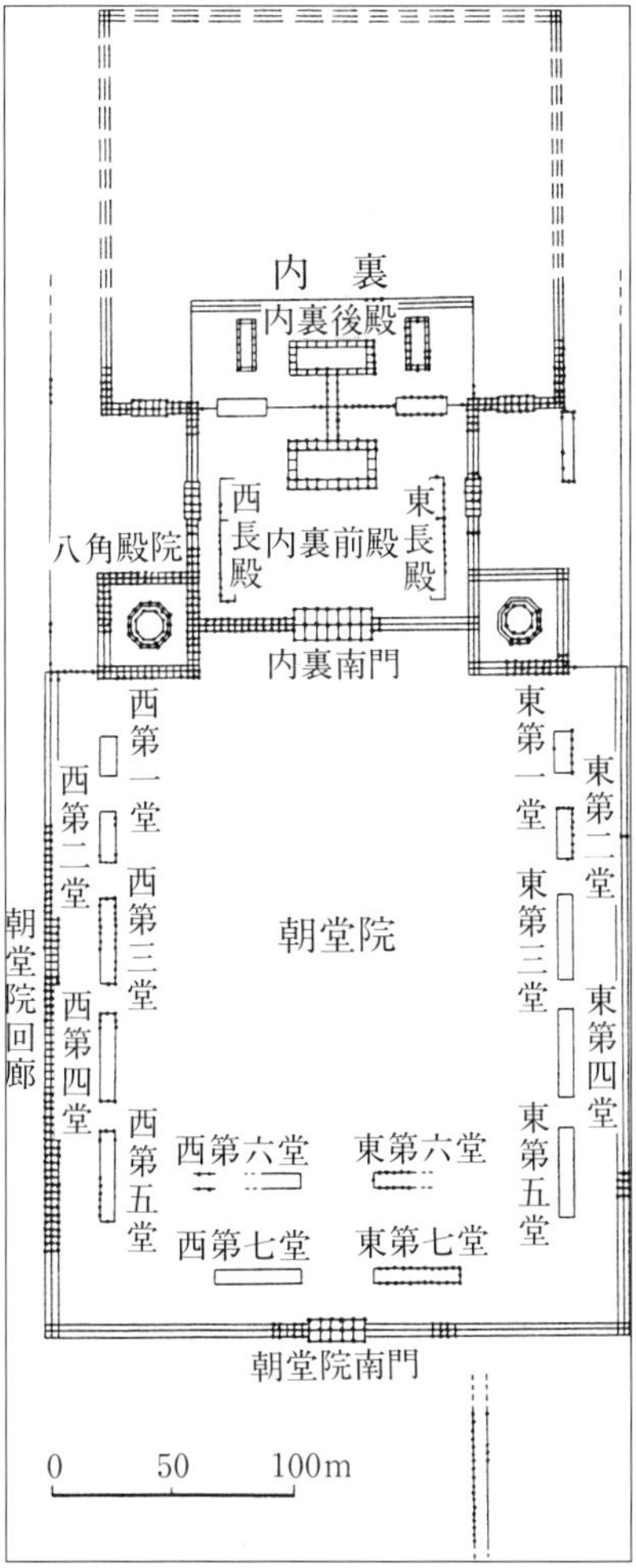

前期難波宮跡遺構配置図(『古代を考える　難波』による)

難波宮に移し、翌日、恭仁京の人びとが難波宮に移転することを許したうえ、二十六日、改めて勅命をもって難波宮を皇都と定めた。しかし、翌天平十七年正月、恭仁宮を経て、五月、都はふたたび平城京に戻された。

なお、難波宮については発掘調査の結果、大阪市中央区法円坂町に前期・後期難波宮跡があきらかにされている。この前期難波宮跡は、屋瓦《おくが》の使用はみられず、後期難波宮造営や後世の削平などにより創建年代について論議のわかれるところであるが、前期難波宮の整地にさいして下層遺跡の遺物が整地層に含まれているところから前期難波宮の整地年代が七世紀の中葉をくだらない時期であると考えられ、おもな殿舎・門のほとんどに軒《のき》支柱《しちゅう》があとから付加された可能性があることなどからみても、前期難波宮が長柄豊碕宮であり、それが天武朝まで存続したとみられている。

発掘調査であきらかにされた前期難波宮の特色は、すべて掘立柱建物で瓦葺きでなく、内裏前殿域と後殿域が未分化であり、内裏と朝堂院の関係が一体化していることなどは藤原宮よりもより古い先駆的な要素がある。また、朝堂院も今まで十二堂と考えられてきたが、平成元（一九八九）年の調査で、東第一堂の北側にさらに一堂の存在が確かめられ、少なくとも十四堂が認められるようになった。さらに内裏南門の東西に回廊で囲まれた八角殿院を設け、広い朝庭と大きな朝堂をもち、周辺に倉庫群を配置するなど画期的な宮殿であったといえそうである。

その難波宮は天武《てんむ》十二（六八三）年、複都《ふくと》の詔によって飛鳥とならぶ都の一つとなるが、朱鳥元（六八六）年、大蔵省から失火して宮室のことごとくを消失したと文献にしるされている。難波宮の焼失から四〇年後、神亀三年十月、前述のように聖武天皇は藤原宇合を知造難波宮事に任命して再建に着手する。そうしてできたのが後期難波宮である。この後期難波宮は、前期難波宮と建物の中軸線が同一であり、前の建物の地割を意識してつくられ、内裏や大極殿院などの殿舎の規模や配置が平城宮に酷似《こくじ》しているという。後期難波宮には屋瓦が葺かれていて、その屋瓦の一部が吹田市七尾瓦窯で焼かれたものであることも判明している。

さてこの難波宮を中心とした難波京域については、藤原宮とほぼ同じ規模のものを上町台地中央におき、東西八坊であったと考えられているが、過密化した市街地にあって考古学調査も十分実施できないという問題点もあり、京域の復元には時間を要するところである。ただ注目されるのは、難波宮跡の中軸線の南延長上において大和川・今池遺跡の調査で幅〇・七から一・八メートルの側溝を伴う幅員一八メートル（延長一七〇メートル）の道路遺構がみつかり、さらに四天王寺の東方に、難波宮中軸線上の古道にそって藤原京条坊制の一坊と同じ一辺約二六五メートルの方格地割が依存し、その地割線が四天王寺の東門に一致することも地図の上（『大阪実測図』）で確認することができる。前期難波宮の造営とかかわって京域復元の基本となる重要な発見といえるであろう。

摂　河　泉●

律令体制下の行政区画は、平城京に京職《きょうしき》、副都の難波京や難波津のある摂津《せっつ》国には摂津職《しき》が設置され、地方の行政区画として国・郡・里が設置された。もともと現在の大阪府域には摂津職のほか、奈良時代初めの霊亀二（七一六）年四月、河内国のうち大鳥《おおとり》・和泉《いずみ》・日根《ひね》の三郡には和泉監《いずみのげん》がおかれていたが、その後、天平十二（七四〇）年に合併され、さらに天平宝字元（七五七）年に和泉国として独立を認められた。また摂津職については、延暦十二（七九三）年に難波京が廃止されたとき「難波大宮既《すで》に停《や》む。宜《よろ》しく職《しき》の名を改めて国と為《な》すべし」（『類聚三代格《るいじゅうさんだいきゃく》』）とみえ、摂津・河内・和泉の三国、略称の「摂河泉《せっかせん》」となった。

これら国・郡の行政を司る役所が国庁・郡庁であり、その所在地を国府・郡家《ぐんけ》とよんでいた。国府の設立時期は未詳であるが、その形態・位置ともに画一性がみられるのは、国郡制が確立する『大宝令』以後になるといわれている。国府の範囲は大国では方八町（一町＝約一ヘクタール）、そのほかは方六町以下であり、外周には土塁と四門をめぐらし、中央部の南半・北半にそれぞれ二町ほどの築地に囲まれた国庁をかまえ、その前面には中央道路があり、これを基準とする一町ごとに碁盤《ごばん》目のようにつうじる道路によって国府域を画し、その内外には倉庫・祠社・市場のほか、船所や国分寺・国分尼寺が配置されている。

当然のことながら摂河泉三国にも、それぞれの国庁が設置されていた。摂津国の国府については未詳であるが、大阪市中央区島町一丁目の調査で、奈良時代後半に廃絶した井戸から、土師器《はじき》・須恵器《すえき》とともに奈良三彩《さんさい》の小壺や「摂」「十上」などの墨書《ぼくしょ》が記された土器が出土している（桜井久之「東区島町発見の奈良三彩をめぐって」『葦火』一〇）。さらにまた、道修町《どしょうまち》一丁目の調査では、平安時代初頭の地層から多数の土器や重圏文《じゅうけんもん》軒平瓦・皇朝十二銭《こうちょうじゅうにせん》の隆平永宝一二枚が出土した（京嶋覚「東区道修町一丁目出土の皇朝十二銭」『葦火』十一）ということを考えあわせると、国庁とまではいえないにしても、それに近い役所的な建物の存在が考えられる。なお、付近には国府から転化したという石町《こくまち》の地名もあり、式内社の座摩《ざま》神社も鎮座している。

河内の国府は、『和名抄《わみょうしょう》』に「志紀郡に在り」と記されている。藤井寺《ふじいでら》市域内にも「国府」の地名があり、「御門《ごもん》」「鎰田《かぎた》」「惣社《そうじゃ》」などの小字《こあざ》名がみえる。厳密な場所は特定できないが、市野山《いちのやま》古墳の北東部にあたり、南に大津道が、東に東高野街道がつうじている交通の要衝でもあるところから、この付近が有力であろう。もっとも、近年の発掘調査によって、はさみ山遺跡や船橋遺跡を中心としたところをあてる意見もある（『国立歴史民俗博物館研究報告』一〇）。

和泉の国府は、和泉市の地名に国府があり、その地域内に御館《みたてやま》山の小字名もある。また、付近には「和泉」の国名の起源となったと伝えられる式内社の泉井上《いずみいのうえ》神社が鎮座し、古代の官道を引きついだと思われる小栗《おぐり》街道もつうじている。昭和四十一（一九六六）年には、大阪府教育委員会の調査で、南東に廂《ひさし》をもつ柱間をあらわすための掘立柱の建物と、それを取り囲む形で北東側に幅二メートルないし四メートルの溝も発見された。出土物には八世紀の土師器・須恵器や土馬《どば》があり、その後も調査は続けられたが、付近の市街地が進捗して国衙《こくが》跡は確認されていない。

律令体制下の祭祀●

『延喜式《えんぎしき》神名帳』では、河内国九三社、和泉国五三社、摂津国のうち現在の大阪府域に相当する範囲に四〇社の神社を数えることができる。朝廷ではこれらの神社祭祀のほかに、中国や朝鮮半島からもたらされた呪儀《じゅぎ》を陰陽寮《おんみょうりょう》に管掌させた。奈良時代の低地遺跡からは、たびたび人形《ひとがた》などを中心とした木製品が出土するが、そのころは六月と十二月の晦日には、人形に罪穢《つみけが》れを移して流すという大祓《おおはらえ》が、朝廷の呪儀となって、宮・国衙・郡衙で人形が用いられたという。『延喜式』には、天皇は年間一八八六枚の人形を、皇太子や皇后はその半分を用いるとしるされている。台地や丘陵上の高燥な土地では木製品の残りが悪く、難波宮では当然祭祀が行われたに違いないが、現段階では祭祀を目的とした木製品は確認されていない。

木製品の原形となる器物は、弥生・古墳の両時代にみられるが、それらが祭祀用の雛形模造品としてそろってくるのは七世紀以降であるという。大阪府下では、元の摂津国三島《みしま》郡内での出土が顕著である。なかでも島上《しまがみ》郡家の北方一キロにある大蔵司《だいぞうじ》遺跡からは、斎串《さいぐし》一一点、木製鳥形一点、木製人形九点が出土している。この遺跡の木製品は奈良時代を中心とした時期のものである。人形は短冊状の板を加工してつくり、足の表現も斜めに切込みをいれて内側におりとったり、先端部を外方へ尖らせている。これら木製品の材質はヒノキで、全体を頭部の形状により、尖ったもの、水平な面をもつもので多角形もしくは円頭形のようになっているもの、長方形のものなどに区分されている。大きさも一三・八センチないし一八・九センチで、顔や衣服などを墨書している（『大蔵司発掘調査概要』一九八九年）。

墨書人面土器（森の宮遺跡出土）

斎串は、ほかに上田部《かみたべ》遺跡・郡家今城《ぐんけいましろ》遺跡などから発見されているが、後者のものは井戸からの出土であり、祭祀具は川や井戸に流すという性格を示しているものと思われる。人形は中国系の祭祀具であり、令制に伴って移入されたものであるという。

以上のほか祭祀遺物としては土馬や墨書人面《ぼくしょじんめん》土器がある。土馬は大阪府下でおおよそ二〇例が確認されている。古墳の墳丘からも出土するが主として奈良時代・平安時代のものが多い。河川や井戸からの発見例が多くて、水との関わりが深いところから、土馬の祭祀は旱魃に伴う雨乞いなどのさいに用いられたのではないかと考えられる。また壺の外面に墨《すみ》で人面を描いた墨書人面土器が各地で発見されている。奈良・平安時代の大阪府域の祭祀には、官的な祭祀のほかに個人の祭祀もみられるという特色がある。

3章

武士支配の進展

狭山《さやま》池石碑(大阪狭山市)

1　「武者の世」のはじまり

志多良神の東上●

貴族たちを震え上がらせた平将門《たいらのまさかど》・藤原純友《ふじわらのすみとも》の反乱（承平《じょうへい》・天慶《てんぎょう》の乱、九三五〜九四〇）が鎮圧されてからまもない天慶八（九四五）年七月、京都では東西の国々から神々がいっせいに入京するという噂《うわさ》が広まった。七月二十五日には、「志多良《しだら》神」と称する三基の神輿《しんよ》が、幣帛《へいはく》をささげ、鼓《つづみ》を打ち、歌舞に興じる数百人の人びとによって、摂津《せっつ》国川辺《かわべ》郡（兵庫県伊丹《いたみ》市）から豊島《てしま》郡（池田市）にかつぎこまれてきた。この神輿は島下《しましも》郡（箕面《みのお》市・茨木《いばらき》市）から島上《しまがみ》郡（高槻《たかつき》市・三島《みしま》郡島本町）を経て、二十九日夜には山城《やましろ》国山崎郷（京都府乙訓《おとくに》郡大山崎町）に着いた。この間に神輿は六基になり、神輿を取り囲む人びとも「数千万人」にふえていた。その後神輿は、「吾は早く石清水《いわしみず》に参らむ」という託宣にしたがって淀《よど》川をわたり、対岸の石清水《いわしみず》八幡宮に落ちつくことになる。

　このとき、神輿をかついでいた人びとがうたっていた歌のいくつかを掲げてみよう（『本朝世紀《ほんちょうせいき》』）。

月は笠着る　八幡は種蒔く　いざ我等は　荒田《あらた》開かむ
しだら打てと　神は宣ふ　打つ我等が　命千歳《せんざい》
しだら打てば　牛は湧ききぬ　鞍打ち敷け　さ米《よね》負はせむ

　荒田というのは、収穫のあと放置され草がしげりかたくなった田のことで、その荒田を犂《すき》や鍬《くわ》でたがやしおこす作業（荒田打ち）は、旧暦の一月から四月まで続けられることになっている。また「しだら」とは、手拍子ないしは手拍子を打つことで、おそらく何人もの農民が荒田打ちをするときの拍子をさすのであろう。この頃の農業では、すべての耕地を毎年たがやすのはむずかしく、耕作と休耕を繰り返す「かたあらし」の方法がとられていた。「しだら」を打ちながらの荒田打ちは農民たちにとって欠くことのできない作業で、その荒田打ちによって耕地を広げ収穫をふやしていく作業が続けられていた。「牛は湧ききぬ」「さ米負はせむ」とは、そうした農民たちの願いを高らかにうたったものだったのである。

十世紀にはいると、社会の仕組みは律令制の時代とは大きく異なってきており、十一世紀なかばに至る過渡期を経て荘園制の時代へと進んでいく。農民だけでなく中下級の官人や寺社の僧侶・神人《じにん》などさまざまな階層が耕地の開発にかかわり、大地をたがやす農民の働きを基礎にして、社会の仕組みがつくりかえられていったのである。その意味で志多良神の東上は、あらたな時代の到来を象徴する事件だったといえよう。

十一世紀後半になると、さまざまな形態の荘園が登場す

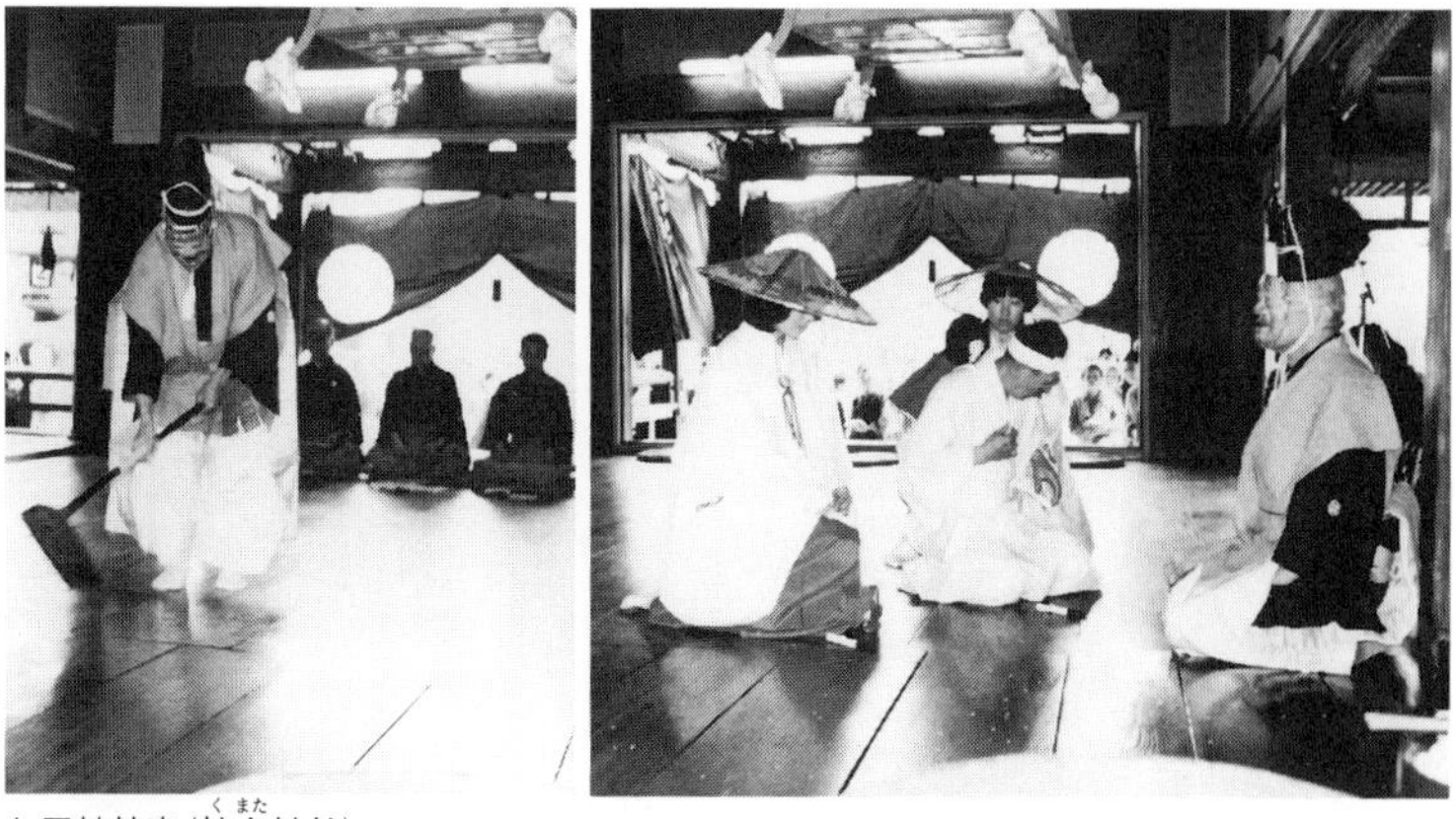

お田植神事(杭全《くまた》神社)

る。武士が開発にかかわった荘園は後にみることにし、ここでは特徴的なものを取りあげることにしよう。

内膳司《ないぜんし》領大江御厨《おおえのみくりや》は河内湖から淀川下流に至る池・川・津を中心とする地域に成立した荘園で、摂津・河内《かわち》両国におよぶ。もとは魚介類を供御《くご》（天皇の食事）としてささげる漁民（供御人《くごにん》）を支配するだけであったが、実際には供御人は農業もあわせていとなんでおり、供御人としての身柄と彼らのたがやす耕地とを一体として支配するようになった。そうした供御人を統轄する職として摂津・河内それぞれに惣官職《そうかんしき》がおかれている。

垂水東牧《たるみひがしまき》・西牧は摂津国島下郡から豊島郡にかけての千里《せんり》丘陵に広がる摂関家の荘園で、島下郡の範囲を東牧、豊島郡の範囲を西牧という。かつては牛馬を放牧する牧場であったが、内部に田畠が開かれ通常の荘園と異ならないものになっていた。十二世紀の末頃、東牧山田村の公文《くもん》・職事《しきじ》らは、「当牧の法」として、正月三カ日以降に山に入って柴をとって木灰にし、田の肥料とすることを訴えている（「永昌記《えいしょうき》紙背《しはい》文書」）。また同じ頃、東牧の北に広がる粟生《あお》村（箕面市）では、村の主だった住人が加わる「座《ざ》」がうまれ、村のさまざまな問題が村座《むらざ》において話しあわれていたようである（「勝尾寺《かちおじ》文書」）。このように荘園はその内部に村を含みこみ、領域的なまとまりをもった生活の場として登場したのである。

摂津・河内においては数多くの荘園がうまれたが、同じ大阪府でも和泉国では荘園の発達が遅れ、国衙《こくが》が支配する地域（国衙領）が広がっている。海岸線が長くて半農半漁の人びとが多く、しかも彼らの多くが官司《かんし》・権門《けんもん》の寄人《よりうど》となって雑役免田《ぞうやくめんでん》（年貢以外の雑役が免除される田）をあたえられていたからである。その国衙領でも、村の有力者（村刀禰《とね》）をとおして地域を支配するという方式がとられており、人びとの生活は荘園と異なるものではなかった。

武士の成立●

藤原純友の乱の鎮圧に際して軍功をあげた源経基《つねもと》の子の満仲《みつなか》は、天禄元（九七〇）年、摂津国川辺郡多田《ただ》（兵庫県川西《かわにし》市）に多田館《たち》をたて、ここに本拠を移した。満仲はその後出家して多田院を建立し、その多田院は子の頼光《よりみつ》、孫の頼国《よりくに》、曾孫の頼綱《よりつな》へと伝えられた。多田院を中心とする地域は開発が進められ多田荘となり、ここに本拠をおく源氏一族（摂津源氏）は、伊豆《いず》・信濃《しなの》・下野《しもつけ》などの国司を歴任する一方で、摂関家につかえる「侍《さむらい》」として活動することになる。

満仲の三男の頼信《よりのぶ》も、兄頼光と同様に伊勢《いせ》・上野《こうずけ》などの国司をつとめたが、河内守の任期中のことであろう、河内国石川郡壺井里《つぼいのさと》（羽曳野《はびきの》市）に館を構えて本拠とした。子の頼義《よりよし》は、一族の菩提寺として通法《つうほう》寺を建立する一方、壺井里周辺を石川荘とした。この河内源氏は、頼信が平忠常《たいらのただつね》の乱（一〇二八〜三一）を鎮圧したほか、子の頼義・孫の義家《よしいえ》がいずれも鎮守府《ちんじゅふ》将軍に任ぜられて前九年《ぜんくねん》の役（一〇五六〜六二）・後三年《ごさんねん》の役（一〇八五〜八七）の鎮圧にあたり、東国の武士とも主従関係を結んだ。しかし義家の子の義《よし》親《ちか》の代になると、一族内部の争いのため京都における河内源氏の勢力は一旦衰えた。それに対して本拠の石川荘は弟の義時《よしとき》に伝えられ、彼の家系は石川姓を名乗って石川源氏とよばれることになる。

源氏略系図

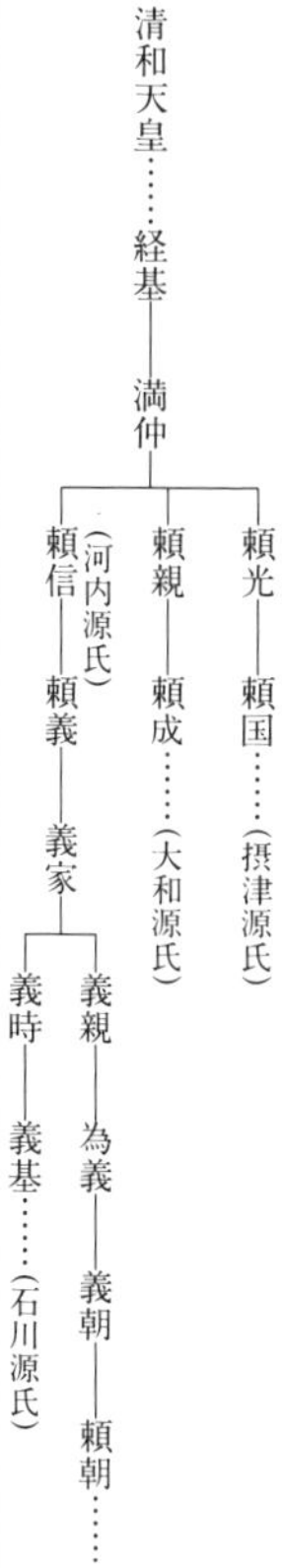

『尊卑分脈』による。
……は省略を示す。

摂津源氏や河内源氏のように開発した荘園に本拠をおく武士に対して、水運をにぎる武士もある。大川《おお》（淀《よど》川）の川口にある渡辺津《わたなべのつ》（窪津《くぼつ》）を本拠とする渡辺党である。この地域が大江御厨に含まれていたことから、渡辺党は供御人のとった魚介類を運送する水運業者（彼らも供御人であったと思われる）を統轄したのである。渡辺党は大きくわけて二つの系統からなり、その一方が渡辺を姓とする一族である。十一世紀末、武者として知られた源（渡辺）伝《つたう》がここを管理する惣官《そうかん》に任じられて居住し、代々一字の名を名乗ったことから「渡辺一文字の輩《ともがら》」とよばれている。摂津源氏の源頼政《よりまさ》の家人《けにん》でもあった。もう一方が遠藤姓を名乗る一族で、十一世紀末に一族の為依《ためより》（永順《えいじゅん》）が四天王寺の執行《しぎょう》（寺務をとり行う僧）になっている。また国衙の役人として大田文《おおたぶみ》（一国ごとに国内の田地の面積や領有関係などを記録した土地台帳）の作成にもかかわったほか、京都神護寺《じんごじ》の再興を訴えた文覚《もんがく》もこの一族の出身である。これら渡辺党は以上のような理由で船戦にすぐれていたが、同時に陸上の騎馬の戦力もそなえていたようである。

同じ大江御厨でも、河内の惣官をつとめた藤原氏は渡辺党とは異なった道をあゆんだ。天養年間（一一四四〜四五）、藤原季忠《すえただ》は大和《やまと》川の氾濫原であった水走《みずはや》の地《ち》に堤をきずき排水を行って開発を進めた。季忠が開発した地は「有福名《ありふくみょう》水走《みずはや》開発田」とよばれ、かなりの規模におよんだと考えられる。以後、彼の子孫はここを本拠として水走姓を名乗るが、源平の争乱に際して、源氏への兵士役の奉仕を条件に本領の安堵を求め許された（「水走文書」）。水走氏はこの本領のほか、平岡《ひらおか》（枚岡）神社社務・公文職や国衙の図《ず》師職《ししき》・郷司職《ごうじしき》などをもっており、さまざまな権威と結びついて勢力を広げていったと考えられる。

こうしてみると大阪府域にはさまざまなタイプの武士がうまれていたことがわかる。国司をつとめた際に館をつくり、そこを本拠とし周辺を開発した摂津源氏や河内源氏。渡辺の地に住みつき渡辺津を拠点とする水運業者を管理した渡辺党。渡辺党と同じく大江御厨にかかわりながら、本領を開発して土着した水走氏。彼らのほかにも、摂津国では平等院領真上《まかみ》荘の下司《げし》真上氏、溝咋《みぞくい》神社の神主職をもつ溝杭《みぞくい》氏、芥川《あくたがわ》宿を拠点とする芥川氏、和泉国では金剛寺領和田《みきた》荘の下司和田氏、大鳥郷の大鳥氏、和泉郡池田荘の池田氏、日根郡淡輪《たんのわ》荘の淡輪氏など数多くの武士がいたことが知られる。

彼らは東国の武士とは異なって、国衙に組織された「国侍《くにざむらい》」とはならずに、京都の権門《けんもん》に個別につかえる「京武者《きょうむしゃ》」としての道をあゆんだ。その場合でも特定の権門とだけ強固な関係を結ぶのではなく、いくつかの家に奉仕するという比較的ゆるやかな関係を保っていたのである。

源平の争乱●

京都を舞台にたたかわれた保元《ほうげん》の乱（一一五六）・平治《へいじ》の乱（一一五九）のあと、平清盛《たいらのきよもり》を中心とする平氏が「武家の棟梁《とうりょう》」として力をふるうようになった。「日本秋津島《あきつしま》はわづかに六十六か国、平家知行の国三十余か国、既に半国に越えたり」と『平家物語《へいけものがたり》』にあるように、摂津（平親房《ちかふさ》・平信兼《のぶかね》）・河内（平保業《やすなり》）・和泉（平信兼《のぶかね》）それぞれにおいて平氏一門の国守《こくしゅ》が確認できる。平氏は国衙や荘園の組織をつうじて厳しい支配を行い在地の武士を家人・郎等《ろうとう》として組織していった。東寺領摂津国垂水荘（吹田《すいた》市）下司重経《しげつね》は、平氏の与党としてのちに源氏によって追放されているから、平氏の家人・郎等に組織された一人だったのであろう。

そうした平氏に対する反発も強く、治承四（一一八〇）年の以仁王《もちひとおう》・源頼政《よりまさ》の挙兵をきっかけに全国的な内乱に突入する。後白河《ごしらかわ》上皇の第三皇子以仁王は、平氏を追討してみずから皇位につくことを表明した「以仁王の令旨《りょうじ》」を発し、この年五月源頼政とともに挙兵した。このときの頼政の手兵のなかには、渡辺党の省《はぶく》・授《さづく》・競《きおう》が加わっていたことが知られるが、平氏の追討軍にやぶれ、以仁王は敗死、頼政も自害した。しかし六月になって福原京（神戸市）への遷都が強行されると平氏への不満は高まり、八月には伊豆《いず》に流されていた源頼朝《よりとも》が、九月には信濃の源義仲《よしなか》が蜂起したのをきっかけとして、全国的な内乱へと進んでいったのである。

この源平の争乱（年号をとって治承《じしょう》・寿永《じゅえい》の内乱という）は、京都から西国におちた平氏一族が元暦二（一一八五）年三月、壇《だん》の浦《うら》の戦いによって滅亡しておわる。しかし五年におよぶ争乱は人びとの生活に大きな影響をあたえた。平氏が諸国の源氏の蜂起を追討する軍勢を発したとき、平氏を追った源義仲が入京したとき、その義仲が頼朝の弟の範頼《のりより》・義経《よしつね》の軍勢に追われたとき、さらに西国におちた平氏を討つために源氏の大軍が西にむかったとき。のちに頼朝自身が「摂津国平氏追討の跡は、安堵の輩《ともがら》なし」（『吾妻鏡《あづまかがみ》』）とのべているように、とりわけ摂津国は戦場になり、あるい

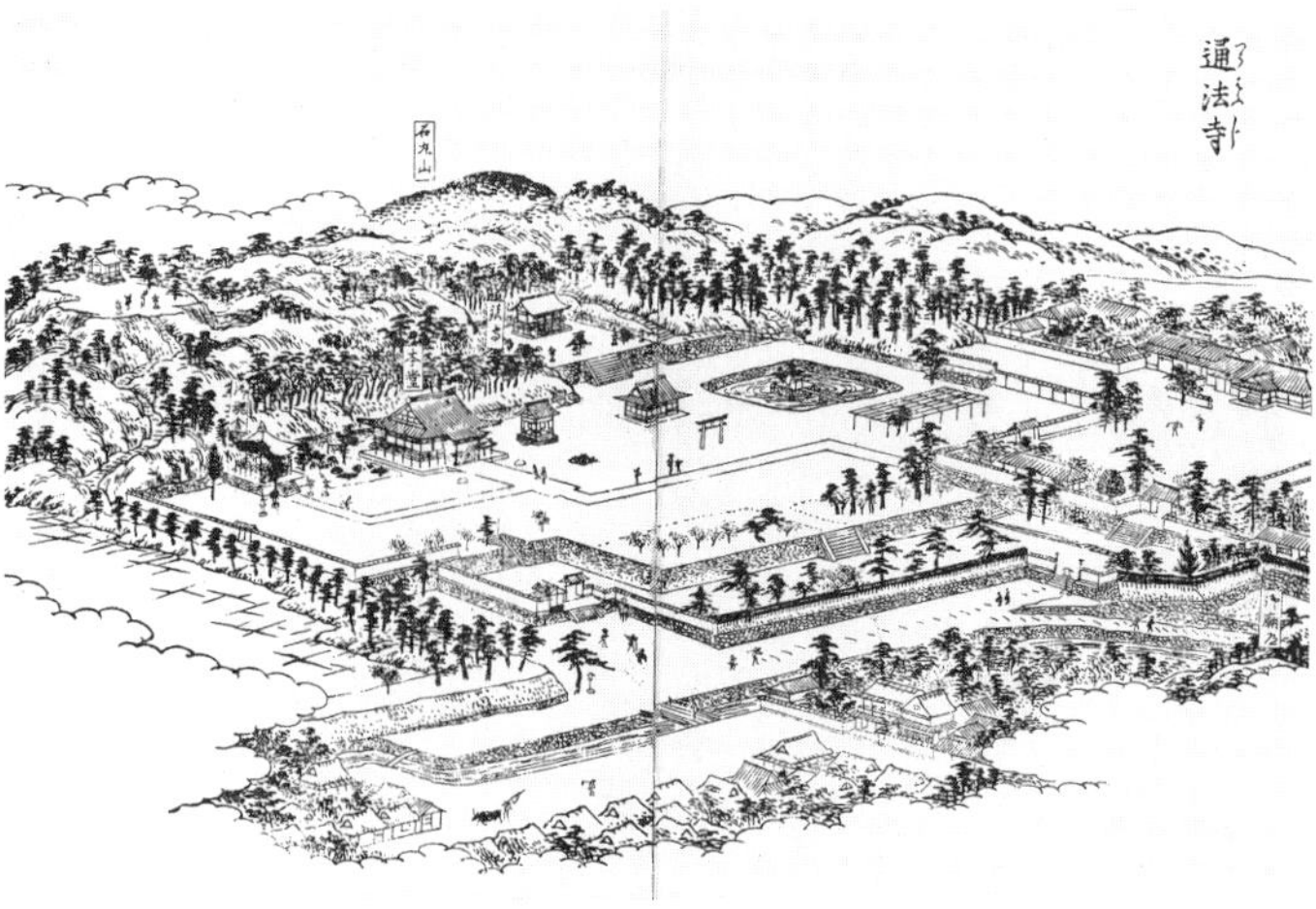

河内源氏の菩提寺通法寺（『河内名所図会』）

は軍勢の通路になったために、兵士や兵糧米の徴発をうけて田畠が荒廃し、人びとは大きな被害をこうむったのである。春日社領摂津国垂水東牧・西牧では、追討使が乱入して兵糧米や兵士を徴発しようとしているし（「春日神社文書」）、勝尾寺（箕面市）は周辺の住民が寺に資材をかくしたという理由で、源氏の軍勢によって火をかけられた（「勝尾寺文書」）。さらに和泉国大鳥郷では逗留する武士が住宅に乱入し略奪を行い、河内国でも水走氏が追討軍の乱妨をさけるために源義経の軍に属して御家人になり本領の安堵をうけた（「水走文書」）。

源義仲が京都を追われたあと「武家の棟梁」となった頼朝は、鎌倉に本拠を定めて、争乱が続くうちから後白河上皇を中心とする京方との交渉を重ね、幕府の組織の構築をめざした。しかし在地における混乱は、争乱がおわったあとも続いており、頼朝は当面、つぎの問題を処理する必要があった。武士の乱妨・狼藉による治安の乱れ、平氏の捕虜や残党の処理、追討に手柄をあげながらも頼朝の不興をかった義経の処置などである。まず畿内近国については頼朝の意向をうけた「鎌倉殿御使《おつかい》」が派遣され、治安の維持にあたった。その後、頼朝と対立して姿をかくした義経らを捜索するという名目で、文治元（一一八五）年十一月、国地頭《くにじとう》を設置する合意がなされた。国地頭というのはのちの守護《しゅご》制度の原型となるもので、兵糧米の徴収や田地の知行に加えて「地頭の輩」すなわち地元の武士を進退する権限をもつ存在である。しかし年貢の収納に関する紛争が多発してこの国地頭の制度はまもなく放棄され、武士（御家人）の統制を行う守護の制度と、謀反人《むほんにん》（平氏・源義仲の方人《かたうど》）の所帯跡に設けられた地頭（荘郷《しょうごう》地頭）の制度として定着することになる。

そのうち守護についてみると、和泉では建久七（一一九六）年に佐原義連《さはらよしつら》の在任が確認されるのがもっともはやく、摂津では承久三（一二二一）年に長沼宗政《ながぬまむねまさ》が補任され、河内でも同じく承久三年以来三浦氏（義村カ）の守護在任が知られる。おそらく摂河泉《せっかせん》は当初は京都守護の管轄下におかれ、そのために守護の設置が遅れたのであろう。

地頭と荘園●

摂河泉において承久《じょうきゅう》の乱（一二二一）以前から確認できる地頭（本補《ほんぽ》地頭）は多くない。河内で長野荘の天野遠景《あまのとおかげ》、天野谷の源義兼《よしかね》ら七カ所、摂津で小真上《こまかみ》領の新藤内盛里《しんとうないもりさと》法師、吹田荘の盛時《もりとき》ら六カ所の地頭が知られるのみで、和泉では今のところ地頭の存在は検出できていない。これらのなかでよく知られているのが、承久の乱の原因となったとされる摂津国長江《ながえ》荘・椋橋《くらはし》荘の地頭をめぐる問題である。

　建保七（一二一九）年三月、将軍実朝《さねとも》死去の弔問のため鎌倉にくだった後鳥羽《ごとば》上皇の使者は、神崎《かんざき》川と藻《も》川（猪名《いな》川）にはさまれた長江荘・椋橋荘の地頭を改補せよとの院宣《いんぜん》を鎌倉幕府に伝えた。『吾妻鏡』によると、この両荘は後鳥羽上皇の寵をうけた白拍子《しらびょうし》亀菊《かめぎく》の所領であり、ここにおかれた地頭と対立した亀菊が上皇に訴えたのがその理由だという。しかしいくら寵姫の所領とはいえ、後鳥羽上皇が個人的な感情だけでこのような要求をするとは考えられない。というのは上皇ははやくから幕府を倒す計画をもち、畿内近国の要所要所に近臣《きんしん》や側近の武士を配置していたと考えられるからである。それに対して長江荘・椋橋荘の地頭職《しき》は『承久記』によれば「余所《よそ》ニオイテハ百所モ千所モ召上ラレ候トモ、故右大将《うだいしょう》（源頼朝）ヨリモ、（北条《ほうじょう》）義時《よしとき》ガ御恩ヲ蒙リ始ニ給テ候所ナレバ、サナガラ頸ヲ召サルトモ努力《ゆめ》叶《かない》候マジ」とあるように、北条義時が頼朝からあたえられたものであるという。そのことに加えてこの両荘は京都と瀬戸内さらには九州をもつなぐ要衝に位置していたことから、幕府としてもほかの荘園ならまだしもこれらの地頭職だけは決して手放すことはできないと考えていたのである。

承久三（一二二一）年五月十四日、後鳥羽上皇は「流鏑馬《やぶさめ》ぞろへ（え）」をするという名目で畿内・近国の武士を召集した。山城・大和・摂津など一四カ国の武士およそ一七〇〇騎が集まったという。翌十五日、北条義時追討の宣旨が発せられて京都守護の一人伊賀光季《いがみつすえ》は軍兵の攻撃をうけて自害した。上皇は幕府内部からも同調者がでることを期待していたが、幕府創設以来の関東御家人の輝しい足跡をのべた北条政子《まさこ》の演説もあって幕府方の動揺はしずめられ、二十一日、北条泰《やす》時《とき》に率いられた幕府軍が京都にむけて進発した。瀬多《せた》・宇治《うじ》で上皇軍を破った幕府軍は六月十五日に京都へはいり、上皇の倒幕計画は幕府軍の大勝におわった。これを承久の乱という。上皇は水無瀬離宮で剃髪した後、配流《はいる》先の隠岐《おき》にむかった。延応元（一二三九）年に上皇が隠岐で没すると、離宮跡に上皇の菩提をとむらう御影堂《みえいどう》がたてられた。これが現在の水無瀬《みなせ》神宮（三島郡島本町《しまもと》広瀬）である。

乱後の処理はどのようになされただろうか。まず守護につ

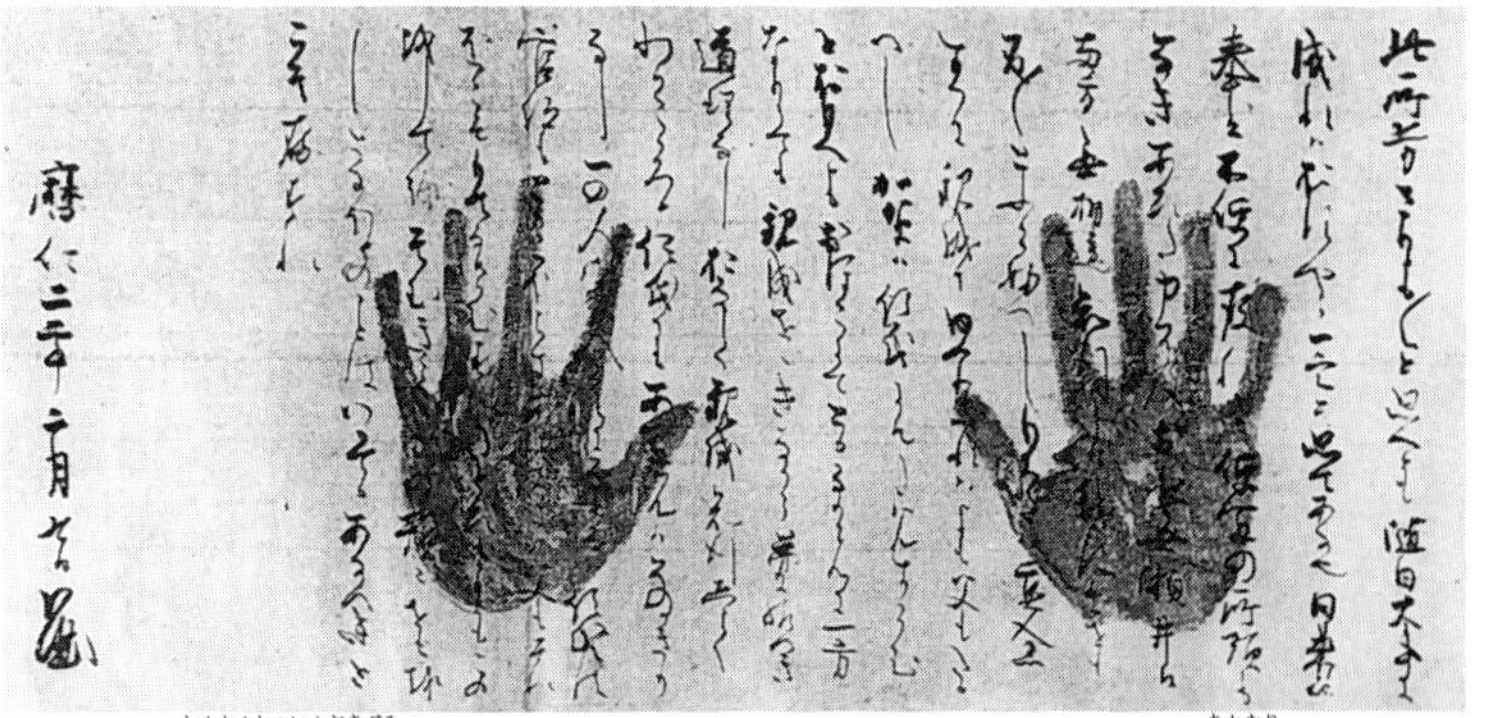

後鳥羽上皇宸翰手印置文《しんかんしゅいんおきぶみ》（「水無瀬神宮文書」暦仁２年２月９日付）　水無瀬親成《ちかなり》に摂津国水無瀬・井内両荘をあたえ，後世の訪《とぶら》いを指示した。上皇の両方の手印が押されている。

いてみると、長沼宗政が摂津の守護となったことはすでにのべたが、彼は承久の乱で上皇方についた淡路《あわじ》守護佐々木経高《つねたか》のあとをうけて淡路の守護もかねている。このあと摂津の守護は安達景盛《かげもり》を経て北条氏にうけつがれることになる。河内の守護も三浦氏が任じられるが、宝治《ほうじ》合戦（一二四七）で三浦一族が滅びたあとは北条氏のものとなる。さらに和泉守護も建長元（一二四九）年以降、北条一門によって継承される。こうして摂河泉の守護はいずれも北条一門ににぎられることになったのである。

さらに幕府は上皇方の貴族・武士の所領を没収し、これを恩賞として配分した。東国の御家人があらたな地頭（新補《しんぽ》地頭）として西国に進出していったのである。摂津では西成《にしなり》郡吉井《よしい》新《しん》荘内の地頭となった深堀仲光《なかみつ》は上総《かずさ》出身の御家人であったし、同じ西成郡富島《とみしま》荘の地頭となった山内宗俊《むねとし》も相模《さがみ》出身で備後《びんご》国地毗《び》荘の地頭職をもつ御家人であった。河内では讃良《さらら》荘・茨田《まった》郡伊香賀《いかが》郷の地頭として、安達景盛（覚智《かくち》）・土屋氏がそれぞれ補任されている。さらに承久の乱以前では地頭がみられなかった和泉でも、大鳥郷には田代浄心《じょうしん》、信太《しのだ》郷には成田氏、山直《やまだい》郷下久米多《しもくめだ》里には武《たけ》弥五郎入道寂仙《じゃくせん》が新補地頭として登場する。

このうち河内国伊香賀郷（枚方《ひらかた》市伊香賀）は、上皇方の中心的な武士であった藤原秀康《ひでやす》の所領（下司職）であったが、乱後、相模国土屋郷を本拠とする御家人土屋氏が恩賞としてこの地の地頭職をあたえられたのである。「当郷所務のこと、本司能登《ほんしのと》守秀康知行の例を守り、その沙汰を致すところなり」（「土屋文書」）とあるように、土屋氏はかつて藤原秀康が行っていた支配をうけついでこの地を支配することになった。承久の乱後に補任された新補地頭は、いわゆる新補率法《しんぽりっぽう》（一一町に一町の給田と、段別五升の加徴米《かちょうまい》を得分とする）にしたがうといわれているが、土屋氏の場合は本司すなわち藤原秀康の権限をうけついだため、警察権や土地の管理権など、新補率法よりも大きな権限をもつことになったのである。

それでは鎌倉時代の荘園はどのような状況にあったのだろうか。代表的な荘園をいくつか取りあげて、その実態を描いてみよう。

荘園の景観●

さきに取りあげた垂水東牧・西牧は、いずれも本家が摂関家（近衛家）、領家が春日社であったが、そのうち西牧の榎坂郷《えさかごう》（吹田市・豊中市）については、文治五（一一八九）年に国衙によって検注《けんちゅう》が行われた。そして春日社がみずからの支配のために、国衙によって作成された帳簿を書き写したのであろう。現存する「春日社領垂水西牧榎坂郷文治五年検注加納田畠取帳《けんちゅうかのうでんばたとりちょう》」（「今西家文書」、以下「取帳」と略す）は、ほかの垂水西牧関係の文書とともに、社家の牧務《まさむ》の目代《もくだい》として派遣され、現地の荘官《しょうかん》の地位にあった今西家に伝えられたのである。

この「取帳」は、榎坂郷の垂水村・榎坂村・小曽禰《おぞね》（根）村・穂積《ほずみ》村の四カ村について、条里の坪ごとに耕地の所属する名《みょう》とその面積、田・畠・荒・川成《かわなり》などの区別、さらに東寺・清住寺《せいじゅうじ》・三条院といった領主の名前が書かれている。そのうち春日社は一三三町四段余をもつ最大の領主で、このほか大小さまざまな二五の領主の土地が、ある程度のまとまりをもちながらも、いりくむかたちで存在していた。

「取帳」の条里の記載をもとに、現地のありさまを復元すると次頁の図のようになる。農民の屋敷は南部の神崎《かんざき》川や天竺《てんじく》川などの下流にあたる地域をさけて、北部の丘陵部の麓に広がっている。これらの屋敷は各村それぞれに一まとまりの集落をなしており、その近くに寺院・神社や道祖神がある。また屋敷は原則として条里の一区画に一宇ずつの散在した状態にある。しかし「取帳」にみられる二二一の名のうち屋

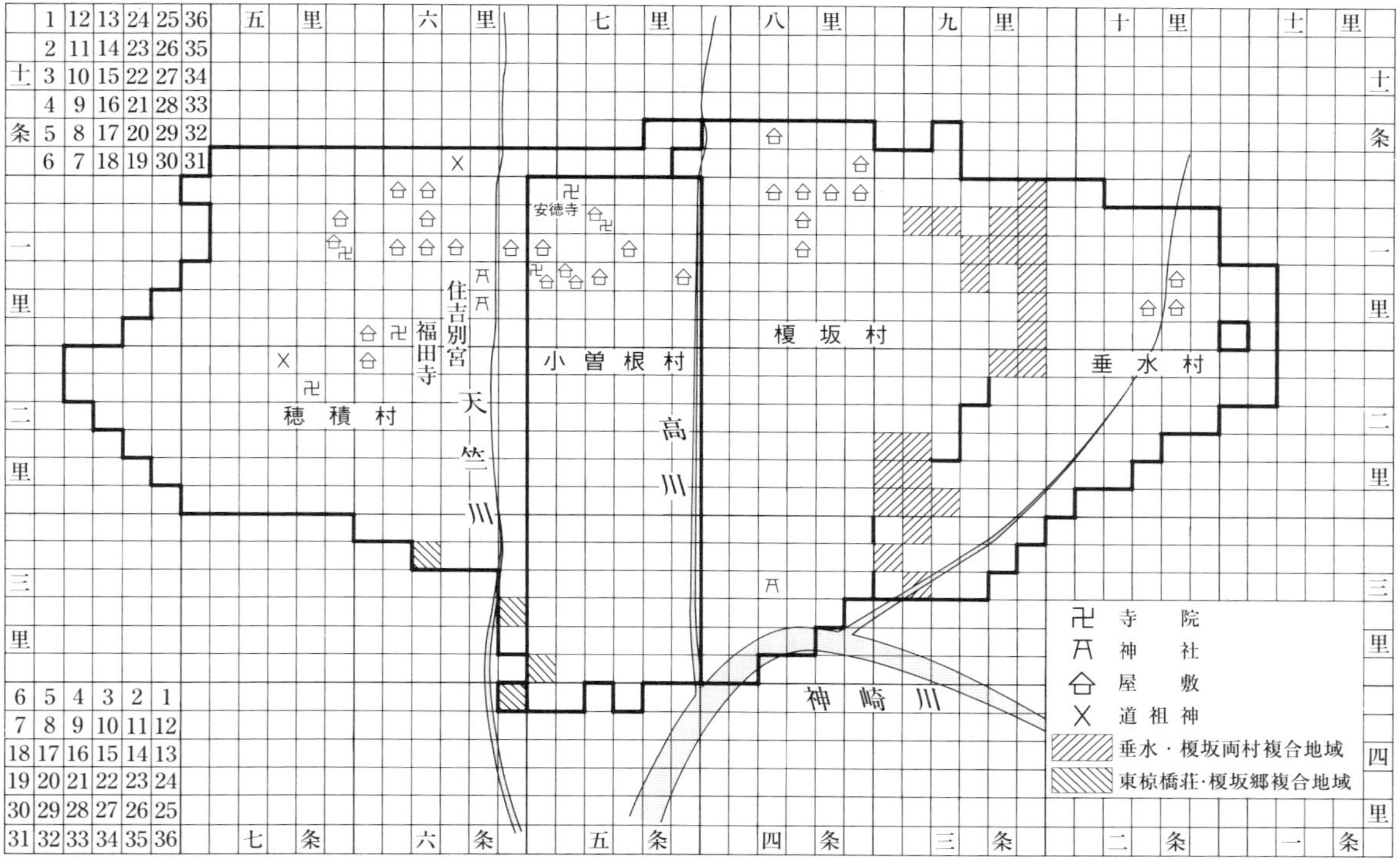

文治5年榎坂郷内村別および寺社屋敷位置図(『豊中市史』第1巻による)

❖コラム

七条院領田能《たのう》荘の住人たち

高槻市田能にある樫船《かしふね》神社は七条院領田能荘の鎮守であったが、そこには鎌倉時代初期の女神像・男神像各一体が伝えられている。また神宮寺にはそれらの本地仏《ほんちぶつ》である大日如来坐像と聖《しょう》観音立像が伝えられている。これらは貞応元〜二（一二二二〜一二二三）年にかけて、僧定勢《じょうせい》に率いられた田能荘民たちが「庄内安穏、諸人《しょにん》快楽」を願って奉加し造立したものであることが、樫船神社の棟札《むなふだ》によってわかる。その棟札には、奉加に加わった人びとの名前がつぎのように記されている。

a当所大明神《だいみょうじん》御正体《ごしょうたい》弐体　願主《がんしゅ》藤井国方《くにかた》　縁共《えんども》佐伯氏女《うじのにょ》

b大明神御本地観音　願主佐伯末清　同守安　縁共女　末貞　縁共女　同貞永　藤井氏女

c女体御前本地大日如来　願主佐伯末貞　供御衆《くごしゅう》　同守安　同貞文

d黒迦羅《くろから》御前本地阿弥陀仏　各丁縁共□□

aの「御正体弐体」とは樫船神社にある女神像・男神像のことで、それらは藤井国方とその縁共の佐伯氏女の奉加によってつくられた。縁共というのは配偶者のことで、佐伯氏出身の女性が藤井国方の妻になっていたのである。同じくbは、佐伯末清、佐伯守安夫妻、佐伯末貞夫妻、佐伯貞永夫妻（同貞永と藤井氏女のあいだに縁共がぬけていると考えられる）、cは佐伯末貞と供御衆の佐伯守安・貞文、さらにdはこれら男性の妻たちの奉加によってつくられた。ここに姓・名をもって登場する六人が田能荘の根本住人《こんぽんじゅうにん》ともいうべき存在で、佐伯・藤井姓からなり、さらに両者のあいだは佐伯氏女が藤井国方の妻であるように、姻戚関係で結ばれていたのである。

敷地を登録されているのは二四名（三三カ所）にすぎない。もちろん榎坂郷以外の地域に屋敷地をもっている農民もあるだろうが、屋敷地をもつ一人前の農民として評価されないもののほうがはるかに多かったのであろう。

つぎに平成六（一九九四）年に荘園遺跡として指定された、九条家領和泉国日根《ひね》荘をみることにしよう（「九条家文書」）。日根荘は関西空港の対岸の泉佐野《いずみさの》市の大部分を占めた荘園で、天福二（一二三四）年に四至《しいし》が定められ九条家領として成立した。立券《りっけん》と同時に官使《かんし》・国使《こくし》に加えて鶴原村・井原村・入山田《いりやまだ》村・日根野《ひねの》村の四カ村の公文《くもん》・田所《たどころ》・下司らが立ちあって、荘内の田畠在家《でんぱたざいけ》などの調査が行われた。四カ村の田地の状況は、順に三六町一段余、九町六段余、一一町九段余、一二町一段余で、周辺には相当の荒地が広がっていた。これ以降、九条家はさまざまな方法で荒地の開発を試みることになる。延慶三（一三一〇）年には実専《じっせん》という僧に開発をまかせたらしく、荘内の荒地の調査が行われている。その後、実行上人《じつぎょう》が開発にのりだしたが、現地での対立からか、開発のために招きよせた新百姓の住宅が焼きはらわれるなどの事件がおこった。そこで九条家は正和五（一三一六）年、改めて久米田寺《くめだ》（岸和田市）に開発を請け負わせた。そのさい、日根野村を描いた二枚の絵図が作成されている。日根野村絵図と日根野村近隣絵図である。

次頁の写真は日根野村絵図である。日根野村の中央部分には広大な「荒野」が残されているほか、絵図の各所に溜め池が描かれており、日根野村の農業用水が主としてこれらの溜め池に依存していたことを示している。熊取《くまとり》荘（泉南郡熊取町）と境を接する北東部には六つの溜め池がならんでいるが、そのうち甘漬《あまづけ》池（尼津《あまづ》池）、八重《やえ》池（八重治《やえじ》池）、住持谷《じゅうじだに》池（十二谷池）は今も残っている。しかし「荒野」の中央にあ

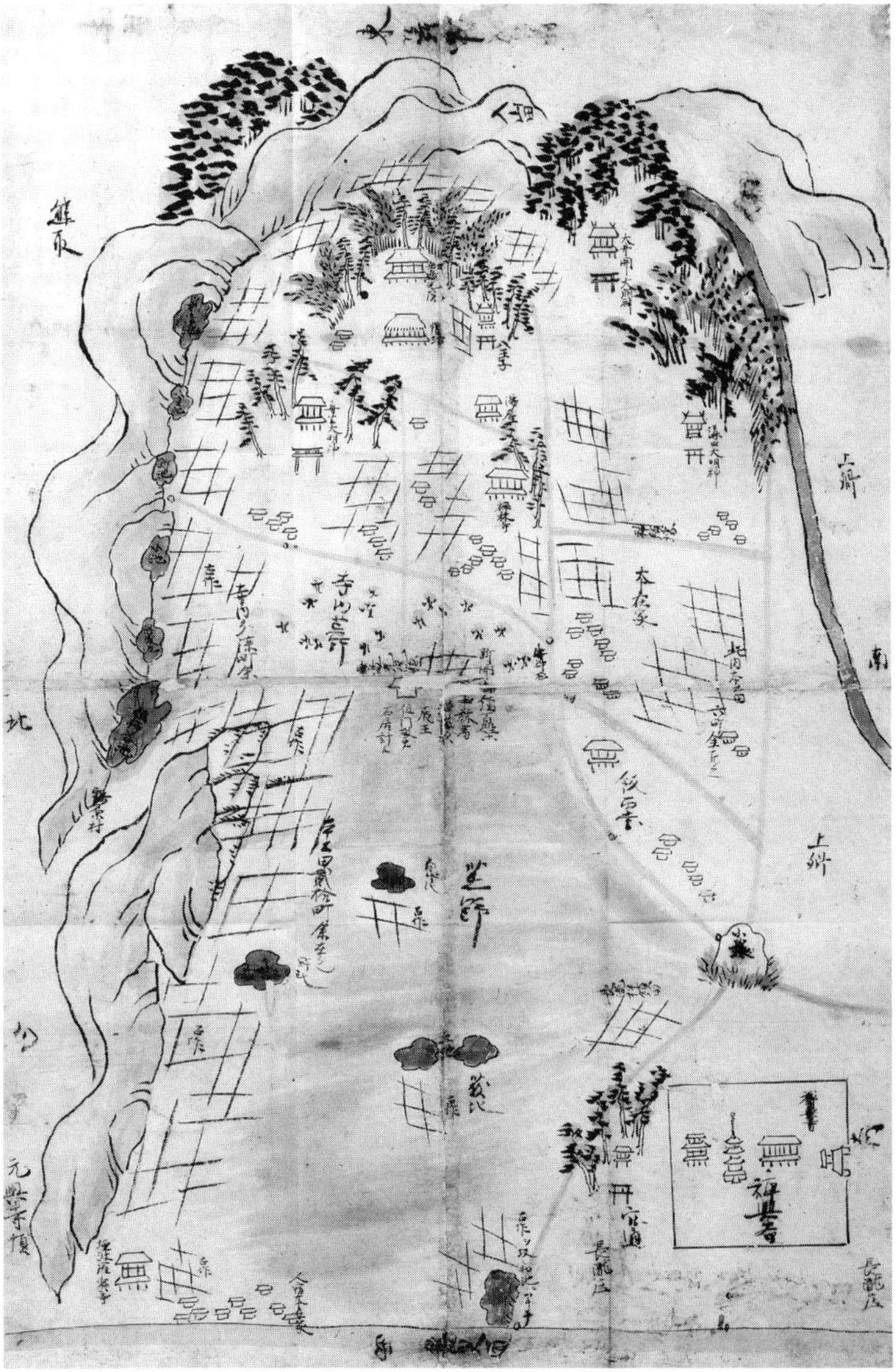

日根野村絵図(「九条家文書」)

る白水《しらみず》（泉《いずみ》）池は、JR日根野駅前の再開発事業で埋められ今はない。荘の東部には水田とならんで民家が描かれている。「本在家」というのは村を開発した根本住人《こんぽんじゅうにん》（ないしはその系譜をひくもの）で、無辺光《むへんこう》院惣門《いんそうもん》の近くに「新開御百姓等《しんかいおんひゃくしょうとう》」としてその名がみえる中林男《なかばやしおとこ》・神源次《かみげんじ》・辰王《たつおう》は、開発のために招きよせられた新百姓であろう。

　このほか絵図には多くの寺社が描かれている。寺院としては古代に新羅から渡来した金麻蘇邇《きんまそじ》の草創と伝えられる禅興寺《ぜんこうじ》、九条家の家司《けいし》の源氏の氏寺として建立されて日根野荘開発の拠点とされた無辺光院、荘の成立以前からの由緒をもつ檀婆羅蜜寺《だんばらみつじ》がみられる。神社には、日根郡内の屈指の大社として知られた大井関《おおいぜき》神社のほか、八王子社・溝口大明神・丹生《にう》大明神がみえる。西の熊野大道沿いに「穴通《あなとおし》」とあるのは、熊野詣の人びとの信仰を集めた蟻通《ありとおし》大明神のようである。

寺社の信仰●

平安時代とりわけ十一～十二世紀の信仰で特徴的なのは、院や数多くの貴族たちが行った社寺参詣である。とくに熊野詣は白河から後鳥羽に至る院政期に、ほとんど毎年のように行われた。京都から熊野にむかうには通常つぎのルートがとられる。京都から淀川を船でくだって渡辺津（窪津）に至る。ここに第一の窪津王子があり、四天王寺《してんのうじ》から南にむかう熊野街道（紀伊路）にはいる。阿部野《あべの》王子・境《さかい》王子・信太《しのだ》王子・池田王子・近木《こぎ》王子・日根《ひね》王子・信達《しんだち》王子を経て、国境の中山《なかやま》王子をすぎると紀伊である。熊野街道はそのさき紀伊田辺《きいたなべ》で、東におれて山中にはいる中辺路《なかへじ》と海岸ぞいの大辺路《おおへじ》と二つにわかれる。熊野詣は途中のこれらの王子を順に参拝しながら、滅罪を願って熊野への歩みを進めるのである。「熊野へ参らむと思へども、徒歩より参れば道遠し、すぐれて山峻《けわ》し、馬にて参れば苦行ならず」（『梁塵秘抄《りょうじんひしょう》』）とあるように、徒歩で参詣することに苦行としての意味があったのである。

永保三（一〇八三）年の藤原為房《ためふさ》の熊野詣はつぎのようなものであった（『大御記《だいぎょき》』）。九月二十一日に京都をたち、山崎から船にのって石清水八幡宮に参拝したあと、翌二十二日に摂州大渡（渡辺津）から陸に上がり四天王寺・住吉《すみよし》社に参詣した。その後、堺から和泉国府、日根野を経て熊野本宮へ参ったのは十月五日のことであった。帰路は信達から住吉を経て十三日に京都に戻っている。為房の行程からもわかるように熊野詣は、その路次にあたる四天王寺や住吉社をもにぎわすことになったのである。

四天王寺はさまざまなかたちで人びとの信仰を集めていた。一つは舎利《しゃり》に対する信仰で、四天王寺の仏舎利を供養すれば往生への安心が得られるというものである。さきにみた藤原為房も、四天王寺に参詣したおりに舎利を供養している。また鳥羽上皇も久安二（一一四六）年に金堂で仏舎利を拝しているが、上皇はこのときはじめてこの舎利を拝してから二〇年におよぶと語ったという（『台記《たいき》』）。もう一つは極楽浄土に関する信仰で、四天王寺の西門が極楽浄土の東門につうじているというものである。後白河上皇の編による『梁塵秘抄』には、「極楽浄土の東門は、難波の海にぞ対《むか》へたる、転法輪所《でんぽうりんしょ》の西門に、念仏する人参れとて」という今様《いまよう》がおさめられている。往生を願う人びとは太陽が沈むのをみて極楽が西にあると信じたが、四天王寺の近くまで海がはいりこんでいた当時は、西方の海に沈んでいく夕陽の荘厳さが浄土からの引接《いんじょう》を感じさせたに違いない。『発心集《ほっしんしゅう》』（巻三）には「ある女房、天王寺に参り海に入る事」として、宮仕えした女性が四天王寺で三七日《さんしちにち》（二一日）の念仏ののち、難波《なにわ》の海に入水して往生をとげた話をのせている。四天王寺は中世をつうじて人びとの信仰を集め、『一遍聖絵』にも西大門の西方に「釈迦如来転法輪所、当極楽土東門中心」の額を掲げた鳥居が描かれている。

この四天王寺では十一世紀中頃から園城《おんじょう》寺の僧が別当《べっとう》(大寺におかれる僧職の一つで、寺務を統轄した)に任じられていたが、弘安七(一二八四)年に律僧の叡尊《えいそん》が、また永仁二(一二九四)年には忍性《にんしょう》が別当に補任された。十三世紀後半から十四世紀にかけて、これまでの秩序に属さない禅律僧が活躍する。彼らは戒律を厳重にまもり、寺院社会からも縁を断ち切った無欲の僧とみなされ、それゆえに朝廷や幕府の保護をうけていたのである。叡尊や忍性はそうした禅律僧の代表的な存在で、勧進によって寺社の復興を行い、また道路や橋など交通路を整備した。叡尊が復興にかかわった寺院には、行基《ぎょうき》が建立したという家原《えばら》寺(堺市《さかいし》)や行基の遺骸が葬られたという竹林《ちくりん》寺(奈良県生駒《いこま》市)のほか西琳《さいりん》寺(羽曳野市)や教興《きょうこう》寺(八尾《やお》市)をあげることができる。一方、叡尊の弟子の忍性は北条氏の帰依をうけ極楽《ごくらく》寺の開山になるなど鎌倉を拠点に活動していた。彼は四天王寺の別当に補されると、聖徳太子による四箇《しか》院(敬田《けいでん》院・施薬《せやく》院・悲《ひ》田《でん》院・療病《りょうびょう》院)の創設の伝承(『四天王寺御手印《みていん》縁起』)に基づいて悲田院(貧者らの救済施設)と敬田院(伽藍部)を再興した。さらに今も残る西門の花崗岩製の鳥居を造立したと伝えられる(『元亨釈書《げんこうしゃくしょ》』)。

2　南北朝の内乱

悪党の活動●

十三世紀後半になると、「悪党《あくとう》」とよばれる人びとの動きがめだつようになる。悪党という語は、現在の悪者・悪人という意味で使われたのではない。各地でおこっていた荘園などの権利をめぐる争いにおいて、実力行使におよんだ相手方を非難し排除するときに、この「悪党」の烙印を押した。一旦「悪党」とみなされると、もはやなんの保護もうけられず、追捕の対象とされるのである。

それではなぜこの時期になって、荘園などの権利をめぐる争いが多発したのだろうか。さまざまな要因が考えられるが当面、鎌倉幕府の成立に伴って定まった荘園などの権利関係が世代を重ねるにつれて複雑化したこと、農業技術の進歩と貨幣の普及によって商品経済が活発になったこと、その一方で気温が寒冷化したために作物の収穫がおちこんだと考えられること、さらにそうした社会の変化のなかでみずからの得分を確保するために現地の直接支配が指向されてきたこと、をあげておく。

東寺領摂津《せっつ》国垂水《たるみ》荘（吹田《すいた》市・豊中市）は、文治五（一一八九）年に作成された榎坂《えさか》郷の「取帳」にもみえ、東寺長者（寺務《じむ》）の地位に付随して伝領される荘園（長者渡領《わたりりょう》）であった。そのため現地の支配は、平氏の与党として追放された下司《げし》重経《しげつね》の係累《けいるい》と思われる采女《うねめ》（天皇に近侍する女官）出雲局《いずものつぼね》の一族が下司・公文《くもん》・預所《あずかりどころ》の三職を相伝して行い、所定の年貢をおさめていた。しかし十三世紀末以来、直接支配をめざそうとする東寺と、それを阻止しようとする下司・下司代との対立が現地の農民をまきこむかたちで深まり、荘の内外で悪党の蜂起が繰り返される。

正安四（一三〇二）年、興福寺の春性房教真《しゅんじょうぼうきょうしん》が悪党人を率いて乱入し、作稲を刈り取り狼藉を働いたとして下司代が訴えをおこしているし、逆に徳治三（一三〇八）年には、東寺から現地支配のためにつかわされた雑掌《ざっしょう》を阻止しようとした下司・下司代に協力するかたちで、荘外から芥川孫三郎・土室式部《はむろしきぶ》が乱入して年貢を抑留した。さらに元亨年間（一三二一～二四）になると、下司の支配をきらった荘内の百姓浄願《じょうがん》・良尊《りょうそん》らが悪党を語らって下司代を追いだし、苅田・放火・刃傷狼藉におよんだ。下司側の訴えで派遣された六波羅探題の使者に対して、「数百人悪党」が「城郭」をかまえて合戦をいどんだといわれている。六波羅は、御家人の真上《まかみ》彦三郎・俣野《またの》七郎太郎に対して近隣の地頭御家人に命じて鎮圧するよう命じたが、解決は困難だったようである（「東寺百合文書」）。

室町院領和泉国大鳥荘（堺市）では、承久の乱後に地頭に補任された田代氏がしだいに支配を強めていった。検注や検断《けんだん》、年貢《ねんぐ》・夫役《ぶやく》などに関して大鳥荘雑掌と対立し、なんどかの相論を経て応長元（一三一一）年に下地中分《したじちゅうぶん》が行われた。その翌年の正和元（一三一二）年、宗親《むねちか》（法名行性《ぎょうせい》）父子が「百余人之勢」を率いて地頭領内に乱入し、作麦を刈り取り鋤・鍬を奪いとるなどの乱暴を働いている。この宗親は、正応三（一二九〇）年に雑掌を追いだして御家人の号をとめられた前大鳥郷刀禰《とね》沢村宗綱《むねつな》の子である。ここでは「悪党」という語は使われていないが、荘支配をめぐる対立を暴力的に解決しようとする傾向がよくうかがわれる。

嘉暦元（一三二六）年、大鳥荘住人等覚《とうかく》らが「城郭」をかまえて殺害におよんだとして、六波羅探題の命をうけた堀江秀清《ほりえひできよ》がむかったところ、等覚らは自分の住居や、さきに蜂起した宗親の子基宗《もとむね》の住宅を「城郭」にして合戦をいどんだ。ここでいう「城郭」は通常思い浮かべる城ではなく、堀や矢倉《やぐら》、バリケードにあたる逆茂木《さかもぎ》や垣楯《かいだて》をもった施設で、そうした「城郭」をかまえることは、さきの垂水荘でもみられたように、実力でその地を支配するという宣言であった。このような等覚らの行動には、草部《くさかべ》郷中条住人の殿木《とのき》兵衛《ひょうえ》入道の子息たち、八田《やた》郷住人中尾土佐房、和泉国御家人若松源次入道父子、同じく御家人彦四郎宗員《むねかず》ら数十人の「悪党従類等」が同意していたという。元徳二（一三三〇）年になると彼らの動きはさらに拡大し、六波羅の使節が逮捕にむかうと八田郷から草部郷へとのがれ、さらに「城郭」とされていた基宗の住宅では、基宗の伯父で河内《かわち》国喜連《きれ》の住人の帥房《そちぼう》や基宗の従兄弟で河内国若江の住人左衛門三郎ほか「所々悪党数百人」が合戦におよび、六波羅の使節や近隣の地頭御家人だけでは、「城郭」を破却することも彼らを逮捕することもできなかったという（「田代文書」）。

「悪党」の活発な活動をおさえきれなくなったことは、荘園のシステムが本来のかたちで機能しなくなったことを示している。そして同時に、鎌倉幕府と朝廷とで形づくられていた国家の仕組みそのものが、危機に瀕していたことをも示していたのである。

倒幕の動き●

正中元（一三二四）年九月、三〇〇〇余騎の兵が六波羅によって動員された。「摂津国葛葉《くずは》ト云処ニ、地《じ》下人《げにん》代官ヲ背《そむ》キテ、合戦ニ及《およぶ》事アリ。彼《かの》本所ノ雑掌ヲ、六波羅ノ沙汰トシテ庄家ニシスヘン為《ため》」（『太平記』巻第二）、すなわち樟《くず》葉《は》牧（枚方市《ひらかた》）で代官と住人との対立からおこった合戦を鎮圧するためだという。さきの「悪党」と同じ動きが樟葉牧でもあったというわけだが、実際には後醍醐《ごだいご》天皇と側近の倒幕計画を未然にふせぐためのものであった。側近の日《ひ》野《の》資朝《すけとも》・俊基《としもと》父子がとらえられ鎌倉に送られたが、天皇自身の罪は問われなかった。これが正中《しょうちゅう》の変である。

しかし後醍醐天皇による倒幕計画はその後も進められ、元徳三（改元して元弘元＝一三三一）年、ふたたび幕府に察知された。八月に天皇は笠置寺《かさぎでら》（京都府相楽《そうらく》郡笠置町）に移って立てこもり、六波羅探題側の軍勢と対決することになった。四万余騎といわれる幕府軍の攻撃をうけて笠置は落城し、天皇はとらえられて翌元弘二年に配流先の隠岐へとむかった。京都では幕府の擁立する光厳《こうごん》天皇が即位し、年号も正慶元（一三三二）年と改められた。これが元弘《げんこう》の乱で、後醍醐天皇の計画は失敗におわるかにみえた。

乱がはじまってまもない九月、楠木正成《くすのきまさしげ》は赤坂城（南河内郡千早《ちはや》赤阪村）で挙兵した。その兵は五〇〇楠木正成の本拠地として知られる南河内郡千早赤阪村には、千早城や赤坂城などの城郭群がある。城郭といっても石垣や天守閣をもつ大規模な城ではない。山の尾根を平らにけずって堀や柵で囲み(これを曲輪《くるわ》という)、掘立柱の建物群を建てるといったようなものである。鎌倉時代末~南北朝期、全国的な戦乱が続くなかで自然の要害を利用した山城が各地にきずかれた。優位な敵に対して山にこもってたたかう方法がとられたため、麓からはなれた険しい尾根を利用して、臨時的な施設がつくられたからである。千早城・赤坂城はそうした山城の一つである。

下赤坂城(国指定史跡)は千早川の西岸、桐山の丘陵の北端にあり、『太平記』には「俄《にわか》ニ誘《こしら》ヘタリト覚テ、ハカ〴〵シク堀ヲモホラズ、僅《わずか》ニ屏一《へいひとえ》塗《ぬっ》テ、……櫓《やぐら》二三十ガ程掻雙《かきなら》ベタリ」(巻三)とある。堅固な山城というよりは短期間の防衛を目的としたものであったらしく、元弘元(一三三一)年十月、鎌倉幕府軍の攻撃をうけて落城した。上赤坂城は桐山にあることから桐山城ともよばれ、後方は金剛山につうじ、「三方ハ岸《きし》高シテ、屏風《びょうぶ》ヲ立タルガ如シ」(巻六)とあるように東・西・北の三方が急斜面に囲まれ、南方が堀と櫓によって固められている。元弘三年二月、阿蘇時治《ときはる》に率いられた幕府軍の攻撃をうけ、飲料水の桶を絶たれ火矢を放たれて落城した。城跡の背後に井《いど》の谷があり、一丁田《いっちょうだ》池とよばれる池がある。あるいはこの水が絶たれたのであろうか。

その後に正成がこもったのが、金剛山に連なる標高六三〇~六七〇メートルの尾根上の千早城で、楠木氏の詰城といわれている。東西の谷が深く切れ込み比高(周囲の高さとの差)は二五〇メート

❖コラム

ルにおよぶ。周囲は約四キロで、五つの曲輪にわかれていたという（堺市博物館蔵「河州千早城之図」）。この城の出丸《でまる》の下には茶屋壇《ちゃやだん》とよばれる水汲場があり、山道ぞいには泉の湧く所もあって、飲料水は比較的豊富であった。そのため正成の軍勢は、幕府軍の攻撃をうけながらも二カ月余の籠城にたえたのである。

金剛山系にはほかにも河野辺《かわのべ》城や二河原辺《にかわらべ》城、さらには出城となる竜泉寺城などがあり、そのほか各地に楠木氏が設けた塞《とりで》跡が残っている。尾根続きで連絡が可能なこれらの施設を用いて、楠木氏のゲリラ戦がなされたのである。

上赤坂城大手より河内平野をのぞむ

二河原辺城の階段状の曲輪群

余騎といわれ、二重につくった外側の塀をきりおとすという釣塀や、熱湯をそそいだり大石・大木を投げおろすという戦法をとったが、一カ月余で落城し正成は姿をかくした（『太平記』巻第三）。和泉国若松荘（堺市）は、元徳二年に没した後醍醐天皇の皇子世良《よよし》親王の遺領であるが、それを押妨していたと噂《うわさ》される「悪党楠木兵衛尉《ひょうえのじょう》」が、楠木正成その人とされている（「臨川寺《りんせんじ》文書」）。正成の出自はあきらかでないが、はやくから天皇とのつながりをもち河内・和泉一帯で活動していたらしい。さらに近年では、楠木氏は北条氏の被官であったとする説が出されている。

　元弘二（＝正慶元）年十二月、後醍醐天皇の皇子護良《もりよし》親王が吉野に挙兵し、それとあい前後して一年あまり姿をかくしていた正成があらわれ、幕府勢に押えられていた赤坂城をせめた。翌年、河内・和泉で幕府方とたたかい、天王寺で六波羅軍を破った。正成はこのとき四天王寺で聖徳太子が書いたとされ

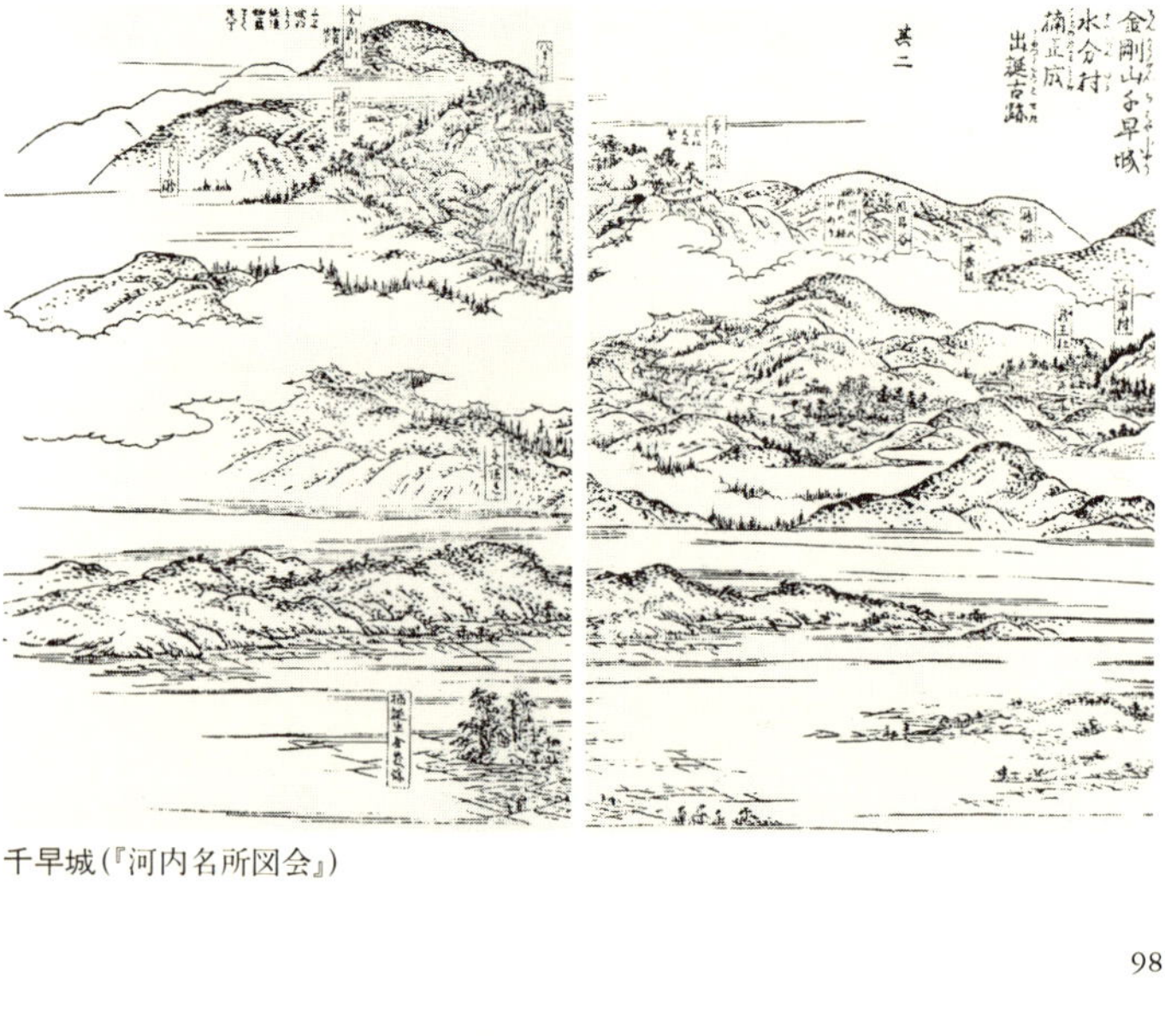

千早城(『河内名所図会』)

る「未来記《みらいき》」をみたという。「人王九十五代に当たって天下ひとたび乱れて主安からず。此《こ》の時、東魚《とうぎょ》来たりて四海を呑《の》む。日西天に没《い》ること三百七十余箇日、西鳥来《き》たりて東魚を食《くら》う」（原漢文）とあるのをみて、人王九十五代は後醍醐天皇にあたり、「東魚」は北条高時の一類、「日西天に没る」とは天皇が隠岐に配流されたこと、そして三七〇日あまり後の春の頃に、天皇が関東を滅ぼすと理解したという（『太平記』巻第六、ここには元弘二年のこととされているが、元弘三年と考えられる）。その後正成は千早城にこもり、今回も大石を投げ、大木をおとし、あるいは人形を用いるといった奇策で、幕府側の主要な軍勢をここに釘付けにした（巻第七）。

そのあいだに播磨太山《たいさん》寺（神戸市）の寺僧らが六波羅軍とたたかい、さらに播磨国佐用《さよう》荘（兵庫県佐用郡）を本拠とする赤松円《あかまつえん》心《しん》が挙兵して京都にせめこむにおよんで、情勢は大きくかわった。元弘三（正慶二＝一三三三）年五月、足利高氏《あしかがたかうじ》・赤松円心らの攻撃をうけた六波羅探題の北条仲時《なかとき》・時益《ときます》は京都を脱出し、仲時は近江の番場《ばんば》宿（滋賀県米原市）で自害した。それに伴い千早城を囲んでいた軍勢も四散していったようである。さらに鎌倉も新田《にった》

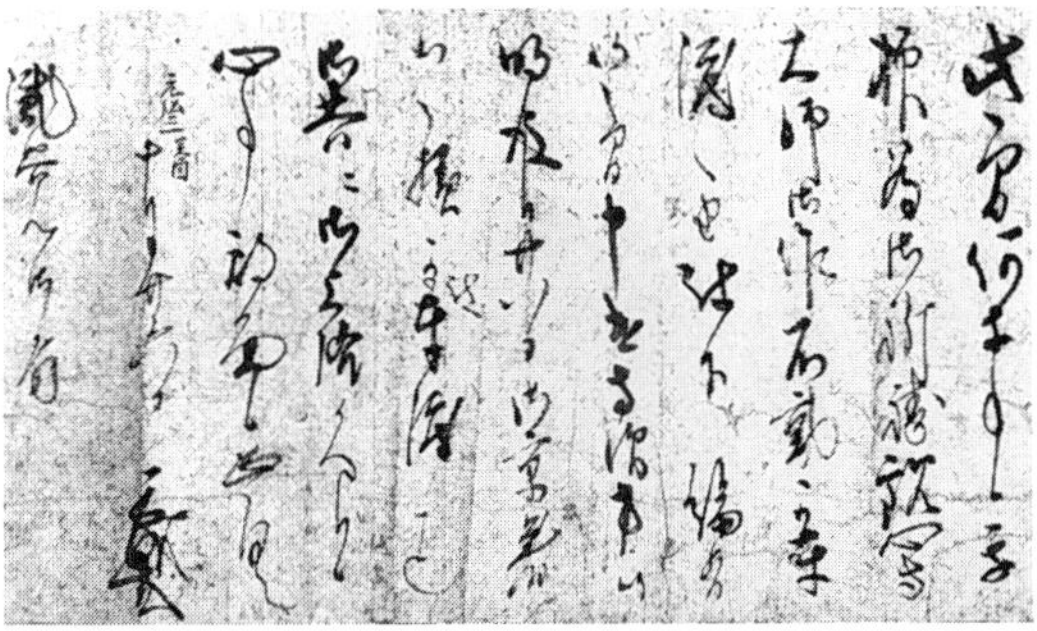

楠木正成自筆書状(「観心寺文書」元弘3年10月26日付)　後醍醐天皇の意向(戦勝祈願の祈禱)が円滑に運ぶよう観心寺僧滝覚《りゅうがく》に依頼した書状。

義貞《よしさだ》の攻撃をうけて北条高時以下が自害し、こうして鎌倉幕府は滅んだ。

元弘の乱以来の流れのなかで、武士たちはさまざまな動きを示した。和田《みきた》荘（堺市）を本拠とする御家人和田氏は、幕府の催促にしたがって千早城攻撃に加わって、若党が矢疵をうけた。その一方で後醍醐天皇の皇子護良親王の催促をうけて、和田助家《すけいえ》の子助康《すけやす》が京都での戦闘に参加した（「和田文書」）。和田氏は幕府方・天皇方の双方の軍に一族を送ったのである。この京都での戦闘には、淡輪《たんのわ》荘（泉南郡岬町）を本拠とする御家人淡輪正円《しょうえん》も参加していたし（「淡輪文書」）、河内の住人の三木《みき》一族は新田義貞の軍に属して鎌倉攻めに加わっていた。しかし真上荘（高槻市）を本拠とする真上持直《もちなお》・信直《のぶなお》父子は、北条仲時にしたがって番場宿で最期をとげ（「蓮華寺過去帳《れんげじかこちょう》」）、庶子家があとをついだ。

建武政権●

隠岐を脱出していた後醍醐天皇は、六波羅滅亡後の五月十七日、正慶の年号をやめてもとの元弘に復することとし、六月四日、京都の東寺に着き、翌五日に二条富小路殿《とみのこうじどの》にはいった。そして足利高氏に対してはすでに天皇の諱《いみな》「尊治」の一字「尊」をあたえて尊氏としたのを手はじめに、みずからを中心とする新政府を組織した。翌年から建武の年号が使われるので、この新政府を建武政権とよぶ。

まず倒幕に功績のあったものに対して恩賞をあたえるため、恩賞方が設置された。恩賞方は四番局からなり、そのうち第三番局が畿内・山陽道・山陰道をあつかうこととされた。万里小路藤房《までのこうじふじふさ》が頭人《とうにん》（責任者）で、四人の寄人《よりうど》（職員）がおかれていたが、そのなかの一人に楠木正成がいた。しかし恩賞の決定には、後宮《こうきゅう》などの内奏《ないそう》が重んじられて不公平なことも多かったらしく、それに抗議して万里小路藤房が辞任したという。

和田助家はつぎのような軍忠《ぐんちゅうじょう》状を提出して恩賞を願った。元弘三年四月三日に（護良親王の）令旨《りょうじ》を賜ったが、自分は病気であるので息子の助康に数輩の軍勢をそえてつかわした。四月八日に赤井河原《あかいがわら》（京都市伏見区）の合戦に参加したことは、大和の近戸内《ちかとない》源四郎・同五郎が見知っている。四月二十七日に名越高家《なごやたかいえ》が発向した時は、久我縄手《こがなわて》で身命をおしまずたたかい、若党の弥五郎と孫九郎が負傷した。このことは大和の宇野七郎入道と播磨の安田左衛門三郎がみているところであるので、恩賞を賜りたい。

五月になって提出されたこの軍忠状の袖には、護良親王の家司《けいし》であった左少将（某　定恒）の「一見し了《おわ》んぬ」との証判がすえられている（一〇四頁写真参照）。十二月二十七日に綸旨《りんじ》がだされ、助家には和田荘下司職のほか得富《とくとみ》・恒富《つねとみ》両名と放光寺《ほうこうじ》蕨《わらび》別所俗別当職《べっしょぞくべっとうしき》があたえられた。そのことは同じ日にだされた、四条隆貞《じょうたかさだ》の袖判がすえられた和泉国宣《こくせん》によって確認されている（「和田文書」）。

また松尾寺の住僧らも、綸旨・令旨によって数々の祈禱を行ったほか、笠置や吉野金峯山《きんぷせん》での合戦に参加し、死傷者をだすほどの軍忠をあげたことを訴えて、祈禱料所と恩賞を願った（「徴古雑抄《ちょうこざっしょう》」）。一般に寺僧たちの忠節とは、実際に合戦に参加することにもまして戦勝祈願の祈禱を行うことをいう。松尾寺の場合も、如意輪《にょいりん》供養法・大呪を行うことによって六波羅がおち、さらにその結願《けちがん》の日に千早城を囲む軍勢が退散したとして、その功績を訴えたのである。

それでは各地域の支配体制はどのようなものであったろうか。鎌倉時代をつうじて守護が国司の権限を吸収する傾向が進んだが、建武政権のもとでは、天皇が両方の人事をにぎるかたちで両者が併存した。摂津では国司・守護の存在は確認されるが、名前はあきらかでない。和泉では、さきに護良親王の家司である四条隆貞が国宣を発しているとしたが、正確には、親王が知行国主で、四条隆貞が国司として実際の国務をとりおこなっていたと考えられる。一方、和泉の守護は、幕府の大軍を千早城に釘付けにするなど大きな功績をあげた楠木正成が補任された。正成はあわせて河内の国司と守護をかね、本拠とする河内・和泉において大きな権限をにぎった。

しかしながら「二条河原落書」に「天下一統メヅラシヤ」とあるように、建武政権のもとでの平和は長くは続かなかった。中央政府の混乱に加えて、各地で北条氏支持を称するものの反乱がたえなかったからである。建武元（一三三四）年十月、倒幕に活躍した護良親王が宮中で逮捕され鎌倉に送られた。後醍醐天皇を排除しようとする陰謀を企てたという理由であるが、ちょうど紀伊国飯盛山《いいもりやま》で挙兵した北条氏の与党を討つために楠木正成が発向している最中であった。さらに建武二年七月、北条高時の遺児時行《ときゆき》が挙兵して鎌倉をおとしいれた。これを中先代《なかせんだい》の乱というが、このとき鎌倉をまもっていた足利尊氏の弟直義《ただよし》は、幽閉していた護良親王を殺して鎌倉をのがれた。尊氏は天皇の許可を得ぬまま関東にむかい、直義軍と合流して時行を破ったあとも、旧幕府跡に居を構えて京都には戻ろうとしなかった。こうして建武政権は二年余で崩壊したのである。

摂河泉をめぐる争い●

建武三（一三三六）年正月、足利尊氏の入京に伴い後醍醐天皇は比叡山にのがれた。しかし尊氏は新田義貞・楠木正成らの軍勢にやぶれたが、九州におちて体勢を立てなおし東上、五月に湊川（神戸市中央区）の戦いで正成を破ってふたたび京都を制圧した。そして後醍醐天皇に退位をせまり光明《こうみょう》天皇を擁立したが、後醍醐天皇は吉野に脱出し、みずからの皇位の正統性を主張した。また後醍醐天皇がその年の二月末に建武を廃して延元の年号を定めたのに対して、尊氏方は引き続き建武を用いている。こうして二人の天皇と二つの年号が存在する南北朝の時代がはじまった。

南朝方に属した岸和田治氏《きしわだはるうじ》は、湊川の戦いや六月から八月にかけて京都周辺での戦いに加わり、さらに十月から翌延元二（建武四＝一三三七）年三月にかけて河内の東条《とうじょう》（富田林市）に立てこもって尊氏方の細川顕氏《ほそかわあきうじ》と戦闘を重ねたことを、軍忠状のなかで訴えた（「和田文書」）。細川顕氏は尊氏から和泉守護に任じられた人物で（その後、河内守護にも任じられた）、彼の軍に属した淡輪氏重《たんのわうじしげ》や日根野道悟《ひねのどうご》は、建武の年号を用いた軍忠状で自分たちの働きを訴えている（「淡輪文書」「日根文書」）。このように各地の武士は、北朝・南朝の年号を使いわけることによって自分たちの立場を表明していたのである。

それでは南北朝の内乱はどのように展開していったのだろうか。

京都に近い摂津地方ははやくから尊氏方の勢力が浸透していったのに対して、楠木氏の本拠に近い河内・和泉は、正成の死後も南朝方の勢力が強く、尊氏方との争いが続いていた。後醍醐天皇は陸奥霊山《りょうぜん》城《じょう》（福島県伊達市・相馬市）にあった北畠顕家《あきいえ》に西下を命じ、顕家は尊氏方を撃破しながら鎌倉から東海道を経て延元三（＝建武五）年二月に大和にはいった。大和から和泉を転戦するうち、五月、堺から南下した尊氏方の高師直《こうのもろなお》の軍とたたかって石津《いしづ》（堺市）で戦死した。すでに幕府を開く意志を表明していた尊氏は、この年八月、征夷大将軍に任命された。室町幕府である。翌延元四（暦応二＝一三三九）年、後醍醐天皇が吉野で没した。新田義貞も前年に越前で戦死しており、南朝方の勢力は急速に衰えることになる。

そうした南朝方を実質的に支えていたのは楠木一族である。正成の子正行《まさつら》は、正平二（貞和三＝一三四七）年、和田助氏らとともに軍事行動をおこし、河内南部で畠山国清・細川顕氏の連合軍を、さらに天王寺・住吉で山名時氏の軍を破って急速に勢力を広げた。顕氏はこの敗戦の責任を問われて河内・和泉の守護職を解任されたといわれているが、幕府側は大きな痛手をこうむった。そこで幕府は高師直・師泰《もろやす》率いる大軍を派遣し、正平三（＝貞和四）年正月、河内飯盛山の麓の四条《しじょう》縄手《なわて》（四條畷《なわて》市）において双方の軍勢が激突した。正行は師直の間近にせまったが、師直の恩をうけたことのある上山《うえやま》六郎左衛門が身がわりとなったため取りにがし、みずからも傷ついて弟の正時と刺し違えて自害した（『太平記』巻第二六）。正行の敗死を聞いた南朝方では、和田助氏に命じて軍の立てなおしをはかったが、これ以降、南朝方の組織的な戦闘はみられなくなる。それに対して師直の軍勢は吉野を攻撃して南朝の御所に火を放ち、蔵王堂以下の堂舎が焼失した。

しかし幕府＝北朝方の優位は続かなかった。足利尊氏・直義兄弟の対立から高師直・師泰が殺され、はじめ直義が、ついで尊氏が南朝方に和睦を申しいれるにいたった。観応《かんのう》の擾乱《じょうらん》である。尊氏方が南朝に帰順したた

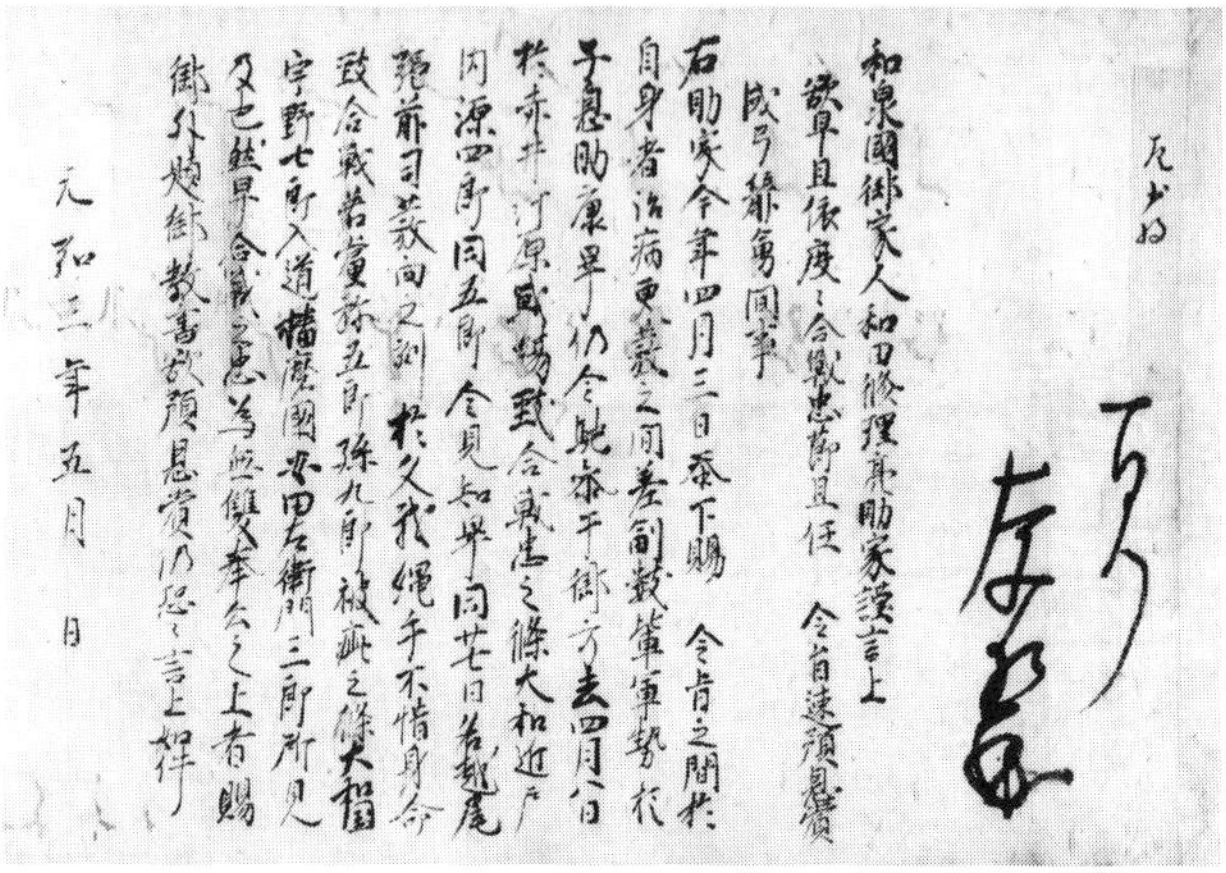
和泉国御家人和田修理亮助家謹言上
欲早且依度々合戦忠節且任　令旨速預恩賞
成弓箭勇間事
右助家今年四月三日奉下賜　令旨之間於
自身者依病更難叶之間差副数輩軍勢於
子息助康早可令馳参于御方去四月八日
於赤井河原致合戦忠之条大和近戸
内源四郎同五郎令見知畢同廿日於越尾
前司義高之剣於久我縄手不惜身命
致合戦若党紀五郎孫九郎被疵之条大福
宇野七郎入道播磨国安田右衛門三郎所見
也然早合戦之忠為無双之上者賜
御外題欲預恩賞仍恐々言上如件
元弘三年五月　日

和田助家軍忠状（「和田文書」元弘３年５月　日付）

め、北朝年号の「観応（一三五〇〜五二）」を廃して「正平（一三四六〜七〇）」に統一するという「正平の一統」が行われた。しかし、正平七年閏二月、楠木正儀《まさのり》らに率いられた南朝軍が入京し和議は破れた。南朝が勢力をもりかえすと、賀名生《あのう》（奈良県五條市）にのがれていた後《ご》村上《むらかみ》天皇は、正平九（文和三＝一三五四）年に河内の金剛寺（河内長野市）に移り、正平十五（＝延文五）年に赤坂城がおちるまでここを御所とした。

正平の一統が破れたあと、幕府＝北朝方も南朝方もそれぞれ複雑な動きを示す。南朝方では軍の中心にあった楠木正儀が、和平の交渉を試みたが成功せず、ついに応安二（正平二十四＝一三六九）年に一族あげて幕府に投降した。南朝方の軍事的な限界を察していたためともいわれるが、南朝方の退勢はおおうべくもなかった。一方、軍事的には圧倒的に優位にたっていた幕府＝北朝方も、問題をかかえていた。有力武将相互の対立である。康安元（正平十六＝一三六一）年には、越前《えちぜん》守護職をめぐる争いから和泉の守護であった細川清氏《きようじ》が南朝方にくだっ

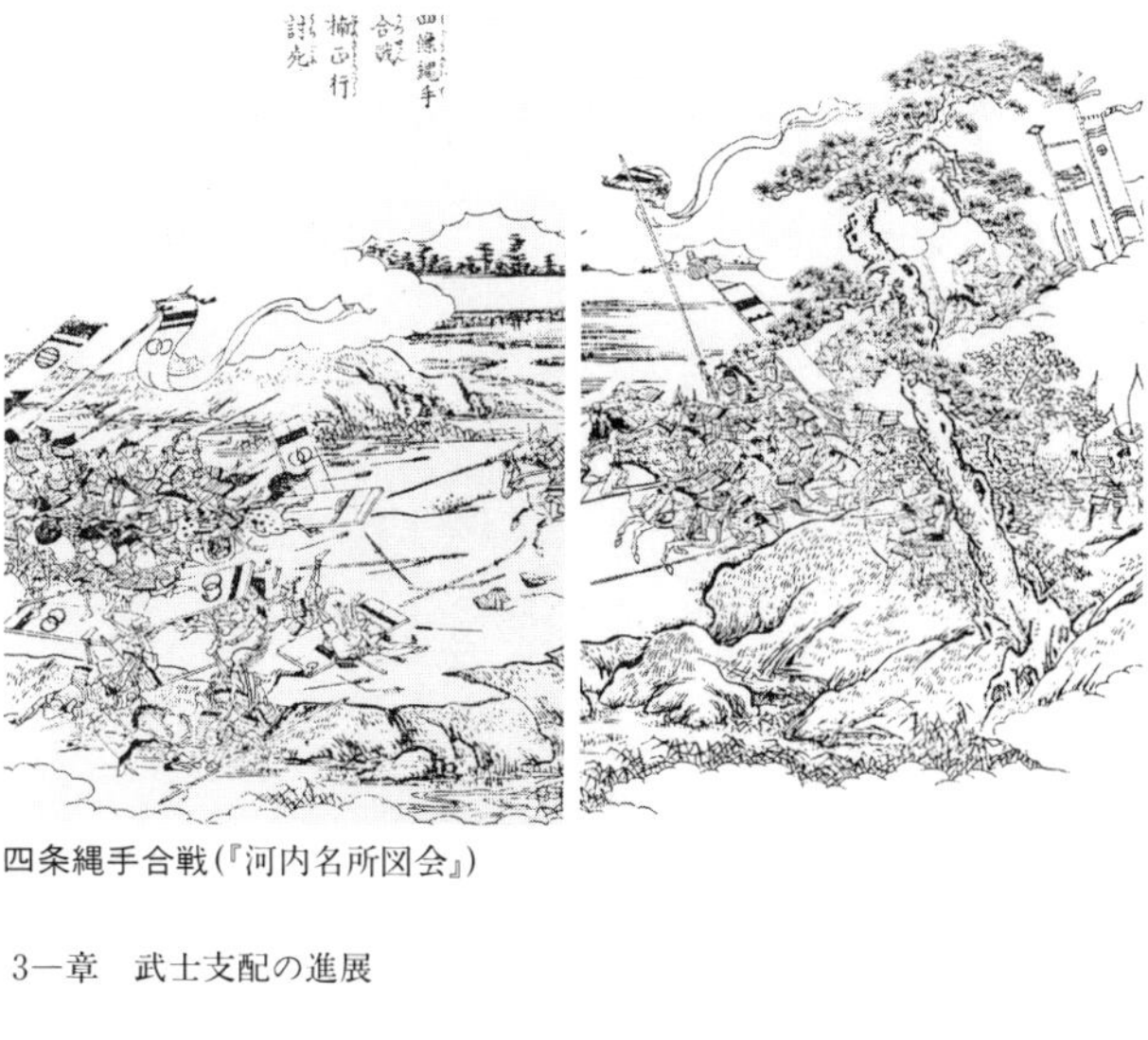

四条縄手合戦(『河内名所図会』)

ているし、さらに楠木正儀も和泉の守護を罷免されたため永徳二（弘和二＝一三八二）年閏正月以前に南朝方に戻っていた。こうした動きがあるたびに南朝方は息を吹き返し、短期間ではあるが京都へせめのぼっている。結局、三代将軍足利義満《よしみつ》の代になった明徳三（元中九＝一三九二）年十月、両朝の「合体」の条件が合意され、南朝の後亀山《ごかめやま》天皇が「御譲国《ごじょうこく》の儀《ぎ》」をもって北朝の後小松《ごこまつ》天皇に神器をひきわたすことになった。翌閏十月、後亀山天皇が京都大覚寺にはいって六七年におよぶ南北朝時代に終止符を打った。

内乱と荘園●

南北朝の内乱は荘園のあり方にどのような影響をあたえたのだろうか。

足利尊氏が離反したさい、後醍醐天皇は建武三（一三三六）年二月末に建武の年号を廃して延元の年号を定めたが、摂津の萱野郷《かのや》（箕面市《みのお》）や宿久村《すく》（茨木市《いばらき》）では、その翌月には延元の年号が用いられている（「勝尾寺文書」）。西国街道を介して京都への行き来に便利なこの地域では、中央の変化に敏感に反応したのである。しかし「本券《ほんけん》・手継《てつぎ》等においては、建武三年五月二十九日、天下動乱の時、取り失われ了《おわ》んぬ」の文言をもつ同年六月二十六日付の宿久村の土地売券では、建武の年号が用いられている。五月二十五日の湊川の戦いのあと、戦火はこの地域にもおよび、入京をはたした尊氏の制圧下におかれるようになると、建武の年号が復活したのである（「勝尾寺文書」）。このように内乱は、人びとの生活のなかにまではいりこんでいた。

鎌倉時代末、悪党の蜂起に悩まされた東寺領垂水荘では、下司一族や有力な住人が倒幕の動きのなかで現地を離れたのを機に、寺家の直接支配への試みがはじまった。荘園支配の基本となるのは、田畠の面積や名の名前、耕作者などを記した土地台帳である。垂水荘では建武元年に土地台帳を集計した目録がつくられていたらしいが、同三年八月、暦応元（一三三八）年とあいついで洪水があったため、多くの耕地が浜とよばれる荒地になった。そのため康永二（一三四三）年に内検《ないけん》が行われた。内検とは田畠の収穫状況をみるために行われる臨時の検注をいうが、当面必要な数値を得るためにこの内検が行われた可能性が高い。その後、至徳三（一三八六）年に正式な検注が行われるが、このときの数値は八〇年近くも荘支配の基本として機能することになる。一方、下司職については室町幕府成立後も裁判が続けられたが東寺側が勝利し、寺僧らが選任した代官に現地の支配がゆだねられるようになった。こうして垂水荘は東寺の安定した荘園として継続する。

それでは幕府＝北朝方と南朝方とのせめぎあいが続いた地域の荘園はどうであっただろうか。

九条家領和泉国日根荘（泉佐野《いずみさの》市）では、ここを本拠とする武士日根野氏が尊氏方に属していたことはすでにのべた。湊川の戦いののち、南朝方が河内・和泉の各所でゲリラ戦を展開したのに対して、日根野氏は尊氏方の和泉守護畠山国清に属して籾井《もみい》城（樫井《かしい》城、泉佐野市）にこもった。また楠木正行が四条縄手《しじょうなわて》の戦いで敗死したのちは、荘内の土丸《つちまる》城の警固を命じられた。このような日根野氏に対して貞和四（正平三＝一三四八）年、日根荘内日根野村領家職の半分が兵糧料所としてあてがわれている。九条家の立場からいえば、日根荘が戦場となったことによって日根野村の領家年貢の半分が失われることになったのである。文和二（正平八年＝一三五三）年、土丸城は南朝方の橋本氏におさえられ、その後も双方の軍勢が一進一退するなかにおかれた。南北朝の合一したのちも九条家の支配は安定しなかった。後述するように応永六（一三九九）年、和泉守護の大内義弘《おおうちよしひろ》が反乱（応永《おうえい》の乱）をおこしたさい、日根荘は武士に押領され、何年にもわたって支配を回復することができなかったのである（「九条家文書」）。

金剛寺領和田荘（堺市）では、下司であった和田助氏が楠木氏と姻戚関係をもっていたことから、どちらかといえば南朝とのつながりが強かった。しかし延文五（正平十五＝一三六〇）年に幕府＝北朝方に転じ、和泉守護細川業氏《なりうじ》は和田荘上条《かみじょう》領家職の半分を和田左近蔵人《さこんくろうど》にあてがった（「和田文書」）。それに対して南朝方は、延元三（暦応元＝一三三八）年の後醍醐天皇綸旨、暦応三（興国元＝一三四〇）年の後村上天皇綸旨によって金剛寺に領家職を安堵したが、経費不足のために領家分の年貢を差しだすよう命じたり、あるいは年貢の三分の一を免除したりしている。しかし応安二（正平二十四＝一三六九）年の後村上天皇による安堵を最後に、金剛寺領としての史料はみられなくなる（「金剛寺文書」）。内乱をつうじて金剛寺による支配は衰退し、和田氏の支配が確立したのである。

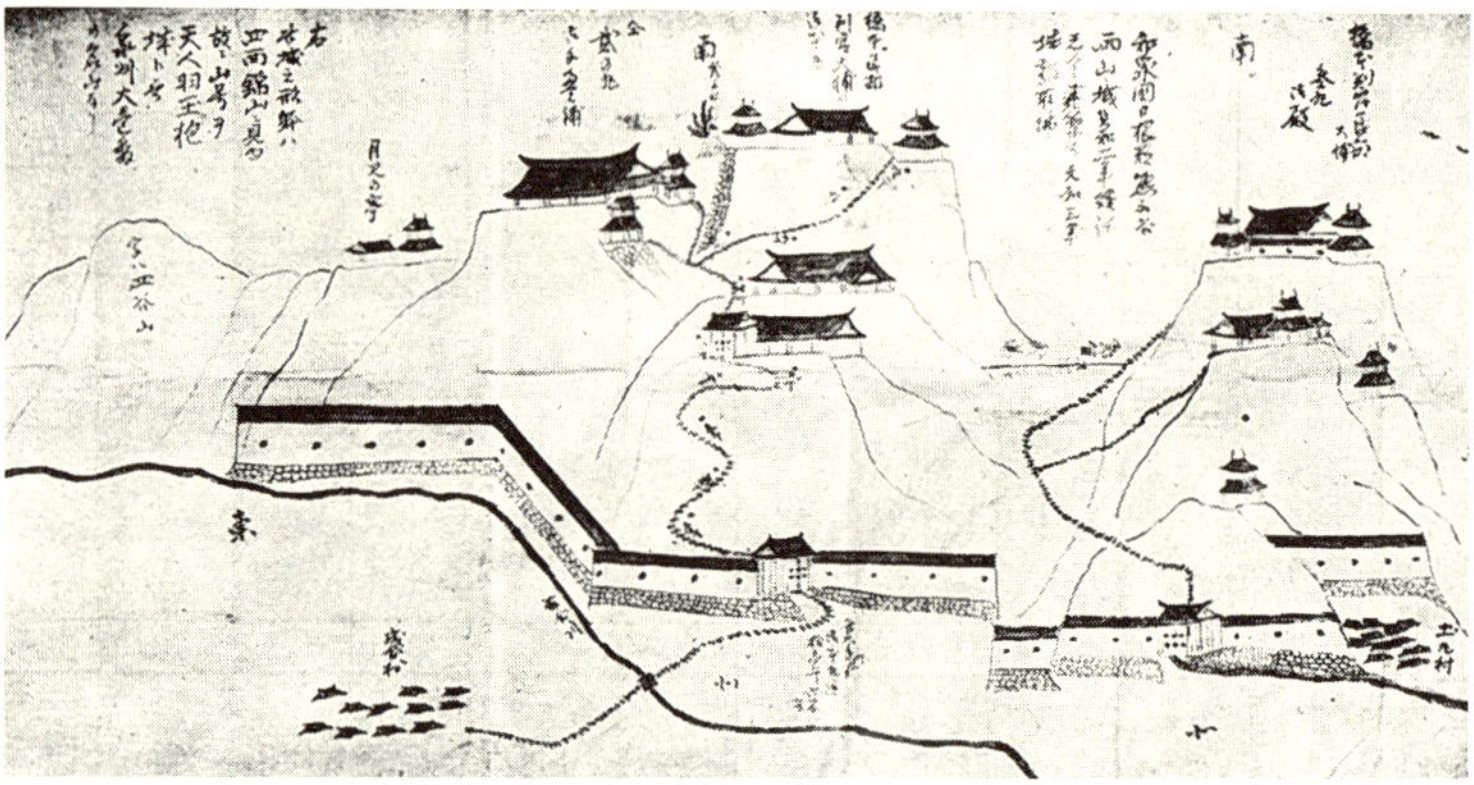

土丸城絵図

4章

一揆と戦乱

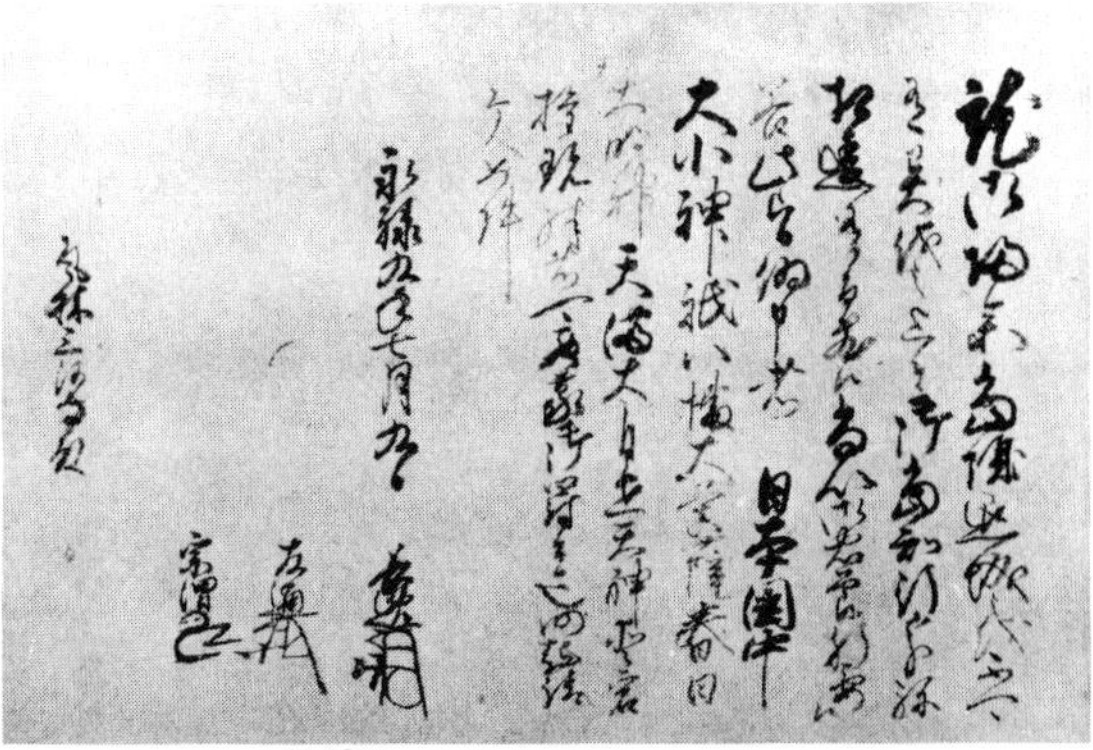

三好三人衆起請文《きしょうもん》(「今西家文書」永禄9年7月9日付)

1　一揆の時代

幕府と守護●

室町幕府の体制は、みずから「日本国王」と名乗った三代将軍足利義満《あしかがよしみつ》の時代に確立したといわれている。南朝・北朝という天皇家の分裂を統一したことはすでにのべたが、内乱の収束とともに守護《しゅご》が頻繁に交代されることも少なくなり、守護が武士（国人《こくじん》・土豪《どごう》）を組織して地域に根をおろしていくのである。しかし守護が強大な力をもてば、将軍の意向を貫徹することは困難になる。したがって義満の時代は、そうした守護の勢力を削減するため、彼らを挑発しておこされた反乱があいつぐ時代でもあった。

「六分一殿《ろくぶいちどの》」とよばれた山名《やまな》氏については、一族の内紛を利用して氏清《うじきよ》・満幸《みつゆき》をけしかけ、明徳二（元中八＝一三九一）年に彼らが挙兵すると細川《ほそかわ》・大内《おおうち》・畠山《はたけやま》らの有力守護を討伐にむかわせ、翌年正月、京都内野《うちの》（京都市中京区）でこれを破った（明徳の乱）。氏清・満幸の分国はすべて没収されたが、そのうち和泉《いずみ》と紀伊《きい》の守護職《しき》は大内義弘《よしひろ》にあたえられた。大内氏はもともと長門《ながと》・周防《すおう》（山口県）に本拠をおく武士であったが、今回、和泉・紀伊を手にいれたことによって、あわせて六カ国の守護職をもつ最大の勢力になった。

応永四（一三九七）年に筑前《ちくぜん》（福岡県）でおこった反乱に、大内義弘は一族を率いて鎮圧にあたったが、弟の満弘《みちひろ》が戦死したにもかかわらず幕府から恩賞の沙汰がなかったため、幕府に対して疑いをもつようになったという。また和泉・紀伊を没収されるとの噂《うわさ》も流れていたらしい（「応永記《おうえいき》」）。応永六年十一月、幕府は上洛の命令にしたがおうとしない義弘を討つため、細川・京極《きょうごく》以下三万余騎を出発させた。義弘が立てこもった堺の陣は、井楼《せいろう》（物見櫓）四八、矢櫓一七〇〇をそなえ、総勢は五〇〇〇余騎であったという。二〇日あまりの籠城ののち、畠山氏が先人をつとめる幕府軍が四方からせめいり火をかけた。義弘をはじめ家臣の主だったものは討たれたが、義弘の弟弘茂《ひろしげ》は降伏して家督をつぐことを許された。この応永の乱の結果、大内氏は和泉・紀伊・石見《いわみ》を失い三カ国を残すのみとなった。

そのうち和泉は、仁木義員《にきよしかず》が守護に補任された。義員の在任は応永十年八月まで確認できるが、それより応永十四年末まで守護の活動はみられない。その後、義満の寵を得た御賀丸《おんがまる》が守護となったが、翌十五年八月には更迭されたらしく、細川頼長《よりなが》が「半国守護」に補任され、もう一方の「半国守護」には細川基之《もとゆき》が任じられた。一国に複数の守護が任命される例はほかにもみられるが、つぎにみる摂津《せっつ》のように、郡を単位として地域的にわけるのがふつうである。和泉の場合は「半国守護」といっても地域で分割するのではなく、共同で実務を行うという特殊なあり方である。これ以後、和泉守護職は細川氏に継承され、やがてさきの頼長の家系を上《かみ》守護、基之の家系を下《しも》守護とよぶようになる。守護による支配の拠点である守護所《しゅごしょ》は、南北朝期以来堺にあり、半国守護制がとられたのちも双方の守護所はそのまま堺におかれた（今谷明『守護領国支配機構の研究』）。

京都への交通路（淀《よど》川・西国《さいごく》街道）をかかえる摂津では、次頁の図のように地域ごとに異なった守護を補任するという分郡《ぶんぐん》守護の制度がとられた。南北朝期には、政治情勢を反映して各地域ともに守護が頻繁に交代したが、しだいに細川氏のもとに守護職が集中されるようになる。応永二十一年には東生《ひがしなり》郡・住吉郡が、赤松満祐《あかまつみつすけ》が八代将軍足利義教《よしのり》を暗殺した嘉吉《かきつ》の乱（一四四一）後には西成《にしなり》郡が、そして文安六

(一四四九)年には能勢《のせ》郡と川辺《かわべ》郡北部が細川氏のもとに帰し、残るのは赤松氏(有馬《ありま》家)の支配下にあった有馬郡だけとなった(有馬郡が細川氏の支配地域にはいるのは十六世紀初めのことである)。このような状況から守護所は複数あったと考えられるが、詳細はあきらかでない(今谷明前掲書)。

河内では、南朝方の橋本正督《はしもとまさたか》の進攻にそなえるため、永徳二(弘和二＝一三八二)年、楠木正儀《くすのきまさのり》に代えて畠山基国《もとくに》が守護に補任された。この交代をきっかけに楠木正儀が南朝方に降ることはすでにのべたが、

南北朝合一時，明徳 3 (1392) 年の守護配置図(『大阪府史』第 4 巻による)

これ以降、戦国時代に至るまで畠山氏が河内の守護職をもつことになる。畠山氏は河内に隣接する地域にも勢力を広げ、大和《やまと》国宇智《うち》郡を支配下においたほか、いくどか守護をつとめた山城《やましろ》国においても現地の武士を組織した。なお河内の守護所は、南北朝期には古市《ふるいち》（羽曳野《はびきの》市）にあったが、畠山氏がはいってからは若江《わかえ》（東大阪市）におかれた（今谷明前掲書）。

守護と荘園●

南北朝期をつうじて、守護とその配下にある国人は荘園に対する関与を深めていった。内乱期には実力で占拠するという「押領《おうりょう》」が盛んに行われたが、室町幕府の基本的な立場は、荘園の仕組みを残したうえでそこから収入を得ようとするものであった。したがって年貢の半分を兵糧《ひょうろう》とする「半済《はんぜい》」、守護ないしは被官《ひかん》の国人が荘園支配を請け負い、年貢などの二〜三割程度を収入とする「守護請《うけ》」など、荘園領主保護の意味合いをも含む方策がとられた。京都に近く荘園領主側の力の温存された摂河泉《せっかせん》では、そうした方法が実際的だったのである。

九条家領和泉国日根《ひね》荘（泉佐野《いずみさの》市）は、応永の乱のさいに一旦押領されたが、応永十（一四〇三）年に回復の措置がとられた。しかし佐竹和泉入道や日根左衛門入道（日根野国盛《くにもり》）がこれに抵抗し、応永十七年にも回復の命令がだされたが、守護細川氏が遵行《じゅんぎょう》しなかった。この年、和泉半国守護の細川頼長が荘内入山田《いりやまだ》村の半分を建仁寺永源庵《えいげんあん》に寄進したため、この地域は九条家のもとには戻らなかった。九条家はなおも「家門の困窮」「守護押領」を訴え、応永二十六年、四代将軍足利義持《よしもち》は日根荘の返還を命じた。応永二十八年からは九条家に年貢《ねんぐ》が納入されはじめたが、守護代・小守護代が年貢の納入を請け負うという守護請によるものであった。永享元（一四二九）年になって日根野・入山田村の返還が命じられたが、次頁の絵図は東寺領垂水《たるみ》荘を流れる三国《みくに》川にある二つの中州を描いたもので、南をうえにして右(西)側が「むかいしま(向島)」、左(東)側が「とうししま(東寺島)」とされている。向島は条里制の坪付でいえば「四条三リ廿八―《坪》廿九―」にあたり、「十八条りやう《領》になり、年く《貢》ちきやう《知行》にて候、いま榎木入道くさ《草》をか《刈》り候」とある。この向島と東寺島とのあいだには「出しま《島》、榎木和泉入道せつ《切》〳〵ニやなき《柳》をしハ《柴》にさしたて、うめ《埋》候」と記されている。そして中州の南側に「いま《今》ハ船、此河をとを《通》り候」とある。

東寺に残された記録をみると、寛正四(一四六三)年九月、榎木慶徳《けいとく》が三国川の中島について寺家に申入れを行ったことが知られる。慶徳は永享五(一四三三)年から垂水荘の代官となっていたが、三年前に解任され息子の道重《みちしげ》が新代官となっていた。慶徳の申入れはおおよそつぎのような内容である。

三国川には二つの中島があり、一つは寺領の垂水荘の知行、もう一つは細川成之《しげゆき》の所領で十八条という者が知行している。向こう(川の南岸か)に薬師堂があるので堂以南は十八条領であり、中島が東寺領であることはもちろんである。この間、柴に柳の枝をはさんで川に投げいれるなどの埋立てを行ったので、元は船が通航していた所も島となった。十八条の代官と問答をして、慶徳がその土地を知行しており今後は年貢を納める。(弘法大師の)御影《みえい》を安置した草庵をたてるので、そこに中島の代官職を寄進してほしい。

❖コラム

慶徳の代官在任中になされた開発地について慶徳と道重とのあいだで相論がおこっており、中島の土地もそのなかで問題にされたのであるが、慶徳の申入れから当時のさまざまな慣習を知ることができる。開発地の領有を示すために堂舎を建てるのが通例であったらしいこと、川の埋立ては柴や柳の枝で土止めを行うこと、異なった所領のあいだの開発地の帰属が当面は代官同士の話合いに委ねられること。また水面の領有は水路を境界線とみる慣行があったことを考えるならば、埋立てによって水路がかわったことも関係しているかもしれない。いずれにせよ、下に掲げた絵図は、そこにしるされた絵と文字の情報から判断して、この慶徳の主張にそって描かれたものであることは間違いない。

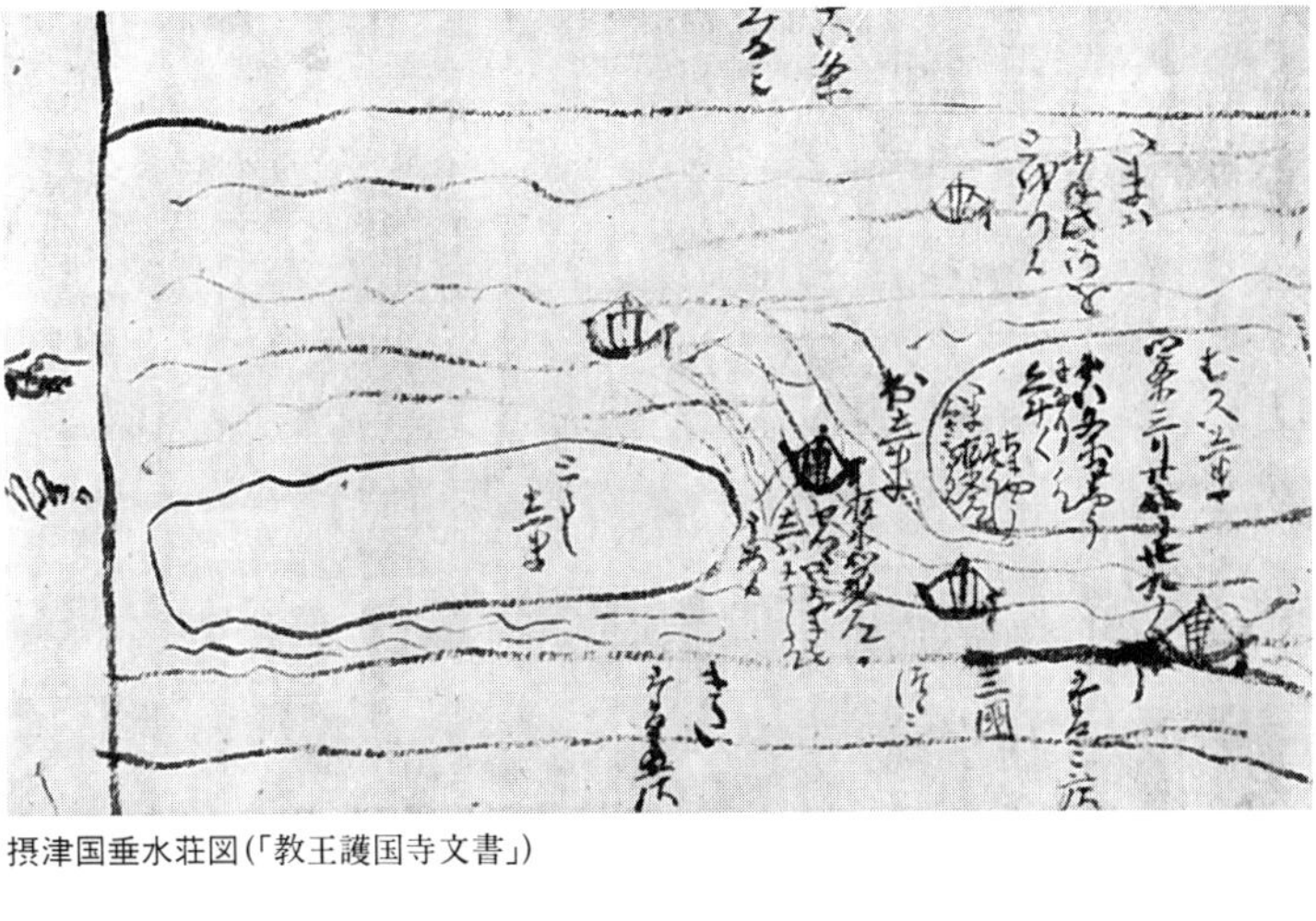

摂津国垂水荘図(「教王護国寺文書」)

借銭の返済状況

年　　　月	本　銭	利　子	返済額	残　額
	貫　文	貫　文	貫　文	貫　文
永享 5(1433). 4〜10	430.000	60.200	140.000	350.200
5(1433).11〜 6(1434).10	350.200	84.048	140.000	294.250
6(1434).11〜 7(1435).10	294.250	70.632	140.000	224.882
7(1435).11〜 8(1436).10	224.882	54.000	70.535	208.347
8(1436).11〜 9(1437).10	208.347	50.004	99.155	159.200
9(1437).11〜10(1438).10	159.200	38.208	75.060	122.345
10(1438).11〜11(1439).10	122.345	29.363	86.242	65.463
11(1439).11〜12(1440).10	65.463	15.711	56.837	24.337

「九条家文書」1－95号文書による。

守護方は「所職分《しょしきぶん》」があると主張し、九条家は両村の半分の支配を回復したのみであった（「九条家文書」）。

永享五年三月、九条家では相国寺《しょうこくじ》の勲都聞《くんつぶん》から四三〇貫文の借銭をした。利息は二文子《もんす》、すなわち借銭一〇〇文につき毎月二文の利子を支払うというもので、その当時の利息としては高いものではない。九条家では日根荘日根野・入山田村の年貢を返済にあてることとし、勲都聞が日根荘の代官となって毎年十月に清算した。この収支を整理すると上表のようになる（数値は原史料による、同前）。それによると八年後の永享十二年になって、残り二四貫文余とほぼ返済をおえたことがわかるが、その間に支払った総額は八〇七貫文余で、そのうち利息は四〇〇貫文を超える。比較的低利のものであっても、借銭の返済は容易ではなかったのである。

東寺領摂津国垂水荘《たるみ》（吹田《すいた》市・豊中市）では代官による支配が続けられたが、十五世紀初めには、「近比《ちかごろ》垂水庄蔵人《くろうど》村と号す荒庄《あれしょう》となり、土民・百姓等は最少なり。将亦《はたまた》田畠等、正体なし」といわれるように、三国川の氾濫によって田畠が荒れたためか、年貢がおさめられない状況になっていた。応永十五（一四〇八）年に、守護方と有縁の浜守光《もりみつ》が毎年一〇貫文で代官職を請け負って以降、細川氏とつながりをもつ請切《うけきり》代官が用いられるようになった。康永元（一三四二）年に代官となった東寺寺僧の行《ぎょう》賀《が》が三〇貫文の納入を誓っていることとくらべるならば、支配の後退はあきらかであろう。応永二十年には管領《かんれい》細川満元《みつもと》の口入《くにゅう》による内藤飛騨守《ひだのかみ》が代官となったが、農民は通例に反した支配が行われたことを理由に、「此《こ》の御代官にて御渡り候わば、何ケ年たりと雖《いえど》も、耕作候事、仕《つかまつ》るべからず候」と、耕作を放棄する行動にでた。

　また永享五年に代官に補任された榎木慶徳《えのきけいとく》に対しても、「御代管（官）職の事、御改動《かいどう》に及ばずんば、当年の耕作を止《とど》め、田地は荒れるべく候」と、その改替を要求した。それに対して慶徳は農民の隠田《おんでん》を摘発しただけだとして、守護代の長塩宗永《ながしおむねなが》や近隣の吹田氏の協力を得、反対の中心となった「強々《ごうごう》番頭」の土田ら三人を追放した。長禄四（一四六〇）年、榎木慶徳は年貢の未進を理由に改替され、管領（摂津守護を兼ねる）細川勝元《かつもと》の口入によって息子の道重《みちしげ》が代官となる。これらの経過からあきらかなように荘園領主側は、守護方とのつながりをもつ人物を代官に補任することによって年貢の確保をはからざるを得なかったのである（「東寺百合文書」）。

　しかし守護方と荘園との関わりは代官請負だけではなかった。一つは検断《けんだん》、すなわち犯罪人の逮捕とその処罰である。罪科によって守護方から追捕され所領を没収（闕所《けっしょ》）された場合、その所領は守護の被官にあたえられるのが普通である。さきの垂水荘の「強々番頭」は具体的にどのような罪とみなされたのかは不明であるが、寺家《じけ》の了解のもとに守護方が検断を行い、その跡地が守護の被官となっていた榎木道重にあたえられた。このように闕所地の給与をきっかけとして、守護方の勢力は荘園のなかに深くはいりこむことになるのである。

もう一つは段銭《たんせん》の徴収である。段銭とは田地の面積に応じてかけられる臨時の税で、もとは朝廷が賦課・免除するものであったが、十四世紀末には室町幕府が両方の権限をにぎるようになった。その段銭を実際に徴収するのが守護である。たとえば日根荘では永享二年、伊勢外宮《げぐう》の仮殿《かりどの》造営の費用にあてるとして一段につき五〇文割合で段銭の徴収が行われている。宝徳二（一四五〇）年には京都の吉田社造替段銭がかけられているが、和泉国では守護請によって納入がなされている。守護請の場合、現地で段銭の徴収をした守護が、あらかじめ請け負った額だけを幕府におさめるため、徴収額との差額はそのまま守護の収入となる。守護にとって段銭の徴収は、荘園にはいり収入を得ることができるという意味で、支配を広げる手段となったのである。

徳政一揆●

正長元（一四二八）年八月末に近江《おうみ》よりはじまった徳政《とくせい》一揆は、「徳政と号して酒屋・土倉《どそう》・寺院などを破却せしめ、雑物など恣《ほしいまま》にこれを取り、借銭など悉《ことごと》くこれを破る」といわれているように（「大乗院日記目録」）、高利貸をしていた酒屋以下をおそって質物を取り出し、債務を破棄するという私徳政を行った。徳政の動きは近江から京都を経て各地に広がり、「コレヲハシメテ、伊賀・伊勢・宇田(陀)・吉野・紀国(紀伊)・泉国(和泉)・河内・サカイ(堺)、惣《そうじ》テ日本国ノコリナク御得政ナリ」（「春日若宮社頭之諸日記」）という状況になった。この年、京都では徳政を禁止する法がだされたが、それぞれの地域では実情に応じて徳政が実施されたようである。

まず河内については「廿一箇年の田畠売買など、悉《ことごと》く本主《ほんす》に返し畢《おわ》んぬ。出挙利銭《すいこりせん》ハ札《ふだ》ノ銭《ぜに》トテ一文(二イ)出し質ノ主が取り畢んぬ。借書《しゃくしょ》は皆、主が取り畢んぬ」（「歴史徴《ちょう》」）とされ、売買から二一年以内の田畠は本主（もとの持ち主）に返すこと、出挙利銭（借銭）については「札ノ銭」一ないしは二文をとって本主に返すこと、借書（借銭などの証文）はすべて本主に返すこと、を内容とする徳政が行われたという。たしかに聖徳太子《しょうとくたいし》の廟《びょう》をまつる叡福《えいふく》寺（南河内《みなみかわち》郡太子《たいし》町）の記録には、「正長元癸丑年十一月六日に御徳政あるによって、料田悉《ことごと》く本主田の売主に返し畢《おわ》んぬ」と記されている。寄付された田地からの収入によって行っていた法華護摩《ごま》の行事が、十一月六日に徳政令がだされてその田地がもとの持ち主に返されたため、中絶してしまったというのである。河内では徳政令がだされ、たしかに土地の返還が行われた。そのような徳政令をだすことができるのは、河内の守護畠山氏以外には考えられない（桑山浩然「徳政令断片」『月刊歴史』一）。

　摂津においても徳政の動きはみられた。文明三（一四七一）年閏八月、我孫子《あびこ》屋《や》孫次郎《まごじろう》の遺

叡福寺(南河内郡太子町)

志によって五箇荘のなかの一町九段余の田畠が大徳寺養徳院《ようとくいん》に寄付されたが、そのさいにそえられた土地の目録には、つぎのように注記された土地が含まれていた。

応永三十二年癸卯卯月二十九日に質流れ、申の年（正長元年）徳政ニ出すマシキ物ヲ取り、後に公方《くぼう》御成敗の旨に任せて、返付し候。本券ヤき《(焼)》候トテ返サス、案文ウツシ《(写)》置く。借状これあり。（「大徳寺文書」）

この土地をもっていた人物は、我孫子屋孫次郎から借銭をするときに土地の本券（権利書）を担保としていれており、借銭が返済できないまま質流れとなって土地が引き渡された。正長元年に徳政の対象とすべきでないこの土地も取り戻されてしまったが、「公方御成敗」によって孫次郎に返付された。本券は徳政のさいに焼かれたため返されなかったが、その写しと借状（借金証文）は孫次郎のもとにあるというわけである。摂津における徳政の動きも、河内の場合と同じく土地を取り戻そうとするものであったが、「公方御成敗」によってその動きは否定された。この「公方」は摂津守護細川持元《もちもと》（管領をかねる）をさすと考えられるが、その決定によって土地を手にいれた孫次郎の権利がまもられたというわけである。

一般に徳政（令）とは債権・債務の破棄令だといわれている。九条家が日根荘の年貢を担保に行った借銭ほど多額でなくとも、この時代、農民をはじめ多くの人びとが土地を担保に高利貸を利用していた。その利息は五〜六文子《もんす》、すなわち一カ月に五〜六%だといわれるから、返済は容易でなかったに違いない。返済できなければ質流れとなって担保の土地は高利貸のものとなる。人びとが徳政（令）に期待したのは、現在ある債務の破棄だけでなく、過去の債務の破棄、すなわち質流れによって失われてしまった土地の返還だったのである。さきにみた河内の徳政では、持ち主がかわってしまった土地も返還されたが、摂津の場合は「公方」によって否定された。嘉吉元（一四四一）年に幕府によってだされた徳政令でも、最終的には質流地は徳政の対象からのぞかれているから、土地の返還は実現しにくい要求であったといえる。

徳政一揆はその後も繰り返しおこった。文安四（一四四七）年には、春日社の造替の費用を得るための段銭・棟別銭《むなべつせん》の賦課をきっかけに徳政一揆がおこった。「摂津国・河内国の土一揆蜂起す。徳政を行うべきの由、申す」（「春日若宮社頭之諸日記」）とあるように、棟別銭をかけられた春日社領（垂水西牧など）と興福寺領（溝杭《みぞくい》荘・吹田《すいた》荘・狭山《さやま》荘など）が集中する摂津・河内からおこった一揆が各地に広がっていったのである。細川氏が守護をつとめる摂津ではきびしい鎮圧が行われたが、京都周辺では一揆のなかに畠山氏の被官人がはいり込んでいたと噂《うわさ》されている。応仁の乱につながる有力守護の対立がすでに芽生えていたのである（今谷明『室町幕府解体過程の研究』）。

堺の発展●

堺は熊野にいたる王子の一つ境王子に由来し（九〇頁）、摂津と和泉の境界にあるところから、「境」ないしは「堺」とよばれた。堺が発展するのは平安時代末頃からで、大和と難波津《なにわつ》を結ぶ長尾《ながお》街道と熊野《くまの》街道とがまじわった付近を中心に町が発達した。長尾街道を海にむかって延長すると堺の中央通りである大《おお》小路《しょうじ》となり、そのさきが堺津である。中国・四国・九州方面にある興福寺・春日社・東大寺などの荘園からもたらされる年貢などの物資のなかには、この堺の津から陸揚げされたものもあったに違いない。

鎌倉時代になると堺北荘《きたのしょう》・南荘《みなみのしょう》が成立する。大小路から北が摂津国住吉郡に属する堺北荘、南が和泉国大鳥《おおとり》郡に属する堺南荘である。堺北荘は最勝光院《さいしょうこういん》領であったが、南北朝期には後醍醐天皇・後村上天皇が住吉社に安堵している。これは堺の惣鎮守である開口《あぐち》神社が住吉社の別宮（ないしは奥宮）であったこと、南朝方と住吉社あるいは神主津守《つもり》氏との関係に配慮したものと考えられる。一方堺南荘は、鎌倉時代には天王寺遍照光院《へんしょうこういん》領であったが、南北朝期には住吉社領となった。

堺の住人のなかには、漁業にたずさわり奈良春日社の神人《じにん》として供菜《くさい》を奉仕すると同時に、魚介類をあきなうものもあった。建武四（延元二＝一三三七）年には、堺浦で魚貝を売買するものに「吉野通達」の疑いがあるとして、その活動が停止させられたため、春日社の供菜が闕如《けつじょ》する事態になった（三浦周行『大阪と堺』）。このことは南北朝期の堺が、幕府＝北朝方と南朝方の双方から重要な地点とみなされていたことを物語っており、事実、堺は激しい争奪戦にさらされたのである。

堺にはその後、和泉の守護山名氏・大内氏の守護所がおかれた。明徳の乱（一三九一～九二）をおこした山名氏清は堺で兵をあげているし、応永の乱（一三九九）の大内義弘も、前述したように堺に立てこもってたたかおうとした。このとき、堺の民家一万軒が戦火に焼かれたという（「応永記」）。一万軒という家数は誇張された数値と思われるが、少なくともこの頃の堺が都市として発展をとげていたことはあきらかであろう。そして細川氏の半国守護の時代になっても、守護所が堺におかれたことはすでにのべたとおりである。

応永二十六（一四一九）年、相国寺崇寿院《そうじゅいん》領となっていた堺南荘は七三〇貫文で地下請《じげうけ》されたが、その後崇寿院側が支配を強化したらしく住人側と対立し、永享三（一四三一）年、住人の訴えが認められて地下請が確認されている（「御前落居奉書《ごぜんらっきょほうしょ》」）。地下請という以上、年貢を集めそれを納入する住人の組織ができていたことになる。しかし嘉吉元（一四四一）年、堺南荘の崇寿院への返付が細川教春《のりはる》に命じられており（「永源師檀《えいげんしだん》紀年録」）、その間になんらかの措置、たとえば守護請などが行われたのかもしれない。

堺では南北朝の頃から手工業・商業が発達した。永和三（天授三＝一三七七）年、北荘の住人助五郎・持宝《じほう》・持円《じえん》らが荏胡麻《えごま》を売買し、石清水《いわしみず》八幡宮大山崎《おおやまざき》神人の独占権を犯したとして訴えられているし、嘉慶二（元中五＝一三八八）年に完成した高野山《こうやさん》奥院の御影堂《みえいどう》の修造費用は、堺の万代屋《もずや》の寄付によるものであった。また徳政一揆のところで、河内叡福寺がいとなんでいる法華護摩が徳政によって中絶したとのべたが、その法華護摩を復興したのは堺の野遠屋《のとや》であった。このような屋号をもつ豪商は、和泉国大鳥郡土師《はじ》郷の万代、河内国八上郡の野遠のように近隣から移住してきたものが多かったようである。

堺の商人の活動のなかで注目されるのは、割符《さいふ》、すなわち今日の為替《かわせ》にあたる業務を行っていたことである。東寺領備中《びっちゅう》国新見《にいみ》荘（岡山県新見市）の年貢などは、荘内の市場で銭にかえられ、市場を訪れた商人が割符にくむと、その割符はほかの商人や人夫によって東寺にとどけられる。東寺はその割符をもって割符の引受人のもとへいき、額面に応じた銭をうけとることになる。たとえば応仁元（一四六七）年十二月、堺の二郎四郎は一〇貫文の割符をくんだ。引受人は堺北荘の備中屋彦五郎である。翌年正月までに一〇貫文の割符が二度くまれているので、彦五郎は合計三〇貫文を引きうけたことになる（「東寺百合文書」）。備中屋がその名のとおり備中国の出身者であるのかどうかはわからないが、いずれにしても備中と堺を行き来し、商業と金融にたずさわっていたことは確かである。

2　戦国の争乱

畠山氏の内紛●

永享十三（一四四一）年正月、河内《かわち》守護畠山持国《はたけやまもちくに》は将軍足利義教《あしかがよしのり》の勘気をうけて河内に引きこもった。あとをついだのは弟の持永《もちなが》であったが、六月に将軍暗殺事件（嘉吉《かきつ》の乱）がおこって持国は守護職《しき》を取りもどし、翌年には管領《かんれい》の地位についた。しかしこの事件をきっかけに畠山氏は二家にわかれ、その後何十年にもわたって河内と周辺の国人《こくじん》をまきこんで争っていくことになる。持国の子の義就《よしなり》と、持国の弟の持《もち》富《とみ》の子の弥三郎、ついで政長《まさなが》とが畠山氏の家督を争い、それぞれが将軍足利義政《よしまさ》や管領細川勝元《かつもと》の援助を求め、さらに被官《ひかん》や国人たちもそれぞれを支持してたがいに争ったのである。河内では長禄四（一四六〇）年頃から両者の合戦がはじまったが、幕府から差しむけられた軍勢の攻撃をうけ、寛正四（一四六三）年四月、義就は岳山《たけやま》城（富田林《とんだばやし》市）に三年近く籠城した末に紀伊に没落していった。

寛正六年八月、畠山義就がふたたび姿をあらわし、翌文正元（一四六六）年九月には河内にはいって細川勝元が支持する畠山政長の軍を破った。そして山名持豊《もちとよ》の援助を得て上洛し、千本釈迦堂《せんぼんしゃかどう》（京都市上京区）に陣をおいた。文正二年正月、上御霊《かみごりょう》社（京都市上京区）の森で義就・政長の軍勢が衝突した。応仁・文明の乱のはじまりである。当初は山名持豊（宗全《そうぜん》）・畠山義就の軍（西軍）が優勢であったが、細川勝元側（東軍）がまきかえし、各地の守護がそれぞれの軍勢に動員されて戦火は京都から周辺地域へと広がっていった。

摂河泉《せっかせん》は京都と西国を結ぶ要地で、港を擁する摂津《せっつ》・和泉《いずみ》、両畠山の軍勢が争う河内と、いずれも戦火をさけることはできなかった。西軍の主力となった周防《すおう》の大内政弘《まさひろ》は摂津兵庫（神戸市兵庫区）に上陸して摂津を制圧し、応仁元（一四六七）年八月、入京して東寺に陣をすえた。大内氏はこれ以降、文明九（一四七七）年十一月に至るまで足かけ一一年にわたって京都を拠点に活動することになる。一方東軍の中心となったのは赤松政則《あかまつまさのり》で、播磨《はりま》から上洛して戦闘に加わった。

その後、両軍の戦闘はどのように展開していったのだろうか。まず畠山義就は京都での戦いを有利に進めていたが、河内は東軍の政長に押さえられたままであった。摂津は一旦西軍の大内氏に制圧されたが、東軍に寝返るものもあり、双方が入り乱れる戦場となった。一方和泉は、細川一族の二人が半国守護に任命されていたが、いずれも東軍に属し、西軍との大規模な戦闘はほとんどみられなかった。このように地域ごとに異なった様相を呈していたが、文明五年、山名持豊と細川勝元があいついで没し、あとをついだ山名政豊《まさとよ》と細川政元《まさもと》のあいだで講和が結ばれたため、京都での戦闘はしだいに鎮静化していった。文明九年九月、畠山義就が河内に下向し、大内政弘も下国して応仁・文明の乱はひとまず収束する。しかし河内では義就が下向してきたことによって、政長との戦いが本格化することになる。

文明九年十月、義就は矢生城《やお》（八尾市《やお》）にはいり、誉田城《こんだ》（羽曳野市《はびきの》）、岳山城をおとして守護所の若江《わかえ》城（東大阪市）にせまり、政長にかわって河内を制圧した。幕府は義就の追討を繰り返し命令したが、効果をあげることはできなかった。義就と政長の対立は山城・大和にもおよび、文明十七年十二月、南山城の国人らが集会を開き両畠山軍の撤兵を要求したという山城の国一揆がおこる。この国一揆は明応二（一四九三）年に至るまで南山城を支配していくことになるが、一揆の要求にしたがって義就は軍勢を河内に引き上げ、政長方の軍勢もそれぞれの本拠地に引き上げた。

延徳二（一四九〇）年に義就が没し、あとをついだ基家《もといえ》がそのまま河内の支配を続けた。明応二年、十代将軍足利義稙《よしたね》（初め義材《よしき》、ついで義尹《よしただ》さらに義稙へと改名）は畠山基家を討つため河内への出陣を決めた。将軍みずから出陣することによって畠山氏の家督をめぐる争いに決着をつけるためである。義稙は二月に京都をたって河内にむかい、基家のこもる高屋《たかや》城（羽曳野市）をめぐって攻防が続けられた。ところが四月になって京都に残る管領細川政元から、足利義澄《よしずみ》を新将軍とすること、畠山基家を赦免し政長を討つことが伝えられた。政長は籠城した正覚寺《しょうかくじ》（大阪市平野区）で自害し、義稙は降伏して京都に送られた。これを明応《めいおう》の政変とよんでいる。この政変によって、持国の時代からの畠山氏の家督をめぐる争いに決着がつけられた。また山城の国一揆が崩壊したのも、この政変がかかわっている。しかし管領が将軍を廃立したことが示すように、下剋上《げこくじょう》の戦国時代が本格的にはじまるのである。

戦国期の荘園●

京都から全国各地へ広がっていった応仁・文明の乱は、荘園の生活にも大きな影響をあたえた。守護とその配下の国人たちが東軍・西軍に属し、双方の軍勢が荘内を通過するだけでなく、兵糧米が徴発され、あるいは兵士や人夫の動員がかけられたからである。こうした状況は、京都での戦争がおわったあとでも、必ずしもなくなるわけではなかった。

東寺では京都での戦闘が収束した文明十（一四七八）年、摂津国垂水《たるみ》荘（吹田《すいた》市・豊中市）を始めとするすべての寺領について、「元の如く返付」するとの御教書《みきょうじょ》を得たが、その御教書だけで支配が復するはずがなく、守護や国人の関与はよりいっそう強まっていた。垂水荘では文明十一年、榎木《えのき》道重《みちしげ》の子吉重《よししげ》が代官に補任されたが、彼は摂津守護細川氏の被官でもあった。吉重の請負《うけおい》額は七貫文で、かつての二〇～三〇貫文に比して極端に減っている。乱中に三国川の堤が決壊したことによる荘内の荒廃が主な原因であると考えられているが、大乱を経たあとの荘園の収納が困難になってきていることがよくわかる。この三国堤の修復は、垂水荘のほか榎坂《えさか》村・穂積《ほづみ》荘・野田《のだ》秋永《あきなが》が共同で行うことになっていたが、「堤の儀について国方よりせいはい《（成敗）》候て、諸本所《しょほんじょ》井料米《いりょうまい》を過分に出され候」とあって、修復の費用の負担に関して守護方がかかわっていたことがわかる。その後も延徳二（一四九〇）年には守護方より人夫銭《にんぷせん》が、また明応五（一四九六）年には堀《ほり》人夫が課せられており、守護方からの賦課が増大していく一方で、東寺の収取がしだいにむずかしくなっていくようすがうかがわれる。さらに享禄四（一五三一）年には、榎木吉重が荘内の蔵人《くろうど》村を細川右馬頭《うまのかみ》政国《まさくに》の料所と号しているとして農民から訴えられている（以上「東寺百合文書」）。この頃になる東寺には断片的な史料しか残されておらず、寺家による荘支配は衰亡していったものと思われる。

九条家領和泉国日根（野）荘（泉佐野《いずみさの》市）では、守護細川氏の介入をうけながらも九条家による荘支配が保たれていたが、応仁・文明の乱はその九条家をも直撃した。乱中に京都をのがれて近江坂本に滞在することになった九条政基《まさもと》は、その滞在費や朝儀の費用を得るために、家司《けいし》の唐橋在数《からはしありかず》から本利をあわせて二〇〇貫文を借用した。そのかわりに政基の子尚経《ひさつね》の代まで、荘内の入山田《いりやまだ》村の年貢を差しだすこととしたのである（「九条家文書」）。この借銭は、明応五年に政基・尚経父子が自邸において在数を殺害するというかたちで決着がつけられるが、勅勘《ちょっかん》がとけたのちの文亀元（一五〇一）年、政基は家領の日根野荘に下向し、永正元（一五〇四）年末まで荘支配にたずさわることになる。その間の日次《ひなみ》記である『政基公旅引《こうたびひき》付《つけ》』（以下『旅引付』）は十六世紀初頭の荘園の姿をいきいきと伝えているので、それをもとに戦国期の荘園のありさまをみることにしよう。

この当時の日根野荘は、日根野村東方《ひがしかた》・西方《にしかた》、入山田四カ村（土丸《つちまる》・大木《おおぎ》・船淵《ふなぶち》・菖蒲《しょうぶ》）からなっており、政基はそのうち大木村の長福《ちょうふく》寺を居所とした。入山田村では、四つの村ごとに寄合《よりあい》がもたれ村の問題、たとえば代官の支配に服するか、戦乱をさけるための経費の負担をどうするか、といった問題が話しあわれていたが、全体にかかわるような問題がおこった場合には、滝宮《たきみや》（火走《ひばしり》神社）において入山田村としての決定がなされた。またこれらの村々には支配の末端をになう番頭がおかれていた。入山田四カ村では六人の番頭が、日根野村では東方・西方で一〇人の番頭がおかれ、領主政基との交渉にたずさわった。

文亀二年九月、和泉守護細川氏と対立する紀伊根来《ねごろ》寺方が侵入して上之郷《かみのごう》から荘内の土丸へと陣取りを企てて兵糧と人夫を要求した。土丸・大木・菖蒲の番頭が根来寺にむかって陣取りの中止を求めたが聞きいれられなかったため、縁故のあるもの

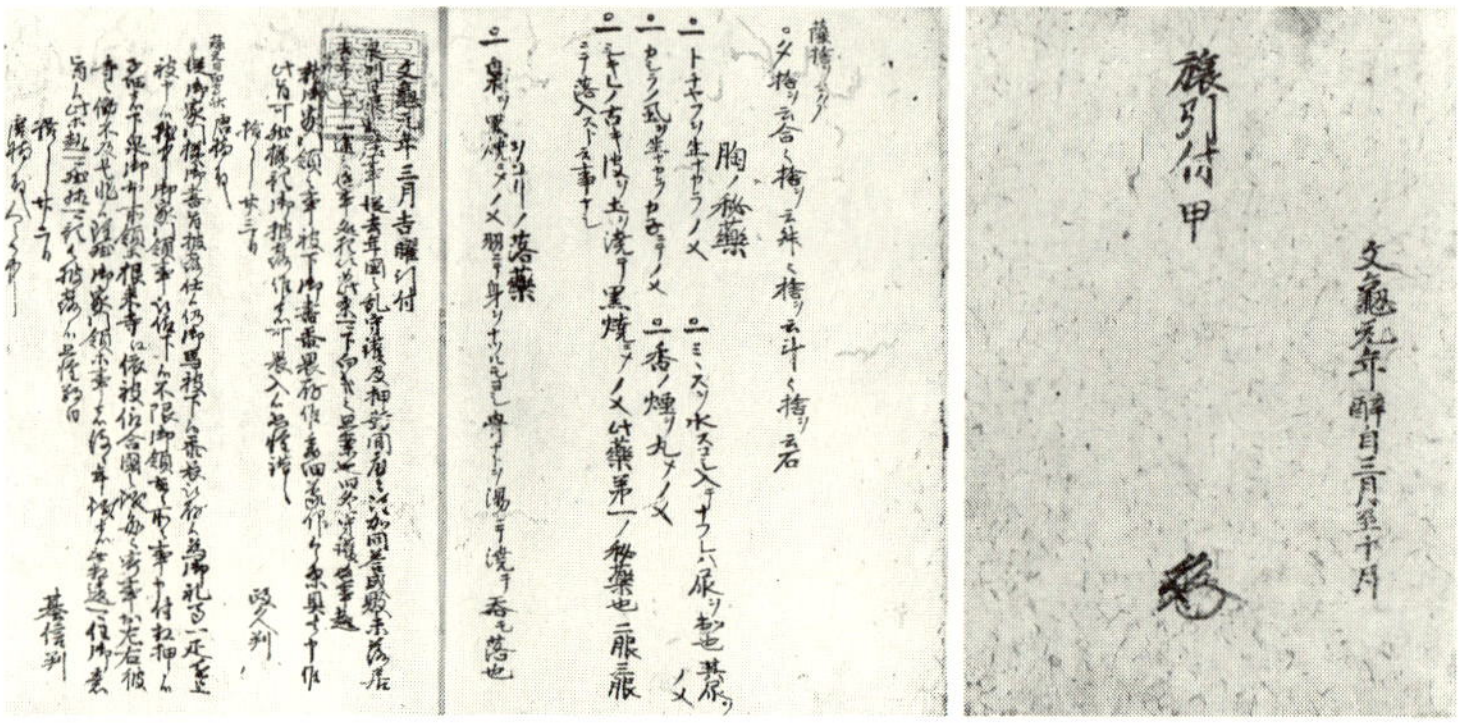
『政基公旅引付』

などをつうじて、根来寺の惣集会《そうしゅうえ》を陣取り中止の方向で進められるよう要請した。こうして番頭らは「入山田庄内」における陣取りや乱妨狼藉を禁止する禁制《きんぜい》を手にいれて帰村するのであるが、荘内の平和と秩序を保つうえで番頭が重要な役割をはたしていたことがよくわかる。

しかし生活は厳しく、飢饉の際には蕨《わらび》の根を掘りそれを粉にして一晩水にさらして食料にあてる。そうしたとぼしい食料を盗んだとして滝宮の御子《みこ》の母子三人が殺害されるという事件もおこっている。干魃のおりには滝宮の社頭で雨乞いをし、三日以内に雨が降らない場合は、滝に鹿の骨や頭など不浄のものを投げいれれば必ず降るとされている。また米の収穫がのぞめないときは、はやめに刈り取りをすませ短期間で収穫が可能な蕎麦《そば》が蒔《ま》かれていた。

戦国期の村のありさまをいきいきと伝えている『旅引付』であるが、永正元年十二月で突然おわる。和泉守護細川氏と根来衆との和解がなったからである。政基による直務《じきむ》支配はこれをきっかけにおわり、政基は一旦京都に戻ったあと翌年には家領の山城国小塩《おじお》荘（京都府乙訓《おとくに》郡）に下向することになるが、領主みずからが下向してもなお荘支配の立てなおしが困難な状況になっていたのである。

堺の公方●

明応二（一四九三）年六月、京都竜安《りょうあん》寺に幽閉されていた足利義稙は、畠山政長が守護をつとめていた越中（富山県）に向けて脱出した。政長の子尚順《ひさのぶ》も紀伊（和歌山県）にのがれた。これ以降、義稙・尚順は連携しながら再起をはかることになるが、翌明応三年になると、尚順は根来寺をはじめ多くの支持を得て紀伊をおさめ、さらに河内から大和にまで勢力を広げた。尚順はその後も基家の子義英《よしふさ》との抗争を続けたが、永正元（一五〇四）年に和睦がなって両者で河内を分有することになった。

一方、明応の政変によって権力をにぎった管領細川政元はどのような状況にあったろうか。

もともと管領は将軍を補佐し、なんらかの事情で将軍が幕府としての意向を示すことができない場合（たとえば将軍が元服前で文書を発給できないような場合）、将軍にかわって文書を発給することになっていた。ところが応仁の乱後になると状況が大きくかわってくる。幕府の決定を伝える文書とあわせて、実質的に権力をもっていたと考えられる管領細川氏の意向を示す文書（細川氏の奉行人《ぶぎょうにん》の奉書《ほうしょ》）がのぞまれるようになる。逆にいえば荘園領主を始めとする人びとは、自分たちの権利をまもるにたるだけの実力をもつところから、保障を得ておこうとしていたのである。

守護としての細川氏のあり方も変化しつつあった。すでにのべたように細川氏は摂津・和泉の守護職をもっていたが、そのうち和泉については同時に二人の守護が任命される半国守護の制度が続けられていた。また摂津については郡ごとに異なった人物が任命される分郡《ぶんぐん》守護の制度がとられていたが、細川氏はこの頃すでに有馬《ありま》郡をのぞいた地域を支配下においていた。畠山氏を始めとするほかの守護家が一族内部の争いを繰り返していたのに対して一族の結束をほこり、さらに大阪湾沿岸から京都に至る地域をおさえていた細川氏が、卓越した地位をきずいたのはむしろ当然であった。

しかし細川政元自身は問題をかかえていた。政元には実子がなく、一族の政春《まさはる》の子高国《たかくに》を養子として家督に定めたが、ついで九条政基の子澄之《すみゆき》、さらに阿波《あわ》守護家の細川義春《よしはる》の子澄元《すみもと》をあいついで養子に迎えた。だれが家督を継ぐのかという問題をめぐって、被官・国人をまきこむ争いがはじまるのである。永正四年六月、細川政元は自邸において澄之方におそわれ没した。しかし澄之も八月にはいって高国らの攻撃をうけて没し、澄元と高国とが細川氏の家督を争うことになったのである。高国は足利義稙と結び、翌永正五年、管領となった。しかし澄元と彼を擁する阿波の国人三好元長《もとなが》らは繰り返し入京を試みた。永正十七年、細川澄元は阿波で没した。翌十八（大永元＝一五二一）年、高国との関係が悪化した足利義稙は淡《あわ》路《じ》に出奔し、義澄の子義晴が十二代将軍となった。高国が権力を掌握する時代が続くことになるのである。

大永七（一五二七）年二月、細川澄元の子晴元《はるもと》は桂川河畔において高国方を破り、高国は将軍義晴を伴って近江へのがれた。晴元方の勝利を聞いた三好元長は三月、本拠の阿波（徳島県）から軍勢を率いて堺にわたった。このとき元長は足利義澄の子で義稙の養子となっていた義維《よしつな》を擁していた。義維は次期将軍として朝廷への進物をすませ、これ以降「堺公方《くぼう》」「堺大樹《たいじゅ》（大樹は将軍のことをいう）」とよばれる。それに対して義晴・高国は一旦京都に戻ったが、高国はそれ以後、享禄四（一五三一）年に大物《だいもつ》（兵庫県尼崎市）で敗死するまで各地を転々とすることになる。

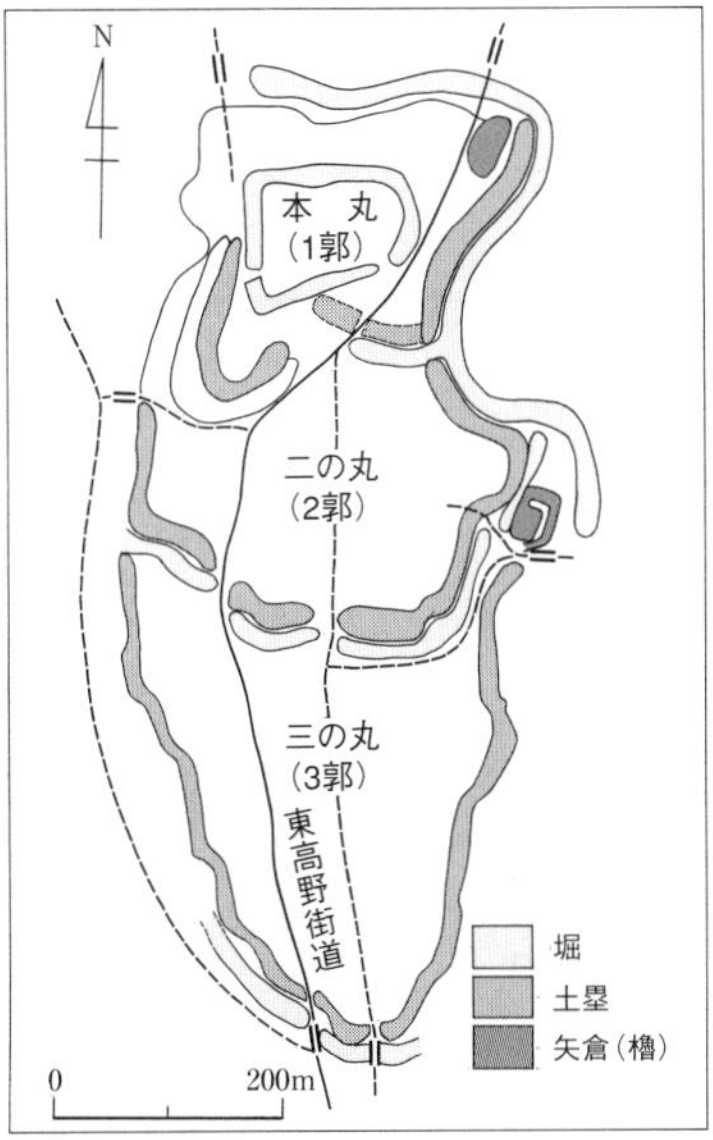

高屋城の構造図（『羽曳野市史』第3巻による）

こうして堺に一つの権力が確立した。足利義維、細川晴元、そして三好元長によって構成される権力である。そして京都の貴族・寺社に晴元の意向を伝える存在として、摂津の国人茨木《いばらき》長隆《ながたか》が登用された。たとえば京都大徳寺末寺の妙覚寺《みょうかくじ》は門前の屋地の地子銭《ちしせん》（地代）がおさめられるようのぞんでいたが、それに関して「堺公方（足利義維）御下知《おんげち》」と「細川六郎殿（晴元）下知」がくだされている（「大徳寺文書」）。いうまでもなく前者が義維のもとに組織された奉行人の奉書、後者が茨木長隆の奉書である。将軍と管領が京都にいないという状況のなかで、堺の公方は事実上の将軍としてうけとめられていたのである。

享禄五（天文元＝一五三二）年、堺の公方をめぐる情勢は大きく変化した。すでに晴元のもとでは三好元長を始めとする阿波の国人と、茨木長隆を始めとする摂津の国人との対立がめだっていたが、そこに一向宗《いっこうしゅう》が加わることになったのである。この年六月、一〇万ともいわれる一向宗の門徒が堺の顕本寺《けんぽんじ》を囲んだ。元長は長子千熊丸《せんくままる》（長慶《ながよし》）以下を脱出させて自刃し、義維も淡路にのがれた。こうして五年あまり続いた堺の公方は滅んだが、これ以降、摂河泉では一向宗が大きな役割をはたすことになるのである。

一向一揆と寺内町●

摂河泉において一向宗の布教が本格的にはじまるのは、八代法主《ほっす》の蓮如《れんにょ》の時代からである。文明八（一四七六）年、越前《えちぜん》吉崎（福井県あわら市）をはなれた蓮如は、河内出口《でぐち》（枚方《ひらかた》市）・和泉堺に移り、同十年に山科《やましな》本願寺を建立してからも摂河泉での布教を続けた。そして法主職を実如《じつにょ》にゆずって隠居したのちの明応五（一四九六）年、堺の豪商万代屋《もずや》の一族である松田五郎兵衛の協力を得て、生玉《いくだま》荘大坂（小坂《おさか》）に隠居所の建設をはじめた。この大坂御坊とよばれる堂舎が、のちに大坂本願寺となる。大坂の地は上町《うえまち》台地の北端にあたり、東に大和《やまと》川、北に淀《よど》川、西に大阪湾と三方を川と海に囲まれる要害の地で、交通の要所で

摂津・河内・和泉における門徒の分布(峰岸純夫「一向一揆の本質と基盤」『シンポジウム日本歴史9 土一揆』による)

ある渡辺津にも近い。その意味で大坂御坊は、隠居所というよりはむしろ一向宗のあらたな拠点としての性格をもっていた。

この頃、摂河泉における一向宗の勢力はめざましいものがあった。前頁の図は天文期（一五三二〜五五）を中心とした一向宗門徒の広がりを示したものであるが、淀川や大和川など大河川の流域や海岸地域に密集していたことがわかる。一向宗は農民だけでなく、水運を利用する交通業者・商人・手工業者のあいだにも浸透し、その節々にあたる津や泊《とまり》に寺院や道場、さらには寺内町《じないちょう》を成立させていた。このうち淀川の南岸にある河内の久宝寺《きゅうほうじ》（八尾市）では、すでに応永十四（一四〇七）年には道場がつくられており、文明二年に蓮如が布教にきたときは「帰する者《もの》市の如し」というありさまであったという。河内の草分け的な久宝寺道場（慈願寺《じがんじ》）に、その後蓮如の六男蓮淳《れんじゅん》がはいり寺号も顕証《けんしょう》寺と改めた。寺内町の建設はこの地の土豪の安井氏の支援を得て進められ、顕証寺を中核として二重の堀と土居をもつ四〇〇メートル四方の規模をほこった。また摂津富田《とんだ》（高槻《たかつき》市）も、文明七・八年頃に蓮如が道場を建立したことをきっかけに、町場の形成が進んだところである。

享禄五（一五三二）年六月、細川晴元の依頼をうけた本願寺証如《しょうにょ》は一向宗門徒を蜂起させ、河内飯盛《いいもり》城に畠山義宣《よしのぶ》を攻めてこれを自害させた。ついで二〇万ともいわれる一向一揆が堺顕本寺に三好元長を攻め、これを敗死させたことはすでにのべたとおりである。その後も一向一揆の活動はやまず、七月には奈良で一向一揆が蜂起し、興福寺の堂舎が炎上した。こうした一向一揆の活動に対する反発も強まり、八月にはいると晴元配下の木沢長政《きざわながまさ》が堺の浅香《あさか》道場（堺市）を焼打ちし、さらに京都の法華宗寺院・門徒（法華一揆）と近江守護六角定頼《ろっかくさだより》の軍勢が山科本願寺を攻撃して、「寺中広大無辺、只《ただ》仏国の如し」といわれ

❖コラム

「大坂」と「石山」

「石山本願寺」は蓮如によって大坂の地に築かれた寺として知られている。しかし「石山」はその当時使われていた地名ではない。本書でも「大坂本願寺」を用いることとし、「大坂」と「石山」に関する最近の研究を紹介したい。

蓮如が「摂州東成郡生玉ノ大坂トイフ在所」に坊舎《ぼうしゃ》を建立したと述べているように（「大坂建立の御文」）、当時は「大坂」が地名として用いられていた。山科《やましな》本願寺の焼討ちの後、本願寺一〇世証如は大坂に移るが、彼の記した日記『天文日記』でもいっかんして「大坂」が用いられている。「石山合戦」の頃でも、元亀元年（一五七〇）九月の本願寺挙兵は「大坂衆取出で合戦有り」とされ（『細川両家記』下巻）、一一世顕如《けんにょ》が大坂から退去した後も、かつての寺地は「大坂」と呼ばれている（宇野主水『鷺森旧記』）。豊臣秀吉の死後に記された『信長公記』もその点は同じである。

「石山」については、蓮如が寺地を選定する際に「御堂ノ礎ノ石モカネテ土中ニアツメヲキタルカ如」く出土する奇瑞《きずい》があったという説（『反故裏書』）、蓮如の生母が近江石山寺の観音菩薩の化身《けしん》であったとする説（『拾塵記』）などが早くから生まれており、本願寺を霊場とみなそうとする考えが反映されているようである。秀吉の時代に「大坂」の範囲が拡大し、本願寺の移転先である天満《てんま》もそのなかに含まれたことから、かつての寺地を区別する必要が生まれたとも考えられている。十七世紀の半ばには「石山」の表現が生まれ、真宗寺院の由緒等においても「石山」が定着する。なお、「石山合戦」の用語については、合戦の評価ともかかわってくるためそのまま用いることとした。

た山科本願寺もその日のうちに炎上した。証如は大坂御坊に難をさけ、その結果、大坂御坊が一向宗の本山として大坂本願寺とよばれることになる。

この事件以後、京都は法華一揆の管理のもとにおかれるが、洛外および摂津一帯では摂津国衆や法華一揆と一向一揆との激しい対立が続くことになる。すなわち十二月にはいって摂津上郡《かみ》の国衆《くにしゅう》が富田道場を焼きはらい、同じ日に伊丹《いたみ》氏・池田氏が「下郡中道場残らず放火」したと伝えられている（「細川両家記」）。さらに翌天文二（一五三三）年五月、法華一揆は細川晴元の軍勢に合流して大坂本願寺を包囲した。この包囲は、六月二十日に本願寺と晴元との和睦がなってとかれることになるが、ここにみられるような一向一揆に対する攻撃は、逆にいえば一向宗がそれだけの実力をもっていたことを示している。

この頃から摂河泉の各地にあらたな寺内町がうまれる。和泉の貝塚《かいづか》（貝塚市）は、大阪湾に面する漁村の一つ（海塚）であったが、天文十四年に卜半斎了珍《ぼくはんさいりょうちん》が根来《ねごろ》寺から招かれ、同十九年に本願寺証如から弥陀《みだ》画像を付されて本願寺末寺となった。この貝塚道場願泉《がんせん》寺を中核として寺内町が形成されるが、その運営の中心は豪商佐郷屋藤左衛門《さごやとうざえもん》と「こんだや（誉田屋）」であったという。のちに卜半斎了珍は豊臣秀《とよとみひで》吉《よし》と結んでこの地の領主となっていくが、当初はむしろ住民の惣的な結合に基づいていたのである。また河内の富田林《とんだばやし》（富田林市）は、永禄三（一五六〇）年に興正寺証秀《こうしょうじしょうしゅう》が、富田芝《とんだしば》とよばれる荒蕪地《こうぶち》四町四方を御坊（富田林道場）境内として一〇〇貫文で買いとったことにはじまる。近隣の四カ村からでた「八人衆」が開発と道場の建設などを行ったが、同年に諸公事免許の制札がくだされている。そのなかには「寺中の儀、何《いずれ》も大坂なみたるべき事」という条項があり、これら寺内町がいずれも、大坂＝大坂本願寺を頂点とする秩序のなかに位置付けられていたことがわかる。

堺の繁栄●

こうした寺内町に加えて、堺も発展を続けた。応仁・文明の乱では堺も抗争にまきこまれるが、文明元（一四六九）年に帰朝した遣明船《けんみんせん》が入港して以降、堺は遣明船の発着地となった。文明五年に幕府が遣明船の派遣を計画したときは、湯川宣阿《ゆかわせんあ》・小嶋太郎左衛門尉・小嶋三郎左衛門の三人の堺の商人が請け負った。また文明十五年に派遣された遣明船三隻のうち二隻は堺の商人が請け負ったものであった。遣明船の派遣についてはその後、細川氏と大内氏とのあいだで主導権争いがなされ、最終的には大内氏の独占するところとなるが、その場合でも堺の商人がのりこむことがあった。

一九七四年以来の発掘によって近世の町並みとは異なった溝や堀、建物跡がみいだされ、中世の堺の姿があきらかになりつつあるが、堺では十五世紀末以降、屋敷の奥に蔵と考えられる塼《せん》列建物が出現する。それと同時に、茶陶を始めとする国産・輸入の陶磁器の出土量も増大するという。日明貿易などによる富が堺の町並みに変化をもたらしたのである。大永五（一五二五）年、堺北荘常楽《じょうらく》寺の風呂の跡が屋敷として開発されることになったが、そのさいに常楽寺からだされた禁制には「面《おもて》に二階ヲ作、同西請作の事」の一項がある。逆にいえばこの頃の堺には、二階屋が珍しいものではなくなっていたのである。

貿易の拠点としての性格に加えて、堺は畿内の政治のなかでも重要な位置を占めることになる。すでにのべたように大永七年、阿波の国人三好元長は将軍への就任を願う足利義維を擁して対岸の堺にわたった。義維は享禄五（一五三二）年までここにとどまって「堺公方」とよばれるが、将軍足利義晴が京都をのがれている期間、貴族・寺社にとっては義維のいる堺が政治の中心とうつったのである。享禄五年、元長は一向一揆の攻撃をうけて自刃し、義維も淡路にのがれて「堺公方」は終わりを告げた。しかし元長の長子長慶（千熊丸）は天文三（一五三四）年に晴元と和睦したのちは晴元配下で勢力をのばし、天文十八年に摂津江口《えぐち》（大阪市東淀川区）で晴元方を破って権力をにぎる。すなわち摂津越水《こしみず》城（兵庫県西宮市）・芥川《あくたがわ》城（高槻市）において貴族や寺社の訴訟に対する裁許をくだすほか、畿内一円を支配下においたのである。その後、河内飯盛城（大東《だいとう》市）に本拠を移すが、これらの時期をとおして堺は長慶の兵站《へいたん》基地としての性格をあわせもった。さらに長慶が没したあとをついだ三好義継《みよしよしつぐ》および三好三人衆（三好長逸《ながはや》・三好政康《まさやす》・石田友通《ともみち》）も、同じく堺を押さえたのである。

権力者の動向に左右されるという性格をもつことになった堺は、それに対抗するためみずからの自治を発達させる。すでに応永二十六（一四一九）年、相国寺崇寿院《そうじゅいん》領となっていた堺南荘は、七三〇貫文の年貢を請け負っており、これが堺の自治のきっかけとなったとされている。

次頁の図は中世末の堺を示したものである。町の中央を南北にとおるのが熊野《くまの》街道、それを横切って堺津につながるのが大小路《おおしょうじ》である。この大小路より北が摂津に属する堺北荘で、南が和泉に属する堺南荘であることはすでにのべた。堺の鎮守開口《あぐち》神社の祭礼が八月一日に行われ、堺の自治組織にあたる会合《えごう》衆《しゅう》のなかから二人が頭人《とうにん》に選ばれ祭礼をとり行うことになっていたらしい。文明十六年には会合衆の三宅《みやけ》主計《しゅけい》・和泉屋道栄《どうえい》の二人が頭役をつとめており、文明十八年の祭礼では湯川新九郎・同助太郎が頭人となっている（『蔗軒日録《しょけんにちろく》』）。毎年行われる祭礼が全体の結びつきを強める役割をはたしていたのである。

織田信長《おだのぶなが》が足利義昭《よしあき》を伴って上洛をはたした永禄十一（一五六八）年、それまで畿内一円で大きな勢力をほこっていた三好三人衆は、一旦堺を経て本国の阿波へのがれた。信長は摂津・和泉の門前町に矢銭《やせん》（軍用金）を課したほか、さらに大坂本願寺に対しては五〇〇〇貫の銭、堺に対しては二万貫の矢銭の調

堺市街図（續伸一郎「開かれた防衛都市　堺」『中世の風景を読む 5』より作成）

達を命じた。堺の町はこれを拒否し、三好三人衆が反撃をはじめるとそれに協力し、堀を掘り矢倉をあげるという戦いの準備にはいった。前頁の図にみえる堀はこのときのものと考えられている。しかし翌十二年に三人衆の軍勢がやぶれ、さらに町人のなかにも今井宗久《そうきゅう》のように信長に接近するものもあらわれたため、堺は矢銭をだして信長に服した。信長は宗久に堺五箇荘《ごかのしょう》代官職と塩合物《しおあいもの》勘過料の代官職をあてがって、堺を直轄都市としたのである。

石山合戦●

天文元（一五三二）年の山科本願寺の焼打ちの後、蓮如がきずいた大坂御坊が一向宗の本山となった。証如の時代の大坂本願寺は、本願寺御坊を中心に北町・西町・南町・北町屋・新屋敷・清水町の「寺内六町」からなり、周囲を土居でかためる一方で北町には大川（淀川）に面して「寺内之浦」とよばれる港湾施設をそなえていた。寺内の町名としては、檜物屋《ひものや》町・青屋町・造作《ぞうさ》町・横町の名がみえ、檜物細工や藍染、建築関係の職人が居住していたことが推測できるほか、周辺の田畠を耕作する農民も多かったと考えられる。こうした寺内町の住人は、本願寺に対して地子や夫役を支払い、また本願寺による検断に服した。

永禄四（一五六一）年、キリスト教宣教師のガスパル゠ビレラは本願寺の繁栄をつぎのように語った。

諸人の彼（本願寺法主《ほっす》顕如）に与ふる金銀甚《はなは》だ多く、日本の富の大部分は、此《この》坊主の所有なり、毎年甚だ盛《さかん》なる祭（報恩講）を行ひ、参集する者甚だ多く、寺に入らんとして門に待つ者、其《その》開くに及び、競ひて入らんとするが故に、常に多数の死者を出す、（『耶蘇《やそ》会士日本通信』）

永禄十一年、足利義昭を伴って上洛をはたした織田信長は、堺だけでなく本願寺にも五〇〇〇貫の矢銭を課し、さらに本願寺の寺地あけわたしを要求し、したがわねば破却すると通告したため、法主顕如と信長との関係は悪化していった。この元亀元年は信長に対する反乱があいついだ年で、六月には近江姉川《あねがわ》をはさんで浅井・朝倉の連合軍と一戦をまじえ、さらに池田城（池田市）をゆだねられていた池田勝政《かつまさ》が、三好三人衆と結んだ一族によって城から追われた。三人衆はその後、摂津中島にはいり、野田・福島（大阪市福島区）に砦《とりで》をきずいた。それに対して信長は河内枚方から天王寺に軍を進め、野田・福島を包囲して楼岸《ろうのきし》・川口（大阪市北区）に陣をすえた。ところが野田・福島の陥落が目前となった九月十三日、南岸

大坂本願寺の門前（長谷川貞信筆「石山本願寺門前町繁昌之図」）

の本願寺から信長の陣に対して攻撃が加えられたのである。

これが以後一一年におよぶ石山合戦のはじまりであるが、顕如が信長に叛したのは、浅井・朝倉両氏とのつながりをもっていたことに加えて、野田・福島の陥落が本願寺の安全に影響をおよぼすことを考慮したものと思われる。法主顕如の檄《げき》をうけた伊勢長島の門徒が蜂起して尾張小木江城（愛知県弥富町）に織田信興を攻め、さらに浅井・朝倉の連合軍が近江坂本に軍を進めるなかで、足利義昭の仲介を得て和議がなった。

信長と本願寺との和議は翌元亀二年には破られ、信長はこの年の五月に伊勢長島の一向一揆《いっこういっき》を討つために出陣した。しかし信長に属していた松永久秀《まつながひさひで》が三好三人衆と結んだことをきっかけに、三人衆方の勢力が拡大した。この背後には、しだいに信長との対立を深めた足利義昭の動きがかかわっているが、義昭の要請をうけて上洛をめざした武田信玄《たけだしんげん》が天正元（一五七三）年に没し、さらに信長配下の荒木村重《あらきむらしげ》が摂津一国を押さえたことによって情勢は大きくかわった。七月、義昭は槙島城《まきしま》（京都府宇治市）によって兵をあげたが、信長に降伏して追放され室町幕府はここに滅んだ。八月にはいって越前朝倉氏、ついで近江浅井氏が滅ぼされ、十一月、顕如は信長と二度目の和議を結んだ。

天正二年四月、顕如はふたたび門徒に対して蜂起をよびかけ、三好一族と結んで信長に抗した。しかし九月には長期にわたって信長を苦しめた伊勢長島の一向一揆が、翌天正三年には、朝倉氏滅亡後の越前を支配した一向一揆が滅ぼされたため、十月、顕如は三度目の和議を結んだ。しかしこの講和は一時的なものであった。天正四年四月にはじまる籠城戦は、同八年四月に法主顕如が大坂を退去するまで、五年にわたって続けられることになる。

信長は本願寺を包囲し周辺の麦を刈り取るという兵糧攻めの戦法をとり、「当年中ニハ一着たたるべく候」と、年内に決着をつけるつもりであったらしい。大坂に近い在町の一つ平野に対して「大坂へ兵粮を入るること曲事《くせごと》たるべし」（奥野高広『織田信長文書の研究』）と命じているのも、そうした戦法の現れであろう。しかし七月に八〇〇余艘の毛利氏水軍が信長方の防衛をやぶり、大量の兵糧米を運びこんで戦いは長期化していった。

本願寺はもともと「加賀国より城作りを召寄せ、方八町に相構え」たとされ（『信長公記《しんちょうこうき》』）、また「石山の城には柵、逆茂木《さかもぎ》を五重につけ、其内に径五間ばかりの空堀《からぼり》を深くうがち、其後また惣堀あり、櫓々に鉄砲を配」るという厳重な態勢に加えて（『隠徳《いんとく》太平記』）、周辺の五一カ所に設けられた支城によってまもられていた。この本願寺を全国各地の信者がささえることになる。したがって信長は本願寺に攻撃を加えるだけでなく、本願寺

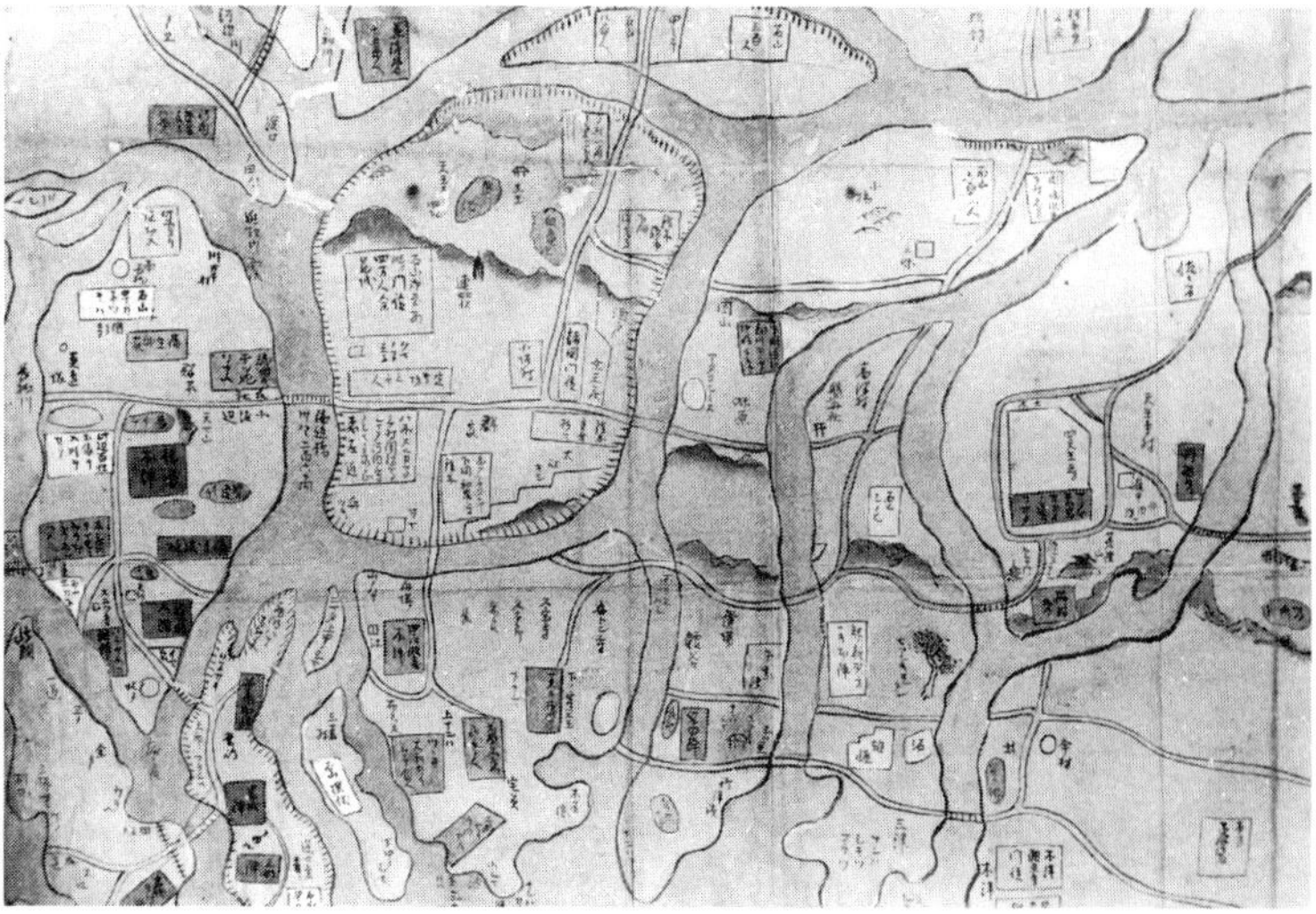

石山合戦配陣図

を背後でささえている勢力を討つ必要があった。

天正五年二月、信長は河内から和泉、さらに紀伊へと兵を進めた。紀伊は「不慮ノ事出来《しゅったい》シテ大坂ニ居住ナリカタキ事出来ノ時分ハ、当国へ罷《まかり》下ルヘシ」（「鷺森旧事記《さぎのもりきゅうじき》」）とのべているように、本願寺法主との結びつきが強く、とりわけ雑賀《さいか》（和歌山市）を本拠とする雑賀衆の鉄砲隊が威力を発揮していたため、信長はこの雑賀と大坂のつながりを断とうとしたのである。さらに同六年、大鉄砲（大砲）をそなえた七艘の大型船を用いて毛利氏の水軍を破り、海上からの補給路を断った。この年十月、信長から摂津をまかされていた荒木村重が本願寺・毛利氏とつうじて叛いたが、戦局の流れをかえることはできず、本願寺はしだいに追いつめられていった。

天正七年暮から正親町《おおぎまち》天皇を介した和平の交渉が進められ、翌八年、信長から和解条件を記した「覚《おぼえ》」と起請文《きしょうもん》が、本願寺側からも家老の起請文と顕如・教如《きょうにょ》父子の請文が出された。「覚」の第一条には「惣赦免のこと」とあり、法主以下、籠城していた全員の赦免が定められていたが、そのためには全員が七月を期限に大坂を退去する必要があった。しかし、教如が徹底抗戦を訴えたため、四月九日、顕如は雑賀荘鷺森（和歌山市）に移った。教如はなおも大坂に残ったが、信長が包囲を続け花熊《はなくま》城（神戸市）以下の砦《とりで》をおとしていったため、八月二日に退去し雑賀に移った。この日、寺中に火災がおこって三日三晩燃え続け、一宇の堂舎も残さずに焼けおちてしまった。

5章

天下統一

大阪城天守閣

1　寺内町から城下町へ

天下取り●

天正八（一五八〇）年閏三月の石山合戦講和によって、四月九日、本願寺顕如《けんにょ》は大坂を退去した。しかし退城に反対した教如《きょうにょ》らはなおも籠城を続け、大坂本願寺があけわたされたのは八月二日であった。ようやく「天下布武《てんかふぶ》」の基礎をかためた織田信長は、翌九年三月、加賀《かが》・越中《えっちゅう》の一向宗徒らを攻撃して四散させ、四月には和泉国中の検地指出《けんちさしだし》を命じ、その徴収に応じない和泉の槇尾《まきのお》寺（施福《せふく》寺）を焼打ちにして寺領を没収し、八月には高野山《こうやさん》を包囲、九月には伊賀《いが》を平定した。

ついで十年二月には信濃・甲斐に出兵して武田氏を滅亡させ、五月七日には羽柴秀吉に命じて備中《びっちゅう》高松城を包囲させたが、十七日に秀吉から毛利輝元《もうりてるもと》の大軍来攻の急報があり、救援のためみずから中国に出馬することを決意し、明智光秀《みつひで》に出陣を命ずるとともに京都の本能《ほんのう》寺にはいったが、六月二日、はからずも光秀に襲撃され自刃してはてた。

六月二十七日、織田家の宿老柴田勝家《かついえ》・丹羽長秀《ながひで》・池田恒興《つねおき》（信輝）らに羽柴秀吉も加わって、信長死後の事態を収拾するため、尾張《おわり》の清洲《きよす》城で信長の遺領配分などの協議が行われたが、光秀を摂津の山崎に破って主君信長の仇を討ち声望を高めた秀吉の主張により、信長の嫡孫にあたる三法師《さんぼうし》(のちの織田秀信《ひでのぶ》)が織田の家督をつぎ、大坂の地は尼崎《あまがさき》と兵庫とをあわせて、信長の乳兄弟にあたる池田恒興の領するところとなった。

そうしたことから秀吉との対立関係を深めた柴田勝家は、天正十一年三月、秀吉を倒すため軍をおこしたが、四月二十一日の近江賤ケ岳《しずがたけ》の戦いを経て越前北庄《きたのしょう》城に敗死した。これによって、信長の後継者として天下取りの地位を手にいれ、次期政権担当者を自負した秀吉は、さっそく池田恒興を美濃に移して大坂をみずからの直轄地とするとともに、六月二日に京都の大徳寺で信長の一周忌法要をすませると、ただちに大坂にはいり、八月二十八日から大坂本願寺旧地に大城郭の築造に着手した。

大坂築城●築城の準備は早速開始され、基礎工事に用いる石材が陸路・水路によってつぎつぎに大坂へ運ばれた。当時キリスト教布教のため日本に滞在していたポルトガル人宣教師ルイス＝フロイスは、どこからこのような大小各種の石を運びこんだのかと驚嘆し、

大坂より二〇リーグの距離にある近隣諸侯は、秀吉の命令により、石塊を満載せる船舶を送り、堺一市すら、これがために、毎日二百艘の石船を出帆せしめざるべからず、従って吾人は、間々千艘以上の石船が、順序を正して入港するを家内より目撃せり。

とか、人夫は日夜二万人から三万人も動員されたが、秀吉が竣工を急いだため二倍にも三倍にもなったと記し、また『柴田退治記』にも、

唯今なすところの大坂の普請は、まず天守の土台なり。……三十余ケ国の人数、近郷・遠郷に打ち散じ、陸路・舟路より大石・小石集め来たるもの、群蟻《むれあり》の垤《ありづか》に入りたるに似たり。……諸国城持の衆、大名・小名悉《ことごと》く大坂にあり。人々築地《つきじ》を構へ門戸を双《なら》ぶる。

とある。こうして三カ月後の天正十一（一五八三）年十一月には、はやくも天守閣の土台がきずかれ、翌

十二年八月、秀吉はひとまず新造の殿舎に移ったが、工事はさらに継続され十三年春には本丸が完成した。翌十四年正月、秀吉に案内されて天守にのぼった土佐浦戸《とさうらど》城主長宗我部元親《ちょうそかべもとちか》は、「元親御跡に扈従《こじゅう》して挙《あ》上れハ、九層高く聳《そび》へ天に近く、鴈門《がんもん》を立《たて》し咸陽宮《かんようきゅう》も是《これ》ほどにこそ有けめ」と記している。「咸陽宮」とは中国の戦国時代に秦《しん》の都にきずかれた大宮殿のことである。

工事は延々と続けられ、二月になっても「大坂ニハ中国之大名ノボリテ普請アリ。人足七、八万、又ハ十万人バカリ」を投入するというありさまであった（『顕如《けんにょ》上人貝塚御座所《かいづかござしょ》日記』）。しかし、三月に大友宗《そう》麟《りん》が島津義久《よしひさ》の豊後侵入を秀吉に訴え、その援助をあおぐため上坂したときには、天守閣はすでに完成していたようで、これをみた宗麟は「天守重々の様子、これまた言説に及ぶまじく候。……奇特神変不思議との申事候。三国無双とも申可候哉」とその印象をのべ、さらに諸国から集まった幾千人の人夫たちが働くありさまは、豊後府内の祇園会《ぎおんえ》と放生会《ほうじょうえ》を四つも五つもあわせたよりも壮観であると記している（『秀吉謁見《えっけん》記』）。

泉南・紀北の情勢●

大坂築城開始は秀吉が政権担当者を自負し、天下統一の拠点として大坂本願寺の旧地に着目したのにほかならなかった。築城工事を進めながらも、秀吉は天下統一のため東奔西走し、天正十二（一五八四）年三月には尾張に進撃して、徳川家康・織田（北畠）信雄《のぶお》連合軍と小牧《こまき》・長久手《ながくて》にたたかい、十一月に和睦して帰坂するとただちに、大坂に近接する泉南・紀北に勢力を張る根来《ねごろ》・雑賀《さいが》衆の徹底的討伐を計画した。

紀伊（和歌山県）那賀郡の根来寺は新義真言宗総本山。十二世紀の初め鳥羽《とば》上皇の勅願によって、覚鑁《かくばん》（興教大師《こうきょうだいし》）が空海（弘法大師）以後の密教興隆の礎とする伝法会《でんぽうえ》を高野山《こうやさん》で復興し、それを執行するための大伝法院などの堂舎を根来の地に移転したものである。大伝法院を始め、最盛時には根来山内に二七〇〇もの院坊があったと伝えられているが、南北朝時代頃から僧兵による軍事集団の活躍が知られ、室町時代には守護の支配から独立して、盛時には五〇万石とも七〇万石ともいわれる寺領を所有していた。

根来の僧侶らは法名よりも院号・坊名をとなえ、朝廷の官職に準じて左大仁《さだいじん》・右大仁・大納言・中納言以下の官名を称し、仏法的教説を合理化して武力・殺生を容認したが、天文十二（一五四三）年に鉄砲が伝来すると早速その情報を入手して、小戦国大名らのおよばないほどの戦力を保持していた。彼らは郷村共同体をささえる民衆と行動を共にし、その集団は根来衆とよばれていた。

大坂城（『大坂夏の陣図屛風』）

一方、本願寺蓮如によって開拓された一向宗《いっこうしゅう》信仰は、和泉・紀伊において真言宗の根来寺と対立することはなく、戦国の争乱期におけるこの地方の民衆は、教義上の潔癖さよりも、武器をもって戦国大名から郷村共同体をまもる必要から、自衛のためには根来寺の命令をうけて軍事活動の旗下にはいり、本願寺鷺森《さぎのもり》御坊《ごぼう》を中心とした雑賀の一向宗徒の指令によるときは、雑賀衆の一員として一向一揆《いっこういっき》とよばれた。

こうした根来・雑賀衆が、石山合戦のとき織田信長を苦しめたことは既述のところであるが、彼らは石山合戦講和後、本願寺が信長・秀吉に反抗しなかったのにくらべて、その後も機会あるたびに秀吉に反抗の気勢を示していた。さきの小牧・長久手の戦いのとき家康と手を結び、秀吉の不在をねらって大坂を攻めようとした根来・雑賀衆は、中村一氏《かずうじ》のまもる岸和田城を取り囲み、陸路二万人、船手《ふなて》一三〇艘《そう》の軍勢で堺湊《さかいみなと》まで進出し、一氏および黒田長政・蜂須賀家政《はちすかいえまさ》らに反撃されて泉南で四散したが、いぜんとして近畿における反秀吉の唯一の勢力であった。

根来・雑賀攻め●

天正十三（一五八五）年三月二十一日、根来・雑賀衆討伐のため秀吉は、みずから総大将となり大坂を発して岸和田城にはいり、弟の秀長《ひでなが》、甥の秀次《ひでつぐ》以下、細川藤孝《ふじたか》・忠興《ただおき》父子、蒲生氏郷《がもううじさと》・中川秀政《ひでまさ》・高山右近《うこん》・筒井順慶《じゅんけい》・堀秀政《ひでまさ》・福島正則《まさのり》ら一〇万人の将士に出撃を命じた。

迎え撃つ根来・雑賀衆の防衛線は、かつて永禄元（一五五八）年、三好《みよし》勢と争ったときにきずいた和泉橋本の積善寺《しゃくぜんじ》城を主城として出原右京《いずはらうきょう》以下根来衆九五〇〇人が、その東南の千石堀《せんごくぼり》城には大谷左大仁《おおたにさだいじん》・三番烏坊《からすぼう》以下数千人が、沢の城には根来宝蔵院《ほうぞういん》・田中加足《かたり》に指揮される雑賀勢六〇〇〇人が立てこもり、畠中《はたけなか》城にはさる永禄三年に三好実休《みよしさねやす》を久米田《くめだ》寺に討った土豪神前要《こうさきかなめ》人の子孫や、その親類筋にあたる是《これ》光《みつ》を将として、根来徳蔵院や紀伊の藤代《ふじしろ》勢および雑賀勢も加わったが、主勢力は日根野《ひねの》の農民約三五〇〇人であった。

また、清児《せちご》の高井城には根来寺の行《ゆき》左京を大将として、地元木島《きのしま》および山間部五カ庄の農民二〇〇〇人が一〇〇〇丁の鉄砲をもって籠城した。根来衆には戦術の先覚者が多く新兵器であった鉄砲も豊富で、秀吉の派遣した討伐軍を散々悩ませたため、秀吉は本陣を岸和田城から阿間河谷《あまかわたに》・鑓《やり》カ谷《がたに》へと進めた。泉州の農民らを守勢力とする根来・雑賀の防衛軍はよくたたかったが、たまたま千石堀城の火薬庫に攻撃軍の火矢が命中して大爆発したのをきっかけに、畠中城・高井城などもつぎつぎに占領された。

にもかかわらず、主城積善寺城のまもりはかたく、秀吉軍の主力であった細川藤孝・蒲生氏郷らの攻撃にたえて容易に落城せず、一時は城兵の撃った弾丸が秀吉本陣の馬印《うまじるし》に命中して秀吉は退陣するほどであったし、沢《さわ》城には中村一氏・中川秀政らが塀ぎわまで攻めよせたものの容易に落城しなかった。

織田信長のあとをうけて天下統一を目指した秀吉にとっては、いつまでも根来・雑賀衆との戦いにあけくれる余裕はない。秀

根来衆の武装(根来寺蔵「兵法虎之巻」による)

吉は石山合戦後に親交を深めた貝塚の卜半斎了珍《ぼくはんさいりょうちん》が、泉州門徒らの信頼を集めていることに注目し、彼をつうじて和平工作を進めた。かねて戦乱の長引くことをうれえていた了珍は、秀吉の依頼をうけて早速和平工作にのりだし、籠城中の根来・雑賀衆らを説得し、やがて積善寺城・沢城も和談開城した。

　ところが和談にことよせて根来・雑賀衆のまもりをとかせた秀吉は、不意に軍勢をととのえて根来寺をおそった。和平到来に気を許していた根来衆は抵抗するまもなく四散し、放火によって壊滅した。勢いに

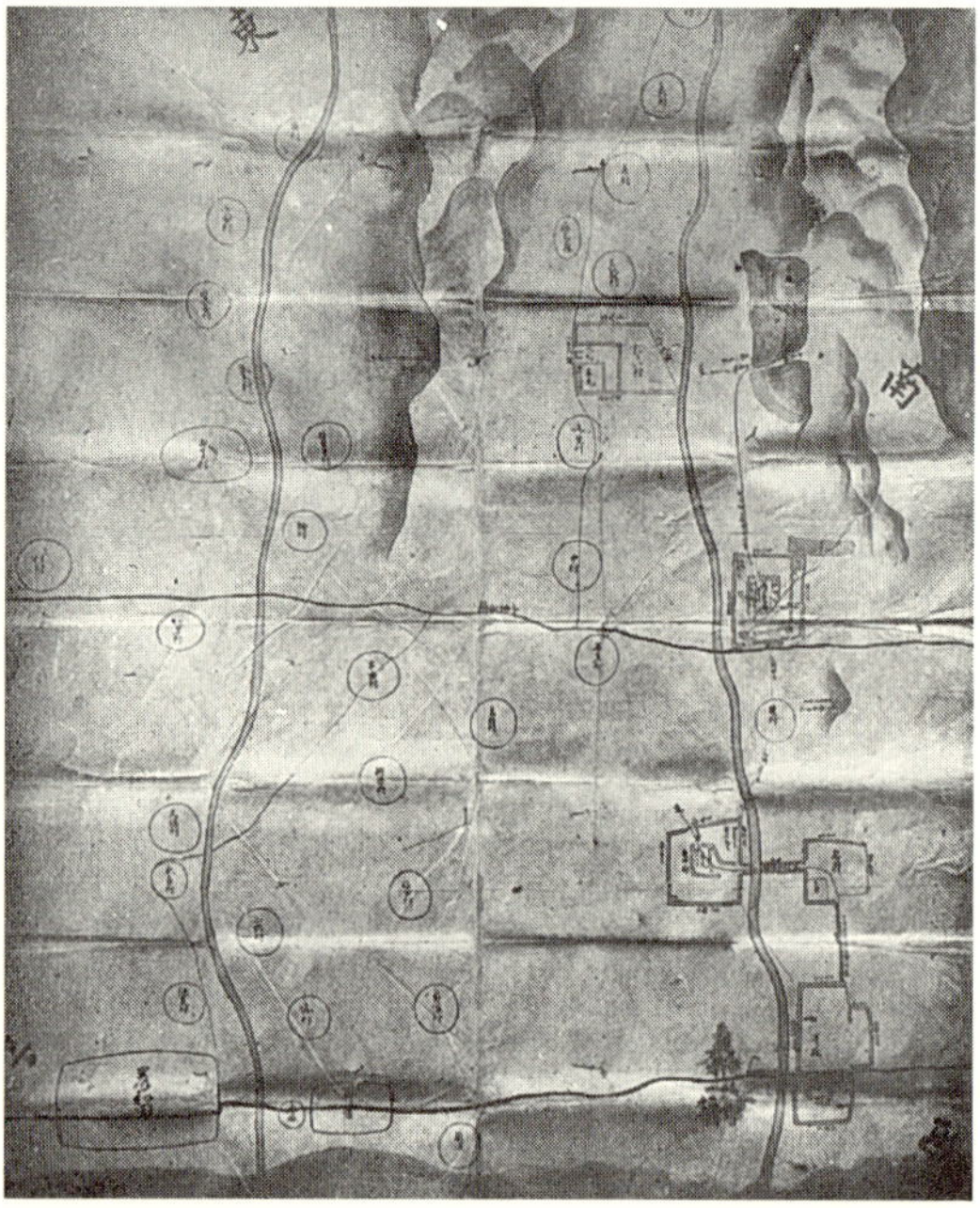

根来出城配置図

乗じた秀吉は雑賀を攻め、一カ月の水攻めのうえ雑賀勢の本城である大田城を陥落させ、天正十三年四月二十六日大坂城に帰還した。

城下町の建設●

根来・雑賀攻めのあいだにも、焦土と化した大坂本願寺寺内町《じないちょう》から離散した住民らは、おいおい復興大坂に帰り、城下町の建設は積極的に進められていった。その頃の大坂のようすについては『柴田退治記《しばたたいじき》』に、

五畿内の中央にして……四方広大《こうだい》にして、中に巍然《ぎぜん》たる山岳なり。麓《ふもと》を廻《めぐ》る大河は淀川の末、大和川流れ合ひて其《その》水即《すなわ》ち海に入る。大小船日々岸に着く事、数千万艘《そう》と云《い》ふ事を知らず。平安城へは十余里、南方は平陸にして、天王寺・住吉・境津《さかいつ》へ三里余り、皆、町・店屋《みせや》・辻小路《つじしょうじ》を立て続け、大坂の山下《さんげ》となるなり。五畿内《ごきない》を以て外構《そとかまえ》へとなし、かの地の城主を以て警護となすものなり。

と記されているが、建設工事の進捗に伴い、工事人足を得意先とする商人らもつぎつぎに大坂に集まってきた。都市づくりのため、天正十一年には二、三万人の工事人足が集められたが、工事を急ぎ諸国の領主に建築を命じたため人足は五万人近くに膨れ上がり、約四〇日間に七〇〇〇軒もの家が建築されたと伝える。

秀吉の城下町建設構想は大坂を五畿内の中心として、住吉・堺をも含んだ大都市の建設にあったらしい。のちに秀吉を神として祀る豊国《ほうこく》神社の創建に尽力した神道家《しんとう》の吉田兼見《よしだかねみ》は、天正十一（一五八三）年八月三十日の日記に「在家《ざいけ》天王寺へ作り続くなり」と記し、同年十二月十八日のルイス＝フロイス書簡には、「堺の向ふ一レグワ(リーグ)半の所に甚だよい町がある。悉く竹をもって囲まれ城の如くなってゐて平野と称する。

……甚だ富んだ人達の村であるが、大坂の商業と繁栄のため羽柴は彼等にも移住せんことを求めた」と記されている（『イエズス会日本年報』）。

大坂城二の丸は、天正十四年春から十六年の春に至る約二年間の大工事で完成し、文禄三（一五九四）年春からは大坂城下の町を囲む惣構《そうがまえ》の堀普請が行われた。文禄五年二月には、毛利輝元らに命じて淀川の左右両岸に全長一万五二八一間（約二七・七キロ）におよぶ堤防をきずかせた。淀川は京都・大坂間を結ぶ主要水路であり、新興都市大坂をめざす人びとは鳥羽・伏見から過書船《かしょぶね》にのり、京橋付近に上陸した。

三の丸築造工事は慶長三年夏頃からおこされた。築城のため大坂に集まった諸大名らは、初め町家に分宿していたようであるが、やがて邸宅を新築しはじめて、玉造《たまつくり》に細川・宇喜多《うきた》・蜂須賀・前田・浅野・片桐、備前島《びぜんじま》に石田、天満《てんま》に黒田・織田、木津《きづ》に毛利の屋敷などが建設されていった。ちなみに竜造寺《りゅうぞうじ》町・順慶《じゅんけい》町・安国寺《あんこくじ》坂などの町名・地名は、このような大名屋敷に拠ったものであろうとされている。

三の丸は北は淀川下流の大川《おおかわ》、東は大和川を境とし、南は空堀《からぼり》、西は東横堀《ひがしよこぼり》川をもってかぎったが、東横堀川が完成したのは、天正十三年とも文禄三年ともいい、慶長三（一五九八）年には天満《てんま》堀川、同五年には阿波《あわ》堀川も開削され、西横堀川もこのころつうじた。こうした堀川の開削によって、のちの「水の都・大坂」の原形がととのいはじめた。

あらたに開かれた城下は、生玉《いくだま》・玉造・渡辺など、上町《うえまち》台地を中心とした辺りを大坂といい、東横堀川と西横堀川とにはさまれた地域には、計画的な街区として船場《せんば》が建設され下水道も完備された。西横堀川以西は下《しも》船場ともよばれたが、ここには阿波の商人らが集中した阿波座、土佐商人らが群居した土佐座ができ、阿波や土佐の商人ばかりでなく、堺や平野《ひらの》からも大坂・船場などに積極的に商人らを移住させて、城下の経営をはかった。

商業は盛んになった。諸大名は人口の集中する大坂に米蔵を設け、本国から米を輸送して売買させ、京橋の南詰には青物問屋が軒を連ねて市場をつくり、北詰には五五人の鮒売《ふなうり》仲間が鮒市場を開いて近郊の川魚を売買した。魚商人らは最初天満鳴尾《なるお》町に集まっていたが、やがて靱《うつぼ》町・天満へ集団移住して生魚《なまうお》・塩魚《しおうお》を取りあつかった。船場の浜側には材木商が多く、土佐座・阿波座では鰹節《かつおぶし》・藍玉《あいだま》などの国産品を販売した。

京橋詰川魚市(『摂津名所図会』)

2 政権の移動

関ケ原の戦い●

この間、羽柴秀吉は天正十三（一五八五）年に「豊臣《とよとみ》」の姓を称して豊臣秀吉となり、翌十四年には太政大臣に栄進し、翌十五年には薩摩《さつま》の島津《しまづ》氏を降伏させて九州を制圧、十八年七月には関東の小田原に北条氏を滅ぼし、ほぼ天下を統一した勢いに乗じて、文禄元（一五九二）年に朝鮮侵略の軍をおこしたが、出兵の失敗に動揺してか心気の乱れを生じ、慶長三（一五九八）年五月に発病し、晩年にうまれた秀頼《ひでより》の将来を前田利家・徳川家康・毛利輝元《てるもと》・上杉景勝《かげかつ》・宇喜多秀家《ひでいえ》に託して、八月十五日、波乱にとんだ生涯をとじた。

秀吉の遺命により、遺子秀頼は翌慶長四年正月に伏見《ふしみ》城をでて大坂城にはいり、前田利家が守役《もりやく》としてこれにしたがった。秀吉の晩年から五大老の筆頭として声望のあった家康は、伏見城に残って政治を代行したが、閏三月、前田利家が没すると、残る毛利ら三人の大老と家康との対立は激しくなった。十月一日、家康が大坂城西の丸にはいり日々声望が高まるにつれて、豊臣政権五奉行の一人であった石田三成《みつなり》は毛利輝元を盟主として、会津《あいづ》の上杉景勝とはかり家康を倒そうとした。豊臣恩顧《おんこ》の大名らはぞくぞくと大坂に集結した。

翌慶長五年、三成は上杉景勝討伐のため東海道を西上した家康のすきをねらって挙兵、八月二十二日、木曽川をはさんで東軍（徳川方）と西軍（石田方）とのあいだに戦端が開かれ、九月十五日早朝から美濃《みの》の関ケ原において、天下を二分する東西両軍の決戦の火ぶたが切られた。激戦は正午頃まで続き、約二時間後には西軍の敗北は決定的となった。

心中に立願の儀あるか●

関ケ原の戦いに勝利を得た家康は、事実上天下の政治の主導権をにぎり、豊臣恩顧の大名を始めとする外様《とざま》大名の改易《かいえき》・転封《てんぽう》を実施して、関東~畿内を結ぶ地域を徳川譜代《ふだい》の大名にかためさせ、慶長八(一六〇三)年二月には征夷大将軍《せいいたいしょうぐん》の宣下《せんげ》をうけて江戸に幕府を開き、同十年四月に将軍職を子の秀忠《ひでただ》にゆずったのちも大御所《おおごしょ》とよばれて政務を統轄した。豊臣氏と徳川氏との地位は逆転し、秀頼は摂津《せっつ》・河内《かわち》・和泉《いずみ》三国六五万七〇〇〇石の一大名に転落した。

しかしおちぶれたとはいっても秀頼は、依然として京都・畿内の諸社寺や豊臣恩顧の大名らから支持され、三国無双の名城大坂城も秀頼の居城で、城内にたくわえられた莫大な金銀は、徳川家康打倒のための軍資金として十分なものであった。徳川氏によって永続的に天下の支配権を手中にしようとした家康は、まず豊臣氏の財力を失わせようとはかり、故太閤《たいこう》(豊臣秀吉)の菩提《ぼだい》をとぶらうためと称して、しきりに社寺の修復・造営を秀頼にすすめた。老巧な家康の意図する企みをみぬけなかった秀頼は、家運の挽回を神仏信仰にたより、まんまとその手にのせられてしまった。

『当代記《とうだいき》』には「此の二、三ケ年、国々伽藍《がらん》、秀頼公より建立したまふこと甚なり。定めて心中に立願《りゅうがん》の儀あるか」「このころ北野社、大坂秀頼公より造り改めらる。北野に限らず、惣じて寺社・仏閣、この近年営造なり」などと記されているが、慶長七年四月にはまず京都東山に方広寺《ほうこう》大仏殿再興工事を開始し、ついで翌八年には、天正の兵火にかかって焼失した河内の誉田《こんだ》八幡宮の再建を始め、引きつづき山城の東寺金堂、醍醐寺三宝院の金堂・御影堂《みえいどう》・五大堂・西大門、相国寺の法堂・鐘楼、等持院、安楽寿院、石清水《いわしみず》八幡宮、真正極楽《しんしょうごくらく》寺、北野経王堂、鞍馬寺《くらまでら》、摂津の四天王寺、生《い》国魂《くたま》神社、勝尾《かちお》寺、中山寺、多田《ただ》院の本堂・御影堂、河内の叡福《えいふく》寺太子堂、観心寺金堂、金剛寺観月亭・金堂・多宝塔・鎮守明神祠《ほこら》、枚岡《ひらおか》神社社殿・神橋、玉祖《たまのおや》神社社殿、常光寺庫裏《くり》・方丈《ほうじょう》・門前橋その他から、伊勢《いせ》の宇治橋、出雲の杵築《きづき》大社に至るまで、つぎつぎに造営・修復を重ねた。

桐一葉●

このような大工事を続けて行えば、いかに太閤秀吉以来たくわえられた莫大な金銀といっても湯水のように流失してしまう。慶長七（一六〇二）年にはじまった方広寺大仏殿の再興工事は一時中断していたのを、同十五年六月から秀頼後見役の片桐且元《かたぎりかつもと》を奉行として再開したもので、工事にあたっては大坂城中にたくわえられていた千枚分銅（一個約一六二キロ）一三枚、二〇〇〇枚分銅（一個約三三二キロ）一五個を大仏小判に鋳直して費用にあてたが、『当代

勝尾寺（箕面市）

記』の慶長十五年六月十二日の条には、この工事について「金銀入用ならびに人足手間、かぞうにたうべからず。太閤のお貯《たくわ》への金銀、このとき払底《ふってい》あるべし」と記されている。家康は大坂城中の豊臣氏の財産が底をついたこの機会を待っていた。

大仏殿の鐘は同十九年四月十六日に鋳物師《いもじ》・大工ら三一〇〇余人により新鋳がはじまったが、七月三日、家康は寺社行政の事務にあたっていた側近の板倉重昌《しげまさ》と金地院崇伝《こんちいんすうでん》とに、「今度、京大仏新鋳鐘銘、関東へ対し大不敬の文辞あり。そのうへ上棟の日、吉日にあらざるよし聞ゆ。早く鐘銘幷《ならび》に棟札《とうさつ》の草案を進呈すべき旨、京都へ申つかはすべし」と命じた（『台徳院殿御実記』）。

この鐘銘は、かつて太閤秀吉につかえ「洛陽無双《らくようむそう》の智者《ちしゃ》」と称された東福寺の清韓《せいかん》長老が草したものであったが、日ごろ清韓をそねんでいた「悪智の稚僧《わかそう》」らが、そのなかの「国家安康」「君臣豊楽」「子孫殷昌」という語は「安の一字をもって家康を切り、豊臣を君として子孫殷昌を楽しむ」と読ませ、「家康を呪い殺し、豊臣氏の殷昌《いんしょう》（盛んなこと）を祈ったものに違いない……」と主張したためであった（『慶長年録』）。

かねて豊臣氏の滅亡をはかり天下を掌握しようとしていた家康は、時節到来とばかり清韓を駿府に拘禁《こうきん》し、方広寺大仏開眼供養《かいげんくよう》の停止を命じた。片桐且元は急ぎ駿府にくだって申し開きをしようと願ったが、家康は謁見を許さず、かえって大坂城が多数の浪人をめしかかえたことをなじり、銘文を滅毀《めっき》させたうえ、「第一ニハ（豊臣氏が）大坂ノ城ヲ明渡シ、和州郡山《こおりやま》へ所替セラル、事。第二ニハ、大坂城ヲ割リ、屋敷構《かまえ》ニテ居《い》給《たま》フ可《べ》キ事。第三ニハ、御母儀淀殿《よどどの》ヲ江戸へ下シ給フ事」の三カ条を示し、このうち一カ条でもまもれば許すであろうとした（『大坂御陣覚書』）。

しかし、太閤秀吉在世中の栄光をすて切れない淀君《よどぎみ》らにとって、このような要求にはとうてい応じられるはずはなかった。慶長十九年十月一日、且元は裏切りものの汚名をきせられて大坂城から追放され、豊臣氏の将来や秀頼の身を案じながら居城の茨木《いばらき》に帰った。

この話は、明治時代の文豪・坪内逍遙《つぼうちしょうよう》の名作戯曲《ぎきょく》『桐一葉《きりひとは》』によって、広く知られているところである。

大坂冬・夏の陣●

鐘銘事件《しょうめいじけん》に続く片桐且元の大坂退城によって、城内には徳川方と一戦をまじえるべきだという強硬派だけが残り、家康の挑発にのせられて開戦の準備を進めた。大坂城では徳川方の大軍を迎え撃つための補強工事が進められ、惣構《そうがまえ》の塀・矢倉《やぐら》を堅固にして大砲・弓・鉄砲をととのえ、淀川下流の野田・福島・海老江《びえ》・伝法《でんぽう》・九条のまもりをかため、伝法川口には大小の番船を配置したほか、博労淵《ばくろうふち》・阿波座《あわざ》・土佐座《とさ》や道頓堀《どうとんぼり》の川口には砦《とりで》をきずき、城の東南部の抑えとして、平野口《ひらのぐち》に接した丘陵部に半月型の堅固な出丸《でまる》の構築を進めた。

慶長十九（一六一四）年十月二十三日、家康はみずから大軍を率いて京都にはいり、二十五日、藤堂高虎《とうどうたかとら》に命じて河内国府に陣を張らせ、十一月三日には松平忠明《まつだいらただあきら》・石川忠総《ただふさ》に命じて軍を平野口に進め、みずからは住吉へ出陣し、河泉の各地で大坂方と関東方の野戦が開かれた。十二月二日、家康は本陣を茶臼山《ちゃうすやま》に進めて大坂城を包囲攻撃、摂津・河内で両軍の激戦が展開されたが、十二月二十二日に和議が成立して、大坂冬の陣の戦乱は一時おさまった。

ところが、豊臣秀頼・淀君から、今後は家康・秀忠に敵対しないという誓書《せいしょ》が提出された翌日から、関東方が講和条件にもりこまれていなかった大坂城の濠を、内濠まで埋めたてはじめたこと、戦争に生活の保障をかけて大坂城に籠城し、天下の異変を期待して生活の保障を得ようとしていた浪人らが再戦をのぞんだことなどから、慶長二十年四月にはいると一二万人とも一三万人ともいわれた浪人らによって、つぶされたばかりの惣構の塀の復旧や、埋めたてられた濠の掘返しが開始され、秀頼は大坂城に諸将を集めて再戦を議したが、これを知った家康は、またも大坂方に難題をもちかけた。城中の浪人をすべて追放するか、または豊臣氏が大坂を退城して、伊勢または大和へ移れというのである。

大坂安部之合戦之図　元和元(1615)年出版の大坂夏の陣の状況を伝える瓦版。

大坂方の不満は爆発して、後藤基次《ごとうもとつぐ》の主張により河内の国府《こくぶ》・くらがり峠・立田越《たつたご》えなどに要害をかためて関東の大軍を阻止しようとはかり、大野治房《おおのはるふさ》が大和にはいり郡山《こおりやま》に放火したのをきっかけに大坂夏の陣がはじまった。河内の小松山《こまつやま》・道明寺《どうみょうじ》・八尾《やお》・若江《わかえ》などが主戦場となったが、大坂方は後藤基次・薄田兼相《すすきだかねすけ》・木村重成《しげなり》・真田幸村《さなだゆきむら》らの有力武将をつぎつぎに失って野戦に敗退した。さきに外濠・内濠を埋めたてられて丸裸同然の大坂城も、関東方の猛攻にあっけなく落城し、五月八日、秀頼および淀君は自殺して豊臣氏はわずか二代で滅亡した。

6章

大坂三郷の発展

堂島の米市場(歌川広重筆『浪花名所図会』)

1　城下の復興・整備

松平忠明の入部

大坂落城直後の、元和元（一六一五）年六月八日、将軍徳川秀忠《ひでただ》は家康の外孫の伊勢亀山《かめやま》城主松平忠明《ただあきら》に摂津・河内両国のうち五万石を加えて一〇万石とし、大坂城主に起用して戦災の復興にあたらせた。

期待されて着任した忠明は、まず戦塵を避けて東天満《ひがしてんま》・船場《せんば》・西船場から離散した町人らを引きもどし、荒れ地を整備して家をたてることを命ずるとともに、大坂城地のうち本丸と二の丸とを残し、広大な三の丸の地には新しく市街を開くことを考えた。しかし、天満や船場の人びとを移しただけでは十分な市街地にはなり得なかったため、あらたに伏見《ふしみ》町人らの移住を求めた。もともと伏見の町は城下町として繁栄し、徳川家康も伏見城によって大坂城に対抗したところでもあったが、大坂を支配地とした幕府は、もはやその価値を重視せず、城代さえ廃止するほどであったから、その将来に見切りをつけていた八〇余町の伏見町人らは、忠明の招きに応じ旧大坂城三の丸の新天地に集団移住をした。

このときできた新市街地の名称は伏見の旧町名を残したり、または町名のうえに「伏見」の二字を冠したりした。宝暦三（一七五三）年九月、大坂町奉行の命により大坂三郷の起源や行政組織の来歴、町名の沿革などを書きあげた『初発言上《しょはつごんじょう》候帳面写』には、伏見から移転した八〇余町のうち六四町の名がのせられている。それらのなかで伏見の名を残しているのは、伏見町・伏見両替町・元伏見坂町・玉造《たまつくり》伏見町だけであるが、注記によって常盤町四丁目は元の伏見立売《たちうり》町、江戸町は伏見江戸町、和泉町は伏見和泉町、

❖コラム

大坂城代

元和元（一六一五）年五月、大坂夏の陣によって豊臣氏が滅亡したのち、江戸幕府は徳川家康の外孫である伊勢亀山五万石の城主・松平下総守忠明を大坂城主に任命して大坂の戦災復興を行わせたが、同五年に復興事業がほぼおわったため、忠明を大和郡山《こおりやま》一二万石に移封して大坂を幕府直轄地とし、伏見城代の内藤信正《ないとうのぶまさ》を初代の大坂城代に補した。

大坂城代は城中にあって大坂城を警衛し、あわせて大坂定番《じょうばん》・加番《かばん》以下、大坂在勤の幕府諸役人の主班として政務を統轄するほか、西国大名の動静をも監察するのを職務とした。幕府内では老《ろう》中《じゅう》・京都所司代《しょしだい》につぐ重職で四位に叙せられ、譜代《ふだい》大名のうち五、六万石の城主から選任されるのを原則としたが、実際には仮役・重任・再任を含めて延べ七〇人のうち、酒井忠恭《さかいただやす》の一五万石から仮役永井直清《ながいなおきよ》の二万石まで大差があった。役知《やくち》（役俸）は一万石で、多くは摂津西成《にしなり》・東成《ひがしなり》・住吉《すみよし》三郡のなかから支給された。前職は若年寄・西丸若年寄・御詰・元大番・大坂定番などから転じた一二人のほかは、奏者番《そうじゃばん》・寺社奉行・奏者番兼寺社奉行であったものが五八人を数える。任期は最長の阿部正次《あべまさつぐ》が二一年七カ月、最短の堀田信篤《ほったのぶあつ》が二カ月、平均在職期間は三年七カ月。この間、承応元（一六五二）年九月、水野忠職《みずのただもと》・内藤忠興《ないとうただおき》・松平光重《まつだいらみつしげ》が三年交代でつとめ、一巡した後に改めて三人の一年交代制をとったが、以後は幕末にいたるまで定制はなく仮役を含めて延べ七〇人がこの職についている。退任後は、京都所司代を経て老中に昇進するか、または直接老中や西丸老中に任用されるものの多い出世コースであった。

小倉町は伏見大黒《だいこく》町、徳井町は伏見権助《ごんすけ》町、松江町は伏見納屋《なや》町、五幸町は伏見町、葭屋《よしや》町は伏見葭屋町、桑名町は伏見伊勢町であったことがわかる。

市街地改造と大坂城再建●

市街地改造の事業として、市中に散在していた寺院や墓地の廃合・移転も積極的に行われた。「大坂濫觴書一件」によると、一向宗の末寺をのぞくすべての寺院は、東西高津《こうづ》村・小橋《おばせ》村・天満《てんま》村（天満）に集め、阿波《あわ》座・津村《つむら》・渡辺《わたなべ》村・上難波《かみなんば》村・敷津村・三ツ寺《みつでら》村の墓所は下難波村の墓所へ千日《せんにち》寺聖とともに一カ所に集めて千日の聖六坊とし、上町《うえまち》の墓所は小橋村に、天満の町家のものは葭原《よしはら》村（本庄村葭原）・浜村（南浜村）・梅田《うめだ》村（曽根崎村梅田）が墓所と定められた。有事の際に集結する軍兵の駐在施設や、外部から大坂へ侵入する敵への障害物として、いずれも大坂城をまもる位置に定めたのである。

大坂の戦災復興・市街地改造がほぼなると、幕府は改めてその重要性にかんがみ、元和五（一六一九）年七月、松平忠明を大和郡山一二万石に移封して大坂を直轄地と

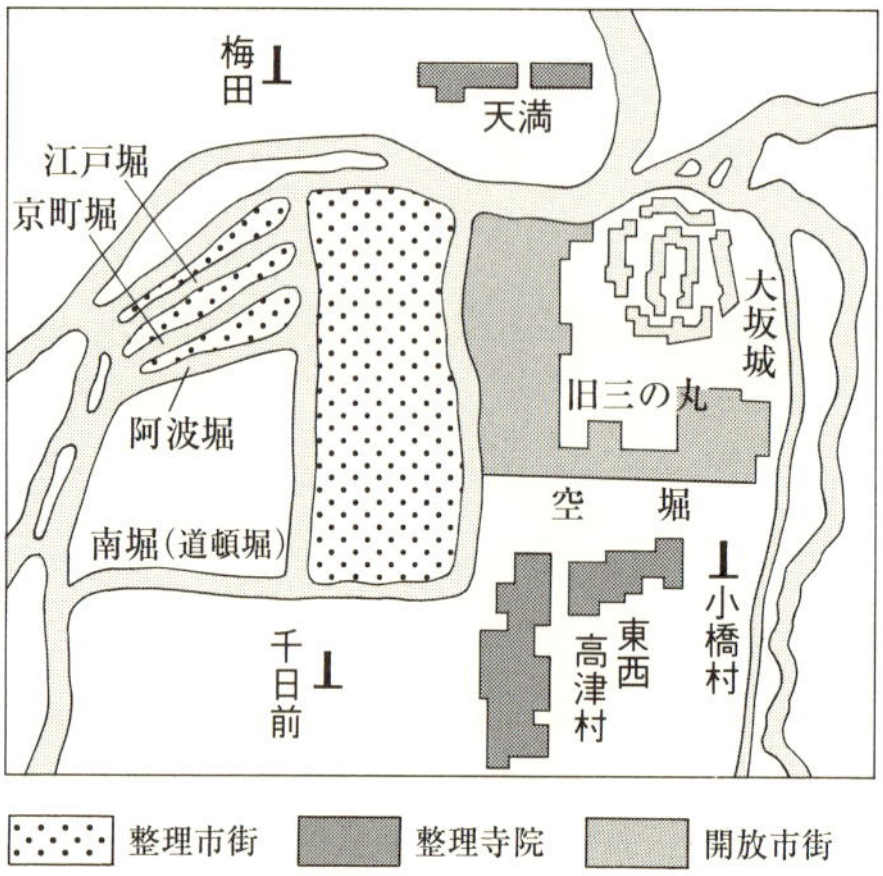

松平忠明の市街地改造図

した。ついで、もはや近畿の拠点としての存在価値を失った伏見城を廃し、伏見在番《ざいばん》を大坂に移すとともに伏見城代であった内藤信正を大坂城代に補し、同年九月に設置した東西の大坂町奉行や、のちに堺奉行と改められた堺政所《まんどころ》を監督して、訴訟・裁判を取りあつかわせた。

ついで翌元和六年正月からは伊勢・越中以西三〇余カ国の大名を動員して、大規模な大坂城の再建に着手した。この工事は、寛永六（一六二九）年の第三期工事終了まで、前後一〇年間の歳月を要し、動員された大名は延べ一六三家、その供出した人員は延べ四七万八〇〇〇余人、工事期間中約一五万人前後の人びとが、工事のために大坂にはいりこんでいたことになるという（岡本良一『大坂城』）。かつて「三国無《さんごくむ》双《そう》の城《しろ》」とよばれた豊臣氏の大坂城が、二〇カ国の大名らによって三年ないし五年で完成したことを思いおこすと、この再建工事の規模の大きさが理解されよう。

水の都へ●

市街の復興・整備と関連して市街地の開発や堀川の掘削も着々と進められた。大坂の堀川（運河）は、すでに豊臣氏の治世下の文禄三（一五九四）年頃に東横堀川《ひがしよこぼり》が掘られたのが最初で、ついで西横堀川が開かれ、慶長三（一五九八）年に天満堀《てんまほり》川、同五年に阿波堀《あわぼり》川と、あわせて延長五六町余（約六一〇九メートル）が掘られていた。

ついで松平忠明が大坂城主として着任した元和元（一六一五）年の十一月には、のちに道頓堀《どうとんぼり》とよばれる南堀川が完成し、同三年には伏見京町から移住してきた町人らにより、西横堀川から分流し百間堀川に至る京町堀《きょうまちぼり》川が開かれた。前掲の『初発言上候帳面写』には「京町堀と申す儀は、元来伏見京町の者共取立て申す場所にて候ゆえ京町堀と唱へ来り候由」とある。同年中には京町堀川の北側に江戸堀川も開削された。このとき発行された銀札は、わが国最古の銀札として知られる。

こうした河川の掘削は大坂が幕府直轄地になったのちにも続けられた。元和八年、淀屋《よどや》个庵《こあん》・鳥羽屋彦七を代表者とする靭《うつぼ》・天満《てんま》両町の塩魚商人らは、葭《よし》島の開発を大坂町奉行に願いでて新開地に移住し、新靭町・新天満町・海部堀《かいふぼり》町をつくり、寛永元（一六二四）年には荷揚げのために、三町のあいだに運河を掘る許可を得て海部堀川を掘削し、翌二年に完工したが、この年には東横堀川から分流して木津《きづ》川に合流する長堀《ながほり》川が、同三年にはさる元和六年に着手し一時中断していた西横堀川と木津川を結ぶ立売堀《いたちぼり》川が、惣年寄宍喰屋《ししくいや》次郎右衛門によって再開されて完工し、さらに同五年に着工した阿波堀川（阿波座《あわざ》堀川）から分流し百間《ひゃっけん》川につうずる薩摩堀《さつまぼり》川も、二年後に完成するなど、元和～寛永期（一六一五～四四）には延長九〇町（約九・八二キロ）が完成して、運河の総延長は約一六キロに達した。

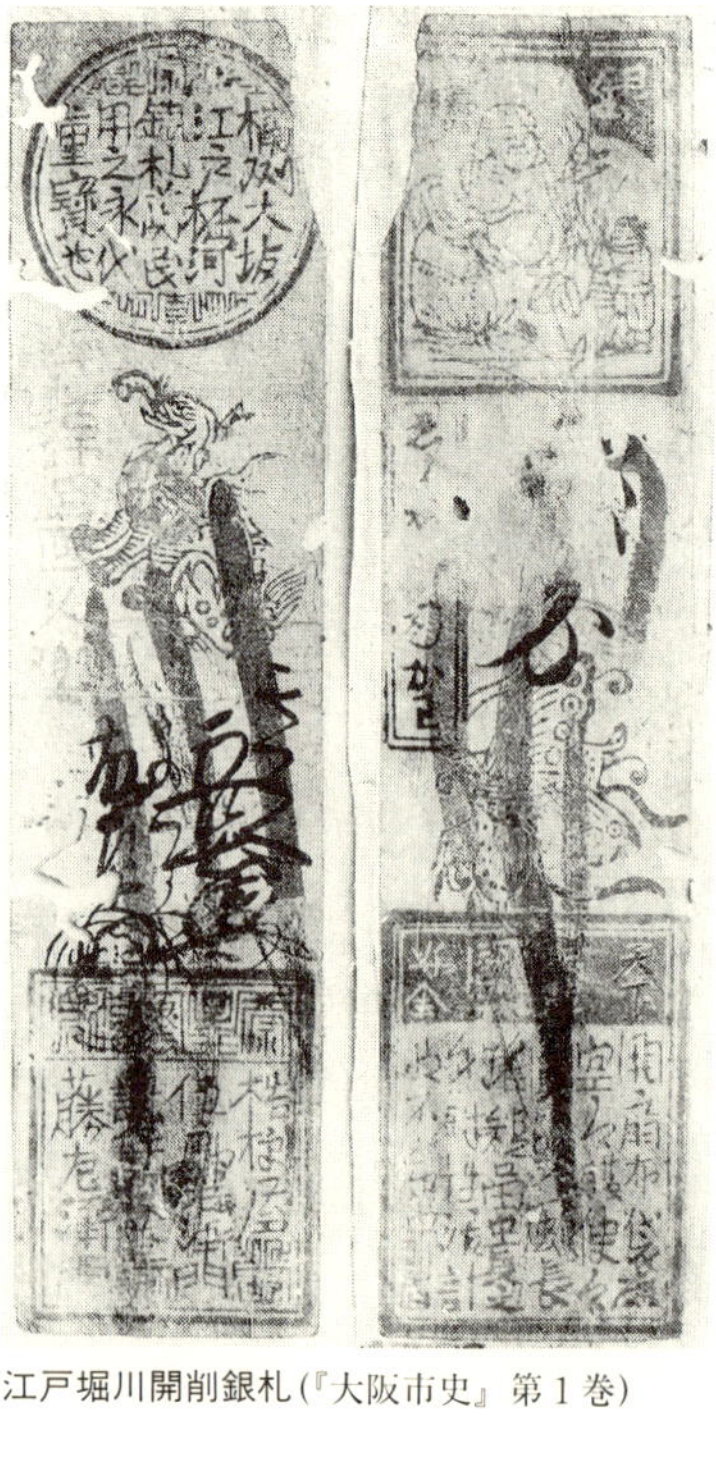

江戸堀川開削銀札（『大阪市史』第１巻）

松平忠明の都市計画にはじまる河川の開削および整備は、やがて周辺部の開発につながった。寛永元年には香西晢雲《こうさいせきうん》が川口の砂州《さす》を開拓して、四貫《しかん》島・九条《くじょう》島を開発したが、この島は南伝法《みなみでんぽう》川に添い東南方の六軒屋《ろっけんや》川を隔てて九条島に面し、九条島はさらにその東南方の尻無《しりなし》川をへだてて寺島・勘助《かんすけ》島に対していた。勘助島は正保（一六四四〜四八）の頃木津の勘助が堤防をきずいて開墾したものと伝える。

淀川筋は中之島の東端で堂島《どうじま》川と土佐堀川とにわかれ、九条島の東端でふたたび合流し、九条島にそって屈曲しながら大阪湾に流入していたため、排水が不十分で大雨のたびに大洪水を引きおこしていた。これに注目した河村瑞賢《かわむらずいけん》（安治《やすはる》）は九条島を掘り割って新川を掘り割り、川水を一直線に海（大阪湾）に導くことにした。この新川が安治《あじ》川で、河水の排水が順調になっただけでなく諸国からの入船も市中に直行できるようになった。貞享二（一六八五）年には逆《さか》川が、元禄十一（一六九八）年にはふたたび河村瑞賢による治水開発工事が行われ、西横堀川から木津川にそそぐ新川の堀江川と三軒屋川が開通し、享保十八（一七三三）年には難波新川、翌十九年には高津入堀川が、天保九（一八三八）年には天満堀川が疎通した。

四通八達して川船のゆきかう河川網は、けっして陸上交通のさまたげにはならなかった。市中の堀川には俗に「八百八橋」と称されるほど多数の橋が架けられ、川船から陸揚げされた荷物は人力または「べか車」によって市中へ運ばれた。大坂の橋には、幕府の費用で改築する公儀《こうぎ》橋（鴫野《しぎの》橋・京《きょう》橋・野田《のだ》橋・備《び》前島《ぜんじま》橋・天満《てんま》橋・天神《てんじん》橋・難波《なにわ》橋・高麗《こうらい》橋・本町《ほんまち》橋・農人《のうにん》橋・長堀《ながほり》橋・日本《にっぽん》橋）の一二橋と、町々の出費によって修理する町《まち》橋があって、天明七（一七八七）年の「公儀橋・町橋ノ規模・等級」には、一六二の橋名が記されている。ついでながら近世の大坂の異称として「天下の台所」とともに、「水の都」の語が用いられているが、管見による「水の都」の語は、明治四十四（一九一一）年九月二十五日発行の大久保透著

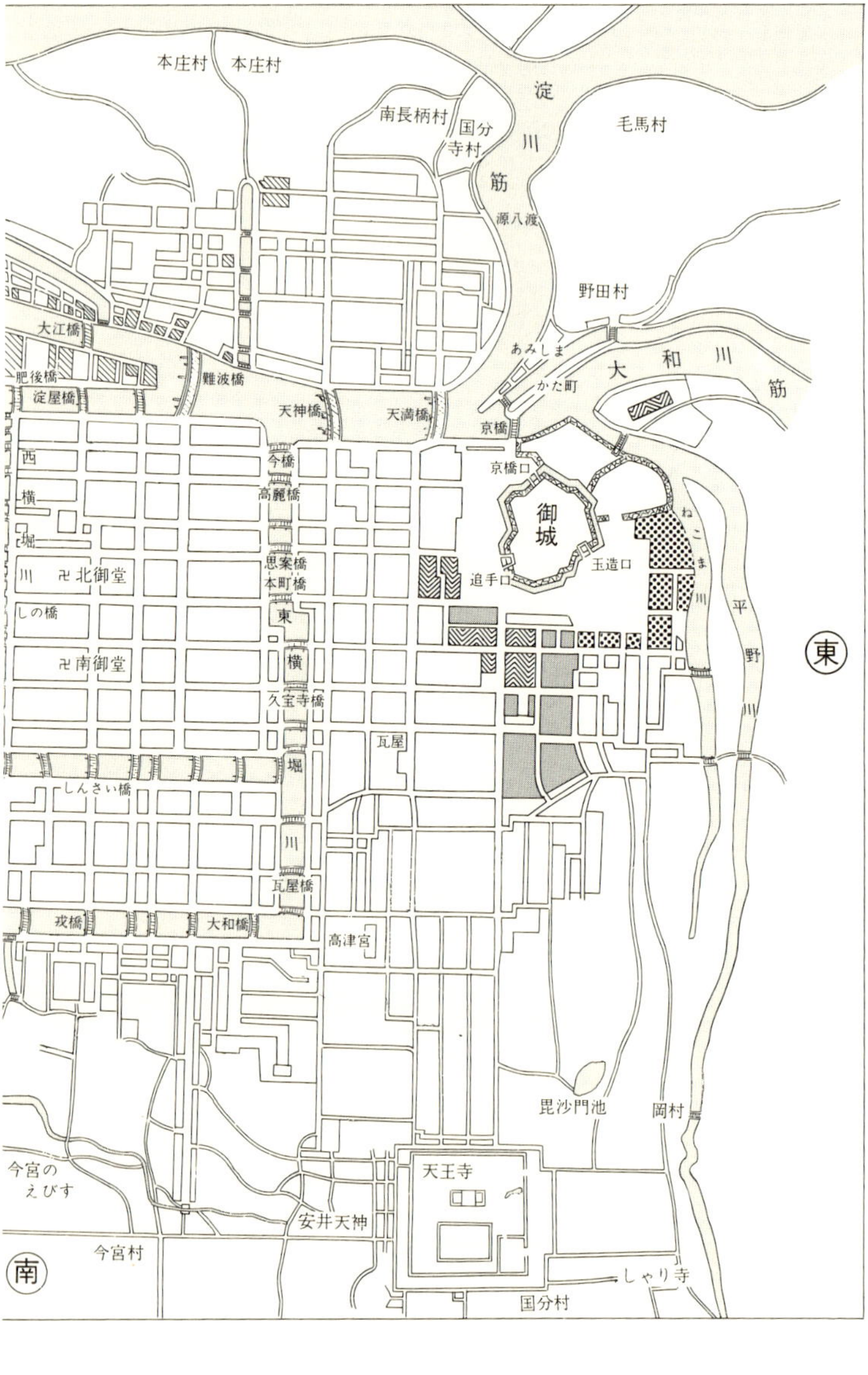
本庄村
本庄村
淀
川
筋
南長柄村
国分
寺村
毛馬村
源八渡
野田村
あみしま
大
和
川
筋
かた町
大江橋
肥後橋
淀屋橋
難波橋
天神橋
天満橋
京橋
京橋口
御
城
今橋
高麗橋
西
横
堀
川
卍北御堂
思案橋
本町橋
追手口
玉造口
ねこま川
平
野
川
しの橋
東
横
卍南御堂
久宝寺橋
瓦屋
堀
川
しんさい橋
瓦屋橋
戎橋
大和橋
高津宮
毘沙門池
岡村
今宮の
えびす
天王寺
安井天神
今宮村
しゃり寺
国分村
東
南

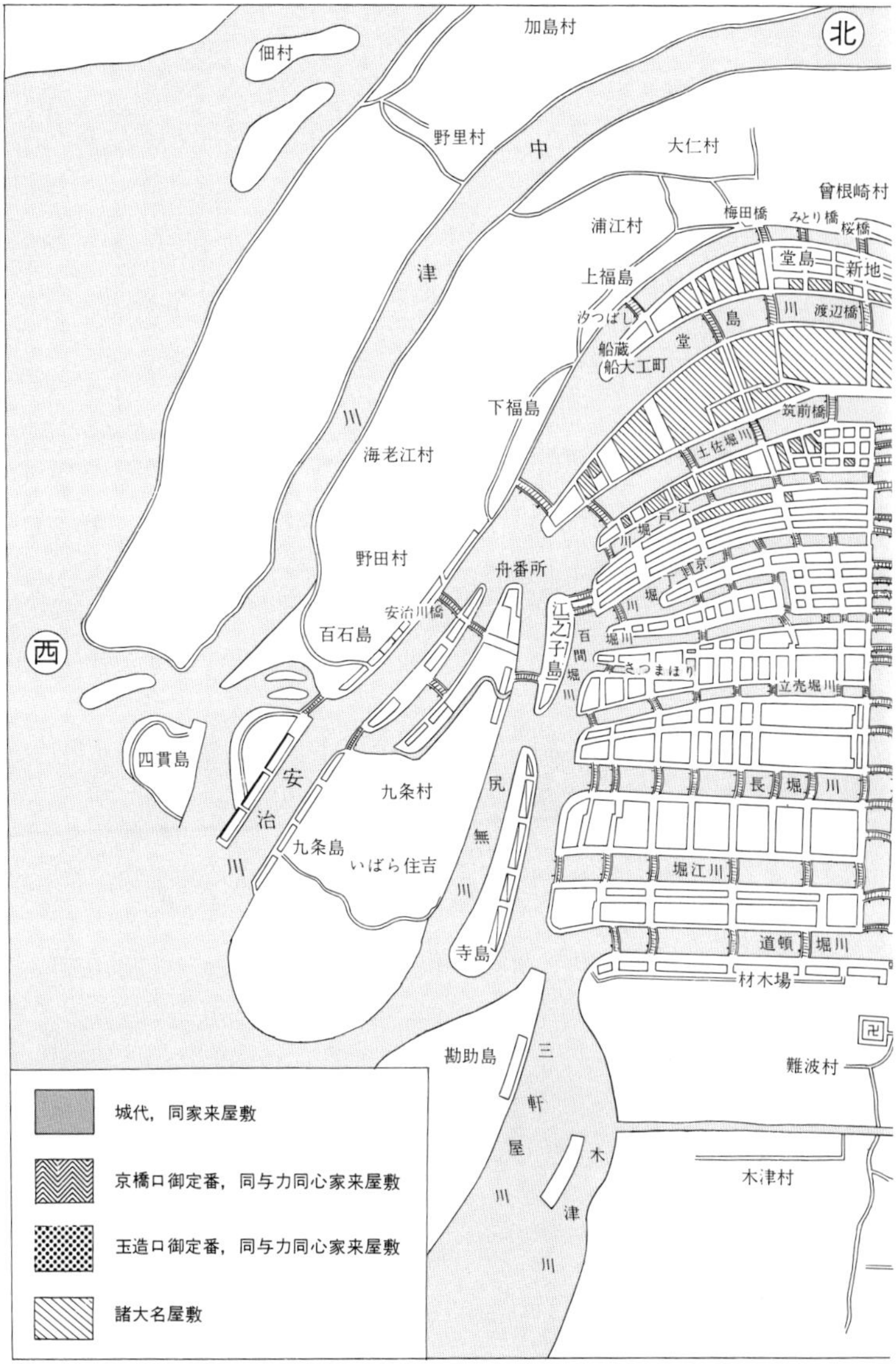

元禄年間(1688～1704)の大坂

『最近之大阪市及其付近』に、

川は実に大阪の生命なり。大阪市を称して「水の都」と云ふ。之を伊国のヴェニスに比して、果して妥当なりとすべきやの疑はしきものあり。然れども大阪が此の川によりて活き又益活きんとするは遂に否むべからず。川は大阪に於て物心的両様に担ふ所頗《すこぶ》る多し。船楫の便行くとして可ならざるなきは論なく、市街の狭くして人屋の重畳せる、加ふるに市を囲繞《いじょう》林立する烟突は、時々刻々黒煙を降らして全市を黒化烟没せずんば已まざらんとす。而して此の黒化烟没より纔《わず》かに免れしむるものは、此の川あればなり。大阪に於て川は道路を兼ぬると同時に又一種の公園とも云ふべし。此の意味に於て「水の都」と云ふ亦妨げず。

と記されているのが初出である。

大坂三郷の行政●

大坂の市街は元和年間（一六一五〜二四）に船場《せんば》・下《しも》船場をあわせて南北に区分し、おおよそ現在の本町《ほんまち》筋を境にして、北部を北組、南部を南組と称した。伏見から移った八〇余町は伏見組といったようであるが、正保二（一六四五）年以前に廃止されて南北両組に配分され、また承応年間（一六五二〜五五）には大川以北の天満《てんま》の地域に天満組ができ、北組・南組とあ

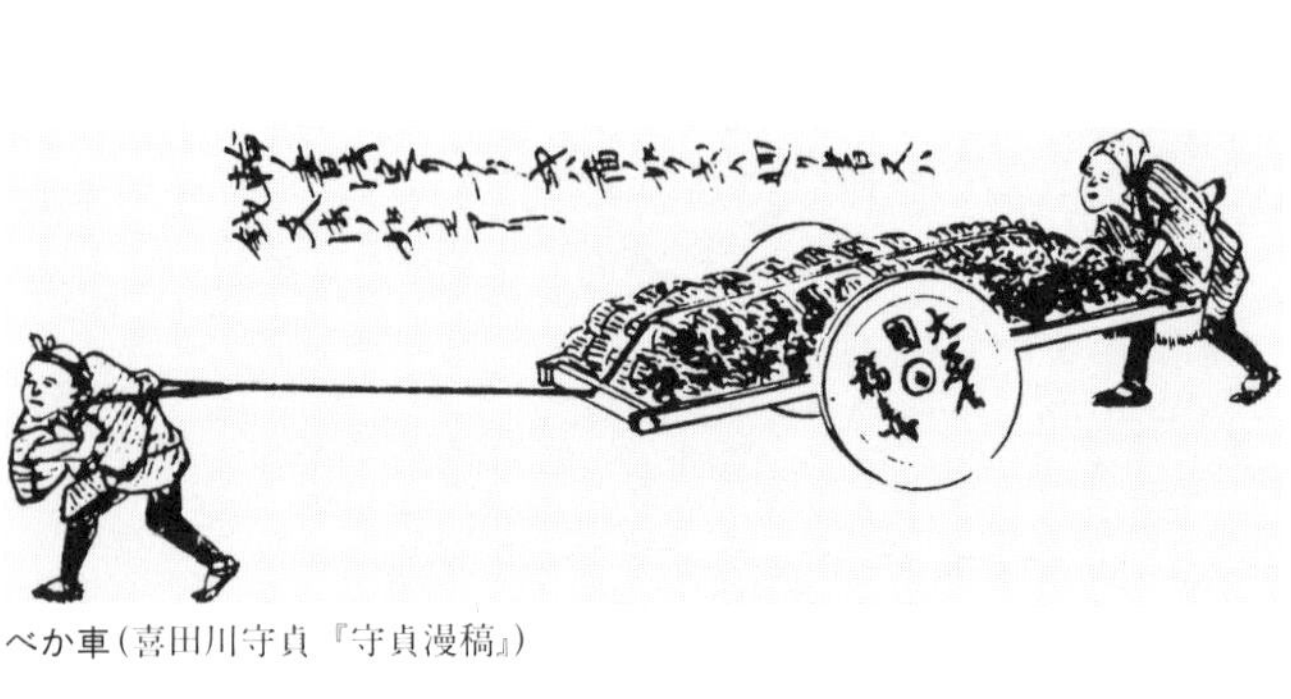

べか車（喜田川守貞『守貞漫稿』）

❖コラム

八百八橋

近世の大坂は、豊臣秀吉の城下町建設、松平忠明の市街地改造以来、東横堀川・天満堀川を始めとして、運河の開削が盛んに行われ、元禄年間(一六八八〜一七〇四)にはすでに〈水の都〉大坂の基盤はできあがっていた。これらの運河や、淀川・旧大和川・木津川などの自然河川が、水路の動脈として〈天下の台所・大坂〉をささえたのは、本文にのべたところであるが、これらの河川・運河には陸上交通のさまたげにならないように、多くの橋が架けられ、〈浪華の八百八橋〉とよばれた。もちろんこの「八百八橋」というのは、江戸の「八百八町」、京の「八百八寺」との対語《ついご》であり、多いことを表現したもので実数ではない。それではいったいどれほどの橋が架かっていたのか? 記録をたどると元禄年間板行の『公私要覧』に「大坂天満橋々両向」として掲載された橋数は一四一橋、『藤井氏覚書』所収「寛延二(一七四九)年大坂橋名寄」では一五一橋、『比《ひ》田《た》氏《し》諸《しょ》留《どめ》』中の「安永八(一七七九)年大坂町橋数」では一五六橋、そして天保十三(一八四二)年板行の『増補大坂町鑑《まちかがみ》』掲載の橋数は一八四橋といったところ。かつて大坂市内の橋数が、ちょうど八〇八を数えたのは昭和五十(一九七五)年四月のことであった。

橋名の呼び方もいろいろ。たとえば道頓堀に架かる相合橋。地元では多くあいおいばしとよんでいるようだが、橋名板にはあいあふばし。『増補大坂町鑑』にもあひ〳〵と振り仮名がある。文政三(一八二〇)年板の『商人買物独《ひとり》案内』はあいやい橋など、ざっと四とおりもあって、正式な呼称は決めがたい。

わせて大坂三郷《さんごう》と称するようになった。

この大坂三郷の統治は、大坂城代―大坂町奉行という形で行われた。大坂町奉行は定員二人。元和五年九月に久貝正俊が東町奉行に、嶋田直侒が西町奉行に補されたのが最初である（ただし、元禄九年に三人として堺奉行を兼帯させ、同十五年に堺奉行を復活させてふたたび二人となったことがある）。以後、明治元（一八六八）年二月に廃止されるまでの約二五〇年間に、大坂町奉行並《なみ》を含めて九七人が任命されている。幕府老中の支配下にあって役高は一五〇〇石、別に役料として六〇〇石が支給された。旗本で持高一〇〇〇石以上、三〇〇〇石未満のものから選任される例であったが、実際には四五〇〇石から三〇〇俵まで大差があった。職務は大坂三郷とその町続き在領および兵庫・西宮の一般民政のほか、地方《ぢかた》・川方・寺社方に関する件、回米《かいまい》・消防・警察に関する件など広範囲にわたり、あ

大坂東町奉行所（『大阪市史』第２巻）

る程度の立法権をもち、藩領・寺社領・宮堂上家《とうしょうけ》領および旗本・御家人知行地《ちぎょうち》を除く摂河泉播四カ国の裁判権もにぎっていたため、江戸の町奉行よりもかなり大きな権限をもっていたことになる。

大坂町奉行は直接町人らと接触したが、実際に三郷の行政にあたったのは、町人のなかから選ばれた三郷惣年寄《そうどしより》以下の町役人であった。惣年寄は松平忠明が大坂城主のときにつくった元締衆《もとじめしゅう》の制が、大坂町奉行設置のとき惣年寄と改称されたものである。多くは大坂の開発町人で北組一〇人・南組六人・天満組五人であったが、延宝七（一六七九）年刊行の『難波雀《なにわすずめ》』『難波鶴《なにわづる》』には南組七人の名がのせられ、計二二人となっているから、随時変動があったものと思われる。彼らは惣会所《そうかいしょ》につめてある程度の自治的な行政を行った。惣年寄を補佐するものに、町々から給銀をだしてやとい、公用事務を処理させる惣代《そうだい》や、これを補佐する手代、書類の作成に従事する物書《ものかき》、会所の書類を保管する会所守《かいしょもり》もおかれた。

惣年寄の下には各町ごとに町年寄《まち》をおき、町会所には水帳絵図《みずちょうえず》・宗旨巻《しゅうしのまき》・人別帳《にんべつちょう》などが保管されていた。町年寄は触書・口達《こうたつ》を町中に通達したり、人別改め、火元の取り締まり、訴訟事件の和解、家屋敷の買受・譲渡などを主要な職務とし、町々の町人中から毎月二人の月行司《がちぎょうじ》をだして町年寄を補佐した。また町会所には町代《ちょうだい》・下役《したやく》・木戸番《きどばん》・垣内番《かいとばん》がおかれた。町代は惣会所における惣代にあたるもの、下役は「あるき」「ありき」などともよばれた使丁《してい》（用務員）であり、木戸番は町々の木戸の番人、垣内番は町内の結婚・宮参り・葬式などの世話にあたった。

なお、「町人」というのは、現在の市民・町民とは異なり、町内に家屋敷を所有し居住して公役を負担するものであり、ある町に家屋敷をもちながらほかの町に居住するものの代理人は家守《やもり》といい、準町人の資格を認められた。町人・家守は町年寄の選挙権・被選挙権をもつほか、公役・町役などの義務を課せられたが、借家人には町年寄の選挙権や被選挙権がなく、町政にはいっさい参画できなかった。町人の義務とされた公役は、惣会所経費・消防費など大坂三郷の町人として負担しなければならないもの、町役は町会所経費・町橋普請費など、その町内の町人として支払わなければならないものをいう。

町人の負担には公役・町役のほか、地子銀《じしぎん》と称する幕府へおさめる地租《ちそ》が課せられたが、寛永十一（一六三四）年に三代将軍家光が来坂したとき、大坂三郷一万一一八三石余の地子銀を免除した。よろこんだ町人らは恩恵を永遠に伝えるため、地子銀免除の主旨を鋳こんだ鐘をつくり、釣鐘屋敷をたてて時刻を報ずることとした。その跡地は現在大阪市の顕彰史跡に指定されている。

2 天下の台所

出船千艘・入船千艘●

多くの運河の開削によって水上交通網が整備されると、沿岸には堂島新地《どうじましんち》二〇町を始め、西高津《にしこうづ》町・堀江《ほりえ》新地三三町・曽根崎《そねざき》新地・西高津新地・難波《なんば》新地など、新しい市街地がつぎつぎに造成され、安治川口には大坂・江戸間を往復した菱垣廻船《ひがきかいせん》・樽《たる》廻船・北前船《きたまえぶね》・兵庫《ひょうご》渡海《とかい》船・明石《あかし》船・尾道《おのみち》船・阿波《あわ》船・宇和島《うわじま》船・筑前《ちくぜん》船・肥後《ひご》船・薩摩《さつま》船・日向《ひゅうが》船など、諸国の貨物輸送船舶が積荷を満載して川口に集まった。

菱垣廻船は元和年間（一六一五～二四）に堺の商人らが、日用品を積みこんで江戸に回航したのが最初であるが、商業の隆盛に伴いしだいに発達して定期船になり、寛永元（一六二四）年には江戸大廻船問屋《といや》がおかれ、同十三年には大坂に廻船年寄一〇人を命じて取り締まりを行わせた。船腹に菱《ひし》形の竹垣を組み立てていたので、この名がある。

　樽廻船は寛文年間（一六六一～七三）に大坂近郊の伝法《でんぽう》村の船問屋が、銘酒で知られていた伊丹の酒屋らが援助して、酒荷を主に酢《す》・醬《しょう》油《ゆ》・塗《ぬ》り物・紙・木綿《もめん》・金物《かなもの》・畳表《たたみおもて》などを積んで江戸に回航し、菱垣廻船と競合したのが始まりであった。当時は小早《こはや》といい、菱垣廻船よりも低運賃であったことや、積荷の到着がはやいところから、しだいに菱垣廻船を圧倒し、両者のあいだには争いがたえなかったと伝える。菱垣廻船・樽廻船は、初め二〇〇石ないし四〇〇石積であったが、十九世紀初頭には一〇〇〇石積から一八〇〇石積の大船になった。

　また、十八世紀初めの頃から、西廻り航路を利用して日本海沿岸から下関《しものせき》に至り、瀬戸内海をとおって大坂にはいった北国廻船の北前船は、春から夏にかけての不定期船で、これまた最初は二〇〇石ないし三〇〇石積であったが、

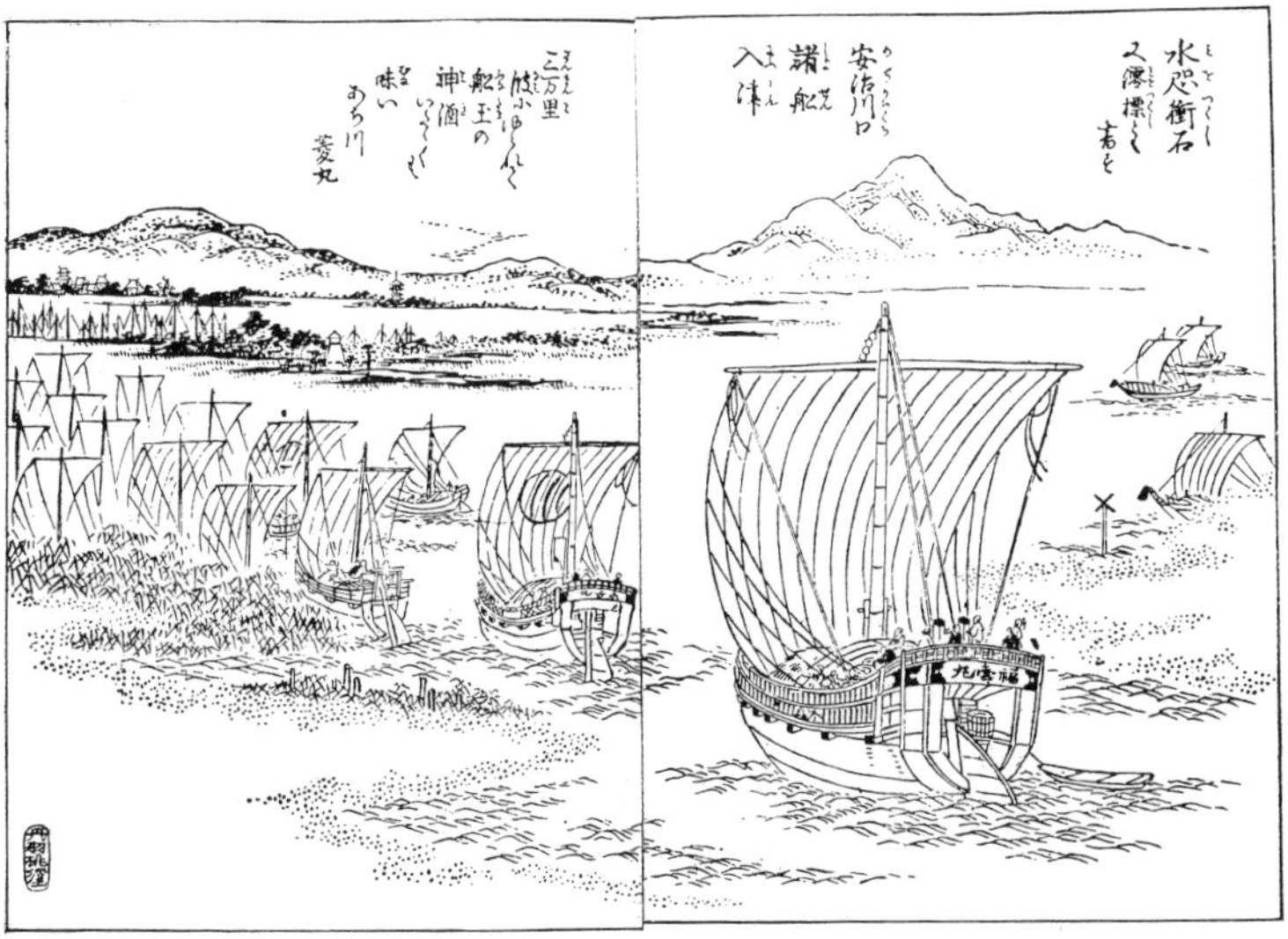

安治川口諸船入船(『摂津名所図会』)

のちには一〇〇〇石積以上の大船になった。これらの船が発着する大坂は「出船千艘《でふねせんそう》・入船千艘《いりふね》」といわれ、全国物資流通の中心地として栄えた。江戸時代後期の著名な詩人広瀬旭荘《ひろせきょくそう》は、その著『九桂草堂随筆《きゅうけいそうどうずいひつ》』のなかで「天下の貨、七分は浪華《なにわ》にあり、浪華の貨、七分は船中にあり」とさえ記している。

内陸部では淀《よど》川・平野《ひらの》川・大和《やまと》川を利用した京都・河内への水上交通も盛んになり、川船がしきりに物資の輸送にあたった。淀川筋にははやくから過書船《かしょぶね》が上り下りして、天明七（一七八七）年には七四〇艘と記録されているが、この間、元禄十一（一六九八）年には伏見船大小二〇〇艘が営業を認められている。また、大和川・平野川には柏原船が運航されて河内の物資を大坂へ運び、大坂町中に碁盤《ごばん》の目のように張りめぐらされた運河網には、上荷船《うわにぶね》・茶船《ちゃぶね》が往来して営業権を独占し、外航の廻船から引きついだ貨客を大坂市中および近郊の町や村へ運んだ。元禄十一年には両船あわせて三六二三艘を数え、七年後の宝永二（一七〇五）年になると上荷船だけでも四五六三艘に達している。

問屋と蔵屋敷

全国物資の集散市場となった大坂は「天下の台所」とよばれ、問屋・仲買は株仲間《かぶなかま》を組織して、営業範囲を区分けしながら物資を流通させた。大坂にはいった物資は荷積《につみ》問屋・船持問屋・荷受《にうけ》問屋・委託問屋・仕込《しこみ》問屋・加工問屋が荷主から委託されたり商品として加工したうえ、仲買をつうじて諸方へ流通させた。荷受問屋のうち種々雑多な荷物をあつかう問屋は諸色《しょしき》問屋といわれ、摂河泉の棉《わた》・木綿・油などをあつかう専業問屋を近国問屋とよんだが、松前《まつまえ》問屋・土佐《とさ》問屋・薩摩問屋など遠方の荷物を取りあつかう問屋は、遠国問屋あるいは取引先の国名をつけたところから国問屋とも称された。仲買は他国の商人または小売商人の注文によるか、または自己の見計らいで商品を問屋から買いとり小売商人や一般消費者へ転売した。

正徳年間（一七一一～一六）の統計では、諸問屋五六五五軒、仲買八七五六人、その他の商人二三四三人に達している。

諸藩もまた領内の年貢米《ねんぐまい》や特産物を大坂で換金して藩財政の運営と維持にあてるため、中之島・土佐堀川・江戸堀川などの沿岸に蔵屋敷《くらやしき》をおき、大坂の金融・米穀市場を取り仕切っていた淀屋《よどや》・鴻池《こうのいけ》・天王寺屋《てんのうじや》・平野屋《ひらのや》などの富裕商人らを蔵元《くらもと》・掛屋《かけや》として、蔵屋敷留守居役の指図のもとに、蔵物の販売や代金の管理・運用にあたらせた。蔵屋敷の数は明暦年間（一六五五～五八）には二五にすぎなかったが、元禄年間（一六八八～一七〇四）には九五、天保年間（一八三〇～四四）には一二五となっている。薩摩の砂糖《さとう》、土佐・長門《ながと》・石見《いわみ》の紙、阿波の藍《あい》、備後《びんご》の畳表《たたみおもて》、土佐の鰹節《かつおぶし》、播磨《はりま》・周防《すおう》の塩、肥後《ひご》・伊予《いよ》の蠟《ろう》など、国々の特産物は蔵物《くらもの》として蔵元商人をつうじて売買され、代金は掛屋に

問屋への荷物積入（「菱垣新綿番船川口出帆之図」部分）

あずけられた。掛屋には両替屋・米屋をいとなむものが多く、蔵物の出納や売上げ代金の収納・保管・送付などを行い、ときには蔵屋敷の職務一切を代行して利益は大きく、蔵元と掛屋とをかねれば一藩の財政を自由にすることも可能であった。

三大市場の繁栄●

在坂諸侯の蔵屋敷から売り払われる商品のなかで、もっとも重要なものは年貢米として取りたてた米である。大坂に運びこまれた年貢米は蔵米《くらまい》として、入札により米仲買に払いさげられ堂島《どうじま》の米市場で取引された。米市は、有力な蔵元であった淀屋に米仲買らが集まり、店頭で米相場をたてはじめたことにはじまり、淀屋の米市といわれた。諸大名の蔵元として産をなした淀屋は豪奢をきわめ、遊女のために家産をかたむけ、宝永二（一七〇五）年に財産を没収されて追放処分をうけたため、やがて堂島に新地が開発されると米仲買らは移転して堂島米市場を開いた。

米市場は大坂堂島のほか、江戸・京都・大津・下関などでも開かれたが、堂島米市場は全国市場の中核であり、その米相場は全国の基準となって堂島の米相場は飛脚便で各地に伝えられたが、やがて仲買人らは取引所前の家の屋根に楼《やぐら》を設置し、ほぼ三里（約一一・八キロ）ごとに受場《うけば》（中継所）を設け、あらかじめ決められた信号により大旗を振ってリレー式に各地に伝えた。これを「旗振《はたふ》り通信」といったが、夜間には提灯《ちょうちん》も用いられ、天候不順で旗や提灯の明かりがみえないときには伝書鳩《でんしょばと》も用いられた。大坂が「水の都」「天下の台所」のほか「諸色直段《しょしきねだん》・相場《そうば》の元方《もとかた》」ともよばれたのは、こうした基本的な米相場が堂島でたてられ、全国の基準になったためである。

堂島米市場とともに江戸時代大坂の三大市場といわれたのは、天満の青物市場と、雑喉場《ざこばうお》魚市場であった。青物市場は初め大坂城京橋口《きょうばしぐち》付近にあり、大坂の陣で離散して元和二（一六一六）年に京橋一丁目の淀屋个庵《こあん》の屋敷地に復活したが、その後移転を命ぜられ承応二（一六五三）年に天神橋北詰に移転した。この周辺地帯は青物《あおもの》（野菜類）栽培の盛んなところで、元禄十四（一七〇一）年に板行された『摂陽群談《せつようぐんだん》』には、有名な青物類として東生《ひがしなり》郡の天王寺大根《だいこん》・蕪青《かぶら》、西成《にしなり》郡の木津《きづ》村大根・蕪青、江口村大根、長町《ながまち》人参葉《にんじんば》、大坂天満宮大根、住吉郡の桑津村大根、豊島《てしま》郡上津島《こうづしま》村椋橋《くらはし》の大根、能勢《のせ》郡の牛蒡《ごぼう》などのほか西成郡の勝間《こつま》村新家の白茄子《なす》、木津村の越瓜《しろうり》、海老江《えびえ》村の冬瓜《かもうり》、住吉郡遠《お》里小野《りおの》村の瓜・姫瓜、武庫《むこ》郡鳴尾村の西瓜《すいか》、兎原《うはら》郡田辺村・小路《しょうじ》村の田辺瓜や、豊島郡細河《ほそかわ》郷・川辺《かわべ》郡山本村の柿、島《しま》下《しも》郡吹田《すいた》村のくわえ（慈姑）なども名産としてあげられているが、交通が便利になると紀伊・近江・山城《やましろ》などの野菜や果実も集荷され、

　ねんねころいち天満《てんま》の市よ、大根《だいこ》そろえて舟に積む、舟に積んだらどこまで行きゃる、木津や難波の橋の下……

と、子守歌にもうたわれて大いににぎわった。

雑喉場魚市場（歌川広重『浪花名所図会』）

雑喉場魚市場は、慶長二（一五九七）年に靫《うつぼ》町に開かれ、元和四年に上魚屋町に移転し、幕府に冥加銀《みょうがぎん》をおさめて大坂唯一《ゆいいつ》の魚市場となったが、同八年には鮮魚商を残して塩魚商《しおうお》は新開地の海部堀永代浜《かいふぼりえいたいはま》に移った。鮮魚商は上魚屋町が川口に遠く漁船の出入りに不便であったため、京町堀《きょうまち》と江戸堀のあいだの鷺《さぎ》島《しま》に出張所をおいたが、やがて本拠をも移して雑喉場魚市場となった。播磨・備前《びぜん》・備中《びっちゅう》・備後《びんご》・安芸《あき》など瀬戸内を始め、和泉・紀伊や淡路《あわじ》など大阪湾の魚類から、伊勢・志摩・因幡《いなば》・長門《ながと》および九州・四国に至るまで、広範囲の水産物が大量に集まり活況を呈した。

一方、永代浜に移転した塩魚商らは、塩干魚の市場をたてて塩魚・干魚《ほしうお》・鰹節《かつおぶし》の取引を行い、また近郊農村の主要肥料となった干鰯《ほしか》などの魚肥もあつかい、営業するものは新天満《しんてんま》町・新靫町・海部堀川町から油掛《あぶらかけ》町・信濃町・京町堀に広がり、あわせて靫の島といい日本最大の干鰯肥料市場となった。これらのほか、慶長初年に御用市場と定められた京橋鮒《ふな》市場が発展して京橋川魚市場となり、問屋五軒・仲買五〇軒を数えた。

なお大坂南郊の摂津国東成郡天王寺村には、天正十二（一五八四）年に牛問屋井川（のち石橋と改む）孫右衛門の支配する牛市がたてられ、江戸幕府からも公認されて明治初年まで存続した。

流通・金融の中心地

大坂を中心とする商品経済の発展に伴い、貨幣の流通量が増大すると、金融機関もおおいに発達した。江戸時代の通貨には金・銀・銭の三貨があり、金は両《りょう》・分《ふん》・朱《しゅ》（一両＝四分、一分＝四朱）の計数貨幣《けいすうかへい》、銀は豆板銀《まめいたぎん》・丁《ちょう》銀を主とした秤量《しょうりょう》貨幣であったから、商取引の盛んであった大坂には多数の本両替（本仲間両替）・南両替（南仲間両替）・銭両替（三郷銭屋《ぜにや》仲間）があり、本両替は金銭売買・貸付・手形振出・為替《かわせ》

天王寺牛市

近世大坂の三大市場といえば、堂島《どうじま》米市場・天満《てんま》青物市場・雑喉場《ざこば》魚市場―。いずれも「天下の台所」大坂三郷の流通・経済基盤をささえた市場であるが、この三郷の南に隣接する東成郡天王寺村（大阪市天王寺区）に、いま一つの大市場があった。宝暦四（一七五四）年に板行された平瀬徹斎《ひらせてっさい》撰『日本万物山海名物図会』巻之四に、「備前《びぜん》・備中《びっちゅう》の国々にて牛を飼て子を産す。則《すなわち》これを天王寺におくる。金高孫右衛門と云者、牛市《うしいち》のつかさなり。此人の印形《いんぎょう》なければ諸国に売買すること叶《かあ》はざる也。年中備前・備中より牛を引来ること日々に絶えず。毎年霜月《しもつき》に牛市あり。近郷の百《ひゃく》姓《しょう》めいめいに牛を引来りて、互いに交易売買《こうえきばいばい》す」とみえる天王寺牛市がそれである。

もっとも、平瀬徹斎はどこで間違ったのか、牛市の棟梁《とうりょう》を「金高孫右衛門」と記しているが、正しくは「井川孫右衛門」。のちに石橋と改姓して、現在の天王寺から南北各一町（約一一〇メートル）の区域に豊臣政権公認の牛飼場を設け、天正十二（一五八四）年三月二十一日付で豊臣氏の代官小出秀政から公認の書下《かきくだし》証文（判物《はんもつ》）をうけ、以後代々の代官からも同様趣旨の書下をあたえられたが、やがて現在の大阪城西南に移転して牛飼場を設け、摂津および河内・和泉・播磨四カ国の農村で使役する農耕牛の流通につとめた。大坂両度の陣により豊臣氏が滅亡した後に徳川政権からも公認され、寛永年間（一六二四〜四四）には、中国筋登り牛一三〇〇疋近くを流通経路にのせ、その後は約半世紀にわたり一時中絶の危機に瀕したが、やがて再興され明治維新後の廃止まで摂津および河内・和泉・播磨の四カ国への農耕用牛の流通に重要な役割を演じた。

取組・預金など現在の銀行業務に相当する機能をもち、幕府や諸藩の金融機関として掛屋・蔵元をつとめたものもあった。銭両替は少々の資本で小銭の両替を行い、南両替は本両替と銭両替との中間的な存在であった。

両替屋のうち資金のもっとも豊富なものは十人両替で、寛文二(一六六二)年に幕府が本両替仲間のなかから信用度の高い一〇人を選出して、預金の受入・金銭貸付・為替取組および手形による信用設定、金銀比価《ひか》の調節、米価調節のための米の買上げなどをつとめさせたもので、同十年には鴻池屋喜右衛門・天王寺屋五兵衛・天王寺屋作兵衛・助松屋理兵衛・泉屋平兵衛らが選ばれている。

このほか、堂島その他における米方両替という特殊な金融機関もあった。米方両替は遣来《やりくり》両替とよばれたが、別に入替《いれかえ》両替といって、商品やその蔵預切手《くらあずかりきって》を抵当にして貸付を行うこともあった。大坂の商人らは両替屋に預金があることを、信用を厚くすることと考えて預金は無利息の当座預金であったが、金銭に余裕があればただちに両替屋へあずけいれた。

大坂の両替屋のいま一つの主要な業務に、諸藩を相手にする大名貸《だいみょうがし》があった。大名貸を行う両替屋は、ほとんど諸藩蔵屋敷の蔵元や掛屋をつとめていたから、無担保の信用貸ではあったが実際には秋の廻米《かいまい》を抵当にしていた。蔵屋敷に廻米が運びこまれるとただちに銀主に引きとられ、蔵役人らは空米《からまい》切手を発行して銀子の調達をはかった。そのため回着米と借銀とを切りはなし、年々利息を支払いながら、都合のよいときに借銀を返済するような方法が考えだされたが、諸藩の財政は悪化するばかりで、利息支払いのためつぎつぎに借銀を繰り返していた。

町人学者として知られた山片蟠桃《やまがたばんとう》は、その著『夢《ゆめ》ノ代《しろ》』に、「今の諸侯、米価何程貴《たか》しと雖《いえど》も国用足らず、故に三年・五年の貢物税《こうぶつぜい》を一年に得るとも補ふべからず。近年だんだん天下の金銀多くなりて、その半ばは大坂にあり。ゆへに天下これを富饒《ふぎょう》の地とす。東西の諸侯、みな大坂に借りて用を弁ず」と、諸藩財政運用の実権が大坂町人によってにぎられていることを記しているが、大坂で大名に金を貸すことを「大名貸」といい、その証文には「参府就要用」(参府要用につき)とか「江戸表要用」と記されたものが多い。隔年の参勤交代で石高に応じた人数を率いて江戸に出府する大名らにとって、道中の物入りや在府中の諸費用は大きな負担であったから、大坂に懇意な富裕町人の銀主をもつことは必要不可欠なことであった。

寛政改革で有名な老中の松平定信《さだのぶ》は、その著『庶有編《しょゆうへん》』に「摂津大坂の地は、輻輳《ふくそう》第一の地にして、四方の都会ここにまさるはなし。故に、吾国《わがくに》に於《おい》て、金銀共に大坂の如《ごと》く交通の多く自由なるはあらず」と記しているが、その後、天保年間(一八三〇~四四)の終り頃には、諸藩の大坂回着米約四〇〇万石のうち、三〇〇万石は大坂町人から借用した六〇〇〇万両の利息にあてられたという。

以上のように、大坂町人らは天下の物資を集散し、貨幣を流通させ、大名に融資して諸藩の財政をにぎるなど、日本経済の動脈を動かす働きをみせた。政治都市としての江戸が武家の町であったのに対し、商業・経済の町大坂は町人の町であり、天下の台所の支配的役者は大坂町人であった。

もっとも、江戸時代初期の代表的な大坂町人は門閥特権商人で、末吉《すえよし》家や淀屋は大坂の陣のとき徳川方の軍需商人として活躍した家柄であり、その後「大坂の三町人」とよばれ三郷惣年寄の上位にあって幕府から最高の特権と格式を付与された尼崎・寺島・山村の三家も、大坂の陣のとき徳川方として働いたり、もともと徳川氏と縁故が深かったものたちであった。こうした門閥的特権商人のなかには、武士出身のものや、堺・伏見などで相当な財力をもち、のちに大坂に移住して開発につとめたものも少なくなかった。たとえば淀屋は中之島を開発、木屋（永瀬）は西横堀・薩摩堀を開削し、安井は道頓堀《どうとんぼり》の開発に功があった。

3　上方文化の隆盛

文芸家の輩出●

京・江戸・大坂―。江戸時代における日本の三大都市であり、まとめて三都という。京すなわち京都は、平安時代以来の「王城《おうじょう》の地《ち》」であり、江戸は十七世紀の初めに幕府が開かれ、全国の「覇府《はふ》」となった。これに対して江戸時代の大坂は、いったいどのように異称されたのか？　一般によく知られているのは「天下の台所」―。幕末の安政二（一八五五）年五月から文久元（一八六一）年十二月まで大坂西町奉行に在職した久須美祐雋《くすみすけよし》は、その随筆『浪花《なにわ》の風《かぜ》』に「世俗の諺《ことわざ》にも、大坂は日本国中の賄《まかない》所《どころ》とも云ひ、又は台《だい》所《どころ》なりとも云へり」と書いている。

たしかに近世とくに江戸時代の大坂は、全国の物資を集散する集荷・卸売市場であり、それが現在の流通経済都市大阪の基盤であったことは否定できないし、十七世紀後半頃までの大坂は文化の面で京・江戸にはとうていおよばなかった。いわゆる文化人の多くは京都や江戸に在住していた。

しかし、大坂が「天下の台所」とよばれはじめ、大坂町人らが「天下の町人」としての自覚と実力をそなえはじめると、近世の初め頃京都文化圏に含まれていた大坂にも、十七世紀の後半頃から独自の町人文化が興隆しはじめた。すなわち、寛文～延宝（一六六一～八一）の頃から、大坂にはみずからの才覚《さいかく》によって地道《じみち》な商いを重ね財力を貯えた新興町人らが頭をもたげてきた。彼らは開発期の大坂町人らが、いわゆる門閥的《もんばつてき》特権商人であったのに比し、最初からほこるべき家柄や家系ももたず、士農工商という封建的身分制下にあって、ひたすらその分限《ぶんげん》を守り「富《とみ》」の道を追求していたが、やがてその蓄積した富力をもって他国・他郷から来住した人びとをも快く迎え、その保護者となった。連歌《れんが》師・俳人の西山宗因《にしやまそういん》、浄瑠璃《じょうるり》作者の近松門左衛門《ちかまつもんざえもん》らが大坂に根をおろし、十七世紀の後半から十八世紀の前半に至る約五〇年間、井原西鶴《いはらさいかく》・上田秋成《うえだあきなり》・紀海音《きのかいおん》ら多くの文芸家が輩出して、大坂を洗練された文章で描きだし、または幻想的な怪異の世界を表現して江湖《こうこ》の喝采《かっさい》をあびた。

文運の進展に伴い、文人趣味の人びとは各地に詩社《ししゃ》を結成した。その代表的なものに混沌《こんとん》詩社がある。

井原西鶴墓所（大阪市中央区誓願寺）

明和二（一七六五）年、佐々木魯庵《ささきろあん》・平沢旭山《ひらさわきょくざん》らが発起して、片山北海《ほっかい》を盟主《めいしゅ》に推し、毎月十六日を定例会として談論・詩作につとめたが、社友は田中鳴門《たなかめいもん》・木村孔恭《きむらこうきょう》（蒹葭堂《けんかどう》）・葛士琴《かつしきん》・福原丹安《たんあん》・細合半斎《ほそあいはんさい》・頼春水《らいしゅんすい》・篠崎三島《しのざきさんとう》・小山伯鳳《こやまはくほう》・森田士徳《もりたしとく》ら数十人。特徴的な大坂の文人サロンであった。

浄瑠璃操芝居と歌舞伎●

文芸の隆盛は演劇の世界にも影響した。浄瑠璃操芝居《あやつりしばい》（人形浄瑠璃）は明暦（一六五五〜五八）の頃、京都に本拠をおく伊藤出羽掾《でわのじょう》や井上播磨掾《はりまのじょう》の座が大坂で興行していたが、竹本義太夫《たけもとぎだゆう》が大坂独自の義太夫節を創始して、貞享元（一六八四）年五月、大坂道頓堀《どうとんぼり》に新興浄瑠璃竹本座の旗揚げをした。地味で堅実な芸風は大坂町人らから好評を得て黄金時代をきずいたが、その繁盛は座付作者《ざつきさくしゃ》の近松門左衛門《ちかまつもんざえもん》に負うところが大きかった。

文豪として著名な近松門左衛門の本名は杉森信盛。若年の頃京都に住み平安堂・巣林子《そうりんし》などと号したが、貞享二年に書き下ろした『出世景清《かげきよ》』が翌年の竹本座旗揚げ興行に採用され、義太夫節流行のきっかけとなり、元禄十六（一七〇三）年五月上演の『曽根崎心中』は空前の大当り。これを機会に義太夫は座元を竹田出雲《いずも》にゆずった。

近松を竹本座の座付作者として迎えたのは、近松に師事した浄瑠璃作家の竹田出雲であった。近松傑作の一つである『国性爺合戦《こくせんやかっせん》』は、竹田出雲が義太夫没後の竹本座再建のためみずから構想を示して近松に作品化させたものという。近松一代の作品は百数十。『堀川波鼓《なみのつづみ》』『冥土《めいど》の飛脚《ひきゃく》』『生玉《いくだま》心中』『心中天の網島《あみじま》』『女殺油地獄《おんなごろしあぶらじごく》』など、大坂を題材としたものはとりわけ多い。同時代の作家西沢一風の『古今《ここん》操年代記《あやつりねんだいき》』には「近松門左衛門は作者の氏神なり……今、作者と云はる丶人々みな近松の生き方を手本とし書きつゞる物なり。此道を学ぶ輩、近松の像を絵書《えが》き昼夜これを拝すべし。又あるまじき達人、うやまいおそるべし〳〵」とある。

竹本義太夫の門弟竹本采女《うねめ》も、元禄十六年に豊竹若太夫と改称して道頓堀に豊竹座の櫓《やぐら》を揚げ、竹本座と並んで庶民大衆から親しまれた。その座付作者として竹本座の近松に対抗したのは文芸家・狂歌師として知られた鯛屋貞柳《たいやていりゅう》の弟にあたる紀海音《きのかいおん》である。近松の主情的な作風に対して主知的なものを得意とし、『鎌倉三代記』『傾城無間鐘《けいせいむげんのかね》』『八百屋お七』などの傑作をものして浄瑠璃界の興隆につとめた。以後、竹本座には竹田出雲・松田文耕堂《ぶんこうどう》、豊竹座には西沢一風《いっぷう》・並木宗輔《そうすけ》らがあって『菅原伝授手習鑑《すがわらでんじゅてならいかがみ》』『義経千本桜』『仮名手本忠臣蔵《かなでほんちゅうしんぐら》』など多くの傑作を残した。

竹本座は宝暦七（一七五七）年に火災にあったうえ経営の不調も重なって明和三（一七六六）年十二月に閉鎖し、一時再興したものの寛政（一七八九〜一八〇一）の初年には姿を消し、豊竹座もまた明和二年に一時閉鎖され、再開後も人形浄瑠璃は不調であった。それを蘇生させるきっかけをなしたのは初代植村《うえむら》文楽軒《ぶんらくけん》で、「人形浄瑠璃文楽」の名称はここにはじまる。文化二（一八〇五）年頃、小屋掛けして芝居を興行、その跡をついだ二代目文楽軒は博労町稲荷神社の南門内に小屋を掛け、「稲荷の芝居」とよばれて人気が高まったが、天保十三（一八四二）年の改革令により宮地芝居は禁止され、以後興行場所を転々、安政三（一八五六）年、三代目文楽軒のとき、改革のゆるむのをみて旧地に復帰した。

大坂歌舞伎は道頓堀を中心に興行されたが、元禄年間（一六八八〜一七〇四）以降は不振が続き、享保九（一七二四）年の大火で道頓堀の角座《かどざ》・東座が焼失し、人形浄瑠璃に押されがちであった。その復興に力を貸したのは道頓堀の芝居茶屋にうまれた並木正三《なみきしょうぞう》で、幼時から歌舞伎の楽屋《がくや》で遊び、操芝居・からくり芝居の小屋に出入りしながら成長。寛延三（一七五〇）年、操芝居の豊竹座にはいって並木宗輔に師事したが、宗輔の没後歌舞伎界にはいり、多くの脚本を書いて一躍上方劇団の寵児となった。

その今一つの顔は舞台改良者。宝暦三年に大西座で自作の『けいせい天羽衣』を演出したとき、三間（五・四三メートル）四方の本舞台を全部せり上げるという大がかりな装置を用いて、大当りをとった。ついで宝暦八年十二月、角の芝居『三十石艠始《よぶねのはじまり》』では世界最初の新装置「廻り舞台」を仕掛け、そのために掘りさげた舞台床下の土砂で、道頓堀のだらだら坂は平らになったと伝えるが、さらに「せり下げ」「ガンドウ返し」「引き抜き」など、奇抜な装置をつぎつぎに案出し、歌舞伎史上に一時代を画した。

町人学者●

諸国取引第一の場所・大坂にあって「天下の町人」を自負した大坂町人のなかには、みずから学問・研究に打ち込み、あるいはその蓄積した「富」をもって、文化の向上に寄与したものも少なくなかった。北堀江の酒造家坪井屋吉右衛門、というよりも明和～天明（一七六四～八九）の頃、「当代随一の博学者」として知られた木村蒹葭堂《けんかどう》孔恭もその一人である。

幼児から好学多芸で、その富力を元に金にあかせて収集した書籍・地図・拓本《たくほん》・標本・古銭や、中国・西洋の古器物などは無数と称されたが、それは単なる富豪の道楽ではなく、みずからも津島桂山・小野蘭山に師事して本草学《ほんぞうがく》（博物学）をきわめたほか、文学は混沌詩社を主宰した片山北海につき社友の田中鳴門・細合半斎・篠崎三島・尾藤二洲・頼春水らと詩作にはげみ秀才と称された。絵は元明画・花鳥画・文人画を大岡春卜《しゅんぼく》・池大雅《いけのたいが》に学び、詩文や篆刻《てんこく》・物産に精通し煎茶《せんちゃ》を好むなど、学問・芸術・趣味の豊かさは古今に比類なしと称され、オランダ語やラテン語にも通じ、麻田剛立《あさだごうりゅう》・橋本宗吉《はしもとそうきち》・斎藤方策《さいとうほうさく》・小石《こいし》元俊《げんしゅん》・伏屋素狄《ふせやそてき》・司馬江漢《しばこうかん》・間重富《はざましげとみ》ら同時代の洋学者らと交遊してその研究費を助成したほか、みずからも『蘭学類聚《らんがくるいしゅう》』をあらわして蘭学者番付に名をのせられるほどであった。その知識と人柄を慕い収蔵品の閲覧・利用を希望して、大名・画家・詩人を始め、蘭学・医学・地理学・天文暦学の研究者らが毎日来訪した。安永八～享和二年正月までの『蒹葭堂日記《けんかどうにっき》』によると、延べ九〇〇〇人に及んでいる。

日本貨幣史上不朽の名著とされる『三貨図彙《さんかずい》』の著者草間直方《くさまなおかた》は豪商鴻池家の使用人であったが、安永三（一七七四）年に鴻池分家の一つ草間家をつぎ、家業のかたわら勉学につとめ経済学者として名をあげた。また、海産物をあつかった昆布屋伊兵衛こと村井求林《むらいきゅうりん》は、麻田剛立門下の坂正永《さかしょうえい》に師事して奥義《おうぎ》をきわめ、正永没後に最上流の祖として知られる江戸の会田安明《あいだやすあき》に入門、その門下四天王につぐ高弟と称され、大坂算学の発展に寄与した。

木村蒹葭堂画像（谷文晁筆）

儒学を懐徳堂《かいとくどう》の中井竹山《ちくざん》・履軒《りけん》に学び「中井門の孔明《こうめい》」と称された山片蟠桃《やまがたばんとう》は、当時大坂財界の中堅どころであった升屋《ますや》の大番頭で、通称を升屋小右衛門といい、号の「蟠桃」は「番頭」をもじったものという。天文暦学を麻田剛立に学んだ実学者で、彼の該博な知識を基礎にした現実的な合理主義は、一切の神秘主義を排除し、神代史にはじまる日本歴史の批判から無鬼論《むきろん》（無神論）に到達した。一九年の歳月をついやして書きあげたライフワーク『夢《ゆめ》ノ代《しろ》』は、天文・地理・神代・歴代・制度・経済・経論・雑書・異端・無鬼・雑論の一二部からなる。論述は一貫した合理主義。地動説を確信して大宇宙論を展開し、一切の神秘主義を排撃。建国神話を疑問視して無鬼論を展開するなど、日本近代史学・唯物論の代表的先覚者、関西における洋学の祖とされている。

こうしたなかで、大坂の本格的な洋学者といえば、やはり麻田剛立に学び天文暦学の研究から種々の観測機器をつくり、幕府に召されて寛政の改暦《かいれき》事業にあずかった間重富、関西洋学の創始者と称され、江戸の平賀源内《ひらがげんない》とならんで日本電気学の始祖といわれた橋本宗吉らであろう。宗吉はもともと傘屋の紋書き職人であったが、間重富と小石元俊が共同出資して江戸の大槻玄沢《おおつきげんたく》門に学ばせたが、期待にこたえてのちに「関西洋学の始祖」とよばれるほどになり、のちに「腎臓《じんぞう》は小便漉《こ》し役になる」ことを実験的に証明した一六歳年長の生理学者伏屋素狄らとも交遊が深かった。

なお、和学・国学・和歌の部門では銅鉱業と両替屋を兼業した泉屋《いずみや》理兵衛《りへえ》（入江友俊）に『後のかがみ』の著作があり、『万葉略類聚抄』『印金考』などの著者江田世恭《えだせいきょう》こと富田屋八郎右衛門は骨董屋、『和歌虚詞考《きょしこう》』『国雅管窺《こくがかんき》』など著書多数で知られる小川喜太郎《きたろう》（加藤景範《かげのり》）の本業は薬種商。榎並《えなみ》屋半次郎（入江昌喜《まさよし》）もまた『幽遠随筆』『異名分類抄』ほか多くの著作を残しているし、さきにのべた上田秋成

（東作）も髪油屋・医師から作家に転身した人であり、両替商の加島屋作五郎（長田鶴夫《おさだつるお》）には『長田鶴夫詠草』『双紙草稿』などが、米屋平右衛門には『草垣内文稿』『類体三家和歌集』があるなど、町人学者がぞくぞくと輩出した。

学塾開く●

江戸時代の大坂は幕府の直轄地であったから、大名領のような藩校はなかったが、富裕な町人らみずからの手により、または積極的な援助によって幾多の学塾が開かれた。まず天明五（一七八五）年九月、手島《てしま》堵庵《とあん》の門下三木屋太兵衛（井上宗甫）が心学の明誠舎《めいせいしゃ》を開いて以来、大坂には静安舎《せいあんしゃ》・恭寛舎《きょうかんしゃ》・倚衡舎《いこうしゃ》・敦厚舎《とんこうしゃ》の四舎に続いて協恭舎《きょうきょうしゃ》も開かれたが、これらの創設にあたった関係者もまた多く大坂在住の商人たちであったし、半官半民の学問所懐徳堂を始め、橋本宗吉の絲漢堂《しかんどう》、麻田剛立の先事館《せんじかん》、斎藤方策の藍《らん》塾、中天游《なかてんゆう》の思々斎《ししさい》塾、篠崎三島・小竹《しょうちく》父子による梅花社《ばいかしゃ》、華岡鹿城《はなおかろくじょう》の合水堂《がっすいどう》、大塩平八郎《へいはちろう》の洗心洞《せんしんどう》、頼春水の青山社、藤沢東畡《とうがい》―南岳《なんがく》―黄鵠《こうこく》―黄坡《こうは》と続く泊園書院《はくえんしょいん》などは、多数の人材を輩出して全国の学術・文化交流に大きな役割を演じた。

懐徳堂は享保九（一七二四）年十一月に中井甃庵《しゅうあん》が三星屋武右衛門・道明寺屋《どうみょうじや》吉左衛門・舟橋屋四郎右衛門・備前屋吉兵衛・鴻池屋又四郎という五人の町人（五同志という）と協力して、師の三宅石庵《みやけせきあん》のため尼崎一丁目に学舎をたて、町人らに開放したもの。享保十一年には幕府の許可を得、官許の学問所となって学舎を増築し、学主で教授をかねた三宅石庵以下、並河誠所《なみかわせいしょ》・井上赤水《せきすい》・五井蘭州《ごいらんしゅう》らの助講、中井甃庵の学問所預りという顔ぶれで、五同志が支配人として運営にあたった。学則の「学問所壁書《かべがき》」第一条には、学問は忠孝をつくし、職業をつとめるためにこそ必要であり、それゆえに「書物を持ち合わせていなくても、聴講するに一切差し支えはない。またやむを得ない用件が出来すれば、講義中であっても退座してよい」という趣旨が記され、働きながら学べる庶民の学問所であった。

創設一一年後には「学問所定約」を定め、これによって甃庵没後は三宅石庵の子春楼《しゅんろう》が学主となり組織や学風の改革につとめたが、もともと虚弱体質のため講義も滞りがちで、名助講とされた五井蘭州の没後は一時さびれた。しかし春楼没後、中井甃庵の二子、中井竹山・履軒兄弟が再興につとめ、その実力は江戸の官学「昌平坂《しょうへいざか》学問所をしのぐ」と称され、天明八年老中松平定信《さだのぶ》が京坂地方を巡察したとき、その質問にこたえて提出した『草茅《そうぼう》危言《きげん》』は、定信の寛政改革におおいに役立った。

これよりさきの享保二年五月、摂津住吉郡平野郷《ひらのごう》町では、惣年寄の土橋《つちはし》友直ら六人が興立生員となって、漢学塾の含翠堂《がんすいどう》が創設された。道明寺屋吉左衛門こと富永芳春や、土橋友直の親友だった儒学者三輪執斎《しっさい》らを助力生員とし、のちに懐徳堂助講となった井上正臣宅の一部を借用して講舎にあて、庭前の老松にちなんで老松堂と称したが、やがて懐徳堂から講師に招いた三宅石庵が中国宋の范質古詩中の「鬱々晩翠《うつうつばんすい》を含《ふく》む」からとり含翠堂に改めたという。

もともと平野郷町は大坂三郷に近接していて「農・工・商相交《まじわ》る所」とされ、家数二〇〇〇軒のうち七、八割は農業を主として棉《わた》を栽培し、近郷・近在の実綿《みわた》を買い集めて繰綿《くりわた》に加工していたが、大坂の大資本に圧迫された商工業の衰退により人口も減少の一途をたどっていた。そうした風潮下にあって町興しを考えた惣年寄らは、まず全郷民に教養を身につけさせようと考えた。初め教育にあたったのは含翠堂に住み込み、管理業務のほか小児らに素読をさずけた留守居役であったらしいが、やがて大坂の懐徳堂などから三宅石庵・三宅観瀾《かんらん》・中井甃庵・五井持軒《ごいじけん》・三輪執斎・五井蘭州・中井履軒・中井竹山・早野反求・

並河寒泉ら、当代に名の知れた多彩な教授・講師を迎えた。

懐徳堂が設立されてから約一世紀後の文政七(一八二四)年には、荻生徂徠《おぎゅうそらい》の流れをくむ経学派の藤沢東畡が淡路町に泊園書院を開き、以後、七度も場所をかえたが、学統は最盛時には教えをこう者は数百人に達したという。ついでながら泊園書院の蔵書二万余冊は後に関西大学へ寄贈され、その学問的伝統を新しい形で継承・発展させる目的で、昭和三十六(一九六一)年六月、同大学内に泊園記念会が設立されたが、蔵書の寄贈を受けて以来一〇年間にわたって整理されたのち『泊園文庫蔵書書目』(通称『泊園文庫目録』)が刊行された。

やがて天保〜弘化(一八三〇〜四八)には、緒方洪庵《おがたこうあん》が適塾《てきじゅく》を開いて蘭学・医学を教授し、大村益次郎《おおむらますじろう》・長与専斎《ながよせんさい》・橋本左内《さない》・久坂玄瑞《くさかげんずい》・大鳥圭介・箕作秋坪《みつくりしゅうへい》・佐野常民《つねたみ》・福沢諭吉《ゆきち》ら、

含翠堂で講義をする伊藤東涯(『摂津名所図会』)

❖コラム

緒方洪庵と適塾

緒方洪庵《おがたこうあん》は蘭学者《らんがくしゃ》であり、また医学者・教育者でもあった。文化七（一八一〇）年七月十四日、備中国（岡山県）足守《あしもり》藩士佐伯惟因《これより》の三男としてうまれ、初め田上騂之助《せいのすけ》、ついで文政八（一八二五）年元服して惟彰《これあき》と名乗り、足守藩蔵屋敷留守居《るすい》役になった父に伴われて大坂に出た。翌九年七月、蘭学医中環《なかたまき》（天游《てんゆう》）の思々斎塾《ししさいじゅく》に入門。理学・天文学を学ぶこと三年一〇カ月。文政十三年四月、師のすすめにより蘭学修業のため江戸へ出立。翌天保二（一八三一）年二月坪井信道《つぼいしんどう》の塾にはいり、四年間に多くの翻訳を完成した。天保六年二月、信道のもとを辞して足守に帰郷したが、間もなく師の天游の死去により長崎へ遊学。このときから洪庵と改めた。二七歳であった。

天保九年正月、長崎での修業をおえて足守に帰り、三月、大坂に出て瓦町で開業。名声を聞いて教えをこう者が多かったため、医業のかたわら蘭学塾「適々斎塾《てきてきさいじゅく》」を開いた。略して「適塾《てきじゅく》」という。適塾には入門者がふえたため、同十四年十二月、過書町《かしょまち》に移転したが、全国から若い入門者が殺到して、その数は延べ三〇〇〇人を超えたという。適塾における塾生の生活ぶりは、塾生の一人であった福沢諭吉の『福翁自伝《ふくおうじでん》』にくわしい。文久二（一八六二）年八月、江戸に召されて奥医師と西洋医学所頭取とをかねたが、翌年六月十日、五四歳で急死した。日本最初の病理学の編著『病学通論』、内科書『扶氏《ふし》経験遺訓』や『虎狼痢治準《ころりちじゅん》』などの著書があるほか、種痘事業にも尽力して「除痘館《じょとうかん》」をいとなんだ。なお、中央区北浜三丁目の「旧緒方洪庵旧宅」は国の重要文化財に、「緒方洪庵旧宅および塾」は国史跡に指定されている。

幕末から明治維新にかけて多数の俊秀・先覚者を世に送ったこと、大坂東町奉行与力《よりき》で陽明学でもあった大塩平八郎が、洗心洞を開いて子弟に教授したことは、よく知られているところであろう。

7章

摂河泉の町と村

道頓堀の芝居小屋(歌川広重筆『浪花名所図会』)

1　複雑な所領配置

藩領さまざま●

大坂夏の陣ののち、幕府は積極的に大坂の復興整備につとめるとともに、政治的・経済的に大坂をささえる摂津国八郡・河内国一六郡・和泉国四郡の重要性に着目して、この地域には加賀国一一九万五〇〇〇石の前田氏、薩摩国七二万九五〇〇石の島津氏のような強力な大名は配置せず、旧来この地域に本拠をおく河内国狭山《さやま》藩一万一〇〇〇石の北条氏信《うじのぶ》、和泉国岸和田《きしわだ》藩五万三〇〇〇石の小出吉英《こいでよしひき》、同国陶器《とうき》藩一万石の小出三伊《みつまさ》の旧領を安堵したほかは、摂津国では松平忠明《ただあきら》に一〇万石をあたえて大坂城主とし、また、さる大坂冬の陣のとき大坂七手組の一隊長として活躍し、元和元（一六一五）年正月に和議礼使者として駿府に下向したまま、帰途京都所司代板倉勝重《かつしげ》の監視下におかれ、夏の陣での大坂落城を聞き剃髪・隠居をのぞみながら徳川家康に召された青木一重《かずしげ》に、摂津国麻田《あさだ》藩一万二〇〇〇石を立藩させ、内藤信正《のぶまさ》を近江国長浜から摂津国高槻《たかつき》四万石に移し、翌二年、伊勢国田丸《たまる》四万五七〇〇石の稲葉紀通《いなばのりみち》に摂津国中島《なかじま》の地をあたえて、中島藩四万五七〇〇石を開かせた。

ついで大坂の復興がほぼ成った元和五年には、大坂藩の松平忠明に二万石を加増して大和国郡山《こおりやま》一二万石に移封し、廃藩して大坂を代官支配の幕府の直轄地としたほか、摂河泉の多くの地も幕府の直轄地として旗本に分封し、また岸和田藩の小出吉英を旧領の丹波国出石《いずし》へ、丹波国篠山《ささやま》の松井康重《やすしげ》を和泉国岸和田へ転封した。また、同九年には高木正次《まさつぐ》が大坂定番《じょうばん》に昇進したのを機に、一〇〇〇石を加増して河内国丹南《たんなん》に立藩させ、さらに寛永元（一六二四）年には稲葉紀通を丹波国福知山《ふくちやま》四万五七〇〇石に転じて中島藩を廃した。

さらに延宝七（一六七九）年には、本多忠恒《ただつね》に河内国西代《にしだい》藩を開かせ、元禄九（一六九六）年には陶器藩を廃し、翌々十一年には武蔵国野本《のもと》藩の渡辺基綱《もとつな》の領地を近江国野洲《やす》・栗太《くりもと》・蒲生《がもう》・高嶋《たかしま》四郡のうちに移し、陣屋を和泉国大鳥郡内の大庭寺《おおばてら》におかせた。

他方、大名領をのぞく地は、幕府の直轄地のほか、他国に本拠をおく多くの大名の飛地領や旗本の知《ち》行地《ぎょうち》、仙洞《せんとう》（上皇）御料や宮《みや》・堂上家《とうしょうけ》（皇族・公家《くげ》の家柄）領、または社寺領などによる「入組支配《いりくみしはい》」としたが、数カ村をあわせて一区域としたのはむしろ例外で、多くは一カ村ないし二カ村を一領としたほか、

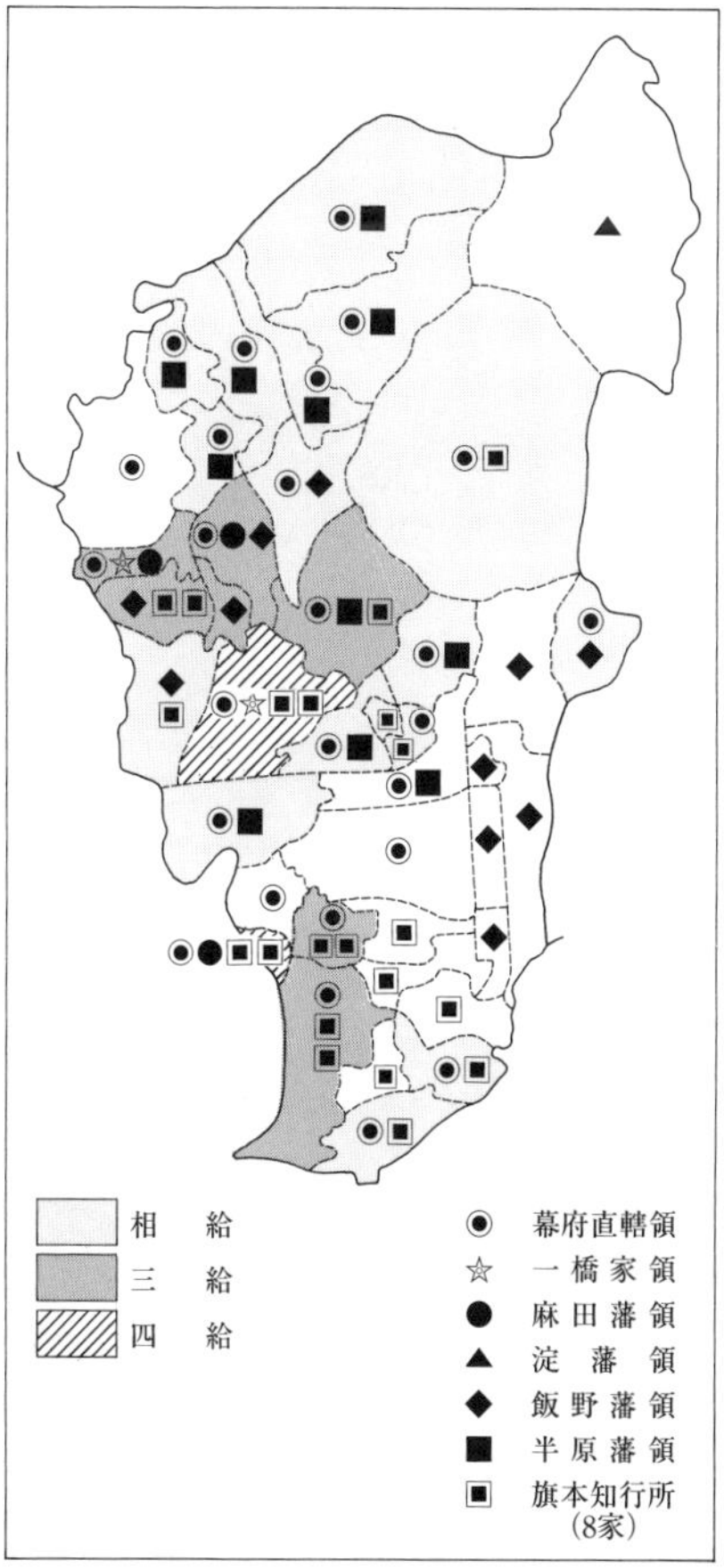

摂津豊島郡の一部（現豊中市域）における所領配置

一カ村が代官支配地と藩領、または旗本知行地・社寺領・藩領などと、二分・三分・四分した相給《あいきゅう》・三給・四給の支配を行わせた。

このような大名・旗本らの配置がほぼ固定したのは、おおよそ寛政十二（一八〇〇）年以後のことであるが、錯雑《さくざつ》した入組支配は摂津国豊島《てしま》郡ではもっとも著しく、村々はすべて二人ないし四人の領地・知行地に分割された。幕末の同郡八二カ村は代官支配の幕府直轄地四九カ村、三卿《さんきょう》（徳川氏分家の田安《たやす》・一《ひとつ》橋《ばし》・清水の三家）のうち一橋家領が一九カ村、大名領が麻田藩領一五カ村、半原《はんばら》藩領一四カ村、岡田藩領一カ村、旗本知行地は三六カ村にわけられているが、たとえば原田村の場合、幕府直轄地・一橋家領および旗本の船越《ふなこし》氏・鈴木氏知行地に四分割され、同村の『村明細帳《むらめいさいちょう》』には「まことに碁石《ごいし》を打《う》ち交《ま》ぜ候ように」な入組支配であると記されている。

摂津国ほどではないが河内国も幕府直轄地（代官支配地五・有司役知二・預所一藩）、旗本知行所（三二家）・藩領（一七家）・社領（五社）寺領（一〇寺）、合計七五領に分割され、同国の志紀《しき》郡・大県《おおがた》郡・安宿《あすか》部《べ》郡の諸藩（譜代大名）領は、志紀郡六九・五％、大県郡七〇％、安宿部郡三〇％で、残りは旗本知行地として分封されるか、または幕府直轄地として代官がおかれている。

幕末の摂津国八郡・河内国一六郡・和泉国三郡は、幕府直轄地のほか、高槻・麻田・丹南・狭山《さやま》・伯《はか》太《た》・岸和田の在地大名六藩以下、他国に本拠をおく芝村《しばむら》・郡山・小泉《こいずみ》・小田原《おだわら》・下館《しもだて》・淀《よど》・土浦《つちうら》・飯野《いいの》・古河《こが》・高徳《たかとく》・関宿《せきやど》・館林《たてばやし》・沼田《ぬまた》・半原・加納《かのう》・神戸《かんべ》・膳所《ぜぜ》・西大路《にしおおじ》・三上《みかみ》・岡田《おかだ》・浅尾《あさお》の各藩飛地領二一、旗本領七六、御三卿領二一、宮・堂上家領八および寺社領五一に分割されていた。

こうした所領配置は、割りあてられた領主側からすれば、その地の支配や年貢の収納にきわめて不便であり、被支配者側の農民らにとっては、一つの経済単位としてまとまっている村が、複数の領主によって切りはなされて不自由であった。にもかかわらず、幕府があえて入組支配を強行したのは、それぞれの領主や農民らが勢力を結集して大坂をうかがうことを恐れ、反抗の芽を事前につむよう考えたためであると考えられている。

城下町高槻・岸和田●

このような所領配置により、現在の大坂府域に相当する摂津八郡および河内・和泉の三国には、近世の初めからいくつかの町がうまれたが、大藩がおかれなかったため、城下町として存続したのは摂津国高槻と和泉国岸和田だけであった。

北摂の高槻では、永禄十二（一五六九）年に入城した摂津守護和田惟政《これまさ》がキリシタンの保護につとめ、城外の神社を破壊してキリシタンの教会を建てることを表明したほどであったが、惟政死後の天正二（一五七四）年には高山氏の居城地となった。高山右近《たかやまうこん》もまた熱心なキリシタン大名で、城内に本格的な教会堂・神学校を建て、同七年には城下のキリシタンは八〇〇〇余人を数えた。高槻城の本丸や二の丸を含む東西五町・南北四町（一町＝一〇九・〇九メートル）の城下は周囲を幅広い堀に囲まれ、その内側にはそれぞれ土塁で囲まれた武家屋敷や町人・農民らの屋敷、教会堂が配置された。

高山右近は同十三年、播磨国明石《あかし》へ転封されて高槻は一時豊臣氏の直轄地となったが、秀吉のキリシタン弾圧で城下町は衰退し、文禄四（一五九五）年には新庄直頼《しんじょうなおより》が期待されて城主となったものの十分な復興は行われず、直頼は関ケ原の戦いで西軍に属したため、役後領地を没収され、元和元（一六一五）年閏六月、内藤信正が近江国長浜から入封して初代高槻藩主に就任し、大坂夏の陣のとき高槻城下は徳川方の重要な補給基地となった。

内藤信正は元和三年に伏見城代になり、土岐定義が二代藩主となったが、このころから城郭・町場の拡張・整備はしきりに進められ、藩主が松平家信《まつだいらいえのぶ》→岡部宣勝《おかべのぶかつ》→松平康信《やすのぶ》→永井直清《ながいなおきよ》と続くあいだに、東西約六町・南北約九町の町が完成した。新しい城下町は、城の東・北・南辺を囲むように牢屋敷・馬町・本町・新本町・八幡町・横町・柴屋町・川之町・新川之町・寺町・田町・紺屋町・土橋・新町・高西町などの町場があり、京と西国とを結ぶ西国街道近接の城下町として繁栄した。

なお、高槻には永井直清のあと、明治の廃藩置県までの二二〇年間、永井氏歴代が藩主として在城したが、高槻城は石垣や堀を残して明治七（一八七四）年に破却された。

北摂の高槻に対し、いま一つの城下町であった泉南の岸和田には、すでに南北朝時代に城がきずかれ、泉南地方の中心地となっていたが、室町・戦国時代には細川氏や、三好氏の一族である十河《そごう》氏が在城し、ついで松浦氏や豊臣秀吉の家臣中村一氏《かずうじ》が城主となり、天正十三年の根来《ねごろ》征討のあと、豊臣秀吉と同郷の尾張国出身で、かつ秀吉の叔母を妻とした小出秀政《こいでひでまさ》が岸和田藩にはいり、逐次加増されて三万石の地を領し、慶長三（一五九八）年には天守閣・矢蔵・門などを構築した。秀政の跡は吉政《よしまさ》―吉英《よしひさ》と襲封したが、吉英は二万石を加増されて五万石となった。

やがて大坂夏の陣がおこると、豊臣氏は元和五年八月、松井（松平）康重《やすしげ》を岸和田に移封し、一万石の増高を認めて六万石としたが、寛永十七（一六四〇）年に岡部宣勝を高槻から移した。宣勝は寛文元（一六六一）年に致仕《ちし》して行隆《ゆきたか》が襲封したが、このとき二人の弟に七〇〇〇石を分与し、岸和田は岡部氏五万三〇〇〇石の城下町として相続され、明治四年の廃藩置県により岸和田県になった。

貝塚寺内町●

他方、中世末期に形成された寺内町《じないちょう》のうち、北河内の招提《しょうだい》寺内は天正十（一五八二）年六月の本能寺の変のとき、明智光秀に加担したため寺内の特権を剝奪され、また南河内の富田林《とんだばやし》寺内・大ケ《だい》塚《つか》寺内は慶長十三（一六〇八）年に、中河内の久宝寺《きゅうほうじ》寺内は同十七年にそれぞれ検地をうけ、同じ中河内の八尾《やお》寺内は寛文年間（一六六一～七三）に支配権を返上するなど、いずれも寺内町の特性である地子《ちし》・諸役免許の特典を失い、在郷町へと変容している。

　そうしたなかにあって和泉国貝塚寺内では、慶長七年に本願寺が東西に分裂したのちも一派にかたよらず、中心となる貝塚御坊六代住職の卜半了友《ぼくはんりょうゆう》以後歴代、日光山輪王寺で得度《とくど》して卜半真教院《しんきょういん》と

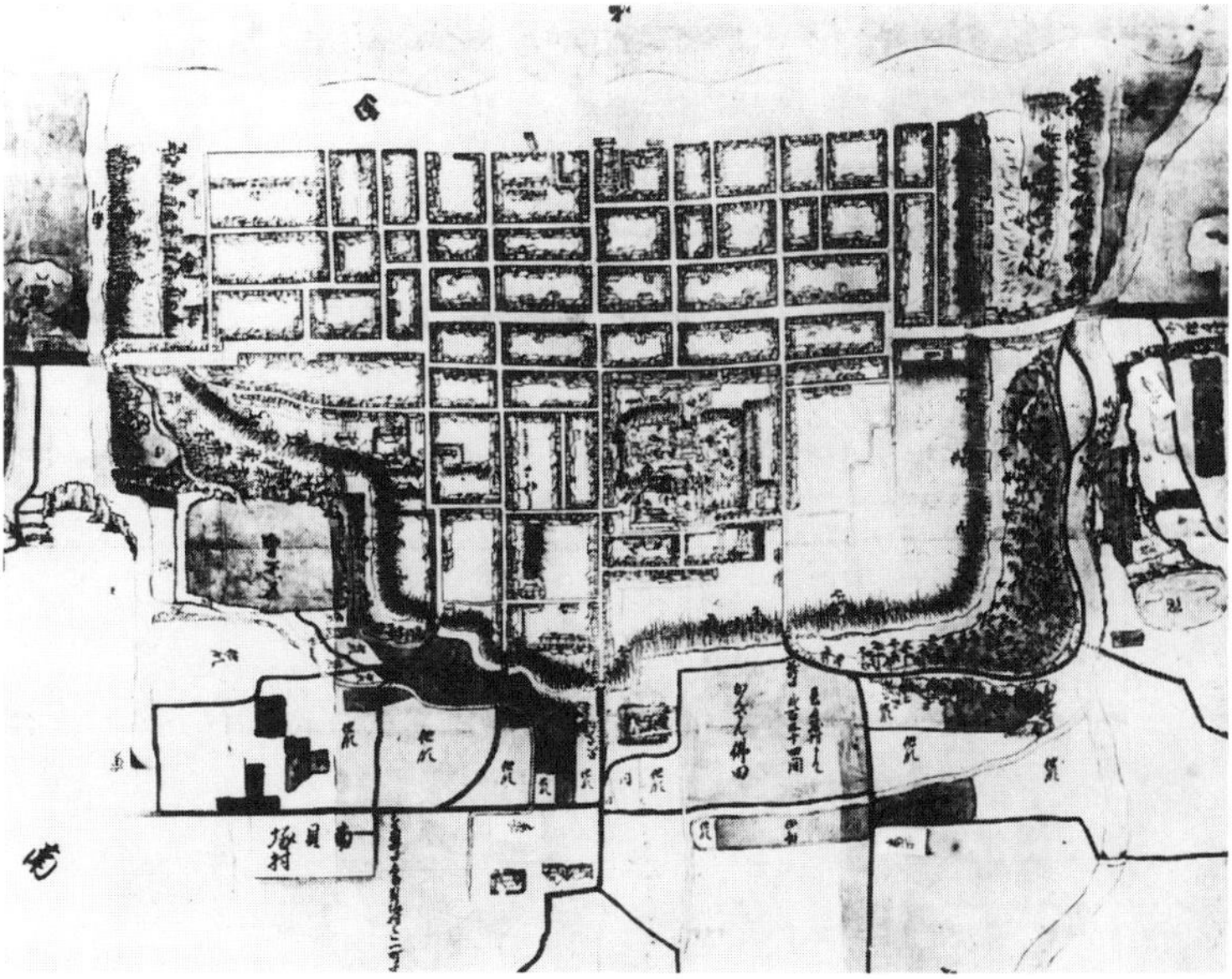

慶安元(1648)年貝塚寺内町絵図

称し、御坊願泉寺《がんせん》の住職であるとともに、封建領主として寺内町の特権を維持しながら寺内の地頭をかねた。寺内には五つの町があって、御坊および寺僧五カ寺のほか、真宗興正寺末・日蓮宗・浄土宗の各一カ寺と氏神感田《かんだ》神社があり、大坂・和歌山間を結ぶ紀州街道の中間に位置するため、紀伊徳川氏の宿泊する本陣《ほんじん》や一般旅客のための旅籠《はたご》屋・泊茶屋《とまりちゃや》・煮売屋《にうりや》もおかれた。その繁栄は隣接する岸和田藩領の諸村にもおよび、岸和田城下町とならぶ泉南商工業の中核都市として、明治の寺領上知《じょうち》におよんでいる。

2 在郷町村の発展

街道と市場町・宿場町●

城下町や寺内町のほか、幕府の街道整備により街道沿いに宿場町も開けた。東海道の延長として京都・大坂間を結ぶ京街道にも、幕府道中奉行の管轄する宿駅として、慶長六（一六〇一）年には岡《おか》・岡新町・三《み》矢《や》・泥町《どろまち》の四カ村が枚方宿《ひらかたじゅく》、元和二（一六一六）年には守口《もりぐち》町が守口宿に定められた。

枚方宿の中核である三矢村には、紀伊・和泉および西国大名の参勤交代のときの休泊所として本陣・脇本陣がおかれ、公用人足一〇〇人・馬一〇〇疋を常備する問屋場のほか、荷揚問屋・旅籠屋・船宿《ふなやど》などがあり、天明年間（一七八一〜八九）には宿内の家数・人口は三四一軒・一五九二人、同四年の人馬継立《つぎた》て延べ数は人足一万九三七人・馬一三四九疋と記録されており、また守口は、明和五（一七六八）年の『明細帳』に家数二〇五軒・人口八一六人とあって、ともに江戸時代をつうじて京街道の宿駅としてにぎわった。

京街道が東海道の延長とされたのに対し、京都から西国への脇往還《わきおうかん》としては、大坂を経由しない西国《さいごく》街道があった。山崎通・山崎道ともよばれ、京都から伏見・山崎を経て摂津国にはいり、芥川《あくたがわ》→郡山《こおりやま》→瀬川《せがわ》・半町《はんぢょう》→昆陽《こや》と通過して、西宮から西国へつうずる約一六里の街道で、芥川・郡山・瀬川に宿駅がおかれたが、京都から西国への近道として大名の参勤交代に利用されることが多かったため、宿駅の負担は重かった。

芥川宿は高槻の城下に近く、天保十四（一八四三）年の『宿村大概帳』には東西九町の町並みに、家数二五三軒、本陣のほか三三軒の旅籠屋が集中し、西国街道のほぼ中間に位置する郡山宿には本陣と二九軒の旅籠屋とがあったが、本陣には見事な椿《つばき》の老樹があったため「椿の本陣」とよばれ、国の史跡に指定されている。

西国街道・能勢道《のせみち》をはじめ、丹波《たんば》・丹後《たんご》・但馬《たじま》への道筋にあたる摂津国豊島《てしま》・川辺《かわべ》・武庫《むこ》・有馬《ありま》

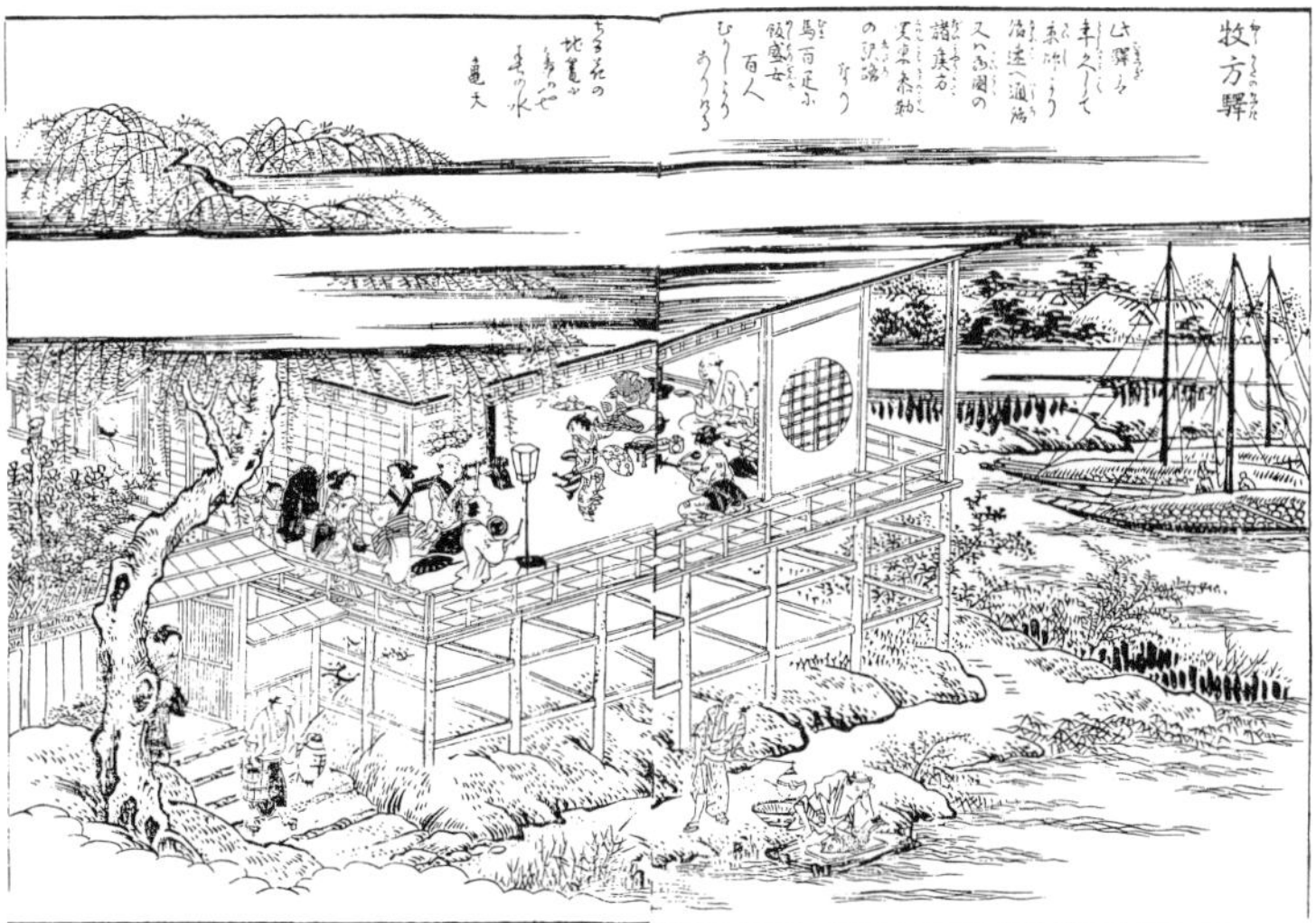

枚方宿駅(『河内名所図会』)

の四郡の宿駅には公用人馬継立てのため、天和年中（一六八一〜八四）に馬借《ばしゃく》所が設けられ、伝馬役《てんまやく》の負担など無賃の公用貨客を輸送する代償として、一定の荷場および荷送り路線を認められ、商人荷物などはすべて馬借が優先的に運輸する特権をあたえられていた。

しかし、十七世紀末から十八世紀の初めにかけて、諸国の物資が海路でしきりに大坂に集散されるようになると、西国街道はしだいに経済路線としての機能を失い、参勤交代の専用路のようになったため、街道沿いの馬借所であった瀬川・半町の馬借らは、西国街道と交差して大坂と北摂とを結ぶ能勢街道沿いの池田の馬持らに、商品輸送の主導権を奪われはじめ、宝暦年間（一七五一〜六四）の終り頃から、両者の対立は激しくなり、大坂町奉行への訴訟がたびたび繰り返されている。

池田の町がもっとも繁栄したのは元禄の頃で、同十（一六九七）年の絵図には、酒屋・問屋・炭屋七三軒を始め、食料・嗜好品関係五二軒、日用品・必需品関係が一二八軒、自由業・小売業三五軒、賃労働者二六七軒、技術者五五軒、その他一五軒が詳細に書き込まれているが、その後も北摂の中心的な商工業都市として発展した。

一方、大坂の高麗橋《こうらいばし》付近を起点とする紀伊国和歌山への道は紀州街道とよばれ、紀伊和歌山藩主の徳川頼宣《よりのぶ》が参勤交代の便と軍事上の必要から、元和元年に大改修を行わせ、東に並行する熊野街道とともに和泉国の幹線道路となり、交通・産業の発達を促した。沿道最大の町である堺は大坂の陣のとき焦土と化したが、慶長五年に堺奉行がおかれ、幕府の畿内支配の一端をになった。また、泉北の大津（泉大津市）は和泉木綿《もめん》の集散地として発展したが、助松《すけまつ》（泉大津市）には泉南の貝塚寺内町とともに、和歌山藩主参勤交代の小休所として本陣がおかれた。

貝塚寺内町に隣接する佐野（泉佐野市）は、中世に定期市がたった町で貝塚とならぶ泉南の和泉木綿集散地であったが、また遠洋漁業の基地でもあり、漁民らは遠く対馬まで操業に赴いた。また、市場町・港町としても繁栄し、この町の住人であった食野《めしの》・唐金《からかね》ら有力商人は廻船業をいとなみ、西廻り航路を利用して巨利を得た。食野家には諸国の産物を収納した「いろは四十八蔵」があり、唐金家の富裕ぶりは井原西鶴の『日本永代蔵』にも、「波風静に神通丸」と題して紹介されている。

河内では、近世にはいって寺内町の特権を失った八尾《やお》や富田林が、在郷町として河内木綿の集散地となり、奈良街道ぞいの柏原《かしわら》は、宝永元（一七〇四）年の大和川の付替え後、大坂への物資輸送の基地となった。長野（河内長野市）は南北朝時代以来の大寺である金剛寺・観心寺・河合寺などの門前町や、高野街道の宿場として、あるいは大峯《おおみね》登山の客でにぎわった。

名産・特産●

さきにのべたように「天下の台所」大坂には三大市場が設けられ、諸国の物産が取引されたが、大坂を取り囲む摂河泉の町や村の成長はまた、多くの名産・特産商品をうみだした。

天満《てんま》青物市場で売られた蔬菜類には、京・伏見・春日野《かすがの》などから出荷されたものもあったが、生鮮をきそうため多くは摂河泉で栽培されたもので、『摂津名所図会《せっつめいしょずえ》』には木津《きず》・難波《なんば》の名産として鶯菜《うぐいすな》・磯菜《いそな》・嫁菜《よめな》・杉菜《すぎな》・芥子《けし》若葉・蕗姑根《ふきのしゅうとめね》・白草《しろくさ》・早蕨《さわらび》・天花菜《つくづくし》・独活芽《うどめ》・浜防風《はまぼうふう》・狗杞《くこ》・五加木《うこぎ》・三葉《みつば》・芹《せり》・菠薐草《ほうれんそう》があげられているほか、天王寺蕪《てんのうじかぶら》・椋橋萊菔《くらはしだいこん》・海老江《えびえ》冬瓜《かもうり》、勝間浦の海藻、住吉の神馬草《なのりそ》、姫松の麦蕈《しょうろ》、浜村の干瓢《かんぴょう》などのほか、河内の蓮根《れんこん》も掲載されている。なお、天王寺蕪は年末・年始にかけて竹垣で乾燥させた干蕪《ほしかぶら》であり、木津・今宮でも生産されたが、天王寺産は細長く、木津・今宮産のものは丸形であった。

このほか摂津国内で名産として知られたものに、河内木綿・和泉木綿の製糸・製織用具のための平《ひら》野《の》の糸車・綿繰《わたくり》車・杓《しゃく》・つむ、深江《ふかえ》の菅笠《すげがさ》、蒲生村で生産され数奇屋《すきや》の天井や縁側の莚《むしろ》としても用いられる蒲《がま》の穂《ほ》、十八条の血《ち》の道薬《みちくすり》など産前産後の薬、平野《ひらの》の飴《あめ》、池田の銘酒《めいしゅ》、池田の山奥から産出される池田炭、細郷谷《さいごうだに》の植木は京・大坂を始め諸国に売りだされた。また服部煙草《はっとりたばこ》は茎が細く葉色がよく、香薫《かおり》のよさからよろこばれ、隣村の煙草もみな「服部煙草」の名を用いるほどであった。椋橋の大根《だいこん》は大型でやわらかく、煮ると甘味がでて「一根《いっこん》、五膳《ごぜん》を賄《まかな》う」と称された。

なお、大坂の寺島家は代々藤右衛門《とうえもん》を称し、幕府御用瓦《かわら》師として、禁裏《きんり》・院中を始め神社・仏閣など上方筋の瓦御用一切を制作している。

河内の名産とされたのは、河内ぶどう、守口の漬物《つけもの》、蓮《はす》などのほか、狭山池《さやまいけ》で採集される蓴菜《じゅんさい》、

名産・小山団扇(『河内名所図会』)

❖コラム

深江の菅笠

深江《ふかえ》（大阪市東成区）の地は、『万葉集《まんようしゅう》』に「四極《しはつ》山うち越えみれば笠縫《かさぬい》の島漕《こ》ぎかくる棚無し小舟」とみえる「笠縫の島」に比定され、古代に大和笠縫邑《むら》から移住した人びとによって菅笠《すげがさ》の生産がはじめられたという伝承があり、本居宣長は『古事記伝』三十五のなかで「かの万葉の四極山の歌によみ合せたる笠縫島は内匠式に云々、菅蓋一具幷骨料材従二摂津国一笠縫氏参来作とある笠縫氏の居所にて、今の東成郡深江村是なり。其あたり今も菅笠を多く作りて、朝廷にも献る例なり」と考証しているが、同じく『万葉集』には「押照やなにはの菅笠《すけかさ》好古《よきふるし》後は誰《たか》きん笠ならなくに」とみえる。

この「なには（難波）菅笠」は、江戸時代には主生産地の名を冠して「深江笠」「深江菅笠」とよばれ、『摂陽群談《せつようぐんだん》』には「今、東生郡深江村に笠縫在て、世に深江笠と称し名物とす」とある。また『摂津名所図会』にも「名産深江菅笠　深江村及ひ隣村《りんそん》多く莎草《すげ》をもってこれを造る。只深江笠と称して名産とす」「大坂のひがし深江の菅笠《すげがさ》ハ上古より始りて万葉集・延喜式《えんぎしき》にも見へたり。きさらぎ弥生《やよい》の頃難波《なにハ》よりの伊勢参り、新しき菅笠に旅の粧《よそほ》ひ美々《び》しく長閑《のどか》なる日に戯《たわむ》れつれての旅立《たびたち》ハ、こよなふうれしきもの也」などと記され、もともと伊勢神宮式年遷宮祭《しきねんせんぐうさい》の儀式用として代々調進されたものであるが、やがて江戸時代には深江村の南部をとおる暗越《くらがりご》え奈良街道を通行する人びとが増加し、伊勢参宮用の道中笠としての需要が増大した。が、最盛期の元禄時代（一六八八～一七〇四）を頂点に、道中笠の需要は徐々に減少し、現在ではまったく製作されていない。

木本の干瓢などのほか、小山の団扇《うちわ》は丸竹の柄で骨が細く、美濃紙を貼って渋《しぶ》で染め、「花車《きゃしゃ》風流にして、多く香をとむる。女子、これを持あそぶ」といわれた。これらのほか河内の名産として著名であったものに水仙・紫草・茜《あかね》草《ぐさ》・菖蒲《しょうぶ》・蓮《はす》・茄子《なす》・煙草・甜瓜《まっか》・西瓜《すいか》などもあり、高安《たかやす》郡の木綿は河内木綿ともよばれた。『河内名所図会』には名産高安木綿と題して、「此郡内《このぐんない》の農民綿《のうみんわた》を多く作りて、夜《よる》は家毎《やこと》に老若男女《ろうにゃくなんにょ》のわきめなく紡績《くりつむぎ》て、女はこれを織《おり》て商《あきな》ふ。他郡《たぐん》に勝《すぐれ》て幅広《はばひろ》く、染《そめ》るに色《いろ》よく、着《き》るに強地《つよぢ》也。是《これ》を河内木綿といふ」と書かれているが、元文元（一七三六）年に大坂に集まった木綿は、約一一八万反と概算され、天明六（一七八六）年には白木綿だけで三五万反といわれた。

　和泉国の名産といえば、『日本山海名物図会』に「泉州堺の津、山上文珠四郎庖丁鍛冶《ほうちょうかじ》の名人也。正銘直打と云。刃のきたい《(鍛え)》よく切あじ格別よし。出刃《でば》、薄刃《うすば》、指身《さしみ》庖丁、まな箸《はし》、たばこ庖丁、何れも皆名物也」と記されている堺の庖丁や、鉄炮鍛冶などがあげられる。

望遠鏡を覗く岩橋善兵衛

また、古代から天下に名声を博した泉南の近木櫛《こぎくし》（和泉櫛）は、江戸時代になると製造するものは貝塚寺内町を含む旧近木荘の平野部全域にわたり、「要家文書《かなめけ》」によると職人の数は江戸時代中頃で五〇〇人ないし六〇〇人、寺内地頭の『卜半家記録』では、貝塚寺内町の櫛挽だけでも、宝永七（一七一〇）年に一一九人を算している。種類は髪櫛《かみ》・梳櫛《けずり》・撫櫛《なで》・前指櫛《まえざし》・透櫛《すき》など、江戸時代に日本髪に使うあらゆる種類を網羅《もうら》したが、材料は南九州産のツゲ・イス・モッコクなど質のかたい木材を主に諸国のサカキ・ツバキなども用いた。また木綿や広幅《ひろはば》木綿の製織も盛んで和泉木綿とよばれたが、とくに広幅木綿は農家の内職ではなく、広木綿織職仲間によって製織された。

なお、貝塚の岩橋善兵衛が制作した「窺天儀《きてんぎ》」という天体望遠鏡は、伊能忠敬《いのうただたか》の日本沿海測量に用いられ、その優秀さをたたえられた。

水運と治水と●

近世の摂津国八郡・河内国一六郡・和泉国四郡には、大阪の「母なる川」とよばれる淀川のほか、安威《あい》川・神崎《かんざき》川（三国《みくに》川）・石川・平野《ひらの》川・寝屋《ねや》川・猪名《いな》川など多くの河川が流れ、水運あるいは農業用水・生活用水として利用されていた。

水源を琵琶湖に発する淀川は、京都府・大阪府の境界辺りで宇治川・木津川・桂川の水をあわせて大阪平野にはいり、右岸に水無瀬《みなせ》川・檜尾《ひお》川・芥川を、左岸では船橋《ふなはし》川・穂谷《ほたに》川・天野《あまの》川の水をあわせ、ついで神崎川を分岐して大阪湾に流入する。

近世の初め、淀川の舟運を独占していた川船は、淀に根拠地をおき豊臣政権の淀川筋公用荷物の運送に従事して、河村与三郎・木村孫二郎両人が本流の独占支配権をあたえられた淀船である。積載量が二〇石であったところから淀二十石船とよばれ、慶長三（一五九八）年には一〇〇艘に達し、大坂の川口で海船の上荷《うわに》（積荷）を転載したため淀上荷船ともよばれたが、やがて大坂・尼崎《あまがさき》など淀川下流域には、三〇石積以上の大船が進出して、淀船の営業独占は破られた。同八年には徳川家康もこれらの川船に朱印状をあたえ、大坂・伏見間を上下する船をすべて過書座《かしょざ》の支配下にいれたため、淀船は正式に過書船《かしょぶね》として過書座二十石船とか過書二十石船とよばれた。

しかし、同じく過書船とはいっても、旧淀船と淀川下流域の三〇石積以上の船とは成立事情が異なるだけでなく、旧淀船は大坂冬の陣のとき関東方の武器・兵糧の輸送など軍役に出動した功績で、種々の特典をあたえられていたうえ、寛文年間（一六六一～七三）に至り西廻り航路の発展に伴い、淀川を経由する貨物が減少したため、苦境にたった下流域の三〇石積以上の船持らは旧淀船との一体化に不満で、あらたに二〇石積の船をつくるなどして過書船の独

淀川の川船（歌川広重筆『京都名所之内　淀川』）

占化をはかり、しきりに旧淀船の排斥を企てた。両船持の争いは一二〇余年も続き、和解が成立したのは享保七（一七二二）年のことであった。

なお、過書船のうち旅客専用の「早登り三十石船」は朝・夕の二回、伏見と大坂八軒屋との間を定期に上下したが、その乗客をめあてにこぎよせて飲食を販売する煮売茶船は、十返舎一九《じっぺんしゃいっく》の『東海道中膝栗毛《とうかいどうちゅうひざくりげ》』に、

船ははや枚方《ひらかた》といへるところに近くなりたりと見へ、商船《あきなひぶね》ここにこぎよせ、飯《めし》くらはんかい、酒のまんかい、さあさあみな起《お》きくされ、ようふさる奴《やつ》らじゃなと、苫《とま》ひきひろげわめき立つる。

と記され、「くらわんか船」とよばれて淀川の名物として知られた。

過書船が内紛を繰り返しているうちに、元禄十一（一六九八）年には伏見復興のため一五石積の伏見船二〇〇艘が許可され、過書船の営業範囲である大坂・伝法《でんぽう》・尼崎・伏見への上下荷物の運送を許可された。小型で小回りのきく利点をいかして敏速に活動したため、過書船は荷物を奪われることが重なり、幕府に伏見船の廃止を嘆願して宝永七（一七一〇）年には一時廃止され、享保七年には改めて伏見船二〇〇艘が許可されたが、無理な競合から過書船・伏見船の休船・廃船が続出して、天保二（一八三一）年にはあわせて二七八艘にまで減少している。

流域に河内平野を含む大和川や平野川も近世にはいって急速に水運が開けた。大和川は石川との合流点から幾筋もの枝川にわかれて西北に流れ、大坂城の東で平野川と合流したのち淀川にそそいでいたが、これらの川筋にはそれぞれ働き場を異にする古剣先船二一一艘、新剣先船一〇〇艘、在郷剣先船七八艘が年貢米や村々荷物の賃積み輸送を行った。

もっとも、これら諸川の流域は水運の便とは裏腹に、大雨のたびに水害に悩まされた。一例をあげれば、延宝二（一六七四）年六月の畿内大洪水で淀川・大和川が氾濫し、『延宝録』には、

　十四日、河内国仁和寺《にんなじ》堤切れ、淀川、河内に押込申候。同日、河内かしわら《（柏原）》きれ申候。河内・堺・和泉迄一面ニ淵《ふち》成申候。同十五日ニ福島きれ、摂津国田畑不残《のこらず》淵ニ成也。河内国、上ハ平方《（枚方）》、下ハ大坂、東ハ山のねき、南ハ和泉迄不残水入、田畑も無之候。

などと記されている。

　そうしたことから幕府は、貞享元（一六八四）年から淀川の改修を河村瑞賢《かわむらずいけん》に命じた。工事は二月からはじめられ、淀川河口の南北一〇〇〇丈（三・七八キロ）余の九条島を掘り割って新川をつくり、翌々三年には淀川と大和川の合流点付近の川幅を拡張して中津《なかつ》川・神崎川の水路を改良するとともに、曽根崎《そねざき》川・堂島《どうじま》川をも改良するなど大坂市中の諸河川は改修されたが、翌貞享二年の大和川大洪水で河内の被害は大きく、今米《いまごめ》村（東大阪市）の庄屋であった中《なか》甚兵衛らの幕府への重なる嘆願と、貞享四年に上方代官《かみがただいかん》として赴任した万年長十郎の援助により、元禄十七（宝永元＝一七〇四）年ようやく大和川の流路付替え工事が開始され、河内柏原《かしわら》の南から西へほぼ一直線に新河道が開通した。

新田開発と綿作・菜種作●

大和川の付替え工事は、延長七九二〇間（一四・三四キロ）、幅一〇〇間（一八一メートル）という大規模なもので、新川による潰れ地は二七四町九反四畝（二・七平方キロ）におよんだが、工事完了とともに旧大和川筋や深野《ふこの》池・新開《しんひらき》池はつぎつぎに開拓され、鴻池新田《こうのいけしんでん》・田中新田・同西新田・菱屋《ひしや》東新田・市村新田・河内屋南新田・同北新田・深野新田・川中新田・柏原新田など一〇六二町歩（一〇・五平方キロ）の

新田にうまれかわったが、なかでも鴻池新田や深野新田はそれぞれ二〇〇町歩余の大規模なものであった。
もっとも新田の開発については、これよりさき幕府の開発計画にしたがって大坂の川口で町人が請け負い、寛文十二(一六七二)年に開発された酉島《とりしま》新田以下、元禄年間(一六八八〜一七〇四)には中島・出来《でき》島《しま》・市岡《いちおか》・泉尾《いずお》・春日出《かすがで》・酉島・本《ほん》酉島・津守《つもり》・恩貴島《おきじま》・西野・百島・蒲島《かましま》の一二新田、享保十五年には北島新田、宝暦年間(一七五一〜六四)には湊屋《みなとや》・加賀屋・炭屋・木屋・前田屋・千島・平尾・池山・六軒屋・島屋・今木の一一新田が、明和年間(一七六四〜七二)には石田・秀野・酉洲《とりす》・岩崎の各新田、安永年間(一七七二〜八一)に中口・上田・田中・矢倉《やぐら》の四新田、文政十二(一八二九)年には八幡屋《やわたや》・北福崎・南恩加島《おかじま》・池田の四新田が、そして幕末の天保二(一八三一)年に北恩加島新田と桜井新田、翌三年には岡田新田・小林新田、同六年に庄左衛門新田、弘化元(一八四四)年に柴屋(南福崎)新田、同二年に千歳《ちとせ》(六条)の新田、嘉永年間(一八四八〜五四)に布屋新田・常吉新田など、いわゆる川口新田が開発されている。

これらの新田は水田のほか畑地にもなり、気候や土地に適する作物として木棉《きわた》が栽培され、中河内から摂津平野郷《ひらののごう》一帯は綿作地帯として知られた。天保年間(一八三〇〜四四)には、河内の水田二万町歩のうち八〇〇〇町歩は綿作にあてられたという。木棉の栽培は前述のように河内平野だけではなく、和泉平野でも盛んに行われ、収穫された綿は実棉《みわた》のまま、あるいは核をとった繰綿《くりわた》として、一部は大坂の問屋や綿商人に売りだされ、他の一部は農家によって木綿布に織られた。天明六(一七八六)年の江戸商人の見積りによると、大坂で集散される木綿布は河内一〇万反・摂津五万反・和泉二〇万反であった。いずれも河内木綿の名でよばれていた。

こうした綿業関係の町として知られたのが摂津国の平野郷町《ひらのごうちょう》で、宝永〜宝暦（一七〇四〜六四）の頃、田畑の約七割が棉作地であったといわれ、全戸数の半分近くが商工業者で繰綿問屋・繰綿屋・綛《かせ》糸《いと》屋・木綿屋など綿業関係に従事するものが多く、綿業に関するあらゆる職種がそろっていた。平野郷町内で生産される綿のほか、摂津・河内・和泉三国および大和国の綿も集荷し、宝暦四（一七五四）年の取扱い量は四五万貫（一六八七・五トン）にも達している。

京橋付近、旧大和川が淀川に合流する地点付近をとおる線を東西に引いて、その南部が綿作地帯であったのに対し、北分の半湿田地帯や水田では菜種の栽培が盛んであった。すなわち淀川をはさんで、北河内および摂津の東北部、西は海岸に接する山地と海岸のあいだが菜種作地帯であり、菜種は農家の灯油として自給されるほか、大坂の仲買によって集荷され問屋へと送られた。

3 繁栄の蔭で

お蔭参り流行●

摂河泉の中核都市大坂で、芸能や文化活動が盛んになったのに比し、芝居見物や浄瑠璃《じょうるり》を楽しんだり、学問に親しむ余裕の少なかった周辺農村の人びとの切なる願いは、「一生に一度は伊勢参宮を……」というところにあった。伊勢信仰は、神宮の下級神人《じにん》である御師《おし》たちが、全国各地を歩いて伊勢の神徳をたたえ、奉幣《ほうへい》を勧誘したことから、江戸時代にはとくに盛んになり、村々には参宮のために旅費を積みたてる伊勢講・参宮講・相続講などがつぎつぎに結成された。

しかし、そのような講社に加入して、ゆっくりと参宮できるのは、やはり経済的にも身分的にもめぐまれた地主・富裕《ふゆう》層にかぎられ、保有田地の少ない零細《れいさい》自作農や小作人らには、参宮のために必要な日数と、道中の旅費の調達は容易ではなかったし、ことに農村においては、家長の兄弟・姉妹・甥《おい》・姪《めい》などは「厄介《やっかい》」（厄介者）とよばれ、家長の許《もと》にあって農耕に従事するか、または他家へ奉公にでるのが普通あたり前のこととされていたから、たとえ農閑期であっても参宮などはできるはずもなかった。

そうしたことから、伊勢神宮へ参詣することを生涯の念願とした人びとは、家長や雇い主に無断で普《ふ》段《だん》着《ぎ》のまま家を抜けだし、沿道の領主・富商・富農・社寺、あるいは経済的に余裕のある一般民衆らの接待《せったい》・施行《せぎょう》という好意にすがり、銭《ぜに》・粥《かゆ》・草鞋《わらじ》などをあたえられて参宮の旅を続けた。このような風習は「抜《ぬ》け参《まい》り」とよばれ、慶安元（一六四八）年を最初に、宝永二（一七〇五）年・文政十三（一八

伊勢参宮風俗（『お蔭参三宝荒神』）

三〇）年と、おおよそ五〇年ないし六〇年を周期として流行した。

宝永二年三月下旬、山城国では五歳から一五歳くらいまでの少年層の抜け参りするものがおびただしい数にのぼった。沿道の人びとは「鳥目《ちょうもく》（銭）・菅笠《すげがさ》・巾着《きんちゃく》・手拭《てぬぐ》い・握《にぎ》り飯《めし》などを用意して、処々に出迎え施行した」という風聞があり、やがて閏四月下旬の頃からは大坂からも少年らの抜け参りがはじまり、「其数おびただしきこと、申すもなかなかおろかな」ほどであったと伝える。「大神宮《だいじんぐう》のお祓《はら》いが飛んできた」などという奇瑞《きずい》が噂《うわさ》され、人びとは少年らのために八軒屋《はちけんや》の船着場から伏見までの上り船を借り切って施行として送り、夜は提灯《ちょうちん》を灯《とも》して道案内した。ついで尼崎や西国などからの参詣もはじまり、紀伊・和泉・河内からも参宮するものが多くなった。『宝永千載記《ほうえいせんざいき》』におさめられた「宝永二乙酉年御影参宮施行人数書」によると、大坂の市中での施行第一号は片町のならや勘右衛門で、参宮者一人に銭五〇文ずつ、毎日五〇貫文を六日間施行したといい、市中の施行は草鞋五万足、豊島茣蓙《てしまござ》一五〇〇枚、米一升ずつ五〇〇石、染湯単《そめゆたん》（旅行用の雨具）は毎日二万七、八千人分、そのほか米・銭はもとより、手拭い・下《した》帯《おび》・半紙《はんし》・肌襦袢《はだじゅばん》・鰹節《かつおぶし》・股引《ももひき》・脚胖《きゃはん》・菅笠・布頭巾《ぬのずきん》・各種小間物・茶・煙草《たばこ》・菓子・団扇《うちわ》など、おびただしい数量にのぼり、豪商鴻池《こうのいけ》一統や道修町《どしょうまち》二丁目町中として大船五、六艘をやとい、参宮者を伏見まで送っている。このような施行が大神宮への報恩感謝の念に拠るものか、興奮した群衆の略奪を警戒しての予防措置であったのかはあきらかでないが、ともかくも異常な熱狂ぶりではあった。

摂河泉地域ではとくに明和八（一七七一）年と文政十三年の「御蔭参り」が盛んであった。たとえば、摂津国三島郡新田《しんでん》村の庄屋が書きついだ『新田由来記』には、明和八年のお蔭参りを、

四月廿七日、此より抜け参宮始ル。在々より大坂ヱ出、奈良初瀬越ニ行。道中無宿、山野ニ伏、昼夜

之差別なし。尤、大坂、銭《ぜに》・食物多施行有之《せぎょうこれあり》、五月三日ニハ大坂より十八万程人出ル由噂《うわさ》有之。惣《そう》而《て》西国・中国・北国筋よりも聞伝へ、七月末迄段々出ル。大坂、人数七分通り抜参宮《ぬけさんぐう》ノ噂《うわさ》也。当村よりも段々百人計《ばかり》も抜参り候。

と記しているが、この年のお蔭参りは爆発的な人気で、抜参宮する人びとはとくに多かった。『明和続後神異記』には四月八日から八月九日までの四カ月のあいだに、総数二〇七万七四五〇人というおびただしい参宮人数が記録されている。

また、文政十三（天保元＝一八三〇）年のお蔭参りは阿波国からはじまり、徳島の町はたちまちガラ空きになったといい、お蔭参宮者は大坂堂島付近の施行宿に一夜一八〇〇人も泊り、加島屋・天王寺屋・平《ひら》野《の》屋・米屋・鴻池屋などの富商から拠出された施行は巨額に達した。抜参宮だけでなく、大坂市中ではそろいの着物をきて幟《のぼり》をたてた幾百人という集団が、四月十一日から五月十七日頃までに一七万人を記録し、堺の住民もまた七割が参宮したといい、全国では三〇〇万人以上のお蔭参りがあったと伝えられている。

もっとも、この年のお蔭参りは、たまたま内宮が火災にかかり、混雑を恐れた伊勢の御師《おし》らが参宮中止を依頼したため、四月中旬にはやや低調になりかかっていたが、五月上旬には参宮にかわるものとして、河内方面で「お蔭踊り」が流行しはじめ南河内から大和へと拡がったのち、ふたたび大和から河内へ戻り、八月から十二月にかけて北河内から東摂津へ、東摂から北摂へと踊りの集団が移動して、翌天保二（一八三一）年四月から五月頃まで狂乱に近い踊りが続いたという。「天下の台所」と異称されるほど繁栄した商工経済都市大坂の陰にあって、その基盤の一部をささえながらも苦難の生活を強いられ、耐え続けてきた周辺農民らが、刹那《せつな》の解放感を「お蔭参り」に求め、憂《う》さ晴《ば》らしを「お蔭踊り」に託したのであろうか？

天災・大火・疫病●

お蔭参りは、平年に倍した伊勢神宮の御利益《ごりやく》があるという信仰に基づくものであったらしいが、明和八（一七七一）年は正月から異常な気象が続き諸国大旱魃《かんばつ》になった。五畿内《ごきない》では田植えも困難になり、雨を名山・大川・社寺に祈ること頻《しき》りであったが、五月には大坂に疫病が流行、ついで七月には京・大坂および近国に大風雨があり淀川大洪水となった。

明くる明和九年もまた不幸な年であった。二月には江戸が大火に見舞われ、七月には九州の大津波、八月には京都の大風などと天災が続き、「明和九年」は「迷惑年」につうずるとして、年末には「安永」と改元されたが、安永年間（一七七二〜八一）もまた、けっしてやすらかではなかった。

安永二（一七七三）年は四月から冷気が続いて諸国に疫病が流行、翌三年には京都・大坂の大風雨により、大坂では多くの民家が倒壊したほか川口の船

お蔭参り

は多数損じて一二〇〇余人が溺死《できし》し、河内一帯は淀川洪水のため大不作。五年には全国に正月から二月にかけて風邪《かぜ》が、三月には麻疹《はしか》が大流行したが、六年には長崎の大風・津波で死傷者多数。さらに暮れの十二月には大坂天満《てんま》の大火により民家五〇〇〇余軒が類焼した。また七年には江戸大火、三原山噴火、京都大雷雨、八年には東国風水害、桜島大噴火、五畿内大雷雨、そして九年六月には関東一帯の大洪水で「人畜の被害、数を知れず」と伝えられた。

安永十年四月、元号は天明と改められたが、天災はなおも治まらず、天明年間（一七八一〜八九）は凶作で諸国大飢饉《ききん》となった。大凶作の噂《うわさ》がとびかい米価は急激に高騰、天明三年正月、諸国相場の元方である大坂堂島米市場の初相場は大きくはねあがり、米の買溜めや買占めが行われて、大坂市中には不隠の空気が流れはじめ、二月一日、玉水町の加島屋久右衛門と堂島新地の松安庄右衛門が米を買い占め、米価を吊りあげているという風説がとびかい、群衆は両人宅をおそい打ちこわしをはじめた。大坂町奉行所はただちに、騒動に加わることや米・油・薪・棉などの買占めと囲置《かこいお》きを禁止し、窮民救助のための施行を実施する町触れをだし、さわぎはようやくおさまったかにみえたが、米価はなおも上昇したうえ、十月十日には雷火のため大坂城の追手門が焼失、同二十三日、失火により難波新地も全焼、十二月二十三日には内平野町の大火で民家一三〇〇軒が、暮れも押しつまった三十日には曽根崎新地で一二〇〇軒がそれぞれ焼けた。

もっとも、米の買占め・囲置き禁止の効果はこの頃からようやくあらわれて、天明五年には市中はしだいに平静になったが、翌六年六月から八月にかけて大風雨があり、淀川の通船が転覆し、大坂城の玉造《たまつくり》口《ぐち》城壁と櫓《やぐら》四棟が崩れ、津波のため川口の大船・小舟が大損害をうけた。稲の収穫は平年の三分の一という大凶作であったが、それは大坂だけでなく全国的なもので、いわゆる「天明の大飢饉」を引きおこした。大坂町奉行は翌七年早々から重ねて米の買占め・囲置き禁止をふれたが、五月十一日、天満伊勢町茶屋吉右衛門宅の打ちこわしをきっかけに、市中米屋に米の安売りを要求する民衆が押しかけ、これに応じないときは打ちこわしが強行された。

国訴頻発●

これよりさき、元文五（一七四〇）年五月、摂津八〇余カ村の農民らは、肥料高値の原因は干鰯《ほしか》仲間の独占や不正が原因であるとして、大坂町奉行所に訴状を提出したが、これをきっかけに寛保三（一七四三）年には摂津の島上《しまかみ》・島下《しましも》両郡八四カ村が、干鰯肥料高値反対に立ちあがり、ついで摂津の残る二八カ村や和泉・河内の村々も同調した。引きつづき翌延享元（一七四四）年には、摂河泉の新田村々が連名で新田の棉作年貢軽減を訴えたが、翌二年には関連して京都へ上訴するもの二万人に達し、その指導者であった摂津東成《ひがしなり》郡一七カ村の庄屋らは直接江戸表まで訴えでるほどのさわぎになった。

こうした農民闘争は一揆や暴動とは異なり、訴訟という合法ギリギリの手段によったもので、その規模が郡や国にまで拡大したものは「国訴《こくそ》」とよばれたが、それは年貢を安くして欲しいとか、免除して欲しいといった単純なものではなく、おおむね肥料高値反対や棉・菜種・木綿などの自由販売要求など、生産を増大するために幕府の「国益政策」にのっとった経済闘争であった。幕末までに三〇回を数えるが、大規模で行われたのは、文政六（一八二三）年から翌七年にかけて摂河泉の七八六カ村が参加して、大坂の三所実棉《みわた》問屋による実棉の独占を攻撃した国訴や、一三〇七カ村が連合して油小売値段高騰に伴う油政策の改正を嘆願した国訴であったが、後者の嘆願の主旨は、

一、摂河村々で加工した木綿は摂津・河内だけでなく、広く売りさばいていたが、近年、大坂表の三所綿問屋が独占して村々の商人を取り締まり、他国商人をはいりこませず買いたたいていること。
一、わずか八、九軒の問屋によって、摂河数万人の百姓（農民）が「貢租第一の作物」を独占されて困惑していること。
一、このままでは年貢の上納にも差しつかえるから、近国・他国への直売りは、百姓が自由に売りさばけるようにして欲しいこと。

にあった。

これらの国訴は、天領・私領の違い、領主の差異はもとより、村域・郡界から国境をのりこえて、摂河泉村々の約八割という大連合を結成したものを含めて、幕末までに三〇回を数えるが、いずれも「百姓一揆」「打ちこわし」のような激しさはなく、封建性破壊のための決死的行動でもなかった。しかし、そのことは農民らが単純・無定見であったためではなく、むしろ合法的手段によって幕藩体制下の伝統的な領主経済を否定する統一行動であり、やがては「封建権威に対する侮蔑・不従順」という形で、結果的にはその要求をつらぬくという賢明な闘争であった。

摂河泉三国の農民らが、このような村々連合の戦いを進めているあいだに、大坂三郷では天明（一七八一～八九）の大凶作以来の米価高騰によって、市中いたるところで一揆や打ちこわしが続出していた。いわゆる「天明の打ちこわし」で、和泉堺から紀伊和歌山方面まで波及したうえ、幕末までの約一〇〇年間、凶作のたびに繰り返された。ことに天保元（一八三〇）年から同六～七年頃まで続いた凶作では、天明時の凶荒におとらぬ被害が続出した。幕府もたびたび「米価引下令」をだしたり、御救米《おすくいまい》を窮民にさげわたしたが、大坂三郷市中には不安の空気がみなぎり、暴動寸前の状態が続いた。

繁栄の蔭で●

予期せぬ天災や、それに起因する打ちこわしなどは頻発《ひんぱつ》したものの、「諸国取引き第一の場所」であった大坂三郷は江戸時代をつうじて「天下の台所」であった。寛政改革で著名な老中松平定信の『庶有編《しょゆうへん》』には、当時の大坂について、

摂津大坂の地は、輻輳《ふくそう》第一の地にして、四方の都会ここにまさるはなし。故に吾国《わがくに》に於《おい》て、金銀共に大坂の如く交通の多く自由なるはあらず。

と記され、また、幕末の安政二（一八五五）年五月二十二日から、文久元（一八六一）年十二月十五日まで、大坂町奉行（西）をつとめた久須美《くすみ》佐渡守祐雋《すけよし》は、在任中の大坂に関して『浪花の風』と題する著作をものしたが、そのなかに、

浪花の地は、日本国中の賄《まかない》所とも云ひ、又は台所なりとも云へり。実に其地、巨商・富裕軒を並べ、諸国の商船常に碇泊し、両川口よりして市中縦横に通船の川路ありて、米穀を始め、日用の品はいふに及ばず、異国の品に至る迄、直ちに寄場と通商なるが故、何一つ欠るものなし。

とも書き、『商人生業鑑《かがみ》』には、大坂川口のありさまが、

大坂は繁華の湊にて、諸国より入船多く、それ故、人の入込も甚だ多し。金銀・代物を大船・小舟につみ、五百石・千石の船、毎日々々川口より入込み、伏見その外、川筋よりも入船引きもきらず、何百艘といふ数を知らず。

と記され、また『御用金之控《ひかえ》』には「大坂は日本の台所にて、富豪の者相集まり、輻輳《ふくそう》の地」とある。

大坂の豪商鴻池本家に三〇余年勤務し、同家三別家の一つ草間《くさま》家の養子として入家した両替商で、貨幣史『三貨図彙《さんかずい》』の著者として著名な草間直方《なおかた》にいたっては、その著『鴻池筆記』に「大坂衰微すれば、諸国も衰微する道理あり」とのべているほどである。

たしかに近世、とくに江戸時代初・中期の大坂は商工・流通都市として繁栄した。大坂町人らは諸国の物資を集散し、貨幣を流通させ、大名らに融資して藩財政をもにぎるなど、日本経済の動脈を動かす働きを示した。政治都市の江戸が武家の町であったのに対して、商工業・金融都市の大坂は町人の町であり、「天下の台所」の支配的役者は大坂町人であった。その意味で大坂の町人らは、士農工商と封建的身分制度の最下位におかれながら、天下の町人を自負し、武家が固定化した幕藩体制にしばられて文化的には成長できなかったのに比し、みずから蓄積した富の力をとおして近世文化の指導者ともなった。

しかし江戸時代も後期になると、大坂を中心とした全国にわたる隔地取引の系統は、必ずしもまもられなくなり、天下の台所の地位は低下しはじめた。大坂の問屋は日本最大都市の江戸を第一の顧客として江戸積みを行ったが、やがて代銀の延滞が重なったため、江戸問屋へは注文どおりの荷物を送らず、地方の荷主は大坂の問屋を敬遠しはじめ、他所の船を雇って途中《みち》売りをはじめた。諸藩もまた専売仕法を採用して、大坂のほか各地の需要地へも直接荷物を送りはじめ、諸商品の大坂積み登せはしだいに減少していった。

さらにまた、大坂の問屋が直接買い集めていた大坂周辺農村特産物の綿と菜種は、都市と農村とをとわず人びとの生活に不可欠なものであった。綿は木綿の原料であり、その種実は肥料となったし、菜種は灯油・食用油の原料で、その絞り粕は「油粕《あぶらかす》」といって重要な肥料であったが、その栽培は西日本にかぎられ江戸周辺では栽培されなかったから、幕府は大消費都市江戸の住民のために、厳しい価格統制と流通管理を行っていた。

しかし、こうした措置は生産者農民にとってまことに迷惑なことであり、その流通は農民らと結束して大坂の特権商人を排除しようとした在郷商人らの手に移りはじめた。また綿や菜種など商品作物栽培に必要不可欠な肥料、とくに干鰯《ほしか》（脂《あぶら》をしぼった鰯《いわし》・鰊《にしん》を乾燥した肥料）は、十七世紀の終わり頃から急激に値上がりしはじめ、農民らの生活が苦しくなったことも農民と在郷商人らを結びつける一因であった。

大塩騒動●

天明の凶慌と打ちこわしは大きな教訓を残した。天下の台所大坂も、ひとたび凶慌に見舞われると、富裕商人らをのぞく大多数の民衆が困窮におちいることと、それに対応する幕府の政策なるものが、いかに無策であるかを示し、封建権力に対する不満・不従順の思想は広く深く庶民大衆のあいだに広がっていった。

文政十三年のお蔭参りがおわった翌天保元（一八三〇）年、京都地方大地震をきっかけに、天保年間（一八三〇～四四）にはふたたび諸国に天災・凶慌が続いた。とくに同三年は全国的な凶作で餓死するものも少なくなかったが、翌四年は春早々から天候異常で、出羽大洪水・奥羽流作・関東大風雨により「天保の大飢饉」がはじまった。前年までじりじりと高騰し続けていた米価は、にわかに高くなり、八月にはいると大坂堂島米市場の建値《たてね》は、平年は一石（約一五〇キロ）六〇目前後の肥後米が、ついに二倍近くの一〇〇目という前代未聞の大高値となった。米価の異常な高騰は人びとの生活を困窮に追いこみ、不安の空気がみなぎった。

この年七月、大坂西町奉行に着任したばかりの矢部定謙《やべさだかね》は、同東町奉行の戸塚忠栄《とつかただひで》とともに、難局をのりきるため米商人らの買占めや囲置《かこいお》きを禁止し、民間の囲米《かこいまい》の自由販売を許したが、一旦上がりはじめた米価は、十月には一石一〇一匁六分となった。そこで官有の囲米三〇〇俵を安価に放出し、その代銀を低利で市中に貸しつけるなど金融の緩和をはかったが、十一月上旬には一石一三六匁五分という高値を記録した。そのため貧窮人名簿をつくらせ、八五九軒・二一七四人の市民を救済するとともに、町々の富裕商人から義援をつのり、七万九六三二軒に施行《せぎょう》をした。一軒当り三人平均として約二三万九〇〇〇人、当時の大坂人口約三七万人の六四％という多数の市民が救済の対象とされていたわけである。

しかし、明くる天保五年もまた深刻な食糧不足で、米価は高騰するばかりであった。加えて七月上旬には堂島新地北町から出火して七五〇軒を焼くという大火になり、年末の十二月二十六日にも瓦屋橋から出火して大火事となり、市民は不安におののいた。矢部定謙は市民の動揺をしずめるため不眠不休で働き、飢饉の危機をきりぬけたが、翌々天保七年も新春から荒天続きで四月から長雨となり、五月に淀川は出水、八月に諸国水害の報が伝わると全国凶作は決定的になった。大坂三郷の市民はさる天保の食糧難にまさる飢饉におびえ暴動の発生を恐れた。

皮肉なことに、さきの危機をきりぬけた名奉行矢部定謙は、この月初め勘定《かんじょう》奉行に栄転し、二カ月前に大坂東町奉行に就任したばかりの跡部良弼《あとべよしすけ》が、西町奉行不在のまま独り任にあたっていた。九月十四日、ついに打ちこわしがはじまり、餓死寸前の窮民らは集団で米屋をおそいはじめた。米価はますます高くなり翌天保八年には一石一六八匁に達した。このような市民の困窮をみた元・大坂東町奉行与力《よりき》で、陽明学者としても著名な大塩平八郎《へいはちろう》は、蔵書をすべて売りはらった資金六二〇両を貧民らに施行した。

ついで同年二月十九日には、市政の最高責任者である大坂東町奉行跡部良弼が、困窮民の苦しみをよそに悪徳特権商人と結びつき私利を追求しているとして、懲《こ》らしめのため自宅に放火して「救民」を旗印《はたじるし》に門弟らと挙兵したが、そのさいに配布した檄文には「一揆蜂起《ほうき》の企《くわだ》て」でもなく、「天下国家を簒盗《さんとう》(盗み取る)致し候慾念」から事をおこすのでない、と明言している。

　計画は事前にもれ、挙兵に参加したものはわずか三〇〇余人にすぎず、半日たらずで鎮圧されてしまったが、元幕府の役人がおこした反乱の影響は大きかった。この騒動によって天満・北浜を中心に、大坂の市街地の約五分の一にあたる一万八二五〇戸が焼け、俗に「大塩焼け」といわれる大火の記録を残したが、被害者である大坂三郷市民らは、むしろ大塩平八郎らに同情的で、『塩逆述《えんぎゃくじゅつ》』には「大塩の悪口あまりこれなく、それゆへか町内へ、大塩をほめ申すまじくとのお触れこれあり」と記されている。

　困窮民救済のため、身をすてて体制に反抗した大塩の行動は、むしろ市民らの尊敬と渇仰《かつぎょう》の念をもって迎えられたらしい。

　しかし、大塩の意志いかんにかかわらず、「大塩残党・門弟」を自称する一揆や騒動は各地におこり、七月の初めには摂津の能勢《のせ》で山田屋大助を首領とする二〇〇〇人の集

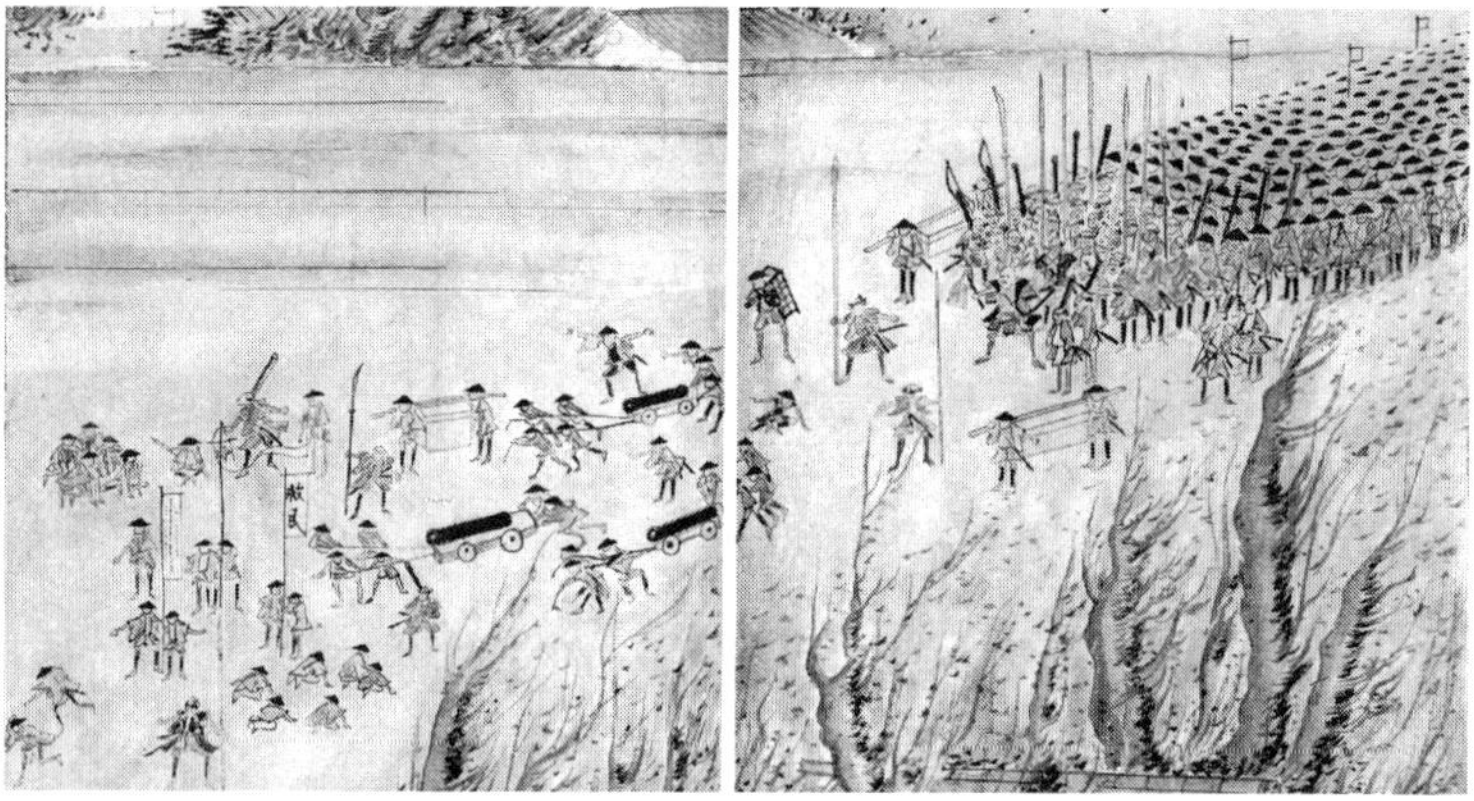

大塩勢の挙兵(『出汐《でしお》引汐奸賊《かんぞく》聞集記』)　右の集団の先頭にたつのが大塩平八郎。

団が、「徳政大塩味方」をスローガンに蜂起した。時局は急速に転回し、水野忠邦《ただくに》の「天保の改革」も庶民大衆の心をつかめず、久しく幕藩体制のもとに身を屈してきた民衆も、ようやく権力軽侮・反封建の意識を強く表明するようになり、世情騒然のなかに新時代を迎えることになる。

4　幕末の大坂

ディアナ号の衝撃●

日米和親条約が締結されたのは、嘉永七（一八五四）年三月のことである。その年の九月十八日、天保山《てんぽうざん》沖に一隻の黒船《くろふね》があらわれた。申《さる》の刻《こく》というから夕方に近い頃である。この船はロシアの使節プチャーチン提督《ていとく》ののるディアナ号である。これよりさきに、プチャーチンは長崎にやってきていたが、交渉が進展しないため、八月三十日に箱館《はこだて》（明治二年に函館）に姿をあらわし、つぎには大坂で交渉したいという幕閣宛《あて》の通告を箱館奉行に託して、その日のうちに箱館を去っている。天保山沖への来航は予定どおりの行動であった。京都に近い大阪湾にのりこんで条約交渉を行おうとしたものである。あきらかに威嚇《いかく》的効果をねらったものである。

ディアナ号の碇泊《ていはく》した場所は、市内へつうじる川筋への航路標識《こうろひょうしき》である「みおつくし」の一番杭から一丁（一〇八メートル）ほど沖のところであった。三本マストの帆船で、船体は「惣銅色、船へり黒塗、中白壁、水赤」に塗られ、マストの先端には「おろしや」とひらかなで書かれた旗を掲げていた。大砲を六〇門装備し、長さは約五三メートルでマストの高さは一八メートルほどもあった。

九月十八日、ディアナ号からボート二隻がおろされ、船員が安治川口から安治川《あじかわ》四丁目までのりいれたところで大坂町奉行所の組与力《くみよりき》にとめられたため、上陸して書簡をわたそうとしたが、拒絶されて本船に引き返した。十九日朝早く、大坂町奉行所の与力らがディアナ号にのりこんで来航の事情を問い質《ただ》し、大坂は交渉の場所ではないので、長崎へ廻航するよう伝えた。ロシア側は納得せず大坂町奉行への面会を要求した。

　これよりさき大坂城代土屋寅直《つちやとらなお》は、ディアナ号接近の報を聞くと、大坂町奉行および船手奉行に指示をくだした。これに基づき船手奉行は大小の小船や荷船を徴発して、安治川・木津《きづ》川河口に集め市内への航路を遮断した。一方、城代は各藩蔵屋敷《くらやしき》にも命じて天保山をかためさせるとともに、堺《さかい》・木津・住吉《すみよし》・伝法などの要所をもまもらせ、江戸に急使を派遣しその回答を待った。この結果、天保山には各藩の陣がおかれ物々しい雰囲気《ふんいき》となった。そのようすを伝える絵図には、陣取った大名・旗本と人数がしるされているが、その数は七十数家・約三〇〇〇

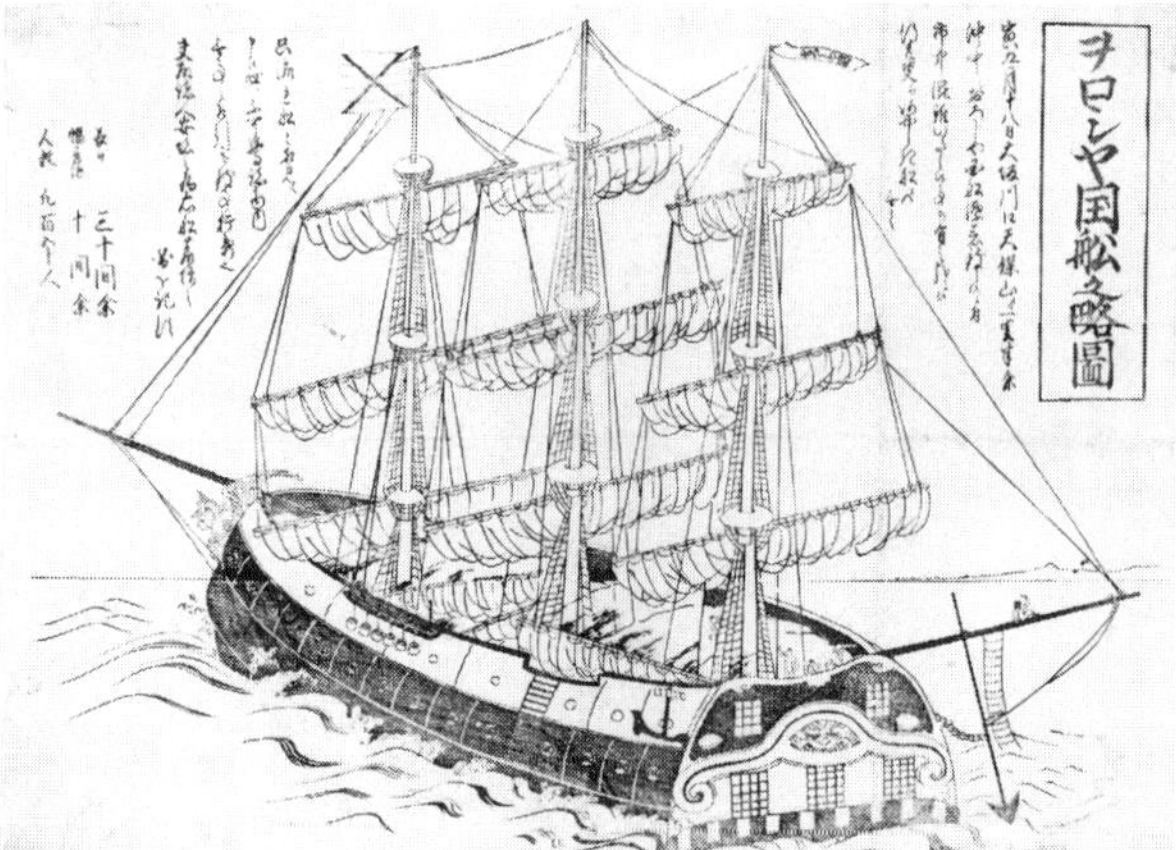

ロシア船ディアナ号

人にも達している。そのほか安治川・木津川・尻無《しりなし》川河口付近にも、数藩が警備の兵をかためており、天保山の兵とあわせて一万四、五千人にものぼった。もともと大坂には武士が少なかったが、このときばかりは大坂中の武士が天保山に集合したかの感があったであろう。このほか西は姫路から東は紀州（和歌山県）辺りまでの大阪湾沿岸についてもきびしくかためさせた。ディアナ号警戒のために、東西の町奉行所などが徴発使用した船は五二二三隻に達した。

大きな建物といえば神社・仏閣くらいの当時にあっては、兵庫から和歌山までの大阪湾沿岸およびその付近からは、少し小高いところに立てば大阪湾に浮かぶディアナ号がみてとれたのである。もちろん物見高い野次馬が見物に押しかけたのは、浦賀におけるペリー来航のときと同様であった。そのため大坂町奉行所は、船をだしての黒船見物を禁じたり、物価騰貴を見こした買貯えを禁じる触れをだしている。『近来年代記』は「ヲロシヤ船乱入之事」と題して、その騒動のありさまを、

御公儀ニハ上を下へとおおそうどう（大騒動）ニして、槍よ鉄砲とておおさわぎ（大騒）なり……近国大名我も〳〵とはせ（馳）参り、其人数云計《いうばかり》もなし。是によつて、町家者《まちやもの》とも大ニおどろき（驚）あわて、我も〳〵と追々ニ見ニ行多くして、一向商売さひしく、いろ〳〵異国船のうわさ取〳〵ニして……見物差止り。され共、見たかる人々多く……。

と記している。

ディアナ号は、十月三日に天保山沖をはなれ下田（静岡県下田市）にむかった。下田で応接するとの幕府からの回答が伝えられたからである。しかし、ディアナ号は下田で大地震に伴う津波のためにあえなく座礁《ざしょう》沈没してしまった。プチャーチンらは無事であったが、一冬を戸田浦《へたうら》（静岡県）ですごし、そこで日

露双方が協力して一船をつくり、安政二（一八五五）年三月に帰露した。

安政の大地震●

嘉永七（一八五四）年の六月十四日、大地震が近畿地方をおそった。地震の前兆は前日にもあったようで、『嘉永六年地震記』（六年は七年の誤り）には、「六月十三日、昼九ツ時、昼八ツ時、両度すこし震え申し候。同十四日、夜九ツ時大地震、同中八ツ頃、明六ツ時大、其間々うすく震し候」と記され、つぎの十五日には、ふたたび地震があると天文家がいっていると伝えられたので、金持ちの家では下屋敷にのがれたり、船で川に遭難する人びとが多く、また大道に畳を持ち出して用意をするなどしたため、川は船であふれ混雑しているとのべている。しかもこの十五日には七、八回もゆれたのである。地震は二十一日頃まで続いた。

大坂付近は比較的被害が少なく死者もでなかったが、伊賀上野・四日市・郡山・奈良などでは家屋の倒壊や火事があり、死者もあった。

十一月四日と五日、大地震と津波がふたたび大坂をおそった。『鍾奇斎日々雑記《しょうきさいにちにちざっき》』には、「朝五ツ半比大地震。去夏六月の地震より三増倍 甚《はなはだしく》敷、殊《ことさら》長く、一統大驚《いっとうたいきょう》」とある。五ツ半刻というのは、午前九時頃にあたるが、とくに長く揺れが続いたようである。

五日の夕方七ツ半（午後四時半～五時）頃の地震も揺れが長かった。それに加えて夜五ツ（午後七時半）頃には津波がおこり、海岸近くにあった大小の船がことごとく市内の川に流れこみ、そのため橋の多くが破損したり落橋した。またこれらの船には数度の地震で不安を感じ、船の上ならば安全だとしてのりこんでいた人びとも放りだされたりしたため、溺死人など大勢の死者がでた。大坂三郷（北組・南組・天満《てんま》組）

での被害は、四日の被害は倒壊家屋九〇軒・死者二人であったが、五日の場合には船の損壊一八四三隻・溺死人二七三人・倒壊家屋七九軒・落橋一〇となっている。

もっとも『鈴木大雑集《だいざつしゅう》』では「死人七千人計《ばかり》」とのべられており、死傷者がどれくらいあったのかは判然としない。これらは五日の津波による被害が大きかったことを物語っている。そのときのようすを『近来年代記』は、

同五日七ツ半比、地震ゆるやいな、沖中雷の如くうなる事しばしが程ニして、高サ壱丈余り大波かさなり打来り、天保山・市岡新田・木津川口大荒ニして難波島・まへたれ(前垂)島一面ニ高波打上り、此辺大

安政大地震の碑(大阪市浪速区)

船一同ニ大波ニうかされ、道頓川《(ママ)》へ乗入候也。

と記し、大小の船が流されてきた道頓堀川では、

是故地震の用意ニ船ニ乗りし人々者、上ル間もなく大船の下敷に成、いやが上ニ大船かさなり、たがいにつきやぶり、をしつぶされ、両岸共ニ引くすれ、其凄敷音《すさまじきおと》、大波ニて大船が引入ニ付、両岸の家めり〳〵と云うて引くすれ、其いたわしき事云う計なし。死人幾数人とも数しれす。

などと、その凄《すき》まじさを叙述している。『近来年代記』は、このときの津波の高さを一丈（三・〇三メートル）としているが、『末代控《まつだいひかえ》』では二丈としている。十一月四日・五日と連続して地震が発生したが、四日は江戸・東海地方に被害が大きく、ディアナ号が座礁したのもこの日である（安政東海地震）。五日の地震は南海・山陽・山陰地方に被害が多い（安政南海地震）。そして近畿地方は両日にわたって被害がでたのである。

この十一月の地震で、元号《げんごう》が嘉永《かえい》から安政《あんせい》と改元された。しかし、地震はその翌年の安政二（一八五五）年十月にもおそった。このときは江戸での被害が大きく、一万四〇〇〇余の家屋が倒壊し、七〇〇〇余人の死者がでたが、大坂には影響はあまりなかった（江戸地震）。

堺と天保山の台場●

ディアナ号の天保山沖進出は、大阪湾一帯の防備の必要性を幕府に認識させるに十分であった。大阪湾の防備は、文化六（一八〇九）年に、尼崎・高槻《たかつき》・岸和田の各藩に命じられたが、その後改編が行われ、ディアナ号渡来時には、尼崎以西を明石・尼崎藩、尼崎から堺までを尼崎・高槻・麻田《あさだ》・伯太《はかた》・狭山《さやま》藩、それより東を岸和田・姫路・明石・三田《さんだ》藩がうけもつことになっていた。これらの藩の受持場所に外国船が

接近した場合には、出兵することが定められていたが、そのための防御施設については考慮がはらわれていなかった。実際にディアナ号があらわれるにおよんで、防御態勢について検討されることになったのである。

安政二（一八五五）年二月、勘定奉行石河《いしかわ》政平《まさひら》・目付大久保《おおくぼ》忠寛《ただひろ》が大阪湾および伊勢湾などを巡視、同年十月には勘定奉行川路《かわじ》聖《とし》謨《あきら》が大阪湾を巡見し、それに基づき安治川と木津川の河口に台場を設け、大砲を設置することが決められた。しかし実際には台場の築造は行われなかった。

一方、嘉永六（一八五三）年のペリー来航以後の政局は、条約の勅許問題・将軍の世子問題などでゆれつづけ、その間にあって京都の朝廷の発言力は無視できないものとなった。いきおい政治の中心地として京都が重要視されはじめた。国内では攘夷《じょうい》の運動が激しくな

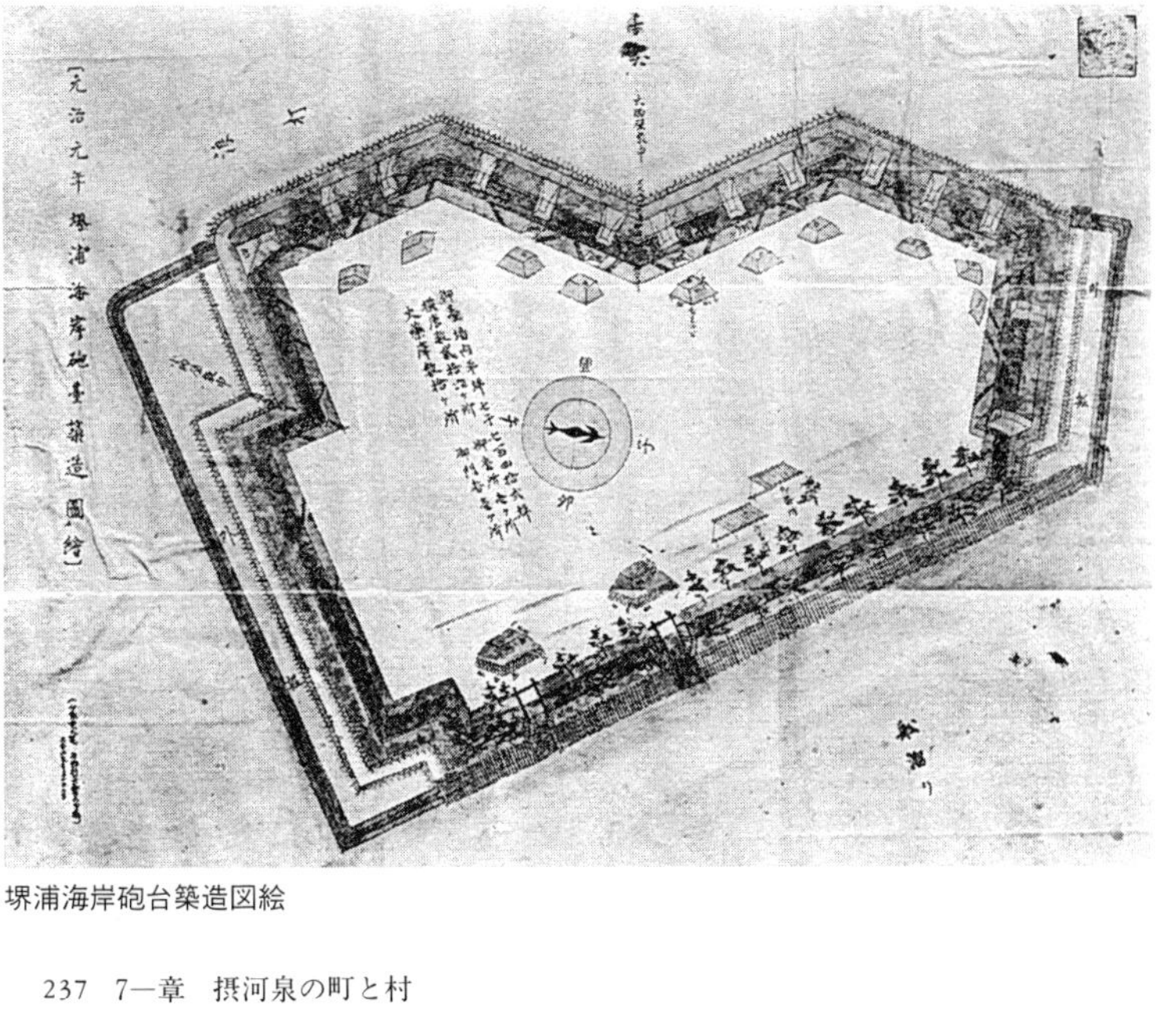

堺浦海岸砲台築造図絵

り、朝廷も幕府に攘夷の決行をせまったため、文久三（一八六三）年三月四日、十四代将軍家茂《いえもち》は攘夷期限を奉答するため上洛し、孝明《こうめい》天皇の攘夷祈願に扈従《こじゅう》して石清水《いわしみず》八幡宮などに参詣した。四月二十一日、帰坂の途についた家茂はただちに大坂城にはいり、翌々二十三日から五月五日にかけて摂海防衛のため大阪湾一帯を巡見したが、その範囲は播磨《はりま》の舞子《まいこ》から紀州加太《かだ》（和歌山市）・淡路島（兵庫）におよんでいて、関心の高さを示した。幕府首脳らは攘夷の実行を不可能と考えていたが、孝明天皇を始めとする攘夷派のために、この年の五月十日を攘夷決行の日と約束させられており、有事にそなえての配慮もあったのであろう。

泉北の堺には、堺奉行によって南北の台場《だいば》（砲台）が設けられた。北台場は安政二年頃、南台場は安政五年頃の竣工と考えられる。南北の台場は堺港の入口にきずかれ、堺警備の拠点となった。規模は南台場のほうが大きかったが、元治元（一八六四）年には改築工事がはじめられ、慶応二（一八六六）年に竣工した。北台場は改築計画だけにおわったようである。

大坂には砲台がなかった。そこで将軍の巡見が行われたのち、元治元年四月六日、大坂町奉行組与力田《た》坂直治郎《さかなおじろう》が「大坂其外《そのほか》海岸御台場《おだいば》築造御用取扱掛」を命ぜられ、五月一日にはその旨が市中にも達せられた。内容は安治川・木津川の河口を浚渫《しゅんせつ》し、その土砂を用いて天保山に台場をきずき砲台を設置するというものであった。田坂直治郎のしるした「目標山《めじるしやま》御台場 幷《ならびに》 胸壁《きょうへき》火薬庫縮図」によると、この天保山台場には大火薬庫二カ所、火薬庫一九カ所がそなえられていた（大野正義編『大坂町奉行與力史料圖録』）。

将軍家茂は文久三年に上洛したが、その際に将軍警護の目的で編成されたのが清河八郎《きよかわはちろう》率いる新徴組《しんちょうぐみ》であった。新徴組は上洛後解散し清河らは江戸に帰ったが、京都にとどまったものたちは芹沢鴨《せりざわかも》・近藤勇《いさみ》らを中心として新撰組《しんせんぐみ》を結成した。新撰組は大坂でも猛威をふるっている。元治元年五月、大坂西町奉行所の与力で能吏として知られた内山彦次郎《うちやまひこじろう》が殺害されたが、その犯人は新撰組であり、原因の一つには前年に大坂相撲の力士と新撰組が争ったとき力士側に死者がでて、事件の届けをうけた内山が近藤らを問いつめたことを新撰組が根にもったためとされる。もっとも、この事件については、内山ら与力・同心らが賄賂《わいろ》をとっていたことに対する制裁であるとする説もある。

文久三年から元治元年にかけては天誅《てんちゅう》の横行した年で、大坂では文久三年一月に池内大学の首級《しるし》が難《なに》波橋《わばし》に曝《さら》されたのが最初である。天誅は尊王攘夷《そんのうじょうい》派によるもので、攘夷派を裏切ったものや、暴利を得たとされる商人などが標的とされた。天誅のほか、脅迫的な張り紙も行われた。買占めで物価を上げているものや、外国貿易を行っている奸商《かんしょう》らに対する威嚇などがおもなものである。

長州征討と条約勅許

攘夷実行の日の定められた文久三（一八六三）年五月十日、長州藩（萩藩）は下関海峡をとおる外国船に砲撃を加えた。また攘夷派は孝明天皇を大和に行幸させ、それを討幕のきっかけにしようとした。しかしこの計画は孝明天皇の容認するところとならず、長州藩と急進公卿らの攘夷派は薩摩・会津らの兵が御所を囲むなか、京都から追放された（八月十八日の政変）。

この大和行幸計画に応じて天誅組が蜂起《ほうき》し、五条代官所をおそった。天誅組の鎮圧には狭山《さやま》藩の農兵らが参加している。農兵は狭山藩だけでなく河内や摂津・和泉に領地をもつ館林《たてばやし》藩（上野《こうづけ》）・土浦《つちうら》藩（常陸《ひたち》）などでも採用された。

京都から追放された長州勢は翌元治元（一八六四）年七月十八日に、京都に侵攻《しんこう》しようとして薩摩・一橋・会津・桑名の兵らと衝突した。禁門《きんもん》の変である。禁門の変では長州兵は敗れ去ったが、大坂では七月二十三日になって、土佐堀と富島にあった長州藩蔵屋敷が大坂町奉行の命によって破却《はきゃく》された。

七月二十二日朝廷では長州藩追討を決定し、幕府は西国の二一藩に出兵命令を発した。征長総督には尾張前藩主徳川慶勝《よしかつ》が命じられた。十月十五日、慶勝は大坂にはいり、西本願寺掛所《かけしょ》（北御堂《きたみどう》）を宿舎とした。ついで副総督になった越前藩主松平茂昭《もちあき》は鳳林《ほうりん》寺（大阪市天王寺区谷町）にはいった。従軍兵士は、天満《てんま》（大阪市北区）・上町《うえまち》（同・中央区）の寺々などを宿営とした。十月二十二日、慶勝は召集した征長諸藩の重臣を大坂城に集めて軍議を開き、先発を十月二十五日出発、総督は十一月一日に大坂を発《た》ち、十一月十一日に全軍集結し、十八日を攻撃開始と定めた。この征長軍に参加したのは、三五藩・一五万人であった。この第一次長州征討は、長州藩が三家老の切腹と四参謀の斬首、藩主父子の謝罪書の提出、七卿の大宰府への移動、山口城の破却などにより、征長軍は翌元治二年一月に引き上げた。

ところが長州藩内では内訌《ないこう》がおこり、保守派（俗論派《ぞくろんは》）に対して高杉晋作《たかすぎしんさく》らが率いる急進派（正義派《せいぎは》）が攻撃をはじめて藩内戦争が勃発した。この結果、保守派は追放され急進派が藩政を掌握し、「武備恭順」を藩論として軍備をととのえはじめた。幕府は第一次長州征討が中途半端な形でおわったことを不満に思っていたこともあり、威信を示すために再度の長州征討を実行に移すことになった。慶応元（一八六五）年四月、征長先鋒総督に尾張前藩主徳川茂徳《もちなが》を任命したが、翌五月には紀伊藩主徳川茂承《もちつぐ》にかえて、将軍家茂自身も進発することとなり、五月十六日に江戸を出発し、京都を経て閏五月二十五日に大坂城にはいった。しかし幕府の再征方針に対しては各方面で批判があった。そのおもなものは再征に名分がないこと、膨大な出費になり藩財政が圧迫されることなどであった。家茂は九月に入京し、二十一日に第二次長州征討の勅命を得た。

家茂が入京した九月には、英・米・蘭・仏四カ国の艦隊が兵庫沖にあらわれた。九月十六日のことである。これはイギリス公使ハリー＝パークスの主唱によるもので、条約勅許・兵庫の「先期開港」などを要求するため、朝廷に示威《じい》の姿勢を示すためであった。安政五（一八五八）年に結ばれた日米修好通商条約によれば、神奈川・箱（函）館・長崎・新潟・兵庫五港の開港と江戸・大坂二市の開市《かいし》を認めていたが、横浜・箱館・長崎の開港は、条約どおりに安政六（一八五九）年に実現していたものの、江戸・大坂・兵庫・新潟の二都・二港については日本の国内事情から条約期限日に開市・開港できず延期されていた。外国側はその原因の一つは、孝明天皇が条約を勅許していないことにあると考え、勅許の要求を強く訴えることとしたのである。

応接した老中から、パークスらの強硬な要求を伝えられた将軍後見職の一橋慶喜《ひとつばしよしのぶ》は、懸命に朝議で説得し、十月五日に条約勅許を得るに至った。しかし一八六八年一月一日（慶応三年十二月七日）と定められていた兵庫の先期開港は認められなかった。四カ国連合艦隊は一応の目的を達して、兵庫沖を抜錨《ばつびょう》し東帰した。九月二十一日に長州藩再征の勅許がでたが、実際に軍事行動がおこされたのは慶応二年になってからである。大坂は、第二次征長軍の集結地になったので、将軍家茂の上坂以来大軍がぞくぞくと集まりはじめた。そのため大坂にある蔵屋敷に収容しきれない藩などは、寺院や町家を御用宿《ごようやど》として徴発した。しかし大坂への人数がしだいに膨らむのに対して進発は行われず、大坂滞在が長期化して宿泊場所に困るものもでてくるようになり、十一月には大坂城馬場の空地に仮屋を設置して収容した。

慶応二年の打ちこわし●

大軍の長期滞在は、大坂市民の生活に大きな影響をあたえた。とくに物価の値上がりは混乱を招いた。たとえば慶応元（一八六五）年四月に白米一升二〇〇文であったのが、翌二年五月には八〇〇文となった。一年のあいだに四倍になったのである。このような状況で、困窮した人びとが打ちこわしをはじめたのも無理からぬところがあった。さわぎは五月三日にまず西宮ではじまり、八日に兵庫、十日に池田と続き、十三日には大坂近接地（九条・福島・難波）辺りで動揺がおこり、十四日にはいると大坂市中でも打ちこわしがはじまった。翌十五日には堺（堺市）と大津（泉大津市）、十七日国分《こくぶ》（柏原市）、十八日貝塚（貝塚市）、二十四日佐野（泉佐野市）と尾崎《おざき》（阪南市）というように、摂津・和泉・河内と広範な広がりをみせたのである。さわぎに加わった人びとは豪商や米屋に押しかけ、米の「押し買い・安売り」を強要して、応じない場合には店をこわすなどの乱暴を働いた。これによって米の安売りが行われはじめた。さわぎの出発点となった西宮では当初米の値段は

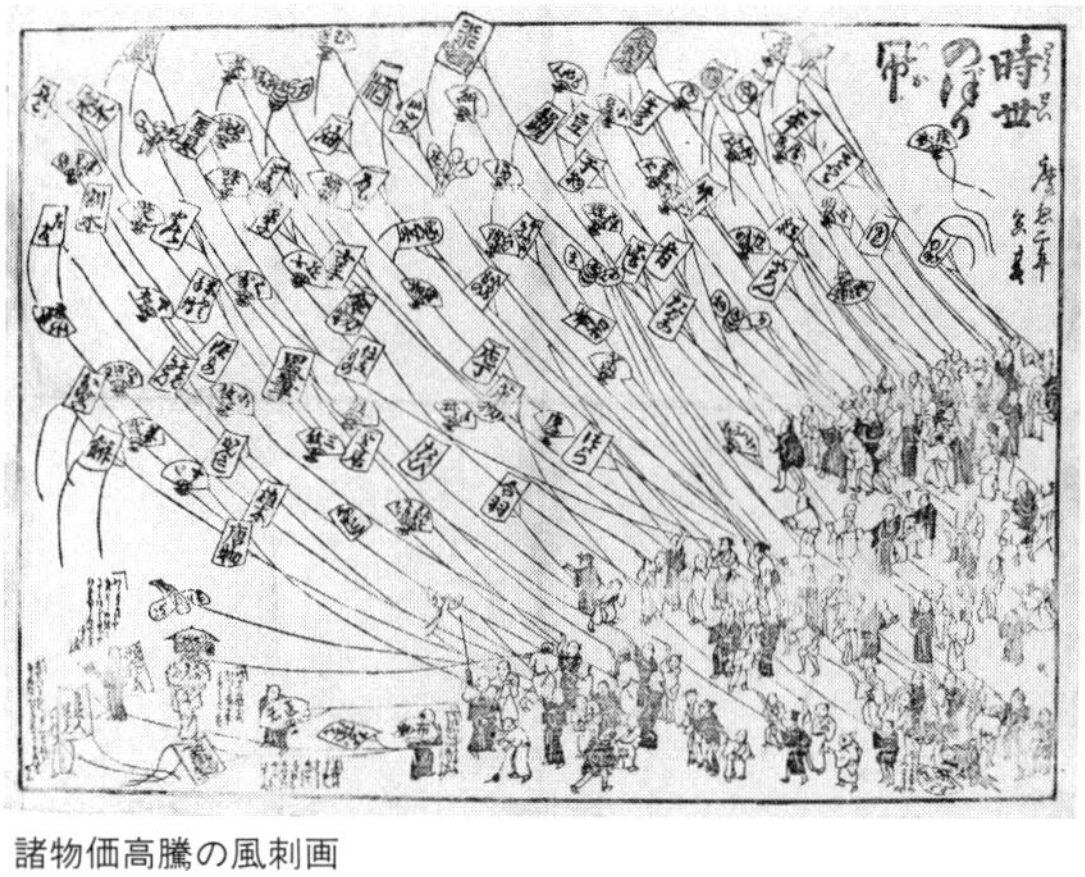

諸物価高騰の風刺画

一升四〇〇文であったが、さわぎが移行するにつれて池田では三〇〇文、大坂では二〇〇文と米の値段はさがってきた。これは前の騒動地での値段を根拠にして、安売りの強要が行われたことを示している。

河内の国分のさわぎでは、他のところとは異なった展開があった。同地では五月十六日の夜に四軒の米屋が打ちこわされたが、参加した群集は西光寺に集まり、翌十七日に村の中老を介して村役人とのあいだに交渉がもたれた。今でいう団体交渉である。群集は村役人に対して、

①反別に米五斗を支給するか、②または十月末までに一人米四合を安売りすること。値段は時価の半額。③小作年貢を軽減すること。

の三点を要求した。村役人らはこの要求をうけいれたが、幕府の代官多羅尾主税《たらおちから》は、この打ちこわしに浪士らが加わっているとの噂《うわさ》を聞き、大坂城代・大坂町奉行に助勢を依頼し、五月二十二日には城代の求めによって郡山・狭山・岸和田藩などの兵が出陣するさわぎになった。代官の手代らは農民を数人とらえたが、農民らは竹槍などをもちだして結束するとともに、中老をつうじて村役人に訴えた。村役人らも柏原(柏原市)の幕府役所に嘆願を行ったので、一部のものをのぞいて農民らは釈放された。

ええじゃないか騒ぎ●

慶応二(一八六六)年七月二十日、大坂城で病床に臥していた第十四代将軍徳川家茂が死去した。二一歳の若さであった。将軍の喪《も》は八月二十日に発表され、一橋慶喜が徳川家を相続することも布告され、翌日には朝廷から休戦の沙汰書がだされた。第二次長州征討を行ったものの、形勢不利であった幕府は家茂の死を休戦の口実にしたのである。将軍職をつぐことに消極的であった慶喜であったが、十二月五日には十五代将軍に就任した。ところが、十二月二十五日には孝明天皇が世を去った。攘夷論者ではあったが幕府

の擁護者でもあった孝明天皇の死は、徳川慶喜にとっても打撃であったに違いない。

翌慶応三年七月頃、三河地方（愛知県東部）の宿場町やその近くで、伊勢神宮などのお札（神符）が降《ふ》り、それをきっかけとして祭りさわぎがはじまって東西へ伝播《でんぱ》していった。三河地方ではじまった当初は乱舞の状況はうまれていなかったが、地方へ波及するにつれ鳴り物入りで群舞し、富家や店にのりこんで酒食を要求するようになった。大坂では慶応三年六月に豊年踊りでにぎわったが、九月にはいると大坂・堺などの豪商・米屋・質屋などに、農村部では庄屋らの村役人や富農の家にお札が降った。

河内国分（柏原市）の庄屋の記録によると、これらの家では神棚に鏡餅《かがみもち》や神酒などの供物をささげ、親類・縁者・知人・隣人を招いて祝宴を張った。招かれた人びとは供物をもちよって奇瑞《きずい》を祝ったが、このときにはそれほどのさわぎにはならなかった。ところが十月に京都で「ええじゃないか」のさわぎがはじまると大坂にも伝わり、招待されないものまでもお札の降った家に押しかけ、ついには日頃好ましく思っていた家々の屋根に神符を投げあげ、「降った降った」と大さわぎして祝宴を強要したり物品の供与をねだり、十一月から十二月にかけて最高潮に達したという。

「ええじゃないか」というのは群舞のときの囃《はや》し言葉で、主として伊勢（三重県）以西で使われたという。このさわぎを実見した古老の体験をつぎに紹介しておく（藪重孝「慶応三年大阪に於ける御蔭騒動」『上方』増刊号）。

降下のあった家は厨子《ずし》を買ひ……毛氈《もうせん》を敷き其上に飾る。付近は勿論遠方の人でも鏡餅上赤下白を奉納した。……始めは降下を喜んだけれども、後には其費用莫大《ばくだい》なる為めに嫌ふ家が多くなった。然し御祓《おはらい》を隠す様な家は、皆主人狂人となり、妻女井戸に投身したから、人々は已《や》むを得ず祀《まつ》った。降下の家は酒樽を抜き、……自由に飲食せしめた。……歌は「手瓶《しゅびん》枕に医者迎へ」とも「エエジャナイカ〳〵」とも言った。夕暮になると、畳を全部裏返した。これは踊る者が飲食の為め履物のままで上るからである。……鴻池にも降り、鴻池では女中が座敷で踊ってゐた。

この「ええじゃないか」踊りには、討幕派が画策したのではないかという説がある。当時は京・大坂が政治の舞台であっただけに、社会を混乱させて自派の有利な情勢をつくろうとしたとか、討幕の動きを糊《こ》

ええじゃないか(お札降り)

塗《と》しようとしたのではないかとの見方である。この騒動は、慶応三年十二月九日の王政復古大号令の後、十二月末頃にほぼしずまったが、摂津豊島《てしま》郡では翌年四月までもちこし、熊野田村（豊中市）の庄屋宅には正月十六日に池鯉鮒《ちりふ》大明神、十七日には天照皇太神宮の神符が降り、新稲村（箕面《みのお》市）から一五〇人余の群集が押しかけた。熊野田村では三方荒神の神馬一匹と幟《のぼり》一本をもって五〇人ばかりが桜村（箕面市）まで出迎え、両村あわせて四〇〇人の人びとが「ええじゃないか、えじゃないか」と踊り狂ったと記録されている。

庶民大衆のこうしたさわぎが続くなかで、正月三日には鳥羽・伏見の戦い（戊辰《ぼしん》戦争）がおこり、大坂周辺はさらに大きな混乱に直面することになった。

8章

近代大阪の発展

川口西洋館新橋の景

1　維新と大阪

大阪遷都論●

慶応四（一八六八）年一月三日におきた鳥羽・伏見の戦いでやぶれた旧幕府軍は潰走《かいそう》し、大坂城に逃げ戻った徳川慶喜《よしのぶ》は、一月六日、わずかな側近だけをつれて大坂城を脱出した。残された将兵たちもしだいに大坂城をあとにした。このため城を預るものもなく、大坂町奉行所ももはや機能を失っていたため、市街地は無政府状態となった。一月九日には城内から火がでて真っ黒な煙が立ちのぼり、さらに十日には城内の煙硝《えんしょう》蔵が爆発して轟音《ごうおん》が近在にまで響いた。このような状況下で城内に乱入して略奪行為を働くものも少なからずいた。

一月七日、慶喜追討の令がだされ、征討将軍に仁和寺宮嘉彰《にんなじのみやよしあきら》親王が任じられた。その先鋒として長州兵が九日に大阪に到着し大坂城を占領した。翌十日には征討将軍が薩摩藩兵を率いて大阪に進駐し、西本願寺掛所《かけしょ》（北御堂）を営所とした。同日、「離散した者は家に帰り従来どおり家業を続けるように」という布告が市民にだされた。大阪市中は薩摩・長州、およびのちに岸和田・芸州《げいしゅう》の兵が取り締まりにあたることになり、ようやく平穏を取りもどした。

いささか余談をまじえるが、これまで「オオサカ」を漢字で表現するとき「大坂」と書いてきた。それは「風土と人間」（三頁参照）でもふれたように、江戸時代から明治初年をつうじて、文書・記録類には主として「坂」の文字が用いられることが多かったため、当時の用例にしたがったまでである。しかし、近代の文献史料の多くには「大阪」の文字が用いられているので、以下「大阪」と記すことにする。

慶応四年一月二十二日には大阪鎮台《ちんだい》が任命された。長官である督には醍醐忠順《ただおさ》と伊達宗城《むねなり》とが任命されたが、この二人の大阪着任にさきだつ一月二十七日に、大阪鎮台は大阪裁判所と改められた。大阪裁判所の長官は醍醐と伊達であったが、伊達は外国事務科の総督もかねていた。大阪裁判所は民政をあつかったが、その管轄地は大阪と堺の市街地および旧代官小堀数馬支配地であった。二月には旧代官内海多次郎支配地を編入した。

このころ大久保利通《としみち》によって大阪遷都が建白された。大久保の意図は、新政府の中心となるべき天皇が宮中の奥深くいる状態はさけなければならず、経済の中心地で海

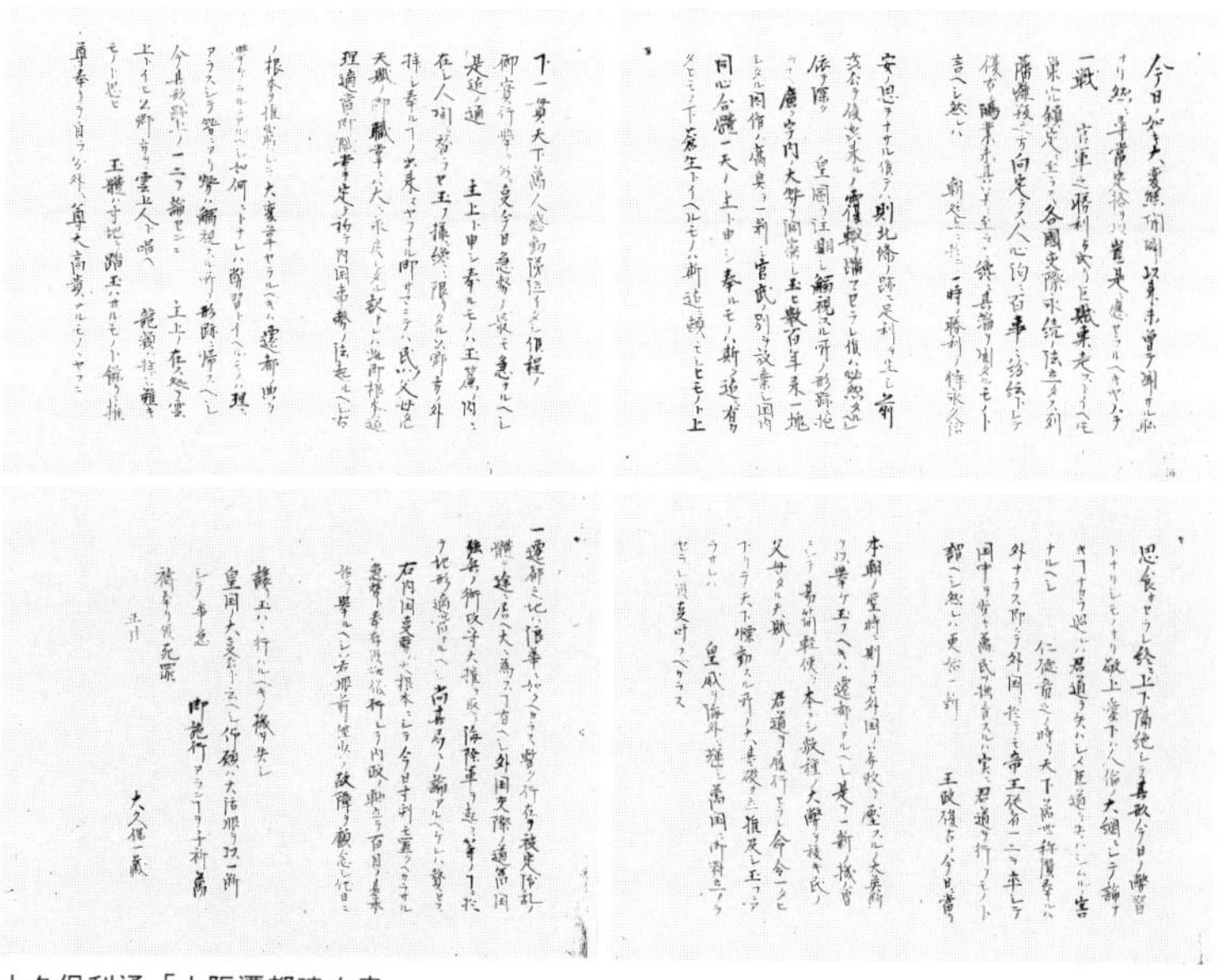

大久保利通「大阪遷都建白書」

陸の交通の便のある大阪に遷都すべきであるというものであった。この大久保の遷都論は公卿たちの反対もあって実現しなかったが、そのかわりに大阪に親征することがきめられた。大阪親征は慶応四年二月二十三日から閏四月七日まで行われ、天皇は大阪城内における各藩兵や天保山の観艦式、住吉神社などへの行幸、外交団との謁見などを行った。

堺事件●

慶応四（一八六八）年二月十五日、堺事件がおきた。同日昼頃、二人のフランス人と付き添いの日本人役人が、堺への陸路の入り口にあたる大和橋にやってきたところ堺の警備にあたっている土佐藩の兵が阻止した。二人のフランス人は兵庫副領事ヴィヨーとベニス号艦長ロワで、フランス人が堺を訪問することは大阪裁判所から堺の総年寄にも連絡されていた。しかし、その連絡が堺を警備していた土佐藩の隊長にまで

堺事件

とどいていなかったようである。大和橋で阻止された二人のフランス人は堺にはいることをあきらめて引き上げた。ところが、フランス側の計画によると、二人は堺から船にのることになっており、迎えのためにデュプレクス号が堺沖に停泊し、ボートを港内にのりいれた。二人が引き上げてからあとのことである。このボートは二人のフランス人を迎えることと、港内の水深を計測することを任務としていた。上陸したボートの乗組員二人が、土佐藩の警備兵に連行されそうになったので、一人が逃走しボートに逃げこもうとしたところ、土佐藩の兵たちがボートめがけて発砲した。ボートには武器や弾薬はあったものの、武装していなかったため応戦できず、即死したものや、被弾し海中にのがれて溺死したものもいた。あわせて一一人が死亡している。この事件は成立してまもない新政府にとっては、その対応が重要であった。この堺事件よりも一カ月ほど前に発生した神戸事件では、一人の死者もでていないにもかかわらず外国人にむけて発砲を命じたというだけで、備前藩（岡山）の隊長であった瀧善三郎が切腹させられている。新政府は開国和親の方針を諸外国に示したばかりであり、旧幕府勢力との対決を前にして、諸外国との軋轢《あつれき》はさける必要があった。

堺事件では、旧幕府に同情的であったフランス公使ロッシュが相手だけに、新政府は緊張した。ロッシュは新政府に対し、土佐藩の現場での指揮官と殺害者全員の斬首、被害者への賠償金一五万ドルの支払いを要求し、各国公使もうけいれるよう勧告したため、政府は要求をうけいれた。土佐藩では二〇人を堺の妙国寺《みょうこくじ》（堺市材木町東四丁）で切腹させることとした。このなかには警備にあたっていた六番隊隊長箕浦《みのうら》猪之吉《いのきち》・八番隊隊長西村佐平次も含まれていた。事件に関係した土佐藩士らは大阪西長堀の土佐藩蔵屋敷《くらやしき》にあった土佐稲荷の神前でくじによって、受刑者を選んだという。

切腹は予定どおり二月二十三日に妙国寺で、フランス側からデュプレクス号艦長プティ＝ロワールほか数人、日本側から外国事務局判事五代才助・土佐藩家老深尾鼎《かなえ》らの立ち会いのもとに行われた。一一人まで切腹がおわったとき、ロワール艦長は五代にそれ以上の切腹の必要はないとして、以後の切腹を中止させ、引きあげた。フランス側の犠牲者と同じ一一人で処刑をとめたのである。

堺事件の原因は、堺を警備していた土佐藩の責任者が、大阪からフランス人がくることの伝達をうけていなかったこと、また堺には外国人が立ちいれないと理解していたことによる。実際には大阪裁判所から通知が行われていたが、土佐藩のところまでは伝わらなかったようである。慶応三年十二月七日（一八六八年一月一日）に、大阪開市に伴って結ばれた「大阪表外国人貿易并に居留する規則」第三条に、外国人の遊歩区域が定められており、南は大和川までとしているが、堺は遊歩を許すとされている。このことを土佐藩の箕浦隊長らは知らなかったのである。また、攘夷《じょうい》思想が完全には抜けきっていなかったことが、暴発を招いたのであろう。

大阪開港と川口居留地●

安政五（一八五八）年に結ばれた日米修好通商条約では、一八六三年一月一日に兵庫・大阪を開港・開市するとしていたが、これには攘夷派の反対が激しく、結局は五年間延長された。五年目にあたる慶応三年十二月七日（一八六八年一月一日）、予定どおり兵庫（神戸）の開港と大阪の開市が行われた。開市というのは貿易などのため外国人がその地にきて逗留するのを許可することで、その地に貿易のための船が接岸することはできなかった。大阪が開港でなく開市地になったことについては諸外国に不満があり、新政府に対して開港をせまったので、新政府も慶応四年七月十五日をもって大阪の開港にふみきった。

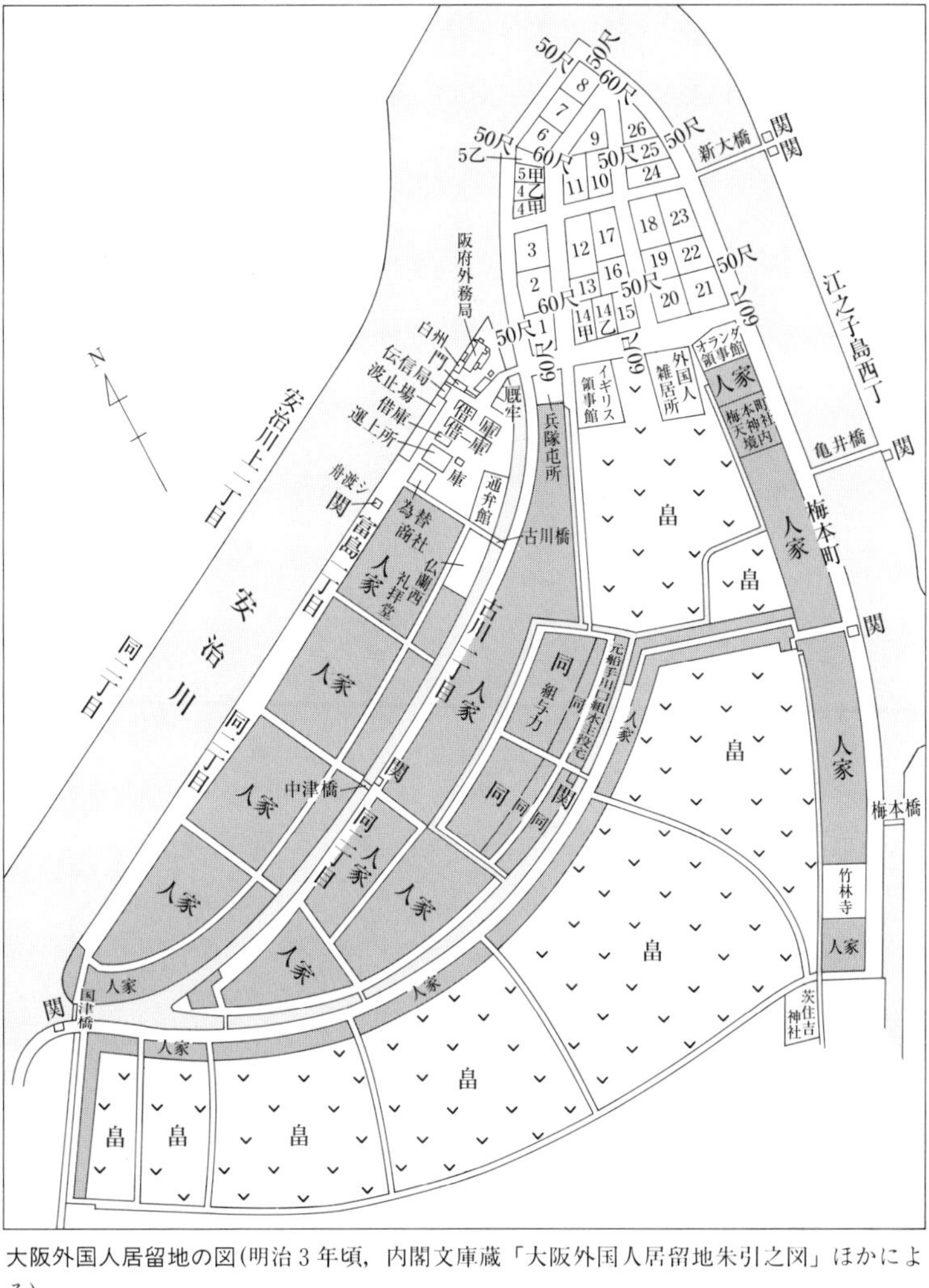

大阪外国人居留地の図(明治3年頃，内閣文庫蔵「大阪外国人居留地朱引之図」ほかによる)

これよりさき、幕府は幕府の船番所がおかれていた辺りを外国人の居留地として造成工事を進めていたが、その場所は中之島《なかのしま》の西端で堂島《どうじま》川と土佐堀《とさぼり》川が合流し、木津《きづ》川と安治《あじ》川の分流点にあった。居留地の造成工事は王政復古などの政治的混乱で一時中断されていたが、新政府は慶応四年四月に工事を再開し、七月二十九日には居留地二六区画を希望する外国人に競売した。居留地の近くには川口波止場・税関・外国事務局などが設けられた。

川口波止場は、大阪湾が浅瀬になっていて潮流が激しく港がつくれなかったため、安治川岸につくられた河港である。しかし安治川にはつねに上流から土砂が運ばれ、川底が浅いため大型船が川口波止場まで遡行《そこう》するには無理があり、大阪での外国貿易に重要な問題を残すことになった。外国商人たちは、大阪にあった各藩の蔵屋敷との貿易を期待していたようであるが、政府の蔵屋敷貿易の禁止や、銀目《ぎんめ》廃止・廃藩置県などの政策は、大阪の経済活動に打撃をあたえ、川口港の不便さもあって、外国商人らはしだいに神戸へと移った。

大阪の文明開化●

新政府は諸外国からお雇い外国人らを高給で招くなどして、急速な西欧の新知識・技術の導入、文物の輸入に力をつくした。明治元（一八六八）年にはイギリスからブラントンを招聘し、日本各地に灯台を設置するための調査を行わせている。天保山や堺の灯台はこのときのブラントンの計画によってつくられたものである。

大阪城と大川をはさむ対岸には造幣局《ぞうへいきょく》が建設された。造幣局は明治四年二月十五日に開業したが、開業式には右大臣三条実美《さねとみ》・大納言岩倉具視《ともみ》、イギリス公使パークスら内外の高官が出席し、アジアで最新式の近代工場の出発を祝した。造幣局の工場群を設計したのはイギリス人ウォートルスで、彼はその後銀座のレンガ街を設計するなど、西洋建築の導入に影響を残した。造幣局では金属の精錬などに必要な化学薬品も製造した。硫酸・硝酸・曹達《ソーダ》などである。またガスも製造され、構内にはガス灯が配置され、夜ともなればその明かりを見物するものがいたという。造幣局のお雇い外国人のなかには、複式簿記を導入したブラガ、日本考古学の父と称されたゴウランドら、大きな文化的影響をあたえた人物もいた。

大阪城の近くには舎密局《せいみきょく》が明治二年五月に開校した。教頭となったのは、オランダ人ハラタマである。「舎密」とは物理・化学のことであり、幕府が江戸につくる予定であったのを、新政府が大阪に転じたのである。同様に大阪病院も江戸につくる予定が大阪に変更された。大阪病院にはオランダ陸軍軍医のボードインが勤務した。明治元年十二月には仮病院ができているが、のちに大福寺に移り、さらに鈴木町に移転した。舎密局はその後名称の変化があり、最終的には第三高等学校（旧制）となって京都に移った。現在の京都大学の前身の一つである。大阪病院にも変遷があったが、最終的には大阪大学医学部になる。また、大阪城の青屋口には造兵司《ぞうへいし》がおかれたが、のちに大阪砲兵工廠《こうしょう》（陸軍造兵廠）と改称し、昭和二十（一九四五）年八月十四日に米軍の大空襲をうけるまで日本陸軍の兵器工場として稼動した。

大阪の西には居留地があり、ここには外国人たちの生活が展開されて、欧米の生活様式を実見することができた。居留地の近くにはクリーニング屋・洋服商・ホテル（自由亭）・精肉商などができて、新しい風俗が大阪に流入した。居留地には独自の消防隊や警察もあり洋館なども立ちならび、エキゾチックな雰囲気をただよわせていた。貿易の不振で外国商人たちが川口をさったあとにはキリスト教関係者が学校をつくったので、川口は宗教と教育の町に変容した。

居留地と川をへだてた江之子島には明治七年に造幣局首長キンドルの設計によって府庁がたてられた。大阪の将来は西にありということで、正面入り口は大阪の市街地に背をむけ港に開かれていた。知事の公邸も居留地に隣接する雑居地にあった。

大阪府の成立●

維新直後の大阪地方は、新政府の直轄地・藩領・旧天領・旗本領・御三家領・公卿領・皇室領・寺社領などが錯綜《さくそう》していた。そのうち大阪市街地と堺の市街地は新政府の直轄地であったが、慶応四（明治元＝一八六八）年五月二日には大阪府が、六月二十二日には堺県が設置された。また、藩領以外のものはしだいに大阪府などに加えられた。六月には大阪府に司農局《しのうきょく》が設置され、郡部の行政を管理したが、七月八日に南北にわかれ、北司農局は摂津《せっつ》を、南司農局は河内《かわち》を管轄した。明治二（一八六九）年一月二十日、北司農局は摂津県、南司農局は河内県となった。大阪府は大阪市街地だけになってしまったのである。

明治二年五月十日、摂津県は豊崎県と改称したが、同年八月二日に至り摂津県は廃止されて兵庫県に吸収された。同時に河内県も廃止され堺県に吸収された。兵庫県に吸収された部分のうち、大阪市街地に接続する住吉《すみよし》・西成《にしなり》・東成《ひがしなり》郡は九月に大阪府へ戻された。明治二年六月十七日の版籍奉還、明治四年七月十四日の廃藩置県によって、大阪地域にあった高槻《たかつき》藩・麻田《あさだ》藩・岸和田《きしわだ》藩・伯太《はかた》藩・狭山《さやま》藩・丹南《たんなん》藩はそのまま県となり、各藩の飛地も各県領となったが、それらは四年十一月までに整理統合され、大阪府は摂津のうち七郡（西成・東成・住吉・豊島《てしま》・島上《しまかみ》・島下《しましも》・能勢《のせ》）、堺県は河内・和泉の各郡を管轄地とした。堺県は明治九年四月に奈良県を統合したので、河内・和泉に加えて大和をも管轄したが十四年二月にはその堺県が大阪府に吸収合併された。このため、この当時の大阪府の領域は大和・河内・和泉・摂津七郡を擁

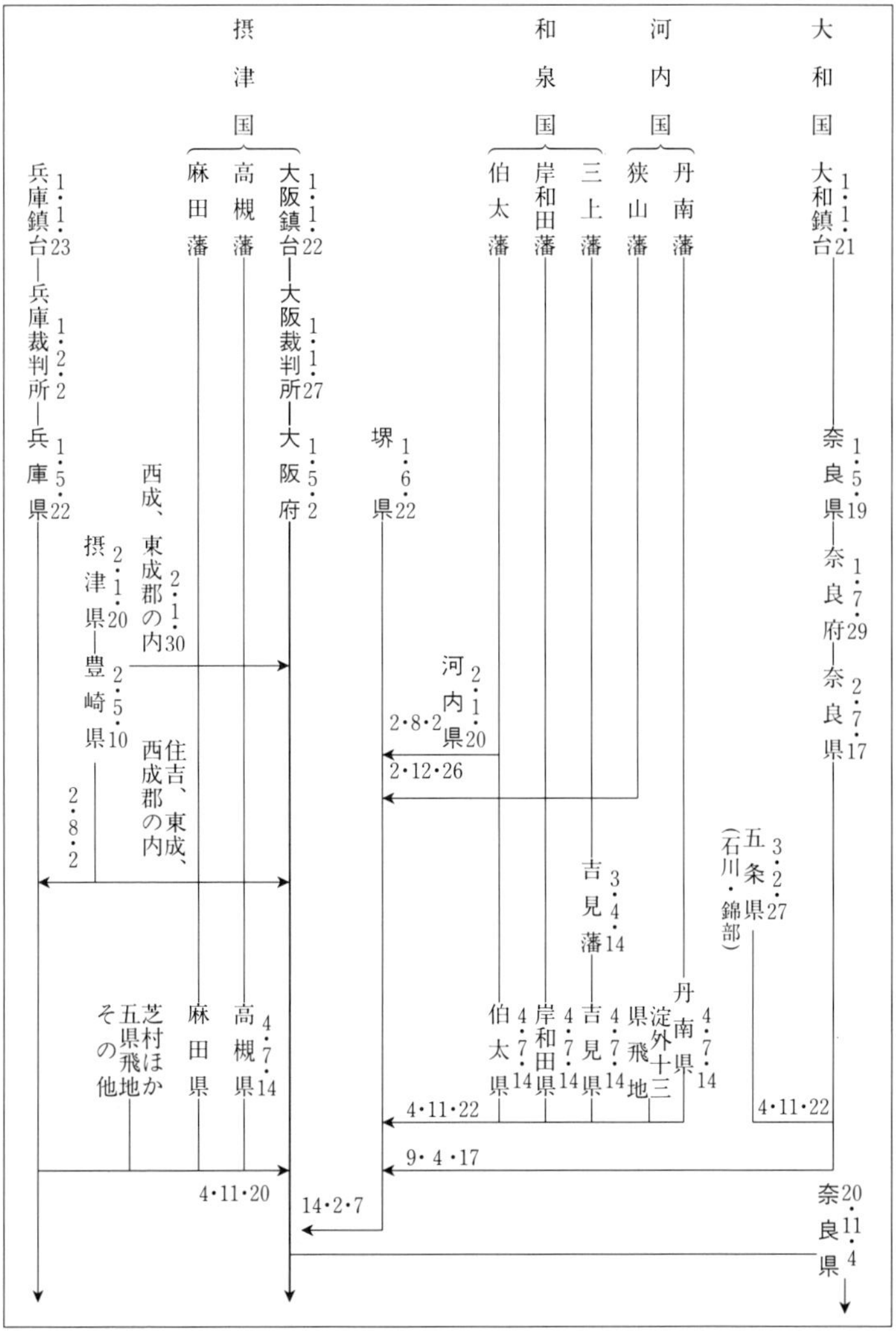
摂津国
和泉国
河内国
大和国
兵庫鎮台 1・1・23
兵庫裁判所 1・2・2
兵庫県 1・5・22
麻田藩
高槻藩
大阪鎮台 1・1・22
大阪裁判所 1・1・27
大阪府 1・5・2
伯太藩
岸和田藩
三上藩
狭山藩
丹南藩
大和鎮台 1・1・21
堺県 1・6・22
奈良県 1・5・19
奈良府 1・7・29
奈良県 2・7・17
摂津県 2・1・20
豊崎県 2・5・10
西成、東成郡の内 2・1・30
河内県 2・1・20
2・8・2
2・12・26
住吉、西成郡の内、東成、
2・8・2
吉見藩 3・4・14
五条県 3・2・27
(石川・錦部)
麻田県
高槻県 4・7・14
芝村ほか五県飛地その他
伯太県 4・7・14
岸和田県 4・7・14
吉見県 4・7・14
丹南県 4・7・14
淀外十三県飛地
4・11・22
4・11・22
9・4・17
4・11・20
14・2・7
奈良県 20・11・4
大阪府の沿革

する広大な地域となった。このため、旧奈良県の人びとは奈良県再置運動を行い、明治二十年十一月にいたってようやく奈良県再置が実現した。

2 大阪市と堺市の成立

民権運動●

明治八（一八七五）年一月から二月にかけて、憲政史上有名な大阪会議が行われた。それは当時政府から離れていた長州閥の木戸孝允《たかよし》、野にくだっていた土佐の板垣退助、それに政府の実力者である大久保利通の三者のあいだで、大阪北浜の加賀伊《かがい》楼で開催された会議であり、木戸・板垣の政府復帰と大審院の設置や立憲体制への方向が合意された。この会議を記念して参加者が揮毫《きごう》し、加賀伊楼の名を、花外《かがい》楼とした故事は有名である。

前年の明治七年四月には高知に立志社ができたのをはじめ、全国に民権政社がつぎつぎに結成されていたが、大阪会議が行われた八年二月には、大阪で民権政社を糾合《きゅうごう》した愛国社が成立し、その後の大阪は民権運動の重要な活動場所となった。明

「加賀伊」時代の花外楼

❖コラム

大阪の公園

明治六（一八七三）年八月に大阪府の公園として箕面《みのお》山・四天王寺境内・住吉神社境内が指定された。これが大阪府の公園の発祥である。箕面山については、大阪や神戸の居留地に住んでいた外国人の避暑地・保養地ともなっていた。箕面の滝がその中心であった。

住吉神社は海に近く古来白砂青松の地として知られていた。公園地のなかには有名な高燈籠があって、遠近の観光客を集めた。

同じ明治六年十二月には浜寺も公園地となった。これには挿話がある。六年八月、政府の実力者大久保利通が休暇をとって、堺県令の税所篤《さいしょあつし》のところに立ちよったが、税所が浜寺を案内したとき松林が伐採されているのをみた大久保は、

音にきく高師の浜のはま松も　世のあた波はのかれさりけり

との和歌を認《したた》めて税所に示した。浜寺は高師の浜として古来有名で歌名所の一つでもあった。二六三九本もあった松が、士族の授産事業のため八四八本にまで減ったことにおどろいた大久保が、即席の和歌でたしなめたのである。結局伐採は中止され、公園にすることが許可されたのである。

大阪の中心にある中之島公園は明治十二年に公園地となったが、二十四年には仮公園、三十四年に正式に公園となった。それまでも中之島の東部には難波橋《なにわばし》付近に露店や屋台がでたり、納涼の場所として市民の憩いの場所であった。明治十二年には豊国《ほうこく》神社や温泉、十四年には自由亭ホテルが開業して人びとの関心を高めた。この自由亭ホテルは当時大阪で唯一の洋式ホテルであった。

治七年から十年にかけて、いわゆる士族の反乱が続いた頃には、愛国社はすでに活動を停止していたが、明治十一年九月に大阪で再興大会が開かれ、第二回と第三回の大会も大阪で開かれた。翌々十三年三月には第四回大会が喜多福亭を会場として開かれたが、途中で会場を太融《たいゆう》寺（大阪市北区太融寺町）に移し、国会願望書を政府に提出することを決めた。また、愛国社とは別に国会期成同盟も結成された。このとき起草された「国会を開設するの允可《いんか》を上願するの書」には、大阪に籍をおくものとして渡邊禎一郎《わたなべていいちろう》（民政社一五人総代）・光沢了照《みつざわりょうしょう》（大阪府下寄留社員一五人総代）が署名している。

民権政社としては、これより少し前に大阪の交誼社《こうぎしゃ》があり、植木枝盛《うえきえもり》や菊池侃二《きくちかんじ》らが参加していたが、十二年頃には解散した。民政社は十二年十一月に結成され、渡邊や青山薫《かおる》が参加していた。青山薫は、明治十四年十月、全国有志七八人の一人として、東京での自由党結成大会に出席しているが、『自由党史』には「一番　青山薫」と記されている。

大阪における民権運動の演説会は明治十年頃から催されているが、その会場となったのは寺社や劇場であった。明治十四年に五代友厚《ともあつ》の関西貿易商会が関与した北海道開拓使の官有物払下げ事件がおこると、大阪でも政府や藩閥攻撃の演説会が盛んに催された。とりわけ八月二十日に道頓堀《どうとんぼり》の戎座《えびすざ》で開催された演説会は盛況で、『大阪日報』は「大坂にては未曾有なる壮快激烈の政談演説会」と記している。この開拓使官有物払下げ事件は、国会開設運動の全国的な盛り上がりとともに政府を窮地に追い詰め、明治十四年十月の政変を招いた。このとき政府は一〇年後の国会開設を約束したが、民権運動の側では自由党を結成し、また政変で政府を去った大隈重信も改進党を結成した。大阪では政変直前に近畿自由党が結成され、十一月には日本立憲政党と改め『大阪日報』を買収して、『日本立憲政党新聞』を十五年二月に創刊した。

❖コラム

朝日と毎日

日本を代表する新聞である『朝日新聞』と『毎日新聞』はともに大阪でうまれた新聞である。『朝日新聞』は明治十二（一八七九）年に誕生しているが、『毎日新聞』の前身である『大阪日報』は明治九年に誕生している。当時政治的な論戦を張った新聞を大新聞《おおしんぶん》といい、そうでない新聞を小《こ》新聞といったが、『大阪日報』は大新聞で民権論を主張した新聞であった。そのため幾度か発行停止処分になり、責任者は罰金や禁固刑に処せられた。明治十四年に日本立憲政党が大阪にうまれると、同党は『大阪日報』を買収し、明治十五年には『日本立憲政党新聞』とした。しかしこの新聞も政府の弾圧などで発行停止があいついだ。そこで、『日本立憲政党新聞』が発行禁止になると、かわって『大阪日報』を発行するなどした。やがて民権運動の挫折などから、『大阪日報』は明治二十一年十一月に不偏中立主義を旨とした『大阪毎日新聞』へと衣がえを行った。

『朝日新聞』は総振り仮名つきの小新聞として出発し、しだいに大きく成長していった。明治二十二年一月には『大阪朝日新聞』と改題した。これは前年に東京の『めさまし新聞』を買収し、『東京朝日新聞』としたのに対応したものであった。『大阪朝日』と『大阪毎日』は発行部数でしだいにほかの新聞を引きはなしたが、大阪瓦斯《ガス》会社の報償問題などで対立することも多かった。また明治末期からは、新聞小説にも力をいれはじめ、東西の朝日新聞が夏目漱石を登用すると、毎日では傘下の『東京日日新聞』とともに森鷗外の小説を連載して対抗した。両者は全国紙としてゆるぎない立場をきずいたが、朝日の場合には「白虹事件《はっこうじけん》」などで弾圧をうけることも少なからずあった。

また別組織として大阪政談演説会も組織され、活発な民権思想啓蒙活動を行ったが、一方で寺田寛《ひろし》らにより明治十五年六月には大阪自由党が結成され、機関誌『文明雑誌』が刊行された。大阪自由党には被差別部落の人びとも参加していた。なお、この年には植木枝盛が増石税に反対する全国の酒屋代表者を集めて会議を開こうとしたが、警察がこれを禁止したため淀川の船中で会議（酒屋会議）を開いた。

その後、自由党は各地で福島事件・秩父事件・加波山《かばさん》事件など、いわゆる激化事件をおこしたが、官憲の弾圧がきびしくなったため、明治十七年十月、大阪の太融寺で解党を決定した。また、民権運動の壮士らは朝鮮半島に活躍の場を求めようとして、朝鮮政府の派閥争いに介入し、壬午《じんご》事変（明治十五年）・甲申《こうしん》事変（明治十七年）をおこした。日本の朝鮮半島での侵略行為の一つである。明治十八年、民権過激派の大井憲太郎・小林樟雄《くすお》らは朝鮮にわたって、朝鮮民主化のためのクーデタをおこそうと計画したが、大阪府警察本署に探知され、十一月に大阪で逮捕され、同志らも長崎そのほかでとらえられた。これを「大阪事件」という。

近代工業の発達●

大阪での近代工業の移植は、造幣局や砲兵工廠《こうしょう》などが先鞭《せんべん》をつけたが、それよりはやく明治三（一八七〇）年に堺に紡績所がつくられていた。堺紡績所は薩摩藩が創設したもので、堺の戎島《えびすじま》に土地を求め、明治元年十二月に鹿児島から機械を運び、翌々三年十二月に操業をはじめた。堺紡績所は薩摩藩が藩益拡大をねらったもので、和泉・河内の綿作地帯を念頭においたものであった。しかし、明治四年の廃藩置県後、堺紡績所は五年七月に政府の経営に移され官営模範工場となった。

明治政府は殖産興業政策を展開して各地に官営模範工場をつくったが、大阪には少なかった。また政府は紡績業の保護奨励方針をとったが、明治十二年には堂島《どうじま》浜通三丁目（大阪市北区）に渋谷《しぶたに》紡績所（のち堂島紡績所）、島下《しました》郡石河《いしかわ》村（茨木《いばらき》市）に桑原紡績所がつくられた。ともに二〇〇〇錘をそなえていた。渋谷紡績所は蒸気を動力に用い、桑原紡績所は水車による水力を利用していた。この両紡績所は夜業も行っていたようだが、十四年十一月の『大阪府勧業月報』には、渋谷紡績所の報告として「夜業を休みしこともあり」と記されている。また、桑原紡績所については明治十六年五月に「営業日数二五日、就業時間二二時間」と報告されており、丸一日に近い勤務状況であったことがわかる。

渋谷・桑原・堺の三紡績工場は政府の資金援助を得ていたが、明治十五年に民間の大紡績工場が西成《にしなり》郡三軒家《さんげんや》（大阪市大正《たいしょう》区）に設けられた。大阪紡績がそれで株主には東京と大阪の財界人および華族・実力者らが名を連ねていた。大阪紡績は煉瓦《れんが》づくり三階建ての一万五〇〇〇錘をそなえた大工場で、三軒家紡績ともよばれた。操業は十六年七月にはじまっている。大阪紡績も石油ランプを使って夜業を行っていたが、十七年には当時ほとんど日本では使われていなかった発電機を購入し、電灯を使用するようになった。

大阪紡績の成功によって、二十年には大阪撚糸会社・天満《てんま》紡績会社・大阪織布会社・平野紡績会社、二十一年に浪華《なにわ》紡績会社、二十二年に摂津紡績会社・泉州《せんしゅう》紡績会社、二十五年に伝法《でんぽう》紡績会社・岸和田紡績会社・堺紡績会社、二十六年に明治紡績会社・野田紡績会社、二十九年に日本細糸《にほんほそいと》紡績株式会社・泉南《せんなん》木綿《もめん》株式会社・大阪再綿株式会社・河内木綿株式会社などと、府下に大規模な紡績工場が多数設立されるようになった。

なお、これらの紡績工場で使う原綿は、国産品では工場の機械にあわないことから、明治二十年頃を境としてしだいにインド綿などが輸入されるようになった。そのため和泉や河内での綿作はふるわなくなってしまい、明治末年頃にはほとんど植えつけられなくなってしまった。こうして大阪には紡績・紡織産業がおこり、全国的にも大きなシェアを占めるようになり、明治二十年代後半には「東洋のマンチェスター」という表現も使われるようになった。

大阪紡績とならんで民間の大工場として登場したのは大阪鉄工所である。大阪鉄工所はイギリス人ハンターがつくったもので、明治十四年西成郡六軒家《ろっけんや》（大阪市此花《このはな》区）で操業を開始した。当時の鉄工所は造船所を意味した。維新直後に大阪と神戸のあいだにグラバー商会の蒸気船スタンチ号が就航し、明治三年の頃には淀川にはじめて蒸気船が走ったが、本格的な造船工場はなかった。一方、西南戦争の頃から海運業が盛んになり、貨客の争奪が繰り広げられるようになっていた。とくに瀬戸内海航路では各社の競争が激しく船会社は不安定な状態にあった。そこで各船会社を統合して大阪商船会社が明治十七年五月に創立された。大阪商船は大阪鉄工所に造船を依頼するようになり、大阪鉄工所は順調に成長した。そのほか大阪の木津川筋には中小の造船所がつくられ活況を呈した。

中小の工業としては、家内工業としてマッチやタオルなどの生産が行われるようになった。マッチは大阪市街地の近く、タオルは河内地方、

大阪紡績会社

また段通《だんつう》（綿・麻・羊毛などを原材料として織られた敷物）が堺を中心に泉州地方で製造され、地場産業として発達して輸出もされるようになった。

行政区画の変遷●

この間、行政区画は明治維新直後から明治四年実施された廃藩置県までの府・藩・県三治制の時代、明治五（一八七二）年から明治十一年までの大区小区制時代、明治十二年から明治二十二年までの三新法（郡区町村編制法・府県会規則・地方税規則）の時代と変遷を重ねた。

明治四年四月に公布された戸籍法では、地方をいくつかの区にわけ、区ごとに戸籍を作成することとした。府県によっては、大区をおきその下に小区を設けるところもあった。このような大区・小区の戸籍管理者が戸長・副戸長であった。戸長・副戸長は従来の庄屋がかねてもよいとされた。ところが区の範囲は江戸時代以来の町村のまとまりにかかわりなく定められたため、不都合な面や混乱が生じた。翌明治五年四月には庄屋・名主・年寄の称が廃止され、戸長・副戸長と改称されることになった。また区には区長がおかれることになり、区が行政の上の最小単位となった。

大阪では旧大坂三郷《さんごう》と堺・郡部ではその変遷が異なっている。旧大坂三郷は明治二年六月二日に東南西北の四大組にわけられ、四年五月には四大組中の町組を廃止し各大組ごとに「いろは分け」の組が設けられ、さらに組の下に数町が一まとめにされて番号がつけられた。各大組には大年寄、「いろは分け」の組には中年寄、各番町には少年寄が設けられた。五年三月には「いろは分け」の組を廃止して区に改め、四大区七九小区となった。同五年五月には大年寄を総区長、中年寄を区長、少年寄（各町一人）を戸長と改めた。八年四月三十日、東南西北の四大組を第一・第二・第三・第四大区と改め、七九小区は八〇小区に改編された。

堺は慶応四（一八六八）年六月に堺県となり、明治二年に河内県を編入し、廃藩置県後の府県整理によって和泉国四郡・河内国一四郡全域を管轄し、九年には奈良県を吸収した。この間、五年二月に河内国を二九区、和泉国を二五区にわけ、各区ごとに区長・副区長をおいた。七年一月に、河内国を三大区一五小区、和泉国を三大区一四小区に改編した。また、大阪市街地以外の大阪府の摂津国郡部は、明治五年に七郡二三区となり、八年四月三十日には東成・西成・住吉・島下・島上・豊島《てしま》・能勢《のせ》の各郡が、第五〜第一一大区となった。

明治十一年七月に公布された三新法は、翌十二年に実施された。この郡区町村編制法により、大区小区制は廃止され、江戸時代以来のまとまりをもつ町村が復活した。各郡ごとに郡役所が設けられ、郡部内は数町村あるいは一町村ごとに戸長が管轄することになった。大阪府では市街地の四大区を、それぞれ東南西北の四区として区長と区役所をおき、各郡には郡長と郡役所をおいた。堺県では、十二年にあらたに堺の市街地に堺区を設け、区長と区役所を設けた。堺県の郡部は十三年になって、和泉国の大鳥《おおとり》・泉《いずみ》郡をあわせて湊《みなと》郡役所、南・日根《ひね》郡をあわせて岸和田郡役所を設けた。河内国では、石川《いしかわ》・古市《ふるいち》・安宿部《あすかべ》・錦部《にしきべ》・八上《やかみ》・丹南《たんなん》・志紀《しき》の七郡をあわせて古市郡役所を、丹北《たんぼく》・高安《たかやす》・大県《おおがた》・河内・若江《わかえ》・渋川《しぶかわ》の六郡をあわせて八尾《やお》郡役所を、茨田・交野《かたの》・讃良《さらら》の三郡をあわせて枚方《ひらかた》郡役所をおいた。十四年二月に堺県は大阪府に合併され、堺区役所・各郡役所はそのまま大阪府の管轄となった。

明治二十二年四月一日には、市制・町村制が実施された。市制に基づき大阪府では、大阪の市街地四区を範囲として大阪市、堺区を範囲として堺市が成立した。市制は実施されたものの、東京・京都・大阪に

郡の統合(明治29年4月)

《摂津》 西成郡(元のまま)

- 東成郡・住吉郡 ― 東成郡
- 島上郡・島下郡 ― 三島郡
- 豊島郡・能勢郡 ― 豊能郡

《河内》

- 茨田郡・交野郡・讃良郡 ― 北河内郡
- 丹北郡・大県郡・高安郡・河内郡・若江郡・渋川郡・志紀郡のうち三木本村 ― 中河内郡
- 安宿部郡・古市郡・石川郡・錦部郡・八上郡・丹南郡・志紀郡のうち道明寺村・小山村・柏原村・大田村・志紀村 ― 南河内郡

《和泉》

- 大鳥郡・和泉郡 ― 泉北郡
- 南　郡・日根郡 ― 泉南郡

は特例によって市長・助役・収入役はおかれず、市長の職務は府知事、助役の職務は府の書記、収入役の職務は府の役人が行うこととなった。このような変則な形は明治三十一年九月末まで続いた。

町村制では、自治体として機能しうる大きさが求められていたので、旧来の町村の統廃合が行われ、大阪府では一二町三一〇村一三三〇大字が発足した。大字は旧来の町村がそのまま新町村の下に含まれたものである。町制を施行したのは、天保《てんぽう》・西浜《にしはま》・東平野《ひがしひらの》・玉造《たまつくり》・平野《ひらの》郷《ごう》・安立《あんりゅう》・岸和田・岸和田浜・池田《いけだ》・貝塚《かいづか》・守口《もりぐち》・枚方の各町であった。

市制では、市の行政執行機関は参事会にあるとされている。参事会員は名誉職であり、市会で選挙によって選ばれ、市長とともに参事会を構成し、市の行政を執行することになっていた。ところが、大阪市の場合には、市長や助役の職務を行う府知事と府書記が参事会の一員となったので、自治とはいうものの官治的要素が濃厚であったといえよう。

明治二十三年五月には府県制・郡制が公布された。この二法は公布されたものの、すぐには実施されず、大阪府は二十九年四月に郡制実施にそなえて郡の統合を実施した。当時、大阪府には摂津に七郡、河内に一六郡、和泉に四郡の計二七郡あったが、この統合で前頁の図のように摂津は西成・東成・三島《みしま》・豊《と》能《よの》の四郡、河内は北河内・中河内・南河内の三郡、和泉は泉北・泉南の二郡、計九郡となった。

一方、府県制は三十二年三月に改正され、その改正府県制が同年七月から大阪府で実施された。明治十二年に設けられていた府会が府県制に基づく府会となったほか、あらたに副議決機関として府参事会が設けられた。これよりさきに大阪府は明治三十一年六月に郡制を実施したが、これによりあらたに郡会が設けられた。明治十二年に郡長が設けられてはいたが、議決機関として郡会、副議決機関として郡参事会が加えられたのである。この郡会には、大地主議員の制度があった。これは一定の税額をおさめる大地主に選挙権をあたえるものであり、大地主の発言権を確保するものであった。しかし、大阪府が郡制を施行してから九カ月後、三十二年三月に郡制の改正公布が行われ、三十二年七月に実施されたため大地主議員は廃止された。郡は府と町村のあいだに位置する自治体であったが、中途半端な位置づけであったため、大正十二（一九二三）年に廃止された。

なお、大阪府に郡制が実施される一年前の明治三十年四月には、大阪市の市域拡張が行われた。これにより西成郡と東成郡のうち二八カ町村の一部または全部が大阪市に編入された。また、明治三十一年九月三十日をもって市制特例が廃止されたため、大阪市は十月一日から普通市制に移行し、初代市長には田村《たむら》太兵衛《たへえ》が就任した。助役には大阪高等商業学校の教頭であった平沼淑郎《ひらぬまよしろう》が選任された。初め、市役所は大阪府庁の数室を借用していたが、翌年十二月に府庁の北側に仮庁舎をつくり移転した。

3　大阪の基盤整備

淀川大改修と築港●

大阪の港である川口波止場は富島《とみしま》にあったが、安治川沿いにあるため上流からの土砂の堆積で大型の船の着岸ができなかった。また、河口から四キロも遡航《そこう》しなければならず、大都市大阪の港としては不便であった。このため天保山付近に築港をつくることが悲願であった。大阪府や政府は、オランダ人のお雇い外国人工師エッシャーやデ゠レーケに大阪築港の計画をつくらせたが、彼らは淀川下流の蛇行している中津川を海までまっすぐな放水路につくりかえ、その近くに大阪の築港をつくるという計画を提出した。しかし工費があまりにも巨額になることから、放水路と築港は実現の運びには至らなかった。一方では淀川の氾濫《はんらん》も大きな問題であった。

淀川はたびたび氾濫をおこしているが、近代では慶応四（一八六八）年五月と明治十八（一八八五）年六月に大きな氾濫をおこした。梅雨末期の集中豪雨によるもので、いずれも堤防が決壊し、農作物に大きな被害をだした。明治初年に、内務省は淀川修築の計画をださせ、淀川の修築を行わせた。彼らは、護岸工事・水制工事などとともに水源付近の砂防工事もあわせて行い、成果をあげた。明治十一年には吹田《すいた》付近で神崎川の流路が付け替えられている。

しかし、明治十八年の大洪水では淀川左岸の堤防が切れ、大阪市内への影響をおさえるため野田付近で堤防を切るなどした（野田の態《わざ》と切れ）ため、河内地方に大きな被害をあたえた。また大阪市内も低地は水没し、市内の著名な橋が損壊したり流失した。このことから淀川の根本的な大改修が沿岸の住民から要望された。具体的には淀川の流路を付け替えることであったが、莫大な工費を伴うことから国庫補助の要請が行われた。大阪府や淀川沿岸の町村、それに府会議員であった大橋房太郎《ふさたろう》らが熱心な請願運動を続けた結果、ようやく政府は明治二十八年に河川法案を帝国議会に提出し、また同年六月には淀川改良工事の告示をだした。河川法は数府県にわたる河川についての行政や管理について定めたもので、大規模な工事を行う場合にはそのよりどころとなる法律であった。

淀川改良工事は一〇カ年の継続工事として、明治三十一年に着工された。この工事によって守口《もりぐち》付近から下流の流路に変更が加えられ、毛馬《けま》付近から大阪湾までまっすぐの放水路がつけられた。毛馬には閘門《こうもん》がつくられて、大阪市内への水量の調節がはかられた。この淀川改良工事と並行して大阪築港工事も開始された。起工式は明治三十年十月、天保山《てんぽうざん》砲台で行われたが、式後天保山の沖合いに臨時につくられた仮設の沈石場《ちんせきじょう》で基石の沈石式が行われた。こうして大阪府民の悲願であった淀川の改修と築港の大工事がはじまった。

築港大桟橋

築港は明治三十六年に大桟橋の一般開放をみた。これによって大阪は大型船舶が寄港できるようになり、大阪港での輸出入取扱高は神戸と肩を並べるほどとなり、やがては中国貿易を中心として発展することになった。

淀川改修は明治四十二年に新淀川完工式が行われた。この新淀川の完成により、大規模な洪水の被害から免れるはずであった。しかし大正六（一九一七）年十月には、未曾有の大洪水がおこり、淀川右岸高槻の大塚《おおつか》で堤防を切らなければならないほどの事態となった（大塚の態と切れ）。

第五回内国勧業博覧会●

明治三十六（一九〇三）年に第五回内国勧業博覧会が開かれた。その前の第四回勧業博覧会は明治二十八年に京都で開かれ、そのときには平安遷都千年の紀念祭も行われ平安神宮が建立された。第四回までの勧業博覧会とはちがい、第五回内国勧業博覧会は外国からの出展も行われ、実質的には万国博覧会的要素をもって

第５回内国勧業博覧会会場全景

いた。明治の万博といわれるゆえんである。

会場は大阪市南区天王寺今宮《てんのうじいまみや》に主会場、堺大浜《さかいおおはま》に水族館がつくられた。会期は三月一日から七月三十一日まで、観客は両会場で五二八万六二三三人を集めた。この博覧会には政府を始め大阪府・市および財界などが力をいれた。大阪への誘致を最初に決議したのは大阪商業会議所である。政府が力をいれたのは、日清戦争で勝利を得て、世界の列強に加わったという自信と、日本の工業・経済力をほこりたいという一面があったと思われる。大阪にとっては、この一大プロジェクトによって、経済を始めとしてあらゆる分野での活性化が期待できた。事実、交通や道路の整備など大阪の市街地の改善が行われている。

開会式は四月二十日、明治天皇を迎えて行われた。明治天皇は開会式のほか数回にわたって会場に行《ぎょう》幸《こう》し、皇族の参観も多かった。会場には工業館・美術館・教育館・農林館・機械館・水産館・動物館・各府県館などのほかいくつかの参考館が設けられ、外国館もあった。当時日本の植民地であった台湾館もあった。会場の正門前に学術人類館と称して、北海道・沖縄・台湾・中国の人びとを見世物にするようなものができたが、外国や国内の有識者のきびしい批判があり、内容の変更が行われた。

会場内には噴水や高塔がつくられていた。大林組のつくった高塔には当時珍しかったエレベーターが設置され人気を集めた。このほか人気を集めたものは、茶臼山《ちゃうすやま》池に設けられたウォーターシュート、冷蔵庫、メリー・ゴーランド、アイスクリームなどがある。会場内には夜間の入場もでき、各館に設置されたイルミネーションが点灯して幻想的な雰囲気をただよわせた。光学的トリックを使った不思議館も話題を集めた。舞台で踊る踊り子の衣装の色がつぎつぎと変化したり、一人が何人にもみえた。

この博覧会にあわせて、大阪を紹介する出版物が何種類も発行された。大阪府や市、それに博覧会協賛会、在阪新聞社なども協力した。明治維新後、商工業を中心として発達してきた大阪の宣伝でもあった。
勧業博覧会が行われた頃の大阪はようやく近代的な建物や施設がふえはじめていた。大阪市内には本格的な建造物、たとえば石造の豪壮な感をあたえた二代目大阪駅（三十四年）やエレベーターを大阪ではじめてそなえた日本生命本社ビル（三十五年）、大阪ホテル（二代目・三十六年）、公会堂（初代・三十六年）、日本銀行大阪支店（三十六年）、府立図書館（三十七年）、銀行集会所（三十七年）などである。

巡航船と市電●

大阪では、第五回内国勧業博覧会が開かれた明治三十六（一九〇三）年に巡航船と市電が開業している。巡航船は、狭隘《きょうあい》な道が多い大阪の交通手段として構想されたもので、当初市営も考えられたが民営となった。このとき大阪市は大阪巡航船合資会社とのあいだに、報償《ほうしょう》契約を結んでいる。報償契約というのは、事業の独占を許すかわりに、市営で行った場合に生ずるであろう利益の何分の一かをおさめさせるものである。大阪市のちに巡航船のほか大阪瓦斯《ガス》会社・大阪電灯会社とのあいだにも報償契約を結んでいる。巡航船は博覧会開催後の三月七日に営業をはじめたが、人力車よりも値段が安かったこともあって、繁盛した。人力車夫らは巡航船が生活をおびやかすものととらえ、この年六月十二日には人力車夫が巡航船を襲撃する事件もおきた。

市民の足として人力車は人びとの生活に結びついていたが、巡航船の登場とともに客足をとられはじめた。しかし、これで巡航船の時代がきたわけではなかった。巡航船のライバルとして市営電気鉄道（市電）が、三十六年九月に登場するからである。大阪の市電は第五回内国勧業博覧会には間にあわなかったが、九月二日に西区花園橋《はなぞのばし》と築港とのあいだに第一号電車が運転された。当時の大阪市長鶴原定吉《つるはらさだきち》は、市電公営論をとなえ、その方針のもとに明治後期から大正時代にかけて、第二期・第三期・第四期線が建設され、市電が市内を縦横に走るようになった。この結果、人力車はまったく衰退してしまうことになった。

鉄道ブーム●

明治十八（一八八五）年十二月、難波・大和川間に阪堺《はんかい》鉄道が開業した。実質的に日本最初の私鉄といわれている。阪堺鉄道は明治三十一年には和歌山まで延長され、社名も南海鉄道となった。これに刺激されて、明治二十二年には大阪鉄道が湊町・柏原《かしわら》間に開通した。大阪鉄道は奈良まで延長される一方、天王寺と梅田を結んだ。大阪・名古屋間を結んだのが関西鉄道で、関西鉄道は大阪鉄道を買収し、湊町・名古屋間を押さえた。このほか西成《にしなり》鉄道（安治川・大阪間）や河陽《かよう》鉄道（柏原・古市間、富田林・滝谷不動《たきたにふどう》間）などがあって、地域の発展に寄与した。また明治三十七年には阪鶴《はんかく》鉄道（大阪・新舞鶴間）が開通した。

政府は鉄道の整理統合が国策に沿うものとして、国有化方針をとり、全国の主要な幹線にある私鉄を国有化しようとした。関西では西成鉄道（JR西日本大阪環状線の一部と桜島線）、関西鉄道（JR西日本大和路線・環状線の一部・和歌山線）、阪鶴鉄道（JR西日本福知山線）、山陽鉄道（JR西日本山陽本線）などが国有となった。

日露戦争前後から大正時代初めにかけて、阪神電気鉄道（明治三十八年）・箕面《みのお》有馬電気軌道（同四十三年）・京阪電気鉄道（同四十三年）・大阪電気軌道（大正三年）など新しい鉄道がつぎつぎとうまれるにいたった。現在の阪神・阪急・京阪・近鉄である。これらは電車であったが、国有をまぬがれていた南海鉄道も明治四十年には電化をはたした。

この頃大阪の工業都市化が進み、それに伴って環境が悪化していた。「東洋のマンチェスター」といわれたが、反面では工場から排出される煤煙《ばいえん》や工場排水が問題になりはじめていた。また工場で働く人びとが都市に流入してきた結果、都市の人口はしだいに膨張していた。そこで空気のよい郊外へ住居を移す人びとがふえはじめた。そのきっかけをつくったのが阪神電気鉄道であり、箕面有馬電気軌道であった。阪神電気鉄道は香櫨園《こうろえん》や芦屋《あしや》などが白砂青松の別天地であり、衛生的にもすぐれていると宣伝した。また箕面有馬電気軌道は沿線に池田室町《むろまち》住宅のような住宅地を開発するとともに、箕面には動物園、宝塚には温泉や少女歌劇をつくって、乗客を勧誘した。阪神電気鉄道と箕面有馬電気軌道が大阪の西と結んだのに対し、京阪電気鉄道は淀川左岸をとおって京都と結んだ。このため、それまで命脈を保っていた淀川の舟運《しゅううん》も決定的な打撃をうけた。淀川には江戸時代から伏見と大阪八軒家のあいだを三十石船が運航していた。明治初年には蒸気船（川蒸気）が就航し、貨客の運輸に大きく寄与していたが、明治九年に官設鉄道が淀川右岸を使って京都・大阪間に開通すると少なからぬ影響をうけた。それでも淀川左岸の枚方などを中心として水上交通が行われていた。ところが京阪電気鉄道の開通は利便さにおいてはるかに舟運を凌駕《りゅうが》したため、淀川の蒸気船交通も一挙に衰退することになったのである。

日露戦争と大阪●

明治二十七、八（一八九四、九五）年の日清戦争後の講和会議で日本が遼東半島を清国から割譲されると、フランス・ドイツ・ロシアの三国が異議を唱え、還付を日本に要求した。いわゆる三国干渉である。日本国内では三国干渉への反発が高まり、特に朝鮮半島で利権の対立するロシアに対しては敵愾心《てきがいしん》を燃やした。この気運は明治三十六年に東京帝国大学の七教授が対ロシア強硬意見書を首相桂太郎に提出したころからさらに強くなった。大阪でも、同年十一月には中之島公会堂に全国の新聞記者が集まり、対ロシア強硬論の演説会が開かれた。このような国民のあいだに浸透した反ロシア感情をも背景にして日露開戦への準備が行われたのである。

明治三十七年にはじまった日露戦争では、大阪府出身の兵士が所属する第四師団が出動した。第四師団は三十七年五月に行われた南山の戦いで勇名をあげた。第四師団は遮蔽物《しゃへいぶつ》のないところを進み、一番のりの手柄を立てたのである。この南山の戦いは、日清戦争当時に日本軍が消費した弾薬を一日の戦闘で使い切るという大激戦であった。日露戦争では旅《りょ》順《じゅん》港閉塞《へいそく》作戦や、旅順要塞の熾烈《しれつ》な戦いがよく知られているが、大阪出身の兵もこれらの戦いに参加し、その激しさを手紙で故郷に伝えている。この旅順攻撃のさなか、明治三十七年九月に発表されたのが堺出身の歌人与謝野晶子《よさのあきこ》の「君死にたまふこと勿《なか》れ」である。

旅順では、十一月二十七日から三回目の総攻撃が行われ、十二月六日に日本軍は二〇三高地を手にいれた。これにより旅順要塞は明治三十八年一月に降伏開城した。ロシア軍の捕虜は日本に移送され各地に収容され、大阪では浜寺《はまでら》にテント

浮虜収容所

❖コラム

立川文庫

明治末年から大正時代に大流行したものに立川文庫《たつかわぶんこ》がある。立川文庫は小型の講談叢書で、縦一二・五センチ、横九センチで、現在の文庫本より小さい。発行は立川熊次郎《くまじろう》の経営する立川文明堂で、大阪市東区博労《ばくろ》町四丁目（中央区）にあった。講談師の玉田《たま》玉秀斎《だぎょくしゅうさい》が中心であった。最初の発行は『諸国漫遊一休禅師』で、明治四十四（一九一一）年五月である。最終の第一九六巻は大正十三（一九二四）年十一月発行の『新納《にいろ》小弥太』である。その間、水戸黄門・大久保彦左衛門・柳生十兵衛・宮本武蔵・猿飛佐助・塚原卜伝・真田幸村など、武術や忍術の名人、豪傑や頓《とん》智《ち》にすぐれたものたちを主人公にした荒唐《こうとう》無稽《むけい》・痛快無比の物語を世に送りだした。猿飛佐助を中心とする忍術ものは、少年読者の支持を得た。また牧野省三《しょうぞう》が日活で忍術映画を制作し、それがまた人気をよんだ。

『立川文庫の英雄たち』を書いた足立巻一《けんいち》は、初期の一〇編について四つの特徴を指摘している。第一は、世の権力に反抗し、やっつけたりからかう人物が多いこと。第二は、強力なものに単身で立ちむかい打ち勝つ勇者が多いこと。第三は、侠客・義賊・女賊が登場せず、人情噺《にんじょうばなし》がないこと。また滑稽・武勇・忠節が中心であること。第四は、漫遊談によって筋が展開されることである。

立川文庫は高い人気を獲得したが、需要に応じるために粗製濫造におちいり生気を失い、中心であった玉田玉秀斎も大正八年にコレラでなくなった。それでも立川文庫は大正十三年頃まで発行されたが、やがて自然消滅した。しかし立川文庫はいわゆる大衆文芸の母胎となったのである。

が張られて三万人を収容したが、やがて高石村《たかいし》に収容所がつくられて移動した。一部は天下茶屋《てんかぢゃや》にも収容された。高石の収容所には電線が引かれてアーク灯が点灯されたが、これは泉州での点灯の最初であった。

日露講和条約が明治三十八年九月に締結され、その内容が国民の期待を裏切る内容であることがわかると、全国各地で講和反対運動がおきた。『大阪朝日新聞』は黒枠の紙面をつくり、それに野ざらしの頭蓋骨が涙を流している図をのせ、政府を攻撃した。また東京日比谷での焼打ち事件が伝わると、大阪でも暴動がおきた。窮乏生活をしいられた国民の怒りが発露されたといえる。

9章

大大阪とその発展

新世界ルナパーク

1　大正時代の大阪

米騒動と社会事業●

大正三（一九一四）年七月、ヨーロッパではじまった第一次世界大戦は、日本にも大きく影響した。戦争のため物資の生産ができないヨーロッパの国々への輸出、およびそのヨーロッパの国々が輸出していたアジア諸国への物資を、日本が肩がわりして輸出することになったからである。とくに船舶の需要は大きく、大阪では木津《きづ》川や尻無《しりなし》川沿いに造船所が急増し、多数の船成金《ふななりきん》がうまれた。また薬《くすり》の輸出も盛んになって、道修町《どしょうまち》では薬成金もうまれた。

大戦中に、ロシアでは革命がおきていたが、反革命派を支援するため、大正七年八月に日本はほかの列強に加わってシベリアに派兵することを決定した。大戦による好景気に伴って諸物価は上昇しはじめていたが、なかでも米価は「陸軍が出兵するのではないか」という憶測《おくそく》から、農家の売り惜しみや商社などの買占めもあって、大正六年頃から上がりはじめていた。七年四月に、政府は「外米管理令及び外米輸入令」をだすとともに、六年九月一日にだされた「暴利取締令」を活用して物価騰貴抑制をはかろうとしたが、効果は十分に上がらなかった。七年七月、政府はシベリア出兵について元老会議を開催し、具体的な日程を検討しはじめたが、その七月には米どころである富山県の各地で米屋や資産家に対して、米の積出しに反対したり米の安売りを強要するさわぎが続いていた。

八月五日、『大阪朝日新聞』『大阪毎日新聞』両紙は、富山県中新川《なかにいかわ》郡で漁師の妻女たちが米の積出しに反対して大きなさわぎをおこしたことを報じた。これ以来、全国で同様な事件が九月十二日頃まで続き、各地での米騒動《こめそうどう》の報道は米価の高騰に拍車を加えた。大阪での米騒動は八月九日朝に西成《にしなり》郡今宮《いまみや》（大阪市西成区）の米屋が襲撃されたのが最初で、翌十日にも同様な事件がおこった。米騒動が大規模化し拡散しはじめたのは八月十一日の夜からで、同夜天王寺《てんのうじ》公会堂で米価問題の大演説会が開催されたが、付近に集まった群集は閉会寸前頃から天王寺・今宮・飛田《とびた》（大阪市西成区）方面にむかい、米屋を襲撃するに至った。十二日も大阪市の区部や隣接町村で騒動が続いたほか、堺市、南河内《みなみかわち》郡富田林《とんだばやし》町（富田林市）・新堂《しんどう》村（松原市）・長野町（河内長野市）、中河内郡八尾《やお》町（八尾市）・久宝寺《きゅうほうじ》村（同）などでも、さわぎがおこった。十三日になるとさらに拡大し、三島《みしま》郡豊川《とよかわ》村（茨木《いばらき》市・箕面《みのお》市）・岸部《きしべ》村（吹田《すいた》市）、南河内郡三日市《みっかいち》村（河内長野市）・柏原《かしわら》町（柏原市）、中河内郡西郡《にしごおり》村（八尾市）・布施《ふせ》村（東大阪市）・英田《あかた》村（同）・竜華《りゅうげ》村（八尾市）、北河内郡守口《もりぐち》町（守口市）・四条《しじょう》村（大東《だいとう》市）、豊能《とよの》郡豊中《とよなか》村（豊中市）など、大阪府の各地に広がった。

この騒動は警察力だけでは鎮圧できず、十二日の夜、大阪府知事林市蔵《はやしいちぞう》は第四師団に軍隊の出動を要請した。それでも小規模の騒動がしばらく続いた。十四日、大阪府は大阪・堺両市および東成・西成両郡で、夜間に五人以上が集団で歩行することを禁止する府令をだした。また市電の運転も夜八時以降は停止された。同じ十四日には、内務省が新聞社に対して米騒動に関する報道を禁止した。こうした措置により、八月二十日頃には大阪の米騒動もようやく収束した。

米騒動がいみじくもあらわしているように、第一次世界大戦当時から物価の値上げが続き、それに加えて増税が行われたので労働者の生活は困難になっていた。とくに定職をもたないその日暮らしのものにとっては、困窮の度は増すばかりであった。そのため物価の高騰をおさえるためもあって、大阪市は七年四月に日用品供給場を天王寺・谷町《たにまち》・境川《さかいがわ》・堂島《どうじま》の四カ所に設置した。六カ月の予定で試験的なものであったが、米騒動に直面したこともあって好評を得たため、永続的なものとなり、名称も公設市場と改められ、しだいに増設されるようになった。

大阪市の社会事業は、米騒動が発生した大正七年に設けられたこの公設市場をきっかけに、以後各種の施設がつくられた。米騒動の最中に簡易食堂がつくられ、翌八年には託児所・児童相談所・職業紹介所・共同宿泊所などが、九年には産院や少年相談所、十年には乳児院や市民館が設けられた。このほか浴場や市設質舗もつくられている。

大阪府では大正二年四月に法学博士小川滋次郎《おがわしげじろう》を招き、その指導の下に救済事業に力を入れはじめ、七年六月には救済課を新設し、同年十月には方面委員をおいた。方面委員制度は府内を三五の地区にわけ、そこに五二七人の委員を設けるもので、委員は住民の生活状態の調査・救療の徹底・幼児保護など各種の調査や活動を行い、社会事業が遅滞なく行われ

簡易食堂

るように恒常的なものとして位置づけられた。この方面委員制度は救貧制度として高く評価され、全国的に広がることになった。

小作争議と労働運動●

大正時代の大阪は小作争議でゆれた。とくに北河内・三島の両郡で顕著であった。大阪では大正十（一九二一）年以降小作争議が増加した。その原因は屎尿《しにょう》汲取り問題や小作料の値上げなどについてであった。大正十年にはクリスチャンの社会運動家賀川豊彦《かがわとよひこ》と同じくクリスチャンの農民運動家杉山元治郎《もとじろう》とが神戸で農民のおかれている状況について協議し、翌十一年四月に杉山が会長となって日本農民組合（日農）が創立された。当時北河内郡津田《つだ》村（枚方《ひらかた》市）でおこっていた小作争議に日農が介入し、小作人たちの要求がとおる結果となったので、北河内郡には日農の支部がつぎつぎとつくられ、日農の指導によって小作争議が展開されることになった。

また中河内郡の鴻池《こうのいけ》新田（東大阪市）でも小作争議がおこり、数年にわたって紛糾《ふんきゅう》した。鴻池新田にみられるように、旧大和川河道や大阪湾岸で開拓された新田は、単一の地主が所有している場合が多く、小作人側も団結しやすいという側面があった。そのため近世以来しばしば小作争議がおこっている。

津田の大争議
遂に解決す!!
北河内郡津田村には現在大字、各日津田の三支部が創立して強固な小作人の城塞を築いて強悪地主の聯合に對立して居るが此の三支部中最大の組織を有つ津田支部では昨年度の年貢米四割減の要求を地主に叩きつけて昨年以来籠城を續けて居たが地主側では毎年毎年恐らしく小作人から攻められる事の苦痛に堪えかね、山本藤右衛門外十九名の地主共は聯合して小作人永田元治郎君林田熊吉君外百三十四名に對し滞納小作料積米並に土地返還請求の調停申立を為したが小作人側では全農大阪府聯合会指導の下に強固な陣営を籠った誇りを有するだけに小作人の勢力最も強く現在小篠良三、永田元治郎の二村会議員を有し昨秋府会議員選挙の際初田新聯委員長立候補の際も今春杉山安委員長立候補の際の如きいつも政友民政の両党を完全に叩きつけ最高の得票を我等に獲得せしむるほどだけに小作料の減も他の地方より比して非常に低く随って同村に於ける三割四割の減免要求は他地方の七割八割の減免要求以上の苦心と努力が必要である事を思へば大勝利の解決と謂も土地を農民へ!!
搾取なき社会の建設を理想として戦ふ我全農大阪府聯合会は断じてこれで満足するものではない!!

津田村の小作争議のビラ

大正十三年の統計によると、三島郡は大阪府のなかでも小作地率がもっとも高い六四％を示し、なかでも山田村（吹田市）は七三％と高率であった。大正十年の争議では小作料を二割軽減することでおさまったが、その後地主らが地主会をつくり小作人側と対立したため、小作人側も三五〇人が日農に加盟し、村内の地主四三人に小作料の永久三割減を要求した。小作人側が不納同盟を結ぶと、地主側は耕地取上げを通告したため、小作人側の一部が地主の家をおそうなどの事件もおこった。この争議では、小作人側が二割から二割五分、凶作時の六割五分減を勝ちとったときもあったが、最終的には昭和二年に地主が小作人に離作料を支払うことで決着した。

山田村の例にもあるように小作人らが組合をつくったのに対抗して、地主らも地主会を結成した。大阪では十四年九月に大日本興農会が地主三〇〇〇人によって組織されたが、この組織は発展して全国的な大日本地主協会となった。

大正時代は労働運動でも大きな展開がみられた。明治二十七（一八九四）年に、天満紡績の女工のおこした争議が大阪でのはやい例であるが、日露戦争後には増税と物価上昇による生活難を反映して、労働争議が多発した。明治三十九年には大阪砲兵工廠《こうしょう》の争議、四十年には一九件余の争議が発生している。このようななかから労働組合も結成されるようになった。

大阪では明治三十八年に森近運平《もりちかうんぺい》らが組織した大阪平民社が最初の本格的な社会主義団体であった。この大阪平民社は半年ほどで解散したが、四十年には大阪平民社を北区（福島区）で再組織し、四十年六月には『大阪平民新聞』（十一月に『日本平民新聞』と改題）を発行した。しかし、森近の数度の入獄などもあって四十一年五月には大阪平民社は解散し、新聞も廃刊された。

大正元年八月、東京で鈴木文治《ぶんじ》らによって、労働者の団体として友愛会《ゆうあいかい》が結成された。当初友愛会は労資協調と相愛扶助をとなえたため、有識者や経営者の支持も得てしだいに会員数をふやした。大阪では第一次世界大戦中の大正四年四月に鈴木文治を迎えて大阪支部の発会式が行われた。

また、大正五年八月には純労働者の組織として、西尾末広《にしおすえひろ》・堂前孫三郎《どうまえまごさぶろう》・坂本孝三郎《さかもとこうざぶろう》らによって大阪に職工期成同志会がうまれた。一方、友愛会は労資協調から労働組合としての性格を強め、各地の労働争議を支援するようになった。

こうした状況を反映してか、大阪府で大正四年におきたストライキが一二件であったのに対し、六年には三八件、八年には四七件にもなった。この八年には争議件数が二八六件もおき、参加人員は六万五七三九人にも達した。また労働団体の創立も盛んで、この年だけで二〇団体がうまれている。十年五月一日には大阪で最初のメーデーが中之島《なかのしま》公園で行われた。この年には大阪電燈株式会社で電業員が団体交渉権を要求した大規模な争議があったほか、藤永田《ふじながた》造船所・住友伸銅所・住友製鋼所などでも大きな争議が連続した。

住宅地の開発●

明治末年から大正時代にかけて郊外住宅地の開発が進んだ。電鉄会社によるものと、土地・住宅経営会社によるものとがあり、電鉄会社による住宅経営としては箕面《みのお》有馬電気軌道（阪急電鉄）の池田室町《むろまち》住宅が有名である。このほか阪神電気鉄道も沿線の西宮《にしのみや》・鳴尾《なるお》・御影《みかげ》に宅地を造成し住宅をたてた。

初めは富裕な階層が中心であったが、中産階層やサラリーマン層も郊外へ転出し、郊外から大阪市内へ出勤するようになった。その手段として阪神電気鉄道や箕面有馬電気軌道が郊外電車として建設されたのである。

箕面有馬電気軌道をおこした小林一三《こばやしいちぞう》は、沿線各地にサラリーマン層用の住宅を建設して、乗客を確保しようとした。電鉄会社が住宅地を経営し分譲するのは、この箕面有馬電気軌道がはじめてである。その経営地が池田室町住宅であった。

池田室町住宅は、約三万坪（九万九〇〇〇平方メートル）あり、街区は碁盤《ごばん》の目のように整然と区切られていた。一区画は一〇〇坪（三三〇平方メートル）であり、一番町から一〇番町までつくられた。建坪二〇〜三〇坪・二階建ての住宅が二〇〇戸建設され、月賦方式による購入も可能であった。月賦方式はサラリーマンの購買意欲を実現するためのものであった。箕面有馬電気軌道がだした「如何なる土地を選ぶべきか」にはつぎのようにのべられていた。

美しき水の都は昔の夢と消えて、空暗き煙の都に住む不幸なる我が大阪市民諸君よ！　出産率十人に対し死亡率十一人強に当る大阪市民の衛生状態に注意する諸君は、慄然《りつぜん》として都会生活の心細きを感じ給うべし。同時に田園趣味に富める楽しき郊外生活を懐《おも》うの念や切なるべし。

郊外生活に伴う最初の条件は交通機関の便利なるにありとす。箕面有馬電車は風光明媚《めいび》なる沿線に郊外生活に最も適当なる三十万坪の土地を所有し、自由に諸君の選択に委《まか》せんとす。

このキャッチコピーには煙で汚染されている大都市大阪から郊外に脱出し、空気の澄んだ郊外に住居を求めようとする人びとの憧《あこが》れを刺激するものであった。

室町住宅地では購買組合が設けられて、日常生活物資の便宜がはかられた。住民からは毎月五〇銭が徴収された。これは室町委員会の事業として、下水・煙突の掃除などの衛生事業を行うためであった。

第一次世界大戦後の大正九年には、大阪府知事・大阪市長・大阪商業会議所会頭らの発起で大阪住宅経営株式会社が設立された。同社は住宅不足に悩む中産階級に住宅地を提供しようとしたもので、三島郡千里山《せんりやま》（吹田市千里山）と東成《ひがしなり》郡田辺《たなべ》（大阪市東住吉区）に住宅を経営した。

千里山住宅地は北大阪電鉄（阪急電鉄千里線）の終点に位置し、イギリスの田園都市レッチウヲースを参考としており、ロータリー（噴水）を中心として放射状に街区が広がり、ガス・電気・上下水道も完備されていた。住宅地の規模は一四万坪（四六万二〇〇〇平方メートル）で、そのうち第一期工事として四万坪・九〇〇戸の建設が行われた。同社のポスター中の一節には、

▽土地高燥《こうそう》、空気清澄《せいちょう》、風光明媚《ふうこうめいび》、郊外住宅地としての理想郷
▽眺望絶佳の丘陵に遊園地を設けあり

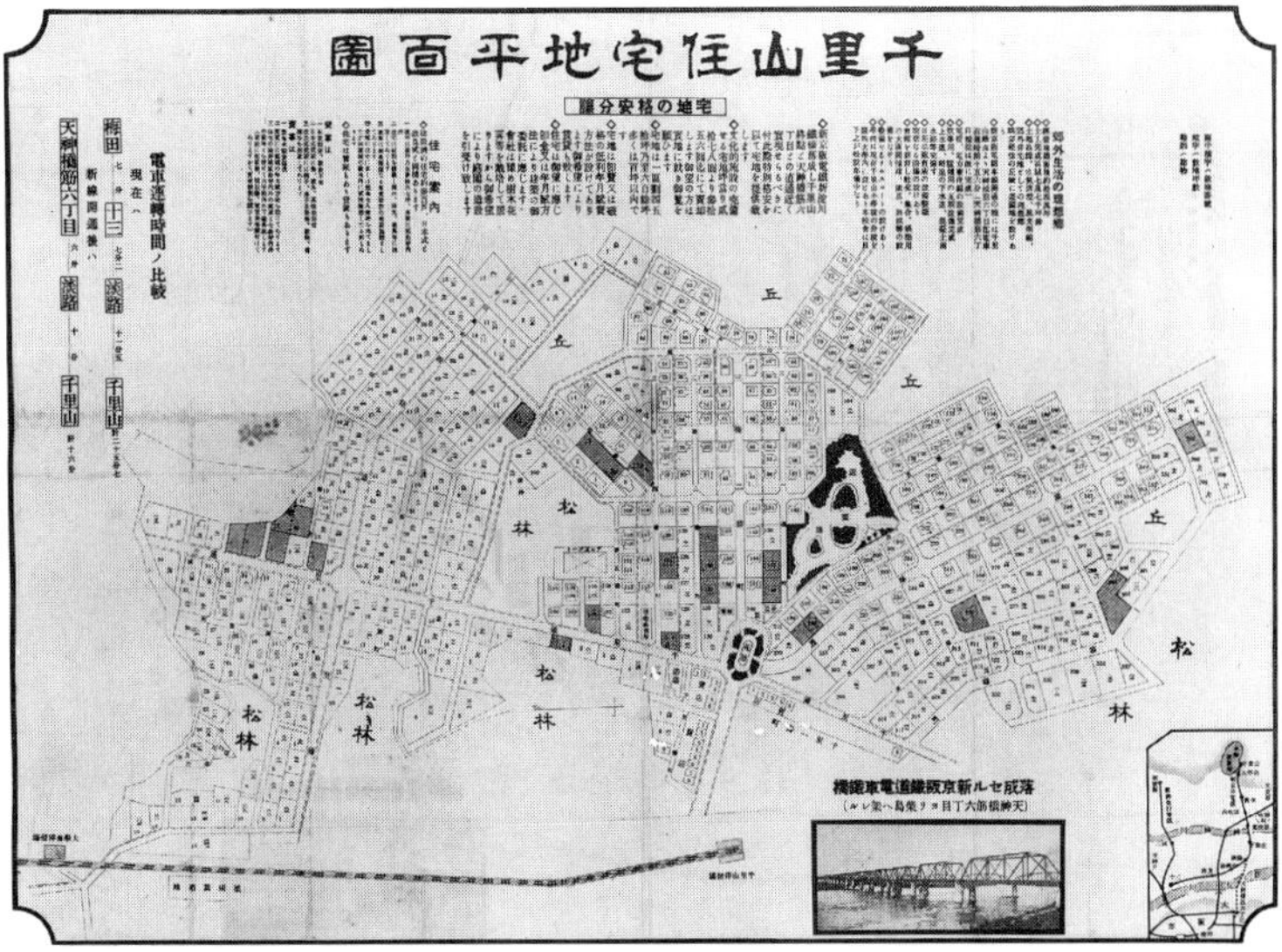

千里山住宅地平面図

▽電灯、電力昼夜線の設備完成
▽炊事用、暖炉用の瓦斯設備完成
▽上水道、暗渠《あんきょ》の下水道、混凝土《コンクリート》雨水路等完備す
▽会館を新設し、社交、集合、娯楽用の大広間、憧球《どうきゅう》、囲碁、将棋等の設備をなせり

とある。当時、ガス・電気・上下水道が完備しているところはほとんどなく、これらは高級住宅地としてのイメージをあたえた。住宅の種類は賃貸と売家があったが、建物には改良式と名付けられた洋館風の建物もつくられた。宅地は一区画が四、五十坪～六〇〇坪と幅があった。全体としては一〇〇坪余のものが多い。入居者は、船場の商店や会社につとめるものが多かった。大阪住宅経営株式会社は改良住宅の開発などみるべきものも多々あったが、営利を目的とはしていず、昭和三年には北大阪電鉄を買収した新京阪鉄道に合併された。

土地会社として大きく成長したものの一つに関西土地株式会社がある。同社は南河内郡野田村・大草村に大美野田園都市（堺市）を開発した。開発面積は四〇万坪であり、当時では最大の規模をほこった。ドイツの都市を参考にした計画的な街区がつくられ、放射道路や環状道路で結ばれていた。ロータリーも配置されていて独特な景観をみせた。

大阪住宅経営株式会社や関西土地株式会社はそれぞれヨーロッパの田園都市を参考として、中産階級向けの良質な住宅を提供したが、これは当時の大正モダンの影響をうけていたともいえよう。

2　昭和戦前・戦中期の大阪

大大阪の繁栄●

大正十四（一九二五）年四月一日には大阪市の第二次市域拡張が行われた。この日東成《ひがしなり》郡と西成《にしなり》郡の四四カ町村が大阪市に編入され、人口二一一万四八〇四人・面積一八一・六八平方キロとなった。明治二十二（一八八九）年の市制施行時には人口四七万人余・面積一五・二七平方キロであったから、人口で四・五倍、面積で一一・九倍となり、一九九万五五六七人の東京市を抑えて全国一の人口となった（東京市は昭和七年十月の大合併で五五一万人余となり、全国一となった）。この拡張された大阪市を大大阪《だいおおさか》とよんだ。

この第二次大阪市域拡張を行ったのが、第七代大阪市長の関一《せきはじめ》である。関は東京高等商業学校の教授であったが、第六代市長の池上四郎にこわれて、大正三年七月に大阪市助役となった。鉄道論や交通政策の権威であり、社会政策にもつうじていた関は、大阪市の都市政策にその腕を発揮した。市域の拡張はその一環であり、御堂筋《みどうすじ》の拡張などの第一次都市計画事業もその現れであった。当時大阪市の工業生産は全国一であり、その豊かな経済力を背景にして、つぎつぎと都市基盤の整備が行われた。そのなかでも御堂筋の拡張整備と高速度鉄道（地下鉄）の建設、中央卸売市場の創出は画期的なものであった。また昭和天皇の即位を記念して、市民の寄付によって大阪城天守閣を再建復興したことも特筆される。

関一が市政を担当した大正末期から昭和十年代初めは、大阪市が繁栄をきわめた時期であった。その背景には大正十二年九月一日におきた関東大震災によって、東京が大打撃をこうむったこともあった。たとえば、谷崎潤一郎《たにざきじゅんいちろう》は関西に移住し旺盛な文学活動を展開したし、東京の落語家も大阪の寄席にでるなどした。また大正十二年には、わが国最初の鉄筋コンクリートづくりの洋画封切り館として松竹座《しょうちくざ》が開館した。これよりはやく明治四十五年には第五回内国勧業博覧会の跡地に新世界ルナパークがつくられ、パリのエッフェル塔に模した通天閣《つうてんかく》が人気をよんだ。大正二年には千日前《せんにちまえ》に映画・演劇の上映館を中心とした楽天地が開業し、近くの道頓堀《どうとんぼり》とともに一大歓楽街を形成した。

昭和三（一九二八）年三月、レコード「道頓堀行進曲」が発売された。これは同名の舞台劇の劇中歌であったが、劇が大当りしたためレコードの吹込みとなった。「道頓堀行進曲」は、

赤い灯《ひ》　青い灯《ひ》　どうとんぼりの
川もにあつまる　恋の灯に
なんでカフェが　忘らりょか

とうたわれ、当時の道頓堀の情景を伝えている。「赤い灯　青い灯」は電球を着色したものであったが、歓楽街が赤や青の原色電球でいろどられ不夜城のおもむきを現出していた。千日前や道頓堀には映画館が多かったが、映画を供給する会社としては帝国キネマがあった。帝国キネマは大正九年に山川吉太郎《きちたろう》と松井伊助《いすけ》によって創設され、小坂《こさか》（東大阪市）に撮影所があったが、大正十二年には芦屋《あしや》にも撮影所をつくり、芦屋で撮影された「篭《かご》の鳥」は記録的な大当たりとなった。その後、帝国キネマは昭和三年に長瀬《ながせ》（東大阪市）に撮影所をつくったが、同撮影所で制作された映画では「何が彼女をそうさせたか」が興行的に成功したものであった。しかし、昭和五年九月に長瀬撮影所は全焼し、施設や人員は京都太秦《うずまさ》に移された。小坂撮影所も昭和三年までに廃止されていたので、映画制作は大阪では行われなくなった。

室戸台風での学校の被害

	全壊	半壊	浸水	死亡		重傷	
				職員	児童・生徒	職員	児童・生徒
	棟	棟	棟	人	人	人	人
小学校	19	89	29	17	575	37	575
中学校	4	2	−	1	24	1	38

『大風水害殉職教育美談』による。

なお、大正四年十月、法善寺《ほうぜんじ》(大阪市中央区)裏の寄席を吉本泰三《よしもとたいぞう》・せい夫妻が買収して、本格的な寄席経営にのりだした。二人がはじめた吉本興行部はしだいに拡大し、大正末年には大阪・京都・東京に勢力を広げていた。昭和期にはいると漫才の花菱《はなびし》アチャコ・横山エンタツのコンビを売りだすことに成功した。大正十四年には大阪中央放送局が仮放送を開始したが、吉本では所属の芸人をラジオに出演させない方針であった。ところが落語で「後家殺し」の異名のあった初代桂春団治《はるだんじ》が、無断でラジオに出演したため大さわぎになったが、むしろ人気が増大したため、芸人のラジオへの出演を認めるようになり、また昭和九年五月には寄席の中継も行われるようになった。

室戸台風と禁野火薬庫の爆発●

昭和九(一九三四)年九月二十一日午前八時頃、最大瞬間風速六〇メートルを超える台風が大阪地方を直撃した。室戸《むろと》台風である。この台風は、死者一六七八人・負傷者八六五六人・行方不明二一〇人、全壊家屋一万三六四二戸・半壊家屋一万五六七四戸・流失家屋七二六戸・浸水家屋一六万六七二〇戸という被害をだした。木造の建物の倒壊・損壊は広範で、四天王寺《してんのうじ》の五重塔も全壊した。港では大きな船が陸にうちあげられて横倒しになったり、鉄塔がおれまがるなど、強風の威力のすさまじさを示した。

学校における被害も著しく、小・中学校の朝の始業時間に台風がおそったため、倒壊する学校の建物の下敷きでなくなった児童も多かった。その被災状況は前頁の表のとおりである。

豊能《とよの》郡豊津《とよつ》小学校の吉岡藤子と横山仁和子訓導は、二階建ての南校舎が倒壊したときに、校舎の下敷きになりながらも、吉岡訓導は五人の児童を、横山訓導は三人の児童をかばって命を救ったが、二人の訓導は圧死した。この美談は全国に伝わり、教師の鑑《かがみ》として称賛《しょうさん》された。これをきっかけに、明治五（一八七二）年の学制実施以来、遭難死亡した児童・生徒・学生および殉職《じゅんしょく》教員を慰霊《いれい》する教育塔が、昭和十一年十月に大阪城大手前広場の一角に設けられた。

室戸台風では強風による被害に加えて高潮や浸水による被害も大きかった。被害の大きかった原因は、大正十二（一九二三）年の関東大震災の経験から鉄筋コンクリートの建物がつくられはじめてはいたが、まだまだいきわたっていなかったことに加え、地下水の汲上げで地盤が沈下していたことがあげられる。

大阪城の北側には、陸軍の兵器工場として大阪砲兵工廠《こうしょう》（陸軍造兵廠）があったが、それ以外にも枚方《ひらかた》製造所（枚方

禁野火薬庫大爆発後の薬莢《やっきょう》整理

市)・香里《こうり》製造所(同)・禁野《きんや》火薬庫(同)があり、軍の重要な施設となっていた。ところが明治四十二年禁野火薬庫で爆発事故がおきた。死者はでなかったが二五戸が大破し、一四七〇戸が被害をうけた。影響は周辺の町村にもおよんだ。このため火薬庫の立退きを求める動きも生じた。当初、自然発火だとして補償を拒否していた陸軍は見舞金を交付することによって、立退きの動きをおさえ、火薬庫の復旧拡大を実現した。しかし、昭和十四年三月一日午後二時四五分、枚方町禁野火薬庫の一五号倉庫で砲弾が爆発し、約四時間のあいだにつぎつぎと二九回の大爆発がおこり、大惨事となった。鎮火したのは翌日の午前三時頃であった。単に工場が爆発しただけではなく、近くの小学校が焼失したほか、近隣の集落住民にも惨禍がおよび、死者九五人・重軽傷者三五二人、全焼八二七戸、全壊九・半壊一六戸の被害をだした。

このような大きな被害をだしたにもかかわらず、陸軍当局は爆発事故について正確な数字の発表を行わず、現地を視察した中部防衛司令部の参謀は死亡者も少なく損害も大きくないと強調し、大阪府や市民が沈着・冷静な態度をもつべきであって、国民の精神訓練や団体訓練の必要があると新聞記者らに語った。昭和十二年にはじまった日中戦争を遂行するために国家総動員体制をしいていた当時にあっては、陸軍に不利な情報はおさえられる傾向にあった。

衛星都市の誕生●

大大阪の発展に伴い、大阪市に接する町村の人口もしだいに増加した。昭和五(一九三〇)年の国勢調査によれば、大阪市の人口は二四五万三五六九人に達しており、人口一万人以上の町村は、堺・岸和田(大正十一年に市制施行)両市のほか吹田町(吹田市)・布施町(東大阪市)・豊中町(豊中市)・池田町(池田市)・佐野町(泉佐野市)・浜寺町(堺市)・春木町(岸和田市)・大津町(泉大津市)・八尾町(八尾市)・高石

国勢調査による人口推移

昭和5年		昭和10年		昭和15年	
	人		人		人
大阪市	2,453,569	大阪市	2,989,874	大阪市	3,252,340
堺　市	120,347	堺　市	141,286	堺　市	182,147
岸和田市	35,102	布施町	48,696	布施市	134,724
吹田町	24,314	岸和田市	39,097	吹田市	65,812
布施町	24,230	貝塚町	37,345	岸和田市	46,486
豊中町	16,129	吹田町	33,237	豊中市	45,013
池田町	14,949	池田町	31,457	貝塚町	42,797
佐野町	14,940	高槻町	28,295	池田市	35,494
浜寺町	14,538	大津町	24,357	枚方町	32,619
春木町	12,384	豊中町	24,127	高槻町	31,011
大津町	11,803	佐野町	17,450	大津町	27,800
八尾町	11,271	浜寺町	17,181	佐野町	27,529
高石町	10,723	春木町	14,665	守口町	25,482

昭和５年と昭和10年は現住人口，昭和15年は「世帯人口および男女別人口」からの数字である。

町（高石市）の一〇町を数えた。昭和十年と昭和十五年の国勢調査における上位一三位をみると、布施町（市）の躍進および貝塚町（市）・吹田町（市）の人口増加がめだつ。この人口増加を背景として、昭和十年代に豊中市（十一年十月）、布施市（十二年四月）、池田市（十四年四月）、吹田市（十五年四月）、泉大津市（十七年四月）、高槻市（十八年一月）、貝塚市（十八年五月）の七市が誕生した。

豊中・池田・吹田・高槻の四市は箕面《みのお》有馬電気軌道・北大阪電気鉄道（ともに阪急電鉄）および国鉄の沿線住宅地として発達し、布施は大軌（近鉄）、泉大津と貝塚は南海電気鉄道の沿線として発展した。このなかで吹田には明治二十二（一八八九）年に大阪麦酒株式会社（アサヒビール）がつくられ、しだいに生産量をふやして発展した。また吹田には大正十二年に国鉄貨物の操車場がつくられ、物流の基点基地として大きな役目をはたし、拡張を重ねてのちには「東洋一の大操車場」といわれた。泉大津は明

❖コラム

中村鴈治郎と片岡仁左衛門

明治・大正・昭和をつうじて活躍したのが初代中村鴈治郎《がんじろう》（成駒屋《なりこまや》）である。鴈治郎は明治十年代の後半頃から活躍をしはじめた。その好敵手となったのが十一代目片岡仁左衛門《にざえもん》（松島屋）である。仁左衛門は初め三代目我当《がとう》を名乗り、初めは東京の舞台にでていたが、鴈治郎が頭角をあらわしはじめた頃に大阪に戻り、鴈治郎と人気を二分するほどであった。両者の関係は良好とはいえないものがあったようで、後年我当は東京に移り、東京で仁左衛門を襲名している。仁左衛門は和《わ》事《ごと》・実事《じつごと》を特異としたが、のちには老け役の枯淡な味わいに独特な芸域を開いた。

仁左衛門が東京に舞台を移したあとは、鴈治郎が上方《かみがた》歌舞伎の大看板としての位置を不動のものとした。鴈治郎は歌右衛門を襲名する機会もあったが辞退し、鴈治郎の名前を終生のものとした。鴈治郎は容姿にすぐれ、巧緻な芸風で、上方伝来の和事では古今絶無であったという。のちに「玩《がん》辞楼《じろう》十二曲」を選んでいるが、なかでも近松の「心中天網島《てんのあみじま》」河庄の段での紙屋治兵衛役は絶品といわれた。昭和十（一九三五）年に死去したが、鴈治郎の存在が大きかったために上方歌舞伎は深刻な状態となった。その一年前には好敵手の仁左衛門も世を去っていた。

戦後の上方歌舞伎復興に力をつくしたのが、二代目中村鴈治郎と十三代目片岡仁左衛門である。戦前にも増して上方歌舞伎が不調となり、とくに大阪における公演回数が減少した。そのようななかにあって二代目鴈治郎とその子扇雀《せんじゃく》（三代目鴈治郎）、十三代目仁左衛門とその子孝夫《たかお》・秀太郎《ひでたろう》らは上方歌舞伎復興のために、関西にあって奮闘したのである。

治以後は毛織物工業や毛布業が発達し、泉佐野のタオルとともに泉南の地場産業をささえた。

貝塚は昭和六年に隣接四カ村と合併して、大阪府第一の大町となっていたが、昭和九年には工場建設費の一部（同町一般会計歳出の約四〇・五％に相当する金額）を負担するという条件で、大日本紡績株式会社（ユニチカ）の誘致に成功した。工場は当時の貝塚町面積の半分近くを占め、東洋一と称されたこの工場が操業を開始すると、やがて貝塚町は昭和十年と同十四年に南部の二カ村を編入して、名実ともに泉南随一の紡織工業都市への歩みを続けた。

疎開と空襲●

昭和十二（一九三七）年七月にはじまった日中戦争は長期化して市民生活にもさまざまな影響をあたえたが、昭和十六年十二月にアジア・太平洋戦争がはじまると、生活はますます逼迫《ひっぱく》し窮乏生活を余儀なくされるようになった。緒戦は大々的に戦果が報道されたが、やがて物量豊富なアメリカ軍の反攻を許すようになって、アジア・太平洋に展開した日本軍は寸断されるに至った。

学生や生徒の戦争協力も求められた。当初は学業の一部を割《さ》く程度の「勤労動員」であったが、戦局がきびしくなると、のちには通年の「学徒動員」が実施されて、連合国軍の空爆によって戦死したものも少なくなかった。また、修学年限の短縮も行われた。中等学校では卒業年限が繰りあげられ、従来の五年制が四年制に短縮されたほか、学業についていない一五歳以上二五歳未満の独身女性は女子勤労挺身隊を結成することとされた。

戦争末期になると、食糧や物資の不足から都会をはなれて農村などに疎開するものもでてきた。昭和十九年六月三十日には、閣議で「学童疎開促進要綱」が決められた。これは農村に親戚などをもたない児童を集団で疎開させることを内容としていた。大阪府では、大阪市の国民学校初等科三年生から六年生までの児童を対象として疎開を実施した。疎開は十九年八月末から翌二十年にかけて数次にわたって行われた。疎開先は、大阪市内から府下の町村へという場合がもっとも多く、ついで滋賀・奈良・和歌山・島根・香川・福井・広島・石川・京都・徳島・愛媛などの府県であった。疎開したところからさらにつぎの場所へ移る場合も少なからずあった。このようにして一〇歳前後の児童が親許をはなれ、十分な食糧もなく困難な寮生活を送った。

大阪では昭和十九年十二月に中河内《なかかわち》郡三宅《みやけ》村（松原市）と瓜破《うりわり》村（大阪市）に、米軍航空機からの爆弾投下が行われた。これを皮切りとして、戦争終結までに大空襲八回を含めて、約五〇回の爆撃が行われた。そのうち昭和二十年三月十三日の深夜から翌十四日にかけて最初の大空襲が大阪市に対して行われた。B29の大編隊が投下した焼夷弾によって市街地は火の海となり、全焼一三万四七四四戸・半焼一三六三戸、死者三九八七人・行方不明六七八人、罹災者五〇万一五七八人という被害をだした。とくに浪速《なにわ》区の被害が甚大で、ほとんど壊滅に近い状態となった。

大空襲は大阪市街地および軍需工場をねらいとしていたが、七月十日の第六次大空襲では堺市が標的となり、濃密な波状攻撃が加えられた。度重なる空襲で大阪と堺は焦土と化したが、終戦前日（八月十四日）の陸軍大阪造兵廠への空襲は、降伏の意思発表を政府が遅らせたことから生じたものであり、近くの京《きょう》橋《ばし》駅では乗客二百数十人が痛ましい犠牲者となった。

終戦後に米軍が撮影したフィルムをみると、大阪の市街地はほとんどの場所に空地があり、満足な建物はほとんどなく、御堂筋にもわずかに倒壊をまぬがれたビルがまばらに残っている状態である。陸軍大阪造幣廠の工場群は飴《あめ》細工のようにねじまがっている鉄骨をさらし、道路は広くみえるが周辺は瓦礫の山、それは道路沿いに建物がないからである。市電には窓ガラスもなくガソリンの不足からバスは木炭車。大阪はそんな廃墟に近い街になっていたのである。

10章

現代の大阪

万国博覧会会場全景

1　戦後の発展

闇市と台風

昭和二十（一九四五）年九月、大阪にアメリカ軍が進駐してきた。以後、大阪は昭和二十七年四月末まで、この進駐軍の占領下にあった。この進駐軍のため大阪市内の施設が接収され、町には進駐軍兵士の姿がみられるようになった。そしてＧＨＱ（連合国軍最高司令官総司令部）の指導によって各種のいわゆる民主化政策が大阪においても展開されることになった。

　しかし、当時の大阪は物資が少ないうえに、食糧や住居が不足し、外地からの復員者も加わって、人びとはタケノコ生活をおくっていた。必要なものを得るために身のまわりのものを、タケノコの皮を剝ぐように売り買いすることからその名がついている。梅田《うめだ》・鶴橋《つるはし》・天王寺《てんのうじ》・天六《てんろく》・野田《のだ》などには闇市《やみいち》が出現した。闇市にはありとあらゆる品物がそろっていたという。ただし値段は法外に高く、ならべられた品物には正規のルートをとおらないものや、盗品まであった。しかし庶民にとっては、必要なものをそこで手にいれるほかはなかったのである。闇市は二十年九月頃から発生し、しだいにその数を増した。不法建築や不法占拠も多く、地主の立退き要請に応じないどころか、勝手に転売するなどの悪質な行為も多かった。この闇市も昭和二十一年八月には進駐軍の協力を得て強制的に廃止された。食糧事情が好転のきざしをみせるのは昭和二十四年頃からで、それまで庶民は近郊の農家などに買出しにでかけて、必要な物資・食糧を手にいれざるを得なかった。やがて昭和二十五年に朝鮮戦争が勃発し、特需ブームがおこると生活も安定するようになった。

戦後の大阪に大きな爪痕《つめあと》を残したのが昭和二十五年九月に大阪を直撃したジェーン台風である。死者二四〇人・不明一六人、全壊九六〇八戸・半壊六万七〇八戸、床上浸水五万四一三九戸・床下浸水二一万七五九九戸という被害をだした。この被害は室戸台風につぐものであったが、浸水面積はジェーン台風のほうが広かった。これは、地盤沈下が大阪において進行していたことと、大阪湾の満潮時と重なったためである。このため工場が集中していた大阪市西部は甚大な被害をうけ、水没するところもあった。地盤沈下と高潮対策が重要課題であることを痛感させた台風であった。

昭和三十六年九月に来襲した第二室戸台風も大きな被害をもたらした。死者二九人、全壊二五九一戸・半壊八一九五戸、床上浸水五万七九四二戸・床下浸水六万三八一五戸であった。ジェーン台風から一〇年

梅田の闇市

を経ての来襲であったが、その間に防潮堤や河川の護岸工事などが十分にととのっていなかったことが大きな被害をもたらしたといえる。この二つの台風の教訓から、防潮堤工事や護岸工事が行われるとともに、地下水の汲上げも抑止されるようになった。ただ、そのために水辺の景観がそこなわれることもあった。

ベッドタウンの形成●

戦後すぐの昭和二十一（一九四六）年に守口市、二十二年に枚方《ひらかた》市、二十三年茨木《いばらき》市・八尾《やお》市・泉佐野《いずみさの》市、二十五年には富田林《とんだばやし》市、二十六年には寝屋川《ねやがわ》市が発足したが、昭和二十八年に町村合併促進法が公布されたことにより、二十九年に河内長野《かわちながの》市、三十年に枚岡《ひらおか》市・河内《かわち》市・松原《まつばら》市・大東《だいとう》市、三十一年に和泉《いずみ》市が発足した。この時点で大阪府には戦前からの一〇市を含めて二三の市ができた。

　昭和二十二年五月、豊能《とよの》郡庄内《しょうない》町は大阪市への編入希望を表明した。庄内町は豊中《とよなか》市と大阪市のあいだに位置し、昭和二十二年に中豊島《なかてしま》村・南豊島村・小曽根《おぞね》村が豊中市に編入されたときにも、庄内町だけは保留していた。その背

ジェーン台風の被害（大阪市大正区三軒家付近）

景には大正十四（一九二五）年四月に大阪都市計画区域内に庄内村（昭和十四年町制施行）がはいっており、それ以来庄内村は大阪市への編入を運動し続けていた。庄内町の動きをきっかけとして、大阪市への編入を希望する町村がうまれ、他方では大阪市の拡大を模索する動きもでてきた。

庄内町は、昭和二十二年五月の町議会で大阪市への編入要望の決議を行ったが、同様に大阪市への編入を希望したのが中河内郡の巽《たつみ》村（生野《いくの》区）・加美《かみ》村（東住吉《ひがしすみよし》区）・矢田《やた》村（東住吉区）・長吉《ながよし》村（平野《ひらの》区）・瓜破《うりわり》村（平野区）・竜華《りゅうげ》町（八尾市）・大正《たいしょう》村（同）・久宝寺《きゅうほうじ》村（同）、北河内郡の庭窪《にわくぼ》村（守口市）・茨田《まった》町（鶴見《つるみ》区）の各町村であった。このうち庭窪村をのぞく九町村は、昭和二十二年十二月に大阪市編入促進期成同盟会を結成したが、竜華町と大正村は八尾町との合併が進み、同会をしりぞいた。

一方、大阪市側では昭和二十四年に大都市行政調査委員会を設置し、市域拡張について研究を委嘱し、二十六年十二月には豊中・吹田・守口・布施・八尾の五市、豊能郡庄内町、中河内郡長吉村・瓜破村・矢田村・加美村・巽町（昭和二十三年町制施行）、北河内郡庭窪町（昭和二十三年町制施行）・茨田町・大和田《おおわだ》村（門真《かどま》市）・二島《ふたしま》村（同）・門真町（同）の五市一一町村を大阪市に編入する基本方針を市会に提出した。このうち豊中・吹田・守口・布施・八尾の五市は慎重な態度を示し、庭窪町・大和田村・二島村・門真町は守口市の態度決定を待つという態度をとった。そこで大阪市は残る七町村の大阪市への編入を大阪府へ申請した。ところが大阪府議会がこれを否決したので、大阪市と七町村は合併実現へ緊密な提携をとるため連絡協議会を設置し、以後も運動を続けたが、二十九年八月になって庄内町が豊中市との合併に方向を転じ、翌三十年一月に庄内町は豊中市と合併をした。大阪市は残る六町村との合併運動を進め、三十年四月になって、編入を実現した（第三次市域拡張）。

町村合併促進法は三十一年九月末が有効期限であったが、昭和三十一年十月から新市町村建設促進法が施行された。同月、大阪府は大阪府新市町村建設促進審議会を設け、関係市町村に合併を進めた。これによって大阪府では市の誕生が続き、箕面《みのお》市（三十一年）、柏原《かしわら》市（三十三年）、羽曳野《はびきの》市（三十四年）、門真市（三十八年）、摂津《せっつ》市・高石《たかいし》市・藤井寺《ふじいでら》市（四十一年）ができ、四十二年には布施・枚岡・河内の三市が合併して東大阪市が成立した。その後、泉南《せんなん》市・四條畷《しじょうなわて》市（四十五年）、交野《かたの》市（四十六年）、大阪狭山《おおさかさやま》市（六十二年）、阪南《はんなん》市（平成三年）ができている。

なお、三十三年四月一日には、高《たか》

泉北ニュータウンの泉ケ丘地区

槻《つき》市が京都府南桑田郡《みなみくわた》樫田村《かしだ》を、東能勢《ひがしのせ》村が京都府亀岡市の一部を編入した。これによって京都府と大阪府の境界変更が行われた。

このように、昭和二十年八月の終戦以後、大阪では大阪市周辺区域から市街地化が進み、衛星都市での人口増加が顕著になり、それにつれて農地も減少した。これは都心での生活者が減少し、周辺市町村の人口が増加するという、ドーナツ化減少が大阪にあらわれたことに起因する。

周辺都市での人口増加と住宅不足に対応するため、昭和三十年代には日本住宅公団が、枚方市の香里《こうり》団地などを建設し、住宅不足をおぎなおうとした。また、大阪府は吹田《すいた》市と豊中市にまたがる千里《せんり》丘陵を開発し、住宅都市の建設を始めた。千里ニュータウンである。昭和三十四年に構想が発表され、三十七年に入居が始まっている。さらに大阪府は泉北ニュータウンの開発を手がけた。ニュータウンは学校・病院・市場などの都市施設をそなえた小都市の建設であって、団地の規模をはるかに超えたものであり、千里ニュータウンには阪急千里線と北大阪急行、泉北ニュータウンには泉北鉄道が取りつけられている。こうして都心から人がしだいに郊外へと移動するにつれて、郊外の衛星都市の人口がふえ、それにつれて学校や病院などの施設が周辺市で整備されはじめた。

2　国際都市をめざして

公　害●

昭和三十年代後半は自動車の増加およびその排気ガスによる大気汚染が大きな社会問題になってきた時代

であった。大阪市内でも、冬季に発生する霧と排気ガスがまじりあったスモッグのため、日中でもライトをつけなければ自動車を運転できないほどの日があった。

このような自動車の増加による環境の悪化や交通渋滞を解消するため、さまざまな施策が講じられた。そのなかには自動車専用の高速道路の建設もあった。

東京オリンピックが行われた昭和三十九（一九六四）年には名神高速道路、および東海道新幹線の東京・新大阪間が開通していたが、このころから阪神高速道路などの建設がはじまった。しかし大阪市内の高速道路建設では、用地難を克服するため東横堀川《ひがしよこぼり》に支柱をたてて道路をつくったため、都市の美観をそこなう一面もあった。

公害にはさまざまなものがある。そのなかでも深刻なものの一つに大気汚染がある。戦前にもまして臨海地帯で重化学工業が発達すると、亜硫酸ガスや窒素化合物が大気中に放出され、人体の呼吸器官に吸収されて機能マヒをおこす結果となった。とくに大阪市の西淀川《にしよどがわ》区は深刻で、はやくから公害反対運動が展開された。

昭和四十二年に公害対策基本法、翌四十三年には大気汚染防止法が制定され、四十四年には硫黄《いおう》酸化物に関する環境基準の閣議決定などが行われて、公害対策がようやく本格的に展開されはじめた。大阪府と大阪市は、四十四年にブルースカイ計画を発表し、汚染源に対する指導をはじめた。これよりはやく四十四年十二月には、「公害に係る健康被害の救済に関する特別措置法」が国会で可決され、同法に基づいて水俣《みなまた》病（熊本県水俣湾周辺）・第二水俣病（新潟県阿賀野《あがの》川流域）・イタイイタイ病（富山県神通《じんつう》川流域）・四日市ゼンソク（三重県四日市市）の発生地域および大阪市西淀川区と川崎市の呼吸器病発生地域の六カ所が公害病発生地域と認定された。昭和四十六年に就任した府知事黒田了一《くろだりょういち》は反公害に施策の重点をおき、硫黄酸化物と窒素酸化物については国の環境基準よりもきびしい総量規制を実施した。また大阪市も自動車の排ガス対策や河川の浄化対策を進め、昭和五十年代になると大気汚染の状況は改善されるようになった。しかしながら、西淀川区の住民たちは、排気ガスや騒音などが改善されておらず、被害が深刻化しているとして、昭和五十三年に企業や道路公団・国を提訴した。この西淀川公害裁判は第二次（昭和五十九年）・第三次（昭和六十年）提訴も行われ、長期化したが、第一次訴訟は平成七（一九九五）年に和解が成立した。

日本万国博覧会と国際花と緑の博覧会●

昭和四十五（一九七〇）年三月十五日から九月十三日まで、日本万国博覧会が「人類の進歩と調和」というテーマのもとに千里丘陵で開かれた。アジアではじめての万国博覧会である。海外からの参加は七七カ国のほか、一四団体（四国際機構・一政庁・六州三市）を数え、国内からも企業グループなどを中心として多数の参加があり、展示館は一一八にも達した。岡本太郎設計の太陽の塔の前には、お祭り広場が設けられ、会期中幾多の催しが繰り広げられた。また遊戯施設を集めたエキスポランドは子どもたちの人気のまとになった。展示館のなかで、とくに人気をよんだのはアメリカ館とソ連館であったが、アメリカ館では人類で初めて月に着陸したアポロ11号のもち帰った月の石を展示し、その月の石を一目みようと、二時間ないしは三時間以上の待ち時間にもかかわらず長蛇の列ができた。

会期中の入場者は六四二一万人で、当初の予想を倍以上に上まわるものであった。もっとも入場者が多かったのは、九月五日で八三万人以上もの入場者があった。外国人入場者は一七〇万人以上である。

万国博覧会は高度経済成長期の頂点を示す催しであるとともに、この万博によって大阪の交通面を主とした都市再開発が行われたともいえる。近畿自動車道・中国縦貫道・名神高速の三大高速道路が吹田インターチェンジで接続されるとともに、府下の道路も整備された。また地下鉄御堂筋《みどうすじ》線が、あらたに建設された北大阪急行と江坂《えさか》で相互乗入れし、阪急電鉄も会場西口に駅をつくった。

千里の万博からちょうど二〇年後の平成二（一九九〇）年四月一日から九月三十日にかけて、大阪市鶴見区と守口市にまたがる鶴見緑地で「国際花と緑の博覧会」（花博）が開催された。花博は国際博覧会条約に基づく特別博覧会で、アジアではじめての国際園芸展であった。外国から八二カ国、五五の国際団体の出展があり、国内からも政府をはじめ各府県や企業グループなど多数の出展があった。予想入場者数は二〇〇〇万人であったが、それを上まわる二三一二万人の入場者があった。千里の万博が高度経済成長期のピークであったのに対し、花博のときは、バブル経済のピークにさしかかろうとしているときであった。交通の足として京橋から鶴見緑地までリニアモーターを使った地下鉄が建設された。また万博と同様にアクセス道路も取りつけられた。

新空港と阪神淡路大震災●

平成六（一九九四）年九月四日、泉南沖を埋め立てて造成された人工島に建設された関西国際空港が開港した。関西国際空港は日本初の二四時間運用空港であり、また日本初の海上空港でもある。空港には鉄道ではJRと南海が直結し、アクセス道路も整備された。この空港の開港によって、大阪は世界に開かれた国際的都市としての第一歩をふみだした。ただし、当初予定されていた三本の滑走路が一本になったこと、着陸料が他の空港に比べて高いことなど、これから解決しなければならない問題も多い。また、空港開港が、比較的再開発のおくれている泉南を中心とする大阪南部地域の活性につながるかどうかも今後の課題である。

なお、大阪湾についていえば、平成四年十二月に「大阪湾臨海地域開発整備法」(大阪湾ベイエリア開発法)が公布・施行され、大阪湾臨海部の低未利用地を有効活用し、関西の活性化をはかることを目的としている。大阪港の再開発もこれに関連するが、天保山には海遊館やサントリーミュージアムなどのハーバービレッジがつくられ、北港開発では舞洲《まいしま》・夢洲《ゆめしま》が、南港埋立て地の沖にも咲洲《さきしま》が造成され、大阪港の新しい顔がつくられようとしている。このうち舞島はスポーツ関係の施設利用に供される予定で、二〇〇八年のオリンピック誘致に成功した場合にはその会場と目されている。南港には貿易関係施設も多く建設されている。その一例が平成六年四月にオープンしたアジア太平洋トレードセンター(ATC)と平成七年四月に完成した大阪ワールドトレードセンター(WTC)である。WTCコスモタワーは西日本一の高さ(二五六メートル)をもつ。

平成七年一月十七日午前五時四六分、震度七の激震が淡路島北東沖を震源地としておこり、淡路島および神戸・西宮・芦屋《あしや》・伊丹《いたみ》・宝塚の各市に大きな被害をあたえた。そのことから、この地震を阪神淡路大震災とよんでいるが、大阪府下でも大阪市や豊中市などに少なからぬ被害があった。豊中市に例をとれば、死者一〇人・重傷者一〇一人、全壊六五七戸・半壊四二四一戸で、一部破損は三万二五六棟にものぼっている。被災者のうち最大で三二二五人が六月まで避難所ですごした。この数字は決して少ないものではない。

さらに、阪神淡路大震災であきらかになったことは、高齢社会が現実に到来していることであり、老夫婦だけで生活していて被災する場合が多かったことである。また独居老人で被災した例も少なくない。

　地震はいつおそうかわからないが、地震を含めて台風・火災・豪雨・高潮などの防災対策に注意をはらわなければならない。戦後、高潮対策で諸河川で護岸工事が行われたり、高速道路工事の関係で、川が埋め立てられたり、川中に支柱が立てられたりしたが、最近では単に護岸をするだけでなく植樹をほどこしたり、周囲の景観に配慮する工法がとられているようである。そのような点もあわせて自然に配慮し、また高齢化社会に適応しかつ災害に備えた町づくりの行われることがのぞまれる。

阪神淡路大震災の被害(豊中市庄内栄町の文化住宅)

あとがき

山川出版社の旧版〈県史シリーズ〉中の一冊として、『大阪府の歴史』を書いて以来すでに四半世紀を経た。この間、大阪府下では巻末の〈参考文献欄〉に掲げたように、最新の資料・史料を駆使して、『大阪府史』を始め府下の市町村を編纂主体とする各巻一〇〇〇ページ前後、史料編をのぞく通史編だけでも全一〇巻前後といった大規模構想による府史や市町村史が、しきりに編纂され逐次刊行されつつある。にもかかわらず、出版社企画として大阪府全域の歴史のアウトラインを素描した図書については、明治・大正・昭和期一〇〇年間の人びとの歴史を記述した〈県民100年史シリーズ〉として小山仁示・芝村篤樹著『大阪府の百年』(山川出版社)が世に贈られただけであり、市域を対象としたものも井上薫編『大阪の歴史』(創元社)や関秀夫著『堺の歴史』(山川出版社)が目につくにすぎない。それは近年の歴史学や考古学研究の深化に伴い、大阪府にかぎらず、都道府県という広範囲な地域を対象とした通史を、一人や二人で手頃な一冊にまとめることが容易でないためであろう。

そうしたことから今回の新企画では、それぞれの研究分野を尊重して必要最低限の四人による共同執筆ということになり、旧版の因縁をもってわたくしが共著者の選定を依頼された。そこで職種は異なるもののそれぞれの時代の歴史学・考古学を専攻した研究者であり、かつ大阪府下の市史・町史の執筆や編纂の経験者でもある人びとのなかから、わたくしの手におえない考古・古代については前田豊邦氏(一・二章)に、中世を馬田綾子氏(三・四章)に、近代・現代は堀田暁生氏(七章の四、八～十章)にそれぞれ執筆方を依頼して、わたくしは近世の部分を担当することとした（風土と人間、五・六章、七章の一～三）。
やがて原稿は逐次集まりはじめたが、共著者それぞれの年齢や専攻する時代の差異により、あたえられた分量では書き足りないという声のほか、各章の文体の相違がかなり目立ち、一冊の図書として通読するには、あまりにも不向きの感があった。そこで、分量に関しては当初の割り当ての範囲内で工夫してもらい、僭越ではあったが三氏を共著者として推薦した責任と、四人中の最年長者でもあるということから、いくつかの章で追加・削除を行ったうえ、全章をつうじて文体の統一をはかったが、いずれも快く応じてもらえたのは幸いであった。しかし、これによって原稿の提出は約束期日よりも大幅に遅れ、山川出版社および同社編集部の方々に大変なご迷惑をかける仕儀ともなってしまった。いささか事情を録し、改めて両様の意味における謝意を表する次第である。

一九九六年十月

藤本　篤

大阪府全図

都道府県界
市郡界
町村界
区界
新幹線
JR線
私鉄線
高速道路
都市高速
有料道路
国道
府庁
兵庫県
京都府
丹波市
篠山市
南丹市
西脇市
加東市
三田市
猪名川町
能勢町
豊能郡
豊能町
亀岡市
右京区
北区
京都市
左京区
上京区
中京区
下京区
東山区
西京区
南区
山科区
大津市
向日市
伏見区
長岡京市
大山崎町
久御山町
宇治市
八幡市
京田辺市
城陽市
井手町
山城町
精華町
木津町
奈良市
三木市
神戸市
北区
西区
中央区
兵庫区
灘区
東灘区
芦屋市
西宮市
宝塚市
川西市
伊丹市
尼崎市
池田市
箕面市
茨木市
高槻市
三島郡
島本町
豊中市
吹田市
摂津市
寝屋川市
枚方市
交野市
四條畷市
大東市
門真市
守口市
東淀川区
淀川区
旭区
都島区
城東区
鶴見区
西淀川区
福島区
北区
此花区
中央区
西区
東成区
東大阪市
生駒市
妙見山
662
ポンポン山
679
天王山
270
阿武山
281
六甲山
931
摩耶山
702
愛宕山
924
大文字山
466
四明岳
838
生駒山
642
中国自動車道
山陽自動車道
名神高速道路
京都丹波道路
嵐山高雄パークウェイ
京滋バイパス
京奈和道
第2阪奈道路
西宮北有料道路
六甲北有料道路
西神戸有料道路
芦有ドライブウェイ
摩耶大橋
阪急神戸線
阪急今津線
阪急宝塚線
阪急京都線
京阪本線
阪急京阪本線
東海道本線
東海道新幹線
山陰本線
福知山線
神鉄三田線
神鉄有馬線
神鉄粟生線
能勢電鉄
片町線
近鉄京都線
近鉄奈良線
奈良線
叡山鞍馬線
大阪国際空港
篠山川
桂川
木津川
武庫川
淀川

藤本　篤　ふじもとあつし

1928年，アメリカ合衆国ワシントン州シアトル市に生まれる
1950年，山口大学文理学部卒業
元大阪市文化財保護顕彰委員・元大阪市史編纂所所長
主要著書　『大阪市史物語』(松籟社，1993年)，『古文書入門』(柏書房，1994年)

前田　豊邦　まえだとよくに

1935年，大阪府に生まれる
1964年，仏教大学仏教学部卒業
現在　大屋町・夜久野町史編纂委員長，元大阪教育大学大学院講師
主要著書　『古代を考える難波』(共著，吉川弘文館，1992年)，『兵庫県の考古学』(共著，吉川弘文館，1996年)

馬田　綾子　うまたあやこ

1951年，兵庫県に生まれる
1979年，京都大学大学院文学研究科博士課程単位取得退学
現在　梅花女子大学名誉教授
主要論文　「荘園の寺社と在地勢力」(中世寺院史研究会編『中世寺院史の研究』上，法蔵館，1988年)，「中世都市の民衆世界」(高橋康夫・吉田伸之編『日本都市史入門』III，東京大学出版会，1990年)

堀田　暁生　ほったあきお

1945年，大阪府に生まれる
1975年，関西学院大学大学院文学研究科博士課程単位取得修了
現在　大阪市史編纂所所長
主要著書・論文　『大阪川口居留地の研究』(共著，思文閣出版，1995年)，「大阪市の成立と大阪市参事会」(『大阪市公文書館研究紀要』第6号，1994年)

大阪府《おおさかふ》の歴史《れきし》　　県史　27

1996年11月30日　第1版1刷発行　　2015年12月25日　第2版2刷発行

著　者　藤本篤《ふじもとあつし》・前田豊邦《まえだとよくに》・馬田綾子《うまたあやこ》・堀田暁生《ほったあきお》
発行者　野澤伸平
発行所　株式会社　山川出版社　〒101-0047　東京都千代田区内神田1-13-13
電話　03(3293)8131(営業)　(3293)8135(編集)
http://www.yamakawa.co.jp/　振替　00120-9-43993
印刷所　図書印刷株式会社　製本所　株式会社ブロケード
装　幀　菊地信義

ISBN978-4-634-32271-4

付　　録

■ 索　　引

● あ　行

● か　行

● さ　行

● た　行

● な　行

● は　行

● ま　行

● や　行

● ら・わ　行

■ 年　表

西暦	年　号	事　項
旧石器時代		
2万5000年前頃		国府型ナイフ形石器の使用がみられる(国府遺跡・長原遺跡)。 挾(はさみ)山梨田地点で竪穴式住居に住む(郡家今城遺跡)。
縄文早期		
B.C.7000年頃		生駒山地周辺で押型文土器を使用する(神並遺跡)。
縄文前期		
B.C.4500年頃		河内平野，内湾となる(縄文海進，恩智遺跡)。
縄文後期		
B.C.2000年頃		森ノ宮遺跡でマガキを主とした貝塚が営まれる。
縄文晩期		
B.C.1000年頃		森ノ宮遺跡でセタシジミを主とした貝塚が営まれる。
弥生前期		
B.C. 3 世紀頃		西方から稲作文化がもたらされ，農耕集落が水辺低地に出現(瓜破遺跡・山賀遺跡)。
弥生中期		
B.C. 1 世紀頃		土器に櫛描文を盛んに用いるようになる(瓜生堂遺跡)。
B.C.52		この年，切られた檜を使った柱が使用される(池上曽根遺跡)。
弥生後期		
3 世紀前半		淀川の北と南に高地性集落が出現(天神山遺跡・観音寺山遺跡)。 大阪湾沿岸で製塩が行われる(陵南遺跡・土生遺跡)。
古墳前期		
4 世紀中頃		淀川・大和川水系の丘陵上に古墳がきずかれる(弁天山古墳・松丘山古墳)。 和泉黄金塚古墳に景初 3 年銘の鏡が副葬される。
古墳中期		
5 世紀前半		古市・百舌鳥の二大古墳群の造営がはじまる。 感玖の大溝が掘られる。 大阪南部で須恵器の生産がはじまる(陶邑古窯址群)。 河内湖畔で馬の飼育がはじまる。 淡輪や三島に周濠をもつ大古墳がきずかれる(西陵古墳・宇土墓・今城塚)。
古墳後期		横穴石室が普及し，古墳が小型化。各地に群集墳ができる(高安千塚・一須賀古墳群)。
応神期		難波の大隅宮をつくるという。
仁徳期		難波の高津宮をつくるという。 堀江をきずき，茨田の堤をきずくという。 猪甘津(いかいのつ)橋をかける。 難波に大道をつくり，南門より丹比邑(たじひむら)に至るという。
552	(欽明13)	***10***- 仏教が公伝したという(538年公伝説が有力)。このとき物部尾輿ら，仏像を難波の堀江に流し捨てる(570年にも同様の記事あり)。

577	(敏達 6)	***11-*** 百済が献じた経論，律師，比丘尼らを難波の大別王寺におく。
583	(　12)	***12-30*** 日羅(にちら)，難波館で百済の使者に殺される。
587	(用明 2)	***7-*** 泊瀬部皇子(崇峻天皇)・聖徳太子ら諸皇子，物部守屋を滅ぼす。
593	(推古元)	この年，聖徳太子，摂津難波の荒陵(あらはか)に四天王寺をつくる。
608	(　16)	***4-*** 小野妹子,隋の答礼使裴世清らを伴い帰国,隋使に新館を難波高麗館の上につくる。***6-*** 隋使,難波津に泊す。飾船30隻で隋使を江口に迎える。
613	(　21)	***11-*** 難波より京に至る大道を開く。
632	(舒明 4)	***10-4*** 遣唐使，唐の答礼使高表仁を伴い帰国。唐使ら難波津に至る。
645	大化　元	***12-9*** 都を難波長柄豊碕宮(ながらとよさきのみや)に遷す。
652	白雉　3	***9-*** 難波長柄豊碕宮，8年がかりで完成。
664	(天智 3)	***3-*** 百済王善光らを難波に住まわせる。
667	(　6)	***11-*** 大和国に高安城(奈良県生駒郡と大阪府八尾市の境)をきずく。
672	(天武元)	***6-*** 壬申の乱はじまる。***7-22*** 大海人側の将軍大伴連吹負(ふけい)，難波に至り，難波小郡に駐留する。
677	(　6)	***10-14*** 内大錦下丹比公麻呂(たじひのきみまろ)を摂津職大夫とする。
679	(　8)	***11-*** 難波に羅城をきずく。
683	(　12)	***12-17*** 複都制の実施の詔，難波は陪都。
686	朱鳥　元	***1-14*** 難波の大蔵省の失火により難波宮全焼。
711	和銅　4	***1-2*** 河内交野郡に楠葉駅，摂津島上郡に大原駅，島下郡に殖村駅をおく。
713	6	***9-*** 河辺郡から能勢郡分離。
716	霊亀　2	***4-19*** 河内大鳥・和泉・日根3郡をもって和泉監(いずみげん)をおく。
726	神亀　3	***10-26*** 藤原宇合を知造難波宮事とする。
727	4	この年，摂津国守藤原致房の子善仲・善算が勝尾寺を創建という。
730	天平　2	この年，僧行基，津守に善源院建立(行基は各地に49院を建立)。
732	4	***12-17*** 河内丹比に狭山下池をきずく。
733	5	***4-3*** 遣唐使船，難波を出発。
736	8	***8-8*** 天竺僧菩提僊那・林邑僧仏哲(徹)・唐僧道璿ら摂津に至り,行基出迎える。
740	12	***2-7*** 聖武天皇，難波宮に行幸。***8-20*** 和泉監を河内国に併合。
744	16	***2-26*** 難波宮を皇都と定める。以後，聖武天皇は紫香楽宮・恭仁宮と転々とし，翌年平城京に還る。
754	天平勝宝6	***2-1*** 唐僧鑑真，難波に至る。
757	天平宝字元	***5-*** 河内国から和泉国分立。
785	延暦　4	***1-14*** 三国川を開く。
788	7	***3-16*** 摂津大夫和気清麻呂，摂津・河内両国の境界を掘り，河内川を海にとおそうとする。
793	12	***3-9*** 摂津職を摂津国に改める。
817	弘仁　8	***7-17*** 摂津国に大津波，死者200余人。
827	天長　4	この年，河内国に観心寺建立。
848	嘉祥　元	***8-5*** 京畿に大洪水，茨田堤が崩壊。
850	3	***9-8*** 摂津国淀川口で八十島(やそしま)祭を行う。
866	貞観　8	***4-11*** 摂津・和泉ならびに南海道諸国に命じて，海賊を追捕させる。
939	天慶　2	***12-26*** 摂津国須岐駅で藤原純友の郎党藤原文元ら，備前介藤原子高をとらえる。

945	天慶　8	7- 志多羅神入京のうわさ広まり，やがて摂津国河辺郡から志多羅神の神輿，西国街道をとおって入京。
1004	寛弘　元	2-26 住吉社神人50人余，陽明門外で摂津守藤原説孝(のりたか)を訴える。
1073	延久　5	2-20 後三条上皇・陽明門院，石清水八幡宮・住吉社・四天王寺に参詣。
1086	応徳　3	6-2 河内国知識寺が倒れ，大仏が破壊。
1091	寛治　5	6-12 河内国の所領をめぐり源義家と弟義綱が闘争。
1128	大治　3	9-28 摂津国住吉社で歌合をもよおす。
1142	康治　元	この頃，藤原忠通，摂津国垂水東牧を春日社に寄進。
1145	久安　元	閏10-8 鳥羽法皇，四天王寺参詣(以後数回)。
1176	安元　2	9-13 後白河法皇，四天王寺参詣(以後数回)。
1183	寿永　2	6-8 近衛基通，垂水西牧を春日社に寄進。
1184	元暦　元	2-4 源範頼・義経摂津入国。その侵入で勝尾寺焼失。
1185	文治　元	2-17 源義経，暴風をおかして渡辺を発す。3-14 平氏滅亡。11-8 義経・行家ら，摂津国大物で暴風にあい遭難。
1190	建久　元	11-7 源頼朝，京都にのぼり，石清水・東大寺・四天王寺に参詣。
1201	建仁　元	3- 後鳥羽上皇，水無瀬の離宮で江口・神崎の遊女の今様をみる。
1219	承久　元	3-8 後鳥羽上皇，摂津国長江・椋橋両荘の地頭職改補を幕府に求める。
1221	3	5～6- 承久の変。
1228	安貞　2	10-7 近畿大風雨，摂津国住吉社破損。
1230	寛喜　2	4-20 勝尾寺領四至内における殺生伐木・新儀・狼藉を停止する太政官牒くだされる。
1237	嘉禎　3	4-9 藤原家隆，荒陵で没。
1239	延応　元	2-9 後鳥羽法皇摂津水無瀬・井内両荘を藤原親成(ちかしげ)にゆずる。
1249	建長　元	8-14 延暦寺・青蓮院の僧徒ら，四天王寺別当職が延暦寺に属することを強訴。
1251	3	閏9-17 後嵯峨上皇，西園寺実氏の吹田別荘に行幸。
1261	弘長　元	9-25 淀川上洛船1隻ごとに銭10文を課して河内国金剛山内外院造営料にあてさせる。
1280	弘安　3	3- 摂津垂水西牧榎坂郷に下向した春日社神人(じにん)に対し，郷民らが乱暴狼藉を働く。
1284	7	1- 摂津国に異国降伏の祈禱を命ずる。1- 亀山上皇，四天王寺に行幸。
1286	9	この年，僧一遍，摂津国住吉社などに参詣。
1294	永仁　2	この年，忍性，四天王寺別当に就任し，悲田・敬田の2院を再興。
1300	正安　2	閏7- 和泉国近木(こぎ)荘雑掌，悪党の乱入停止を六波羅に訴える。
1311	応長　元	8-17 院宣をくだし，大山崎神人に淀・河尻・渡辺・兵庫などの関津料を免除。
1314	正和　3	4-12 大山崎離宮八幡宮の神人ら，渡辺・神崎・河尻・兵庫以下の関料免除を幕府に訴える。
1327	嘉暦　2	2-12 摂津国神前(かんざき)・渡辺・兵庫の3津の目銭(めぜに)を東大寺東南院修造料とする。
1331	元弘　元 (元徳 3)	5-5 元弘の乱はじまる。9-11 楠木正成，河内国赤坂城で挙兵(10-21 落城)。
1332	2 (正慶元)	4-17 楠木正成，兵を住吉・天王寺にだす。4-21 六波羅の兵を破る。敗兵争って渡辺橋をわたり，溺死する者多し。12- 楠木正成，赤坂城奪

		回。
1333	元弘 3 (正慶 2)	*1-19* 楠木正成，摂津国四天王寺に六波羅軍を攻撃。*2-* 赤坂城陥落し，千早城の攻防激戦化。*3-10* 赤松則村(のりむら)，摂津国瀬河に六波羅軍を破る。 *5-21* 鎌倉幕府滅亡。
1334	建武 元	この年，楠木正成，摂津・河内・和泉の守護となる。
1336	延元 元 (建武 3)	*5-25* 尊氏，兵庫湊川で新田義貞・楠木正成を破る。正成戦死。*12-21* 後醍醐天皇，吉野に移る。
1338	3 (暦応元)	*3-16* 北畠顕家，足利方(高師直・細川顕氏)と，渡辺橋・天王寺・阿倍野でたたかい，破れる。 *5-22* 顕家，高師直と堺浦・石津にたたかい戦死する。
1339	4 (2)	*3-27* 足利尊氏，渡辺・神崎の升米と兵庫島の商船目銭を，興福寺の修造料として寄進。
1347	正平 2 (貞和 3)	*8-24* 楠木正行，細川顕氏と河内国池尻にたたかう。*9-9* 楠木正行の軍，河内国八尾城を攻撃。*11-26* 楠木正行，住吉・天王寺などで幕府軍を破る。
1348	3 (4)	*1-5* 四条畷の合戦，楠木正行戦死。 *4-26* 南朝軍，高師泰と河内国天野二王山(あまのにおうさん)に合戦。
1352	7 (文和元)	*2-26* 後村上天皇，賀名生(あのう)より住吉にむかい，住吉神主津守国夏の館を行宮とする。閏*2-19* 後村上天皇，四天王寺より八幡に行幸。*3-3* 南朝，3上皇・直仁親王を河内国東条，ついで賀名生に移す。
1354	9 (3)	*3-22* 光厳・光明両法皇および崇光上皇，河内国金剛寺に移る。*10-28* 後村上天皇，金剛寺に移る。
1357	12 (延文 2)	*2-18* 光厳法皇・崇光上皇ら，京都に帰る。*5-* 後村上天皇，河内国観心寺に移る。
1358	13 (3)	この年，摂津島下郡粟生村の領家職が半済(はんぜい)となる。
1360	15 (5)	*3-17* 畠山国清，河内国金剛寺を焼く。 *5-9* 細川清氏ら幕府軍，楠木正儀らを河内国赤坂城に攻略。*9-* 後村上天皇，摂津国住吉社に移る。
1361	16 (康安元)	*6-21〜25* 近畿大地震。*6-24* 四天王寺金堂倒れる。*7-24* 難波浦に大津波。*12-3* 細川清氏・楠木正儀・和田正武ら，大挙して京にせめのぼる。*12-26* 南軍，京都をすて，住吉・天王寺にしりぞく。
1368	23 (応安元)	*3-11* 後村上天皇，摂津国住吉行宮で崩御，ついで長慶天皇践祚。
1369	24 (2)	*1-2* 楠木正儀，足利義満につうじる。*4-* 長慶天皇，河内国金剛寺に移る。
1373	文中 2 (6)	*5-9* 北朝は，摂津国堺浦(北荘)泊銭目銭を東大寺八幡宮修理料として寄進。*8-10* 楠木正儀・細川氏春ら天野行宮を襲撃，長慶天皇吉野に移る。
1376	天授 2 (永和 2)	*6-11* 幕府，摂津国堺浦(北荘)の目銭3年分を東大寺八幡社修理料に寄進。
1377	3 (3)	*12-12* 摂津守楠木正儀，大山崎神人らの請により同国堺荘民らの荏胡麻売買を禁止する。
1392	元中 9 (明徳 3)	*1-18* 畠山基国(もとくに)，楠木正勝らを河内国千剣破(ちはや)城に攻略。 *2-13* 足利義満，大内義弘を和泉・紀伊両国に派遣し山名義理を討たせ

			る。10-25 南北朝合一の講和。
1399	応永	6	10-13 大内義弘，足利義満の招きにより兵を率いて和泉国堺に至る。10-28 大内義弘，足利満兼に応じ討幕を企てる。11-29 幕府軍，大内義弘の堺城を攻撃。12-21 堺城陥落，大内義弘戦死(応永の乱)。
1442	嘉吉	2	4-29 細川持賢(もちかた)，摂津国崇禅寺を創建。
1457	長禄	元	8-14 河内国の土民ら蜂起，関所を破る。この頃，淀川の関所濫設され616関に達する。
1458		2	この年，幕府，淀川の新関20カ所の停止を河内・摂津の守護に命じる。
1461	寛正	2	2- 河内国に土一揆蜂起。6-12 毛利豊元・山名是豊ら，畠山義就の軍と河内国桐山にたたかう。
1467	応仁	元	5-26 応仁の乱おこる。8-23 山名持豊方の大内政弘，河野通春摂津に侵入，細川勝元方と合戦。
1469	文明	元	7-13 大内政弘，摂津国諸城を攻略，池田城をおとす。
1482		14	8-19 畠山政長，和泉国にはいる。ついで河内国17カ所で畠山義就とたたかう。
1484		16	9-5 紀伊国粉河寺の行人(ぎょうにん)，和泉国水間寺を攻撃。ついで神於(かみお)寺を焼く。
1493	明応	2	2-24 足利義材(よしき)，畠山政長らと河内国正覚寺に陣す。閏4-25 細川政元の軍が正覚寺城を攻撃，畠山政長自殺，足利義材くだる。
1496		5	9- 蓮如，大坂石山別院をはじめる。
1510	永正	7	8-8 摂津・河内大地震。
1521	大永	元	3- 本願寺光兼，後柏原天皇即位式の費用をたてまつり，門跡に准ぜられる。
1530	享禄	3	8- 細川高国・浦上村宗ら摂津にはいり，細川晴元方の諸城を破り，勝間・天王寺・今宮・木津・難波・野田・福島に陣し，築島・沢口・遠里小野・吾孫子の晴元の陣と対峙。
1531		3	2-21 三好元長，阿波国より和泉国堺に至り細川晴元を支援する。6-4 細川高国，三好諸勢と天王寺等でたたかい大敗する。
1532	天文	元	6-20 本願寺証如，三好元長を堺に攻め，元長は顕本寺で自殺。8-2 証如，堺で細川晴元に破れる。8-24 山科本願寺焼かれ，証如は大坂に移る。12-14 堺大火，数千戸焼失。
1533		2	2-10 一向宗徒，細川晴元を堺に破る。証如，堺を支配する。4-26 細川晴元，証如を堺に攻める。証如敗れて大坂に走る。
1535		4	6-12 晴元の兵，証如の兵を大坂で破る。
1545		14	この年，貝塚の住民ら，卜半斎(ぼくはんさい)右京坊了珍を根来寺より迎え，真宗道場の住持とする。
1550		19	8- 貝塚の卜半斎了珍，貝塚道場に本願寺証如から阿弥陀画像をあたえられる。
1555		24	この年，石山本願寺下の貝塚寺内，取りたてられる。
1561	永禄	4	3-28 親鸞上人三百回忌法会を大坂本願寺に行う。8- ガスパル＝ビレラ，日比屋了珪(りょうけい)に招かれ堺に赴く。以後堺での布教はじまる。
1562		5	1-23 大坂本願寺大火，寺中2000軒焼失。
1563		6	10-16 根来寺衆徒，三好長慶と和睦し堺で盟約。
1564		7	12-26 大坂火災，本願寺など焼亡。

1565	永禄	8	11-15 三好長逸(ながやす)ら，三好義継を擁して河内国飯森城を攻略し，松永久秀と対立する。
1566		9	2-17 三好三人衆，畠山高政を河内国上芝に破る。
1568		11	10-1 織田信長，大坂本願寺に5000貫，和泉国堺に2万貫の矢銭を課す。
1569		12	1-9 信長入京，堺の三人衆支援をせめる。堺市民，矢銭2万貫をおさめる。
1570	元亀	元	9- 本願寺顕如挙兵，石山合戦はじまる。
1576	天正	4	4-14 信長，明智光秀・長岡藤孝・原田直政・荒木村重・筒井順慶らに石山城を攻めさせる。
1577		5	2-16 信長，雑賀・根来討伐のため和泉に発向し，貝塚を焼討ちする。
1580		8	4-9 顕如，紀伊雑賀に移る。7- 顕如，7月をもって開城を約し信長と和睦。8-2 本願寺より出火，建物などことごとく灰燼となる(石山合戦おわる)。
1582		10	6-2 本能寺の変。6-13 羽柴秀吉，明智光秀を天王山に滅ぼす。
1583		11	6- 秀吉，大坂城を居城とし入城。7-4 本願寺顕如，紀伊鷺森御坊をでて貝塚御坊にはいる。9-1 秀吉，大坂築城を開始。
1584		12	8-8 秀吉，大坂城にはいる。
1585		13	5-4 本願寺に天満の地をあたえる。
1596	慶長	元	2- 秀吉，毛利輝元・小早川隆景・吉川広家および東国の諸大名らに淀川の堤をきずかせる(太閤堤)。
1598		3	8-18 秀吉没。
1614		19	4-16 秀頼，方広寺の鐘を鋳造。7-26 家康，方広寺の鐘銘に異をとなえ，大仏開眼供養の延期を求める。10-1 大坂冬の陣。12-19 和議成立。
1615	元和	元	4- 大坂夏の陣。5-7 大坂城炎上。
1619		5	7-22 松平忠明を大和郡山に転封，大坂を直轄領とする。
1620		6	1-18 幕府，諸大名の普請役による大坂城の再建を開始。
1622		8	8- 大坂靫(うつぼ)・天満の淀屋个庵(こあん)・鳥羽屋彦七ら，新靫町・新天満町・海部堀川町の3町を開く。
1634	寛永	11	閏7-26 大坂・堺・奈良の地子銀を免除。
1637		14	この年，大坂上荷船・茶船条令制定。
1644	正保	元	3- 幕府，京都・江戸・大坂・長崎に糸割符を頒布。
1646		3	この年，大坂の古剣先船，大和川に営業の許可を得る。
1649	慶安	2	8-19～21 大和川洪水のため2万8000石損失。
1650		3	8-1 大坂で暴風雨，大坂城中で破損。8-29～9-2 摂津・山城・河内・近江4国で大雨。
1660	万治	3	6-18 大坂城火薬庫に落雷。8-17 大坂大雨，大坂城石垣破損。12- 幕府，大坂市中での米市・米手形売買を禁止。
1662	寛文	2	この年，和泉国岸和田藩，藩札を発行。
1666		6	7-21 大坂綿屋仲間(三郷綿仲間)成立。12-7 雑喉場(ざこば)から出火，142町・1933軒焼失。
1671		11	7- 河村瑞軒に東廻り航路を整備させる。
1684	貞享	元	2-11 河村瑞軒，淀川下流の治水工事に着手。
1685		2	12- 安治川完成。
1703	元禄	16	5- 近松門左衛門の『曾根崎心中』，竹本座で初演。11- 大坂堀江新地・

			曾根崎新地を開発。
1704	宝永	元	2- 幕府，大和川付替え工事に着手(10- 完成)。
1705		2	5- 大坂の淀屋五郎左衛門(辰五郎)，闕所となる。 この年，鴻池・菱屋ら，旧大和川河道に新田を開発。
1717	享保	2	この年，土橋友直ら，含翠(がんすい)堂を平野郷町に開く。
1724		9	3-21 大坂大火。市街の3分の2が焼失(妙知焼)。焼失戸数1万2205軒。 11- 三宅石庵，尼崎1丁目に懐徳堂を創立。
1726		11	6-7 三宅石庵らの懐徳堂，学問所の認可を申請(翌年許可)。
1772	安永	元	1-12 幕府，天満青物市場の問屋・仲間株を公認。6-4 大坂綿屋仲間株，大坂三所綿問屋株を公認。 この年，樽廻船問屋株・小便仲間株などを公認。
1783	天明	3	2-1 大坂で，米価高騰と買占めに抗議して打ちこわしおこる。
1785		5	12-13 幕府，大坂町人に御用金を命じる。
1789	寛政	元	12-26 大坂南本町で大火(寛政の大火)。
1790		2	3-11 大坂上問屋・上積問屋株廃止。
1800		12	6- 幕府，京都・大坂の銀座を廃止。
1802	享和	2	7-1 摂津・河内大洪水。淀川堤防43カ所決壊。
1810	文化	7	3- 和泉国4郡の農民，繰綿問屋の買占めに反対し，訴訟をおこす。
1823	文政	6	5- 摂津・河内両国1007カ村，実綿繰綿売捌きについて国訴。7- 摂津・河内・和泉3国1307カ村，菜種・絞油売買の自由を要求し，国訴。
1830	天保	元	3- お蔭参り流行。
1831		2	3- 大坂町奉行新見正路，安治川を浚渫して天保山をきずく。
1833		4	9- 江戸・大坂・小浜・広島などの各地で打ちこわし続く(～12-)。
1834		5	6- 大坂で打ちこわしおこる(～7-)。
1837		8	2-19 大坂東町奉行所元与力大塩平八郎の乱(3-27 自殺)。3- 大坂・兵庫で打ちこわしおこる。
1841		12	12-13 株仲間解散。
1842		13	3-14 大坂菱垣廻船積二十四組問屋の株札を停止。
1851	嘉永	4	3-8 株仲間再興令，十組問屋ほか株仲間の再興を許可する。
1854	安政	元	6-14 大地震。9-18 ロシアのディアナ号，天保山沖に停泊。10-3 ディアナ号，下田にむかう。11-4 大地震，津波による死者多数。
1856		3	7-18 幕府，安治川・木津川口に台場をきずく。
1864	元治	元	5-20 与力内山彦次郎，天神橋上で新撰組に殺される。
1867	慶応	3	12-7〈1868.1.1〉大阪開市。12-9 王政復古大号令。 この年秋から，ええじゃないか踊り流行。
1868	明治	元	1-3 鳥羽・伏見の戦い。1-9 大阪城炎上。1-22 大阪鎮台をおく。1-23 大久保利通，大阪遷都建白。1-27 大阪鎮台を大阪裁判所と改称。2-15 堺事件おきる。3-23 明治天皇大阪行幸(～閏4-7)。5-9 銀目廃止。5-12 淀川大洪水，神崎川堤防決壊。6-22 大阪府から堺県独立。7-15 大阪開港。7-29 大阪の居留地競売。9-8 慶応を明治と改元(一世一元の制)。
1869		2	1-20 大阪府から摂津県・河内県独立。5-1 舎密局開講式。5-10 摂津県を豊崎県と改称。6-2 大阪三郷を廃止し，東南西北の四大組とする。8-2 摂津県を兵庫県に合併し，河内県を堺県と改称。

1870	明治	3	2-2 大阪城内に造兵司設置(のちの大阪砲兵工廠，陸軍造兵廠)。2-11 摂津・河内に下肥騒動おきる。4-8 堺紡績所操業開始。
1871		4	2-15 造幣寮開業式。3-1 東京・京都・大阪間に郵便開始。8-2 大阪鎮台設置。11-20 大阪府・高槻県・麻田県を廃し，大阪府再置。堺県・丹南県・吉見県・岸和田県・伯太県の諸県を廃止し，堺県再置。
1872		5	5-22 大阪府摂津7郡の区画制定。10-20 大阪裁判所設置。8-1 住吉社・箕面山・天王寺(四天王寺境内)を公園とする。
1874		7	5-11 大阪・神戸間鉄道開通。7-19 大阪府庁舎開庁式(江之子島)。
1875		8	2-11 大阪会議。4-30 管内全郡を大区小区制に改める。
1876		9	4-18 奈良県を廃止し，堺県に合併。9-5 京都・大阪間鉄道開業。
1877		10	2-5 明治天皇，大和・河内・堺を巡幸。 この年，コレラ流行。
1878		11	1-7 私立梅花女学校開校。7- 神崎川付替え工事完成。8-27 大阪商法会議所設立。9-11 愛国社再興第1回大会，大阪で開催。
1879		12	1-25『朝日新聞』創刊。2-10 大区小区制を廃止。
1881		14	1-6 従前の7郡役所を4郡役所に縮小。2-7 堺県廃止，大阪府に合併。
1884		17	10-29 自由党大会大阪で開かれ，解党を決める。
1885		18	6-17 淀川大洪水(7月にも再度の大洪水)。11-23 大井憲太郎らの大阪事件おこる。12-27 関西最初の私設阪堺鉄道会社，難波・大和川間開業式。
1887		20	11-4 大阪府から奈良県分離。12-10 大阪電灯会社設立。
1888		21	5-12 大阪鎮台を第四師団と改称。12-4 角藤定憲(すどうさだのり)ら，新町座で壮士芝居公演。
1889		22	4-1 大阪・堺に市制施行，その他の町村に町村制施行。
1891		24	2-5 川上音二郎，堺宿院の卯の日座で書生芝居の旗揚げ。
1895		28	3-31 第四師団出動命令。11-13 大阪市上水道通水式。
1896		29	3-26 淀川改修案国会で可決。4-1 郡の統合実施。
1897		30	4-1 大阪市第1次市域拡張。
1898		31	10-1 大阪市，普通市制に移行。10-1 南海鉄道と阪堺鉄道合併。
1903		36	3-1 第5回内国勧業博覧会開催。3-7 大阪市内河川に巡航船開業。7-1 大阪築港大桟橋完成。9-12 大阪市電，築港・花園橋間開通。
1904		37	2-25 府立大阪図書館開館。3-6 第四師団に動員令くだる。
1905		38	2-5 泉北郡高石村に捕虜収容所建設。4-12 阪神電鉄，出入橋・三宮間開通。
1907		40	6-1『大阪平民新聞』発刊。 8- 毛馬閘門完成。
1909		42	6-1 新淀川完工式。7-31 北の大火，51町・1万1300余戸焼失。
1910		43	2-27 川上音二郎，北浜に帝国座創立。3-10 箕面有馬電気軌道，梅田・宝塚，石橋・箕面間開通。4-15 京阪電鉄，天満・京都五条間開通。
1912	大正	元	1-16 南の大火,4576戸焼失。7-3 新世界に通天閣・ルナパーク完成。
1913		2	2-11 憲政擁護大会暴動化し警官隊出動。8-27 大阪救済事業研究会『救済研究』創刊。10-27 大阪市西区岩崎町の大阪ガス工場火災。
1914		3	7-9 大阪市会，関一を助役に推薦。8-19 北浜銀行臨時休業。
1915		4	1-1 大阪市立動物園設置。8-18 全国中等学校優勝野球大会開催(豊中

			球場)。***10-28*** 府立高等医学校を大阪医科大学と改称。
1917	大正	6	***10-1*** 淀川大洪水，右岸大塚堤防など決壊。
1918		7	***6-1*** 大阪府に救済課新設。***8-9*** 大阪にも米騒動波及，警官・軍隊出動。***9-28*** 大阪朝日新聞社長村山龍平，白虹事件でおそわれる。***10-7*** 大阪府方面委員設置。***11-17*** 中央公会堂竣工式。***12-*** 飛田遊郭できる。
1919		8	***2-7*** 大阪市，職業紹介所設置(この年，大阪市の社会事業が本格化)。***2-9*** 大原社会問題研究所開設。***11-24*** 婦人関西連合会結成。
1920		9	***1-19*** 大阪府に都市計画課設置，経済課を社会課と改称。***10-1*** 第1回国勢調査。
1921		10	***5-1*** 大阪最初のメーデー。***5-10*** 大阪市役所，中之島に新築移転。***6-19*** 大阪市立市民館，開館式。
1922		11	***4-6*** 天保山桟橋竣工式。***4-9*** 杉山元治郎ら，日本農民組合を結成。***4-15*** 大阪外国語学校開校。***6-1*** 大阪労働学校開講。***8-5*** 大阪水平社設立。
1923		12	***5-21*** 第6回極東選手権大会，市岡の市立運動場で開催。***7-1*** 吹田操車場開設。***10-1*** 大阪市，大阪電灯会社買収。***11-30*** 関一，大阪市長就任。
1924		13	***6-27*** 市内に1円タクシーあらわれる。***7-2*** 市内に青バス走る。
1925		14	***3-15*** 大大阪記念博覧会開催(〜***4-30***)。***3-25*** 大阪中央卸売市場開設認可。***4-1*** 第2次大阪市域拡張。***6-1*** 大阪放送局，ラジオ放送を開始。
1926	昭和	元	***2-28*** 松島遊郭移転疑獄事件。***6-30*** 郡役所廃止。***7-1*** 大阪府青年訓練所発足。***11-7*** 大阪府新庁舎落成式。***12-1*** 大阪中央放送局本放送開始。
1927		2	***2-26*** 大阪市営バス営業開始(阿倍野・平野間)。***3-15*** 金融恐慌おこる。***5-18*** 阪神国道開通。
1928		3	***3-16*** 大阪商科大学設置。***7-5*** 大阪市，防空演習。
1929		4	***4-15*** 阪急百貨店開業。***4-*** 木津川口に飛行場設置。
1931		6	***5-1*** 府立大阪医科大学を国に移管，大阪帝国大学となる。***11-7*** 大阪城公園・天守閣竣工式。***11-11*** 大阪中央卸売市場開業。
1932		7	***3-17*** 大阪国防婦人会結成。
1933		8	***5-20*** 地下鉄，梅田・心斎橋間開通。***5-23*** 京阪国道開通。***6-17*** 天六でゴーストップ事件おきる(***11-18*** 解決)。***9-1*** 電気科学博覧会開催。
1934		9	***6-10*** エンタツ・アチャコの「早慶戦」を実況中継。***7-26*** 近畿防空大演習。***9-21*** 室戸台風襲来。
1938		13	***7-5*** 阪神地方大風水害。
1939		14	***1-17*** 大阪第二飛行場設置(伊丹)。***1-20*** 大阪市産業報国会結成。***6-7*** 満蒙開拓青少年義勇隊出発。
1944		19	***2-21*** 建物疎開はじまる。***8-28*** 第1次学童集団疎開。***12-9*** 最初の空襲。
1945		20	***3-13・14*** 第1次大阪大空襲。***8-15*** 終戦。***9-18*** 枕崎台風による高潮。***9-25*** 連合軍，和歌山に上陸，ついで大阪に進駐。***9-*** 大阪に闇市。
1946		21	***1-6*** 発疹チフス発生(半年続く)。***8-1*** 闇市取締り実施一斉閉鎖。
1947		22	***2-16*** 大阪府農地委員会発足。***4-12*** 赤間文三，初の公選知事。***6-5*** 天皇，大阪へ行幸。***7-3*** 大阪府食料緊急対策本部設置。

1948	昭和	23	***4-23*** 朝鮮人学校事件。***8-25*** 進駐軍，大阪城から撤収。
1949		24	***7-25*** 天神祭船渡御復活。***9-1*** 大阪市警察局，大阪市警視庁と改称。
1950		25	***4-14*** タイ国から天王寺動物園に親善使節として象「春子」が贈られる。***8-14*** 扇町プール開設。***9-3*** ジェーン台風襲来。
1952		27	***6-25*** 吹田事件。***7-10*** 豪雨災害，大阪市・堺市などに災害救助法適用。***11-25***『大阪読売新聞』創刊。
1953		28	***9-1*** トロリーバス初めて開通(大阪駅・神崎橋間)。
1954		29	***3-1*** ＮＨＫ大阪放送局，テレビ放送開始。***4-10*** 第１回日本国際見本市，大阪で開催。
1955		30	***2-17*** 人形浄瑠璃文楽，重要文化財に指定される。***7-1*** 大阪市警察を府警察に統合。***9-1*** 府立浪速大学(昭和24.***2***- 設置)，大阪府立大学と改称。
1956		31	***4-25*** 堺市金岡団地入居開始。***10-28*** 通天閣再建開業。
1958		33	***2-19*** 今里新地転廃業。***2-28*** 飛田新地転廃業　***3-1***「街を静かにする運動」実施，神風タクシー追放。
1959		34	***10-29*** プロ野球南海ホークス，初の日本一。
1960		35	***5-23*** 関西研究用原子炉の熊取町誘致決まる。***9-10*** ＮＨＫ大阪，カラーテレビ放送開始。***12-1*** 大阪城公園内に市立博物館開館。
1961		36	***4-15*** 大阪府に公害課設置。***4-25*** 大阪環状線開通。***8-1*** 西成事件おきる。警官6000人出動。***9-16*** 第二室戸台風襲来。
1962		37	***8-12*** 堀江謙一，小型ヨットで太平洋横断。***9-15*** 千里ニュータウン，入居開始。***9-20*** 天王寺民衆駅完成。
1964		39	***10-1*** 国鉄新幹線東京・新大阪間開業。
1966		41	***3-31*** 泉北ニュータウン着工。***5-28*** 釜ケ崎地区を「あいりん地区」と改称。
1967		42	***6-2*** 西成区「あいりん地区」で労働者さわぐ。***12-11*** 箕面市の明治の森，国定公園に指定される。
1968		43	***6-15*** 大阪御堂筋の反戦デモで，デモ隊と警官隊衝突。***10-17*** 茨木市出身の川端康成にノーベル文学賞決定。
1969		44	***4-1*** 大阪市電廃止。***8-31*** 大阪南港にコンテナ埠頭完成。***11-30*** 大阪梅田に阪急三番街(川のある町)開業。
1970		45	***3-15*** 日本万国博覧会開幕。***4-8*** 天六の地下鉄谷町線工事現場でガス爆発。***10***- 泉北ニュータウン完成。
1971		46	***4-21*** 黒田了一(革新系)，府知事就任。
1972		47	***3-15*** 国鉄山陽新幹線，新大阪・岡山間開通。***5-13*** 大阪千日デパート火災。***7-12*** 近畿地方集中豪雨(大東市住民，水害訴訟おこす)。
1973		48	***5-1*** 大阪あいりん地区で群衆2000人さわぐ。***5-1*** 大阪で，光化学スモッグ注意報。
1974		49	***4-9*** 大阪に記録的豪雨，大東市で床下浸水。***7-22*** 大阪市，22区から26区になる。
1975		50	***11-2*** プロ野球で阪急，日本一となる。***11-21*** 三井物産ビル爆破事件。***12-11*** 大阪市全域，公害地域に指定。
1977		52	***2-14*** 藤井寺で毒入りコーラ事件。***10***- 大阪南港ポートタウン，町開き。***11-15*** 国立民族博物館完成。

1978	昭和	53	***2***-*20* 合板メーカー永大産業倒産。***11***-*3*「なんばＣＩＴＹ」開業。
1980		55	***9***-*18* 上本町ハイハイタウン開業。***11***-*27* 南海平野線廃止。
1981		56	***3***-*16* ニュートラム南港ポートタウン線開業。***6***-*22* 滝畑ダム完成。***10***-*19* 福井謙一京大教授，ノーベル化学賞に決まる。
1983		58	***10***-*1* 大阪城博覧会開催。***10***-*9* 第１回御堂筋パレード開催。
1984		59	***3***-*18* グリコ社長誘拐事件。***3***-***20*** 国立文楽劇場開場。
1985		60	***11***-*2* プロ野球阪神タイガース，初の日本一となる。
1986		61	***4***-*11* 大阪ビジネスパーク(OBP)の「ツィン21」オープン。
1987		62	***4***-*1* 国鉄民営化。***8***-*1* 天王寺博覧会開催。***9***-*21* 大阪国際交流センター開館。
1989	平成	元	***2***-*13* 大阪市，24区となる。***3***-*19* 堺市で「ダッハランド'89大阪」開幕。
1990		2	***4***-*1* 国際花と緑の博覧会開会。***7***-*20* 天保山ハーバービレッジ，海遊館開設。
1991		3	***9***-*17* 大阪国際平和センター開設(ピース大阪)。
1994		6	***4***-*14* アジア・太平洋トレードセンター開設(ATC)。***9***-*4* 関西国際空港開港。
1995		7	***1***-*17* 阪神淡路大震災。***4***-*20* 大阪ワールドトレードセンター(WTC)開業。***11***-*15*～*19* APEC(アジア太平洋経済協力会議)，大阪で開催。
1996		8	***2***-*12* 司馬遼太郎没。***7***-*15* 堺市で病原性大腸菌O157による食中毒発生。***11***-*15* ワッハ上方(府立上方演芸資料館)が千日前にオープン。
1997		9	***2***-*26* 細工谷遺跡で富本銭と「和同開珎」の枝銭みつかる。***3***-*2* 大阪松竹座新築開場。***3***-*8* JR東西線開業(京橋・尼崎)。***8***-*13* 大阪市が2008年のオリンピック国内候補都市に決定。***9***-*13* 第52回国民体育大会(なみはや国体)開幕(夏季～*16*，秋季***10***-*25*～*30*)。
1998		10	***6***-*28* 能勢町住民有志が，ごみ焼却施設から高濃度ダイオキシンが検出されたことで公害調停申し立て決定。***7***-*28* 西淀川公害訴訟で国と阪神高速道路公団が公害防止対策を約束し，患者側と和解。
2000		12	***2***-6 太田房江全国初の女性知事に当選。***6***-*29* 雪印の低脂肪乳で集団中毒。***7***-*12* そごうグループ倒産(*12*-*25*そごう大阪店閉店)。

備考：南朝年号の下に北朝年号を記した。明治５年までは太陰暦，明治６年以降は太陽暦である。

■ 沿革表

1．国・郡沿革表

（2014年8月現在）

国名	延喜式	吾妻鏡その他	郡名考・天保郷帳	郡区編制	郡制	現在	
						郡	市
摂津	豊《と》島《しま》	豊島	豊《て》島《しま》	豊島	豊能	豊《とよ》能《の》郡	豊中市・池田市・箕面市
	能《の》勢《せ》	能勢	能《の》勢《せ》	能勢			
	島《しまの》上《かみ》	島上	島《しま》上《かみ》	島上	三島	三《み》島《しま》郡	高槻市 吹田市・茨木市
	島《しまの》下《しも》	島下	島《しま》下《しも》	島下			
	西《にし》成《なり》	西生 西成	西《にし》成《なり》	西成	西成	大阪市	
	東《ひんかし》生《なり》	東生 東成	東《ひがし》成《なり》	東成	東成		
	住《すみ》吉《よし》 百《くだ》済《ら》	住吉 —	住吉	住吉			
河内	交《かた》野《の》	交野	交《かた》野《の》	交野	北河内	北河内《かわち》郡	大東市・交野市・四条畷市・守口市・枚方市・寝屋川市・門真市
	讃《さら》良《ら》	讃良	讃《さ》良《ら》	讃良			
	茨《うはら》田《た》	茨田	茨《まむ》田《た》	茨田			
	若《わか》江《え》	若江	若《わか》江《え》	若江	中河内	大阪市 東大阪市 八尾市 松原市 柏原市　へ編入	
	河《かふ》内《ち》	河内	河《かは》内《ち》	河内			
	高《たか》安《やす》	高安	高《たか》安《やす》	高安			
	大《をほ》県《あかた》	大県	大《おを》県《かた》	大県			
	渋《しぶ》川《かは》	渋川	渋《しぶ》川《かは》	渋川			
	志《し》紀《き》	志紀 志貴	志《し》紀《き》	志紀			
	安《あす》宿《かへ》	安宿 安宿郡	安宿部《あしゅくぶ》《あすかへ》	安宿部	南河内	南河内郡	羽曳野市 富田林市 河内長野市
		八上	八《や》上《かみ》	八上			
	古《ふる》市《ち》	古市	古《ふる》市《いち》	古市			
	石《いし》川《かは》	石川 石河	石《いし》川《かは》	石川			
	錦《にし》部《こり》	錦部	錦《にしき》部《べ》	錦部			

	丹比《たちひ》	丹南	丹南《たんなん》	丹南			
		丹北	丹北《たんぼく》	丹北	中河内		
和泉	大鳥《をほとり》	大鳥	大鳥《をほとり》	大鳥	泉北	泉北《せんぼく》郡	堺市 泉大津市・和泉市
	和泉《いつみ》	和泉 泉	泉《いつみ》	和泉			
		南	南《みなみ》	南	泉南	泉南《せんなん》郡	岸和田市・貝塚市 泉佐野市・泉南市
	日根《ひね》	日根	日根《ひね》	日根			

2．市・郡沿革表

(2014年8月現在)

大《おお》阪《さか》市

明治22年4月1日，市制施行，明治12年の東・西・南・北区を新市の区とする

明治30年4月1日　西成郡九条村・三軒屋村・天保町(明治22年4月1日，町制施行)・川南村の一部・川北村の一部・伝法村の一部・西浜町(明治22年4月1日,町制施行)・難波村・木津村の一部・川崎村の一部・曽根崎村・上福島村・下福島村・北野村・野田村の一部・豊崎村の一部，東成郡天王寺村の一部・東平野町(明治22年4月1日，町制施行)・生野村の一部・西高津村・清堀村・玉造町(明治22年4月1日，町制施行)・鶴橋村の一部・中本村の一部・鯰江村の一部・都島村の一部・野田村の一部を編入

大正14年4月1日　浪速区・天王寺区・港区・此花区・東淀川区・西淀川区・西成区・東成区・住吉区の9区を新設

西成郡伝法町(明治36年11月5日，町制施行)・鷺洲町(明治44年2月1日，町制施行)・川北村・中津町(明治44年2月1日，町制施行)・豊崎町(明治45年1月1日，町制施行)・粉浜村・今宮町(大正6年9月1日，町制施行)・玉出町(大正4年11月10日，町制施行)・津守村・西中島町(大正12年6月1日，町制施行)・豊里村・大道村・神津町(大正11年5月1日，町制施行)・新庄村・中島村・北中島村・歌島村・千船町(大正11年5月1日，町制施行)・稗島町(大正11年10月1日，町制施行)・福村・東成郡天王寺村・鶴橋町(大正元年10月1日，町制施行)・生野村・中本町(大正元年10月1日，町制施行)・神路村・小路村・城東村・榎本村・鯰江町(明治43年9月1日，町制施行)・榎並町(大正3年10月1日，町制施行)・城北村・古市村・清水村・喜連村・平野郷町(明治22年4月1日，町制施行)・田辺町(大正3年4月1日，町制施行)・北百済村・南百済村・依羅村・長居村・安立町(明治22年4月1日，町制施行)・墨江村・住吉村・敷津村を編入

昭和7年10月1日　大正区・旭区の2区を新設

昭和18年4月1日　福島区・大淀区・生野区・都島区・城東区・阿倍野区・東住吉区の7区を新設

昭和30年４月３日　中河内郡長吉村・瓜破村・矢田村・加美村・巽町(昭和23年１月１日，町制施行)・北河内郡茨田町(昭和14年６月１日，町制施行)を編入
昭和49年７月22日　淀川区・鶴見区・住之江区・平野区の４区を新設
平成元年２月13日　東区と南区を合区し中央区，北区と大淀区を合区し北区を新設

中央区《ちゅうおう》(旧東区)　明治12年２月10日　成立
明治22年４月１日　大阪市の一部となる
明治22年10月１日　市制に基づく区となる
明治30年４月１日　東成郡の一部を編入
大正14年４月１日　区域の一部を分離し，天王寺区へ
昭和18年４月１日　旭区より一部を編入，南区・東成区と区界調整，区域の一部を天王寺区・城東区へ
平成元年２月13日　南区と合区，中央区となる

(旧南区)　明治12年２月10日　成立
明治22年４月１日　大阪市の一部となる
明治22年10月１日　市制に基づく区となる
明治30年４月１日　東成郡と西成郡の一部を編入
大正14年４月１日　区域の一部を分離し，浪速区・天王寺区へ
昭和18年４月１日　東区・天王寺区・浪速区と区界調整
平成元年２月13日　東区と合区，中央区となる

西《にし》　区　明治12年２月10日　成立
明治22年４月１日　大阪市の一部となる
明治22年10月１日　市制に基づく区となる
明治30年４月１日　西成郡の一部を編入
大正14年４月１日　区域の一部を分離，港区・此花区へ
昭和18年４月１日　区域の一部を港区および浪速区へ

北《きた》　区(旧北区)　明治12年２月10日　成立
明治22年４月１日　大阪市の一部となる
明治22年10月１日　市制に基づく区となる
明治30年４月１日　東成郡・西成郡の一部を編入
大正14年４月１日　区域の一部を分離，此花区へ
昭和18年４月１日　区域の一部を分離，福島区・大淀区へ
平成元年２月13日　大淀区と合区，北区となる

(旧大淀区)　昭和18年４月１日　北区・東淀川区・西淀川区・此花区の各一部をもって成立
平成元年２月13日　北区と合区，北区となる

浪速《なにわ》区　大正14年４月１日　南区の一部をもって成立
昭和18年４月１日　西区・浪速区より一部編入，天王寺区・南区と区画調整

天王寺《てんのうじ》区　大正14年４月１日　東区・南区の一部をもって成立
昭和18年４月１日　東区・東成区・住吉区の一部を編入，南区・浪速区と区界調整

港《みなと》　区　大正14年４月１日　西区・北区の一部をもって成立

昭和７年10月１日　区域の半分を分離，大正区へ
昭和18年４月１日　区域の一部を西区へ
此花区《このはな》　大正14年４月１日　北区の一部をもって成立
昭和18年４月１日　西淀川区の一部を編入，区域の一部を福島区・北区・大淀区へ。
東淀川区《ひがしよどがわ》　大正14年４月１日　西成郡の一部をもって成立
昭和18年４月１日　区域の一部を大淀区・北区・西淀川区へ
昭和49年７月22日　区域の一部を淀川区へ
西淀川区《にしよどがわ》　大正14年４月１日　西成郡の一部をもって成立
昭和18年４月１日　区域の一部を大淀区・福島区・此花区へ
西成区《にしなり》　大正14年４月１日　西成郡の一部をもって成立
昭和18年４月１日　区域の一部を浪速区へ，住吉区と区界調整
東成区《ひがしなり》　大正14年４月１日　東成郡・茨田郡の一部をもって成立
昭和７年10月１日　区域の半分を旭区へ
昭和18年４月１日　区域の一部を生野区・城東区・天王寺区・東住吉区・阿倍野区へ，東区と区界調整
住吉区《すみよし》　大正14年４月１日　東成郡の一部をもって成立
昭和18年４月１日　区域の一部を住吉区・阿倍野区・天王寺区へ，西成区と区界調整
昭和49年７月22日　区域の一部を住之江区へ
大正区《たいしょう》　昭和７年10月１日　港区の一部をもって成立
旭区《あさひ》　昭和７年10月１日　東成区の一部をもって成立
昭和18年４月１日　区域の一部を都島区・城東区へ
福島区《ふくしま》　昭和18年４月１日　此花区・北区・西淀川区の一部をもって成立
生野区《いくの》　昭和18年４月１日　東成区・住吉区の一部をもって成立
都島区《みやこじま》　昭和18年４月１日　旭区・北区の一部をもって成立
城東区《じょうとう》　昭和18年４月１日　旭区・東区・東成区の一部をもって成立
昭和30年４月３日　北河内郡茨田町を編入
昭和49年７月22日　区域の一部を鶴見区へ
阿倍野区《あべの》　昭和18年４月１日　住吉区・阿倍野区の一部をもって成立
東住吉区《ひがしすみよし》　昭和18年４月１日　住吉区・東成区の一部をもって成立
昭和30年４月３日　中河内郡加美村，丹北郡長吉村・瓜破村・矢田村を編入
昭和49年７月22日　区域の一部を平野区へ
淀川区《よどがわ》　昭和49年７月22日　東淀川区の一部をもって成立
鶴見区《つるみ》　昭和49年７月22日　城東区の一部をもって成立
住之江区《すみのえ》　昭和49年７月22日　住吉区の一部をもって成立
平野区《ひらの》　昭和49年７月22日　東住吉区の一部をもって成立

堺《さかい》　市
明治22年４月１日　市制施行
明治27年２月10日　大鳥郡向井村大字七道を編入

大正９年４月１日　泉北郡向井町(大正２年11月１日，町制施行)・湊町(大正４年10月１日，町制施行)を編入
大正14年10月１日　泉北郡舳松村を編入
大正15年９月10日　泉北郡三宝村を編入
昭和13年２月11日　泉北郡神石村を編入
昭和13年８月24日　泉北郡五箇荘村・百舌鳥村，南河内郡金岡村を編入
昭和17年７月１日　泉北郡鳳町(大正９年６月１日，町制施行)・踞尾村・浜寺町(大正３年４月１日，町制施行)・東百舌鳥村・深井村・八田荘村を編入
昭和32年10月15日　南河内郡北八下村を編入
昭和33年７月１日　南河内郡南八下村を編入
昭和33年10月20日　南河内郡日置荘町(昭和26年９月１日，町制施行)を編入
昭和34年５月３日　泉北郡泉ケ丘町(昭和30年４月１日，町制施行)を編入
昭和36年３月１日　泉北郡福泉町(昭和10年２月11日，町制施行)を編入
昭和37年４月１日　南河内郡登美丘町(昭和25年４月１日，町制施行)を編入
平成17年２月１日　南河内郡美原町(昭和31年９月30日，南河内郡黒山村・平尾村・丹南村を合体，町制施行)を合併
平成18年４月１日　政令指定都市に指定され，堺区・中区・東区・西区・南区・北区・美原区を設置

岸和田《きしわだ》市

明治22年４月１日　町制施行
明治45年１月１日　泉南郡岸和田町・岸和田浜町(明治22年４月１日，町制施行)・岸和田村・沼野村合体，岸和田町となる
大正11年11月１日　市制施行
昭和13年３月３日　泉南郡土生郷村を編入
昭和16年６月１日　泉南郡東葛城村・有真香村を編入
昭和17年４月１日　岸和田市・泉南郡春木町(大正３年４月１日，町制施行)・南掃守村・山直町(大正10年７月１日，町制施行)合体
昭和23年４月１日　泉北郡山滝村を編入

豊《とよ》中《なか》市

昭和２年４月１日　町制施行
昭和11年10月15日　豊能郡豊中町・桜井谷村・麻田村・熊野田村合体，市制施行
昭和22年３月15日　豊能郡中豊島村・南豊島村・小曽根村を編入
昭和28年７月１日　三島郡新田村上新田を編入
昭和30年１月１日　豊能郡庄内町(昭和14年９月１日，町制施行)を編入

池《いけ》田《だ》市

明治22年４月１日　町制施行
昭和10年８月10日　豊能郡池田町・細河村・秦村・北豊島村合体，池田町となる
昭和14年４月29日　市制施行

吹《すい》田《た》市

明治41年4月1日　町制施行
昭和15年4月1日　三島郡吹田町・千里村・岸部村・豊島郡豊津村合体，市制施行
昭和28年7月1日　三島郡新田村下新田を編入
昭和30年10月15日　三島郡山田村を編入

泉大津《いずみおおつ》市

大正4年4月1日　町制施行
昭和6年8月20日　泉南郡大津町・穴師村・上条村合体，大津町となる
昭和17年4月1日　市制施行，大津町を泉大津市と改称
昭和34年7月1日　泉北郡信太村の一部を編入

高《たか》槻《つき》市

明治31年10月14日　町制施行
昭和6年1月1日　三島郡高槻町・大冠村・清水村・芥川町(昭和4年1月1日，町制施行)・盤手村合体，高槻町となる
昭和9年9月1日　三島郡如是村を編入
昭和18年1月1日　市制施行
昭和23年1月1日　三島郡阿武野村を編入
昭和25年11月1日　三島郡五領村を編入
昭和30年4月3日　三島郡三箇牧村を編入
昭和31年9月30日　三島郡富田町(大正14年11月1日，町制施行)を編入
昭和33年4月1日　京都府南桑田郡樫田村を編入
昭和34年4月1日　茨木市の一部を編入

貝《かい》塚《づか》市

明治22年4月1日　町制施行
昭和6年4月1日　泉南郡貝塚町・麻生郷村・島村・南近義村・北近義村合体，貝塚町となる
昭和10年4月15日　泉南郡木島村を編入
昭和14年4月10日　泉南郡西葛城村を編入
昭和18年5月1日　市制施行

守《もり》口《ぐち》市

明治22年4月1日　町制施行
昭和21年11月1日　北河内郡守口町・三郷町(昭和11年12月1日，町制施行)合体，市制施行
昭和32年4月1日　北河内郡庭窪町(昭和23年4月1日，町制施行)を編入

枚《ひら》方《かた》市

明治22年4月1日　町制施行
昭和13年11月3日　北河内郡枚方町・殿山町(昭和10年2月11日，町制施行)・蹉跎村・川

越村・山田村・樟葉村合体，枚方町となる
昭和22年８月１日　市制施行
昭和30年10月15日　北河内郡津田町(昭和15年11月８日，町制施行)を編入

茨《いばら》木《き》市

明治31年10月14日　町制施行
昭和23年１月１日　三島郡茨木町・春日村・三島村・玉櫛村合体，市制施行
昭和29年２月10日　三島郡安威村・玉島村を編入
昭和30年４月３日　三島郡福井村・石河村・見山村・清渓村を編入
昭和31年12月25日　箕面市の一部を編入
昭和32年３月30日　三島郡三宅村を編入
昭和33年１月１日　吹田市の一部を編入

八《や》尾《お》市

明治36年８月31日　町制施行
昭和23年４月１日　中河内郡八尾町・久宝寺村・龍華町(昭和２年６月１日，町制施行)・大正村・西郡村合体，八尾町となる
昭和25年４月１日　市制施行
昭和30年２月１日　河内市の一部を編入
昭和30年４月３日　中河内郡南高安町(昭和28年４月１日，町制施行)・高安村・曙川村を編入
昭和32年４月１日　南河内郡志紀町(昭和31年１月１日，町制施行)を編入

泉《いずみ》佐《さ》野《の》市

明治44年10月１日　町制施行
昭和12年４月１日　泉南郡佐野町・北中通村合体，佐野町となる
昭和23年４月１日　市制施行，佐野町を泉佐野市と改称
昭和29年４月１日　泉南郡日根野村・長滝村・上乃郷村・南中通村・大土村を編入

富《とん》田《だ》林《ばやし》市

明治29年８月８日　町制施行
昭和17年４月１日　南河内郡富田林町・新堂村・喜志村・大伴村・川西村・彼方村・錦郡村合体，富田林町となる
昭和25年４月１日　市制施行
昭和32年１月15日　南河内郡東條村を編入

寝《ね》屋《や》川《がわ》市

昭和18年４月１日　北河内郡寝屋川村・友呂岐村・九箇荘町(昭和18年２月１日，町制施行)・豊野村合体，町制施行，寝屋川町と改称
昭和25年４月１日　市制施行
昭和36年６月28日　北河内郡水本村を編入

河内長野市《かわちながの》

明治43年9月1日　町制施行

昭和15年6月1日　南河内郡長野町・千代田村・天野村合体，長野町となる

昭和29年4月1日　南河内郡長野町・三日市村・高向村・川上村・加賀田村・天見村合体して市制施行，長野町を河内長野市と改称

和《い》泉《ず》　市《み》

昭和8年4月1日　泉北郡国府村・郷荘村・伯太村合体して町制施行，和泉町と改称

昭和31年9月1日　泉北郡和泉町・南池田村・北池田村・北松尾村・南松尾村・南横山村・横山村合体，市制施行

昭和35年8月1日　泉北郡信太村・八坂町(昭和18年10月7日，町制施行)を編入

松《まつ》　原《ばら》　市

昭和17年7月1日　町制施行

昭和30年2月1日　中河内郡松原町・布忍村・三宅村・天美町(昭和22年1月1日，町制施行)・恵我村合体して市制施行

昭和32年4月1日　南河内郡美原町の一部を編入

昭和32年10月15日　南河内郡北八下村の一部を編入

箕《み》　面《のお》　市

昭和23年1月1日　町制施行

昭和23年8月1日　豊能郡箕面町・萱野村・止々呂美村合体して箕面町となる

昭和31年12月1日　三島郡豊川村を編入，市制施行

昭和32年4月1日　茨木市の一部を編入

大《だい》　東《とう》　市

昭和31年4月1日　北河内郡住道町(明治33年3月26日，町制施行)・四条町(昭和27年4月1日，町制施行)・南郷村合体し市制施行，大東市と改称

柏《かし》　原《わら》　市

大正4年1月1日　町制施行

昭和14年7月1日　南河内郡柏原町，中河内郡堅上村・堅下村合体，南河内郡から中川内郡へ所属変更

昭和31年9月30日　中河内郡柏原町・南河内郡国分町(昭和16年4月1日，町制施行)合体，柏原町と称す

昭和33年10月1日　市制施行

羽《は》曳《びき》野《の》市

昭和31年9月30日　南河内郡古市町(大正5年8月1日，町制施行)・高鷲町(昭和30年4月1日，町制施行)・埴生村・西浦村・駒ケ谷村・丹比村合体，南大阪町と改称

昭和34年1月15日　市制施行，南大阪町を羽曳野市と改称

門《かど》真《ま》市

昭和14年4月1日　町制施行
昭和31年9月30日　北河内郡大和田村・四宮村・二島村を編入
昭和38年8月1日　市制施行

摂《せっ》津《つ》市

昭和31年9月30日　三島郡味舌町(昭和25年4月1日，町制施行)・味生村・鳥飼村合体，三島町と改称
昭和32年7月1日　茨木市の一部を編入
昭和35年4月1日　茨木市の一部を編入
昭和41年11月1日　市制施行，三島町を摂津市と改称

藤《ふじ》井《い》寺《でら》市

明治29年5月4日　南河内郡長野村を藤井寺村と改称
大正4年11月10日　南河内郡藤井寺村・小山村合体，藤井寺村となる
昭和3年10月15日　町制施行
昭和34年4月20日　南河内郡藤井寺町・道明寺町(昭和26年1月1日，町制施行)合体，藤井寺道明寺町と改称
昭和35年1月1日　町名を美陵町と改称
昭和41年11月1日　市制施行，美陵町を藤井寺市と改称

高《たか》石《いし》市

大正4年4月1日　町制施行
昭和28年4月1日　泉北郡取石村を編入
昭和41年11月1日　市制施行

東《ひがし》大《おお》阪《さか》市

昭和42年2月1日　布施市(大正14年4月1日，町制施行　昭和8年4月1日，中河内郡布施町・高井田村合体　昭和12年4月1日，中河内郡布施町・長瀬村・小坂町・楠根町・意岐部村・弥刀村合体，市制施行)・枚岡市(昭和14年7月1日，町制施行　昭和30年11月1日，中河内郡孔舎衙村・石切町・枚岡町・縄手町合体，市制施行)・河内市(昭和30年1月15日，中河内郡盾津町・英田村・玉川町・若江村・三野郷村合体，市制施行)の三市合体，東大阪市と改称

泉《せん》南《なん》市

昭和31年9月30日　泉南郡信達町(昭和16年2月3日，町制施行)・新家村・西信達村・鳴滝村・樽井町(昭和15年4月1日，町制施行)・雄信達村・東信達村合体，泉南町と改称
昭和45年7月1日　市制施行

四條《しじょう》畷《なわて》市

昭和7年4月1日　北河内郡甲可村を改称，四条畷村成立
昭和22年7月1日　町制施行
昭和36年6月25日　北河内郡田原村を編入
昭和45年7月1日　市制施行

交《かた》野《の》市

昭和14年7月1日　北河内郡交野村・盤船村合体，町制施行
昭和30年4月1日　北河内郡交野町・星田村合体，交野町となる
昭和46年11月1日　市制施行

大阪《おおさか》狭山《さやま》市

昭和6年6月16日　南河内郡狭山村・三都村合体，狭山村となる
昭和26年4月1日　町制施行
昭和62年10月1日　市制施行，大阪狭山市と改称

阪《はん》南《なん》市

昭和31年9月30日　泉南郡尾崎町(昭和14年5月1日，町制施行)・西鳥取村・下荘村合体，南海町と改称
昭和47年10月20日　泉南郡南海町・東鳥取町(昭和35年11月1日，町制施行)合体，阪南町と改称
平成3年10月1日　市制施行

三《み》島《しま》郡

島本町《しまもとちょう》　昭和15年4月1日　町制施行，島本村を島本町と改称

豊《とよ》能《の》郡

能勢町《のせちょう》　昭和31年9月30日　豊能郡歌垣村・西能勢村・田尻村合体して町制施行，能勢町と改称
　昭和34年5月3日　豊能郡東郷村を編入
豊能町《とよのちょう》　昭和31年9月30日　豊能郡東能勢村・吉川村合体，東能勢村と改称
　昭和33年4月1日　京都府亀岡市西別院町寺田・牧を編入
　昭和52年4月1日　町制施行，豊能町と改称

泉《せん》北《ぼく》郡

忠岡町《ただおかちょう》　明治22年4月1日　泉北郡忠岡村・高月村・北出村・馬瀬村合体，忠岡村となる
　昭和14年10月1日　町制施行

泉《せん》南《なん》郡

熊取町《くまとりちょう》　昭和26年11月3日　泉南郡熊取村に町制施行，熊取町となる

田《た》尻《じり》町《ちょう》　昭和28年5月3日　泉南郡田尻村に町制施行，田尻町となる
岬《みさき》町《ちょう》　昭和30年4月1日　泉南郡多奈川町(昭和18年3月10日，町制施行)・深日町(昭和18年2月11日，町制施行)合体，岬町と改称

南《みなみ》河《かわ》内《ち》郡
太子《たいし》町《ちょう》　昭和31年9月30日　南河内郡磯長村・山田村合体して町制施行，太子町と改称
河《か》南《なん》町《ちょう》　昭和31年9月30日　南河内郡石川村・白木村・河内村・中村合体して町制施行，河南町と改称
千《ち》早《はや》赤《あか》阪《さか》村《むら》　昭和31年9月30日　南河内郡千早村・赤阪村合体，千早赤阪村と改称

■ 祭礼・行事

（2014年８月現在）

〔１月〕

1　**元旦祭**　➔大阪市住吉区住吉・住吉大社（南海本線住吉大社駅下車）
境内の井戸から初水をくみ上げ，神前に捧げる「若水ノ儀」を行い，初日ノ出の時刻に国家の隆盛と国民の弥栄《いやさか》を祈願する。３日まで住吉踊を奉納する。国指定。

1〜3　**千本搗《つ》き**　➔貝塚市水間・水間寺（水間鉄道水間駅下車）
寺の開創に際し，16童子が餅供養を行ったのが初めという。手杵《きね》を持ち歌に合わせて餅を搗き，厄除け餅として参詣者にくばる。府指定。

初寅　**山ノ神祭**　➔能勢町山辺・山辺神社（阪急宝塚線池田駅バス山辺口下車）
若衆役２人が川で禊《みそぎ》をしたのち，神社の舞殿で口に樒《しきみ》の葉を加え，半紙に墨で人形《ひとがた》を書く。つぎに神官・年寄役らと山の神まで参詣する。

初辰　**住吉の初辰**　➔大阪市住吉区住吉・楠珺神社（南海本線住吉大社駅下車）
住吉神は水商売の守り神としても知られ，初辰は発達につうじるとして，参詣者は紋付き羽織をきた招き猫をうけて帰る。

3　**水無瀬《みなせ》の松囃《まつばやし》**　➔三島郡島本町広瀬・水無瀬神宮（阪急京都線水無瀬駅下車）
「さんやれ」という正月行事。社領住民家筋の氏子が裃姿で祓いをうけたのち，太鼓を打ち祝歌をうたいながら，客殿前庭の橘の木を３周する。

6　**福石社祭**　➔堺市宮山台・多治速比売神社（泉北高速鉄道泉ケ丘駅下車）
ヤナギの木にカヤの穂をそえた社の祭り牛杖《うしづえ》を福石にそなえ，豊作を祈願する。

7　**七草祭**　➔大阪市北区天神橋・天満宮（地下鉄堺筋線南森町駅下車）
ひげ籠にいれた七草をそなえる。

7　**若菜卯杖祭**　➔大阪市天王寺区生玉町・生国魂神社（地下鉄谷町線谷町九丁目駅下車）
正月の子の日に７種の新菜を食べると万病をのぞくという「若菜祭」と，卯杖をそなえて悪魔退散を祈願する「卯杖祭」が合体した祭。

10　**十日戎《えびす》**　➔浪速区恵比須西・今宮神社（南海本線今宮戎駅下車）
商売繁盛を祈願する祭。福笹をさずけてもらうため多くの人が参詣する。９日は宵宮で，雌雄一対のタイを献供する「献鯛」が行われ，10日には南地芸妓ののる「宝恵籠」が繰り出し，11日は残り福といって前後３日間にぎわう。今宮戎のほか，堀川戎など各地の戎神社でも十日戎が行われる。

11　**天王寺の手斧《ちょんな》初め**　➔大阪市天王寺区四天王寺・四天王寺（JR関西線天王寺駅下車）
木匠家の仕事始めの儀式。斧をもって四方を拝し，生魚をそなえ御酒を酌み交わす神事によって式を行う。

11　**粥占《かゆうら》神事**　➔東大阪市出雲井町・枚岡神社（近鉄奈良線枚岡駅下車）
11日に小豆粥を大釜で炊き，53本の竹管にはいった粥の量により年の収穫を，カマドにいれた占木の焦げ具合で天候をうらなう。結果は15日に発表する。府指定。

14　**ドヤドヤ**　➔大阪市天王寺区四天王寺・四天王寺（JR関西線天王寺駅下車）
修正会結願の法要。裸に紅白の鉢巻き，まわし姿でドヤドヤといいながら牛王宝印の寺護符を奪い合う。

15　**枚岡の粥占《かゆうら》神事**　➔東大阪市出雲井町・枚岡神社(近鉄奈良線枚岡駅下車)
釜で小豆粥を煮て，53本の竹管にはいった粥の量でその年の収穫をうらなう行事。竈《かまど》にいれた占木の焦げ具合により天候をうらなう。府指定。

25　**天満宮のうそ替え**　➔北区天神橋・天満宮(地下鉄堺筋線南森町駅下車)
前年中のウソを詫び，ウソをマコトにかえる。木製のウソ鳥を参拝者全員にくばり，合図とともに「かえましょ，かえましょ」といって互いに取りかえる。

〔2月〕

1～9　**節分会**　➔住吉区我孫子・我孫子観音(地下鉄御堂筋線我孫子駅下車)
厄除け観音として知られ，最古の伝統をもつといわれる盛大な節分厄除けの大法会である。

節分　**蜂田神社の鈴占**　➔堺市八田寺町・蜂田神社(JR阪和線津久野駅下車)
節分に行われる神事。榊に結んだ12個の土鈴をふり音色によって吉凶をうらなう。

8　**針供養**　➔天王寺区夕陽丘町・太平寺(地下鉄谷町線四天王寺駅下車)
古針や折れ針を豆腐やコンニャクに刺して供養する。

20　**野里の一夜官女**　➔西淀川区野里・住吉神社(阪神本線姫島駅下車)
女人を神に捧げた人身御供の形式を伝える。官女に選ばれた7人の少女が巫女の姿で夏越桶に分納した神饌をそなえる。府指定。

〔3月〕

1　**大和田の祈漁祭**　➔西淀川区大和田・住吉神社(阪神本線千船駅下車)
豊漁・航海安全を祈願する。

13　**十三まいり**　➔天王寺区夕陽丘町・太平寺(地下鉄谷町線四天王寺駅下車)
「知恵詣で」といわれ，13歳になった子供が3月か4月の13日に，福徳・知恵をさずかるという虚空蔵菩薩に参詣する。

初午　**香具波志の初午祭**　➔淀川区加島・香具波志神社(市バス加島下車)
御当恵祭のむすびの古儀を伝承する。稲弊を奉り男女をあらわす天地弊合せののち，農具をはらって五穀豊饒が祈願される。

15　**涅槃会**　➔天王寺区四天王寺・四天王寺(JR関西線天王寺駅下車)
釈迦入滅の日の法会。涅槃図を掲げ釈迦の遺徳をたたえる。

18　**法清寺のかしく祭**　➔北区曽根崎・法清寺(JR大阪駅下車)
酒で命を落とした遊女かしくの法要で，落語や舞踊が奉納される。断酒祈願をする人が多い。

18～24　**四天王寺の彼岸会**　➔天王寺区・四天王寺(JR関西線天王寺駅下車)
四天王寺春分の日を中心に7日間法会が行われる。

25　**菜花祭**　➔大阪市北区天神橋・天満宮(地下鉄堺筋線南森町駅下車)
藤井寺市道明寺・天満宮(近鉄道明寺線道明寺駅下車)
大阪の天満宮では菜種御供として供物のあいだに菜の花をはさんで奉納する。また，道明寺天満宮では菅原道真の忌日に米の粉を蒸し，クチナシで菜種色に着色した団子を神前にそなえる。

〔4月〕

第1日曜日　**八坂神社の蛇祭**　➔高槻市原・八坂神社(阪急バス神峰山口駅下車)
ヒノキの丸太に縄を巻つけ大蛇になぞらえ，かついで練り歩き境内の木にかけ弓で

射る。

8　**四天王寺の仏誕会**　➔天王寺区四天王寺・四天王寺(地下鉄谷町線四天王寺駅下車)
釈迦の誕生日に行われる仏事。誕生仏に甘茶をそそいで供養する。

13　**杭全神社御田植神事**　➔平野区平野宮町・杭全神社(JR奈良線平野駅下車)
農作業を模擬的に行い，その年の豊作を願う予祝行事。田植えの所作を能狂言の形で行う。

13　**大鳥神社の花摘祭**　➔堺市鳳北町・大鳥神社(JR阪和線鳳駅下車)
花笠をかぶった花積女を先頭に，桜の花をのせた花車を稚児・仕丁が引き，行宮まで渡御する。

中旬　**造幣局の通り抜け**　➔北区天満・造幣局(JR大阪環状線桜宮駅下車)
造幣局構内のサクラ(約100種)の並木が１週間だけ公開・開放される。

大阪市民レガッタ　➔北区天満橋淀川ぞい(JR大阪環状線桜宮駅下車)
学生・社会人のボート競技。造幣局の通り抜けと合同実施。

22　**四天王寺の聖霊会**　➔天王寺区四天王寺・四天王寺(JR関西線天王寺駅下車)
聖徳太子の忌日の法要「おしょうらい」とよばれる盛大な行事。国指定。

〔５月〕

１～５　**大念仏寺の万部おねり**　➔平野区平野上町・大念仏寺(JR奈良線平野駅下車)
阿弥陀経万部会菩薩来迎練供養といい，極楽浄土のようすを表現し，阿弥陀経１万部を奉納する。

１～10　**野崎の観音まいり**　➔大東市野崎・慈願寺(JR学園都市線野崎駅下車)
お染め・久松で知られた野崎観音の花祭り。

初卯の日　**住吉の卯の葉神事**　➔住吉区住吉・住吉神社(南海本線住吉大社駅下車)
住吉神社が当地に鎮座した日が卯の日であったのを記念しての神事。

5　**北向八幡の走馬**　➔天王寺区生玉町・北向八幡宮(地下鉄谷町線谷町九丁目駅下車)
流鏑馬《やぶさめ》としての神事であるが，青鞭・赤鞭各１本を神前にそなえて無病息災を祈願する。

5　**香具波志社の端午**　➔淀川区加島・香具波志神社(市バス加島駅下車)
粽１束・菖蒲１本・栴檀枝１本・蓬１束をそなえて，祭りののちは粽以外は屋根にあげる。

8　**能勢の御田**　➔能勢町長谷・八坂神社(阪急バス森上下車)
馬子役が牛面をつけた牛役下車を追い，田を鋤く所作をし，子供たちは榊を稲に見立てて田植えをする。

23　**杭全神社の田村祭**　➔平野区平野宮町・杭全神社(JR奈良線平野駅下車)
坂上田村麿の命日に子孫の坂上の七名家が行う祭り。

31　**方違神社の粽祭り**　➔堺市北三国丘町・方違神社(JR阪和線堺駅下車)
真菰の葉でつつんだ粽を神前にそなえる。この粽は悪い方位をはらうといわれる。

〔６月〕

14　**住吉の御田**　➔住吉区住吉・住吉神社(南海本線住吉大社駅下車)
五穀豊饒を祈願して境内の田に早苗を植える神事。田植踊・住吉踊などが行われる。国指定。

30　**生玉の道饗祭**　➔天王寺区生玉町・生国魂神社(地下鉄谷町線・千日前線谷町九丁目

駅下車)
疫病をしずめる祭り。古代に，外から侵入する疫神をふせぐため都の四隅の道に食物を饗したことに由来する。

30　**勝鬘院の愛染祭**　➔天王寺区夕陽丘町・勝鬘院(地下鉄谷町線四天王寺夕陽丘駅下車)
愛染明王の開扉で浪速の夏祭りの最初。紅白の布と朝顔の造花でいろどった宝恵駕が繰り出される。

〔7月〕

11～14　**杭全神社夏祭**　➔平野区平野宮町・杭全神社(JR奈良線平野駅下車)
布団太鼓の先導による神輿にはじまり，13日の宮入りに地車が集合し，14日の本祭には渡御を行う。

15　**港祭**　➔港区大阪港(地下鉄中央線大阪港駅下車)
大阪港開港を記念して行われる行事。水上パレード・花火などの催しがある。

18・19　**感田神社の太鼓台祭り**　➔貝塚市中・感田神社(南海本線貝塚駅下車)
5段に積んだ布団太鼓(太鼓台)の担ぎ競べで有名である。

22～24　**能勢妙見虫払い**　➔能勢町野間中・能勢妙見堂(能勢電車妙見線妙見口駅下車)
関西での日蓮宗の中心。農作物の害虫除けの祈禱が行われる。

21～23　**瀬戸物祭**　➔中央区久太郎町(地下鉄四ツ橋線本町駅下車)
横堀瀬戸物町の陶器店が，陶器神社境内で蔵ざらえの安売りをしたのが始め。

24・25　**天神祭**　➔北区天神橋・天満宮(地下鉄堺筋線南森町駅下車)
日本三大祭りの一つ。24日の鉾流し神事にはじまり，25日陸渡御と船渡御。

24・25　**玉出のだいがく**　➔西成区玉出西・生根神社(地下鉄四ツ橋線玉出駅下車)
10間の丸太を台にのせ，端に神楽鈴と幣をつけた榊，その下に傘のように開いた割竹に紙を貼って66の鈴と五穀豊饒・天下泰平と書いた提灯と神社の額・神灯を80人ばかりでかつぐ。高さ20メートル，重さ4トン。府指定。

25　**水都祭花火大会**　➔旭区城北公園河川敷(地下鉄谷町線太子橋今市駅下車)

30～　**住吉祭**　➔住吉区住吉・住吉神社(南海本線住吉大社駅下車)
南祭ともいう。31日が例大祭で，住吉新地から夏越女が奉仕し，茅の輪をくぐる。8月1日まで。府指定。

31　**大魚夜市**　➔堺市櫛屋町西・ザビエル公園(南海本線堺駅下車)
住吉神が宿院頓宮へ神幸する日。食膳に供するため近県の漁民が集まって魚市を開いたのが最初。

〔8月〕

1　**ＰＬ花火大会**　➔富田林市新堂・ＰＬランド(近鉄長野富田林駅下車)
ＰＬ教団の教組復活の意味で花火が打ち上げられる。

9・10　**四天王寺の千日参り**　➔天王寺区四天王寺・四天王寺(JR関西線天王寺駅下車)
この日に参詣すると千日のご利益があるといいにぎわう。

11・12　**大阪薪能**　➔天王寺区生玉町・生国魂神社(地下鉄谷町線・千日前線谷町九丁目駅下車)
約440年前，町衆が社殿修理を祝い奉納した故事にならった伝統行事。

14　**葛城《かつらぎ》踊り**　➔岸和田市塔原町・弥勒寺(JR阪和線東岸和田駅バス塔原下車)

元は雨乞い踊りであったが，現在では盆行事として行われる。

24 **ガンガラ火祭り** ➔池田市五月山・愛宕神社(阪急宝塚線池田駅下車)
鉦をたたきながら五月山をのぼり，愛宕神社で神火を大松明につけ，かついで下山し町を練り歩く。盆行事の一つ。

24 **花火大会** ➔池田市猪名川河川敷(阪急宝塚線池田駅下車)
池田市と兵庫県川西市との共催。

26 **川施餓鬼** ➔此花区伝法・正蓮寺(阪神西大阪線伝法駅下車)
大阪市内の日蓮宗の僧侶により，正蓮寺川の船上から川で亡くなった霊を供養する。現在は淀川で行う。府指定。

旧15 **月見祭** ➔堺市百舌鳥赤畑町・百舌鳥八幡宮(南海高野線百舌鳥駅下車)
仲秋の名月の日に行われる秋の祭り。布団太鼓が町を練り歩く。

〔9月〕

14・15 **だんじり祭り** ➔岸和田市岸城町・岸城神社(南海本線岸和田駅下車)
華麗な装飾をほどこした地車が市中を練り歩き，宮入りするが，他の地車とのもみ合い喧嘩になることもある。なお，この周辺一帯の旧農村部でも地車がでる。

〔10月〕

第1日曜日 **鼓《こ》踊《おど》り** ➔堺市片蔵・桜井神社(南海本線高野線堺東駅バス桜井神社下車)
鎌倉時代以来伝承された雨乞い神事が，秋祭りの行事化したもの。鬼・天狗・新発意らの面をつけ，鉦や太鼓に合わせて踊る。府指定。

17 **住吉宝之市** ➔住吉区住吉・住吉神社(南海本線住吉大社駅下車)
商売繁盛・五穀豊穣を祈願する神事。南・北の花街から市女が奉仕する。

20 **火あげ** ➔高槻市柱本地域(阪急京都線高槻駅下車)
秋祭りの主要行事。若者らが大提灯や吹き流しをかつぎ，氏子全員が参道の入り口で合流，宮入りを行う。

〔11月〕

22・23 **神農祭** ➔中央区道修町(京阪本線北浜駅下車)
道修町は大阪の薬種商の集中した街。薬の神として神農(少名彦命)をまつる。この日，張り子の虎を笹の枝につけたものを参詣者にわかつ。

〔12月〕

14 **やっさいほっさい祭** ➔堺市浜寺石津町・石津太神社(南海本線石津川駅下車)
左義長・トンドなどが神社の祭礼行事となったもの。薪108束を積み大トンドをたき，厄男が素足のまま火のなかを通り抜ける火渡り神事。

■ 参考文献

【大阪府における地域史研究の現状と課題】

大阪府域における地方史・地域史の研究は，ほぼ1世紀にわたる府・市区・町村史の編纂と深い関わりをもって着実に進展している。もともと大阪府域における地方史の編纂については，20世紀初頭の明治34(1901)年3月2日に，大阪市会が「在来日本に例のない市史の編纂」(幸田成友「大阪市史の編纂について」)を議決し，同44年から大正4(1915)年にかけて『大阪市史』全5巻・7冊1帙を編集・刊行したことにはじまる。

これが刺激となって大阪府下では大正・昭和戦前期をつうじて府誌・郡史・市史など後世の評価にたえうる地方史誌類がつぎつぎに編纂・刊行された。第二次世界大戦中は一時中絶したものの伝統は戦後いちはやく復活し，旧来の史誌を見直すという動きが活発化して，あらたな視点から多数の研究者の参加による全8巻とか全10巻などという大部のものが，つぎつぎに編纂・刊行され続けている。

大阪府の面積は1890.79km²であるが，旧石器時代—縄文時代—弥生時代—古墳時代から古代に至る考古遺跡は府域のいたるところに散在している。それらは近年の急激な都市開発に伴い，発掘調査はつぎつぎに進められているものの，かぎられた人材だけでは遺物資料の整理や調査報告書の作成さえも容易ではない状態である。もっとも研究は飛躍的に進み，戦前の府・市町村史誌類ではほとんどふれられることのなかった考古学研究の成果も，あらたにもりこまれた。

府史や市町村史に史料編を含むことは，すでに戦前から行われていたが，それがとくに盛んになった背景には，昭和23(1948)年に史料散逸を防止する目的で，学術研究会議の特別委員会の一つとして「近世庶民史料調査委員会」が成立し，各地の民間史料の所在調査が行われたことがあった。この調査では単に近世庶民史料だけでなく，永く秘蔵されたまま研究者の目にふれる機会の少なかった中世の史料なども公開され，それらをもとに多くの荘園や都市史の研究が進展したほか，当然のことながら綿密な調査による近世の農村史・都市史などの研究もおおいに進んだ。

近現代史の研究もまた多様な成果を積みあげてきている。とくに都市史の研究は大阪市などの事例を中心に行われ，名望家を取り上げる例も多い。さらに部落問題解決のため部落史の研究も活発に行われ，大阪人権博物館（リバティ大阪）も創立された。戦争や空襲の体験を掘りおこす活動も続けられ，大阪城公園内には大阪国際平和センター（ピース大阪）も設置されている。

このような歴史史料を保存する施設については，大阪府を始め府下各市町村に博物館や歴史資料館・郷土資料館・民俗資料館・考古資料館などが設置されはじめたが，公文書の保存に関しては大阪府と大阪市に公文書館が開設されただけでまだまだ十分とはいえず，多くの市町村では開設するに至っていない。

なお，府・市町村史などのほか，一般読書人を対象とする読み物を含めて，大阪府下の市町村，あるいは府域を含む関西全域に関する歴史・地理・人物志その他に関する出版物もつぎつぎに発行されつつある。参考のためそれらの一部をもあわせて掲げておこう(発行年は初版第1刷，「論文集」はのぞく)。

【府・市区・町村史】　(＊印は編纂継続中で，冊数は刊行予定数)

黒羽兵治郎監修『大阪百年史』１冊　大阪府　1957
大阪府史編集専門委員会編『大阪府史』８冊　大阪府　1978-91
大阪市役所編『昭和大阪市史』８冊　大阪市　1951-54
大阪市役所編『大阪市戦災復興誌』１冊　大阪市　1958
大阪市役所編『昭和大阪市史続編』８冊　大阪市　1964-69
本庄栄治郎・黒羽兵治郎監修『大阪編年史』27冊　大阪市立中央図書館　1967-79
新修大阪市史編纂委員会編『新修大阪市史　本文編』10冊　大阪市　1988-96
生野区創設十周年記念事業実施委員会編『生野区誌』１冊　1953
此花区役所編『此花区史』１冊　大阪市此花区三十周年記念事業委員会　1955
天王寺区役所編『天王寺区史』１冊　天王寺区創立三十周年記念事業委員会　1955
港区役所編『港区誌』１冊　港区創設三十周年記念事業委員会　1956
川端直正編『東淀川区史』１冊　東淀川区創設三十周年記念事業委員会　1956
川端直正編『阿倍野区史』１冊　阿倍野区市域編入三十周年記念事業委員会　1956
川端直正編『浪速区史』１冊　浪速区創設三十周年記念事業委員会　1957
川端直正編『東住吉区史』１冊　東住吉区役所　1961
木村武夫編『城東区史』１冊　城東区史編纂委員会　1966
川端直正編『西成区史』１冊　西成区市域編入40周年記念事業委員会　1968
西区史刊行委員会編『西区史』３冊　清文堂出版　1979
大阪市東区史刊行委員会編『続・東区史』５冊　1979-81
大阪都市協会編『北区史』１冊　北区制百周年記念事業実行委員会　1980

大阪都市協会編『南区史・続』１冊　南区制100周年記念事業実行委員会　1982
大阪都市協会編『大正区史』１冊　大正区制施行五十周年記念事業実行委員会　1983
大阪都市協会編『旭区史』１冊　旭区創設五十周年記念事業実施委員会　1983
大阪都市協会編『住之江区史』１冊　住之江区制十周年記念事業実行委員会　1985
大阪都市協会編『大淀区史』１冊　大淀区コミュニティ協会大淀区史編集委員会　1988
大阪都市協会編『都島区史』１冊　都島区制五十周年記念事業実行委員会　1993
大阪都市協会編『福島区史』１冊　福島区制施行五十周年記念事業実行委員会　1993
大阪都市協会編『西淀川区史』１冊　西淀川区制七十周年記念事業実行委員会　1996
大阪都市協会編『住吉区史』１冊　住吉区制七十周年記念事業実行委員会　1996
大阪都市協会編『東成区史』１冊　東成区制七十周年記念事業実行委員会　1996
福尾猛市郎編著『貝塚市史概説』１冊　貝塚市　1953
貝塚市史編纂部『貝塚市史』３冊　貝塚市　1955-58
寝屋川市誌編集委員会編『寝屋川市誌』１冊　寝屋川市　1956
柴田実監修『泉佐野市史』１冊　泉佐野市　1958
八尾市史編纂委員会編『八尾市史』８冊　八尾市　1958-88
清水智俊編『東鳥取村誌』１冊　東鳥取村　1958
豊中市史編纂委員会編『豊中市史』８冊　豊中市　1959-63
豊中市史編纂委員会編『新修豊中市史』11冊　豊中市　1998-2009
守口市史編纂委員会編『守口市史』７冊　守口市　1962-66,2000
四條畷市総務部庶務課編『四條畷市史』４冊　四條畷市　1972-90
布施市史編纂委員会編『布施市史』２冊　布施市　1962・67
和泉市史編纂委員会編『和泉市史』２冊　和泉市　1965
枚岡市史編纂委員会編『枚岡市史』４冊　枚岡市　1965-67
池田市史編纂委員会編『池田市史』９冊　池田市　1955-92
池田市史編纂委員会編『新修池田市史』６冊　池田市　1997-2012
枚方市史編纂委員会編『枚方市史』13冊　枚方市　1967-86,95

岩井好一編『太子町誌』 1 冊　太子町　1968
河南町誌編纂委員会編『河南町誌』 1 冊　河南町　1968
柏原市史編集委員会編『柏原市史』 5 冊　柏原市　1969-75
箕面市史編纂委員会編『箕面市史』10冊　箕面市　1964-77
茨木市史編纂委員会編『茨木市史』 1 冊　茨木市　1969
堺市編『堺市史続編』 6 冊　堺市　1971-76
富田林市史編集委員会編『富田林市史』 5 冊　富田林市　1972-2004
河内長野市史編集委員会編『河内長野市史』12冊　河内長野市　1972-
松原市史編纂委員会編『松原市史』 8 冊　松原市　1972-2006
大東市教育委員会編『大東市史』 5 冊　大東市　1973-89
東大阪市史編纂委員会編『東大阪市史』 6 冊　東大阪市　1973-97
高槻市史編さん委員会編『高槻市史』 7 冊　高槻市　1973-84
吹田市史編さん委員会編『吹田市史』 8 冊　吹田市　1974-90
能勢町史編纂委員会編『能勢町史』 6 冊　能勢町　1975-2001
島本町史編さん委員会編『島本町史』 2 冊　島本町　1975・76
岸和田市史編さん委員会編『岸和田市史』 8 冊　岸和田市　1976-2005
千早赤阪村史編さん委員会編『千早赤阪村史』 2 冊　千早赤阪村　1976・82
阪南町史編さん委員会編『阪南町史』 2 冊　阪南町　1977・83
末永雅雄編『大阪狭山市史要』 1 冊　大阪狭山市　1988
交野市史編纂委員会編『交野市史』* 6 冊　交野市　1981-
羽曳野市史編纂委員会編『羽曳野市史』 9 冊　羽曳野市　1981-98
藤井寺市史編さん委員会編『藤井寺市史』18冊　藤井寺市　1981-2003
忠岡町史編さん委員会編『忠岡町史』 4 冊　忠岡町　1984-90
摂津市史編纂委員会編『摂津市史』 5 冊　摂津市　1977-84
泉南市史編纂委員会編『泉南市史』 2 冊　泉南市　1982・87
泉大津市史編さん委員会編『泉大津市史』 6 冊　泉大津市　1983-2004
高石市史編纂会編『高石市史』 4 冊　高石市　1984-89
熊取町史へんさん委員会編『熊取町史』 3 冊　熊取町　1990-2000
豊能町史編纂委員会編『豊能町史』 2 冊　豊能町　1984・87
美原町教育委員会編『美原町史』 5 冊　美原町　1987-99
門真市史編纂委員会編『門真市史』 7 冊　門真市　1988-2006
寝屋川市史編集委員会編『寝屋川市史』10冊　寝屋川市　1991-2008
山中永之佑編『堺市制百年史』 1 冊　堺市　1996

【風土・通史】

石井良助・宮本又次編『大阪文化史』 有斐閣　1955

宮本又次『大阪』〈日本歴史新書〉　至文堂　1957
魚澄惣五郎『大阪府の生い立ちとその歩み』　大阪府　1960
宮本又次『船場－風土記大阪－』　ミネルヴァ書房　1960
宮本又次『大阪人物誌』　弘文堂　1960
篠崎昌美『大阪文化の夜明』　朝日新聞社　1961
宮本又次『大阪今昔』　社会思想社　1962
木村武夫『大阪の歴史』　大阪府　1963
宮本又次『キタ－風土記大阪－』　ミネルヴァ書房　1964
三品彰英『大阪－昔と今－』　保育社　1965
木村武夫『続・大阪の歴史』　大阪府　1967
大谷晃一『関西名作の風土』　創元社　1968
藤本篤『大阪府の歴史』　山川出版社　1969
宮本又次『京阪と江戸』　青蛙房　1969
大谷晃一『続・関西名作の風土』　創元社　1970
宮本又次編『大阪の歴史と風土』　毎日放送　1973
小島吉雄編『大阪の学問と教育』　毎日放送　1973
小島吉雄編『大阪の文芸』　毎日放送　1973
北崎豊二編『大阪の産業と社会』　毎日放送　1973
小林茂・脇田修『大阪の生産と交通』　毎日放送　1973
望月信成・上田宏範・藤本篤『大阪の文化財』　毎日放送　1973
宮本又次編『大阪の商業と金融』　毎日放送　1973
宮本又次『関西と関東』　青蛙房　1974
大阪府の歴史散歩編集委員会編『大阪府の歴史散歩』上・下　山川出版社　1975
宮本又次編『難波大阪－歴史と文化－』　講談社　1975
牧村史陽編『難波大阪－郷土と史蹟－』　講談社　1975
望月信成編『難波大阪－美術と芸能－』　講談社　1975
徳永真一郎『大阪歴史散歩』　創元社　1977
宮本又次『てんま－風土記大阪－』　大阪天満宮　1977
大阪町名研究会編『大阪の町名』　清文堂出版　1977
津田秀夫編『図説大阪府の歴史』　河出書房新社　1979
井上薫編『大阪の歴史』　創元社　1979
鉄川精・松岡数充・田村利久『淀川－自然と歴史－』　松籟社　1979
宮本又次『大阪文化史論』　文献出版　1979
矢守一彦編『大阪古地図物語』　毎日新聞社　1980
大阪都市環境会議編『大阪原風景』　関西市民書房　1980

段熙麟『大阪における朝鮮文化』 松籟社 1982
原田伴彦・作道洋太郎編『関西の風土と歴史』 山川出版社 1984
藤本篤『なにわ人物譜』 清文堂出版 1984
三浦周行『大阪と堺』 岩波書店 1984
大谷晃一『大阪の歴史を歩く』 創元社 1985
池田半兵衛『好きやねん史「すいた・千里」』 創芸出版 1987
松村博『大阪の橋』 松籟社 1987
岡本良一『大阪の歴史』 岩波書店 1989
西川幸治・藤本篤・武藤直編『まちに住まう－大阪都市住宅史－』 平凡社 1989
神野清秀『大阪の街道』 松籟社 1989
三浦行雄『大阪今昔夜話－大阪の道・川・橋－』 大阪春秋社 1991
大阪国際交流センター編『大阪の国際交流史』 東方出版社 1991
新修大阪の部落史編纂委員会編『新修大阪の部落史』(２冊) 解放出版社 1992・95
辛基秀『わが町に来た朝鮮通信史Ｉ』 明石書店 1993
井上薫編『大阪の歴史と文化』 和泉書院 1994
近松誉文『大阪墓碑人物事典』 東方出版社 1994
渡辺俊雄『いま，部落史がおもしろい』 解放出版社 1996
大阪史編纂所編『大阪市の歴史』 大阪市・創元社 1999
大阪都市工学情報センター編『千年都市大阪　町づくり物語』 大阪都市工学情報センター 1999
なにわ物語研究会編『大阪まち物語』 創元社 2000
地方史研究協議会編『巨大都市大阪と摂河泉』 雄山閣出版 2000
渡辺武館長退職記念論集刊行会編『大坂城と城下町』 思文閣出版 2000
浪速部落の歴史編纂委員会編『渡辺・西浜・浪速－浪速部落の歴史』 解放出版社 1997

【古代・中世】
豊田武『堺－商人の進出と都市の自由』〈日本歴史新書〉 至文堂 1957
井上薫『行基』 吉川弘文館 1959
笠原一男『蓮如』 吉川弘文館 1963
五来重『熊野詣』 淡交社 1967
山根徳太郎『難波王朝』 学生社 1969
村川行弘『大坂城の謎』 学生社 1970
村井康彦『千利休』 日本放送出版協会 1971

岡本良一『大坂冬の陣夏の陣』 創元社 1972
藤岡謙二郎『大和川－古代史の謎を秘める』 学生社 1972
関英夫『堺の歴史』 山川出版社 1975
掘田啓一『河内考古学散歩』 学生社 1975
泉澄一『堺と博多－戦国の豪商－』 創元社 1976
難波宮址研究会編『難波宮と日本古代国家』 塙書房 1977
石部正志『大阪の古墳』 松籟社 1980
泉澄一『堺－中世自由都市－』 教育社 1981
原島礼二ほか『巨大古墳と倭の五王』 青木書房 1981
吉田晶『古代の難波』 教育社 1982
瀬川芳則・中尾芳治『日本の古代遺跡・大阪中部』 保育社 1983
渡辺武『図説・再見大阪城』 大阪都市協会 1983
奥田尚『古代の大阪』 松籟社 1984
加地宏江・中原俊章『中世の大阪』 松籟社 1984
佐久間貴士『よみがえる中世２－本願寺から天下統一へ－ 大阪』 平凡社 1989
門脇禎二・水野正好編『古代を考える－河内飛鳥』 吉川弘文館 1989
直木孝次郎編『古代を考える－難波』 吉川弘文館 1992
大谷晃一『石山本願寺の興亡』 河出書房新社 1993
中尾芳治『難波宮の研究』 吉川弘文館 1995
上田正昭監修・小笠原好彦『古代の三都を歩く 難波宮の風景』 文英堂 1995
神田千里『信長と石山合戦 中世の信仰と一揆』 吉川弘文館 1995
狭山池調査事務所編『狭山池 埋蔵文化財編』『狭山池 論考編』２冊 狭山池調査事務所 1998・99
脇田修『大坂時代と秀吉』 小学館 1999

【近 世】
大阪大学編『懐徳堂の過去と現在』 大阪大学 1953
大阪大学編『緒方洪庵と適塾』 大阪大学 1953
岡本良一『大塩平八郎』 創元社 1956
桑田忠親『淀君』 吉川弘文館 1958
宮本又次『大阪町人』 弘文堂 1958
河竹繁俊『近松門左衛門』 吉川弘文館 1958
宮本又次『鴻池善右衛門』 吉川弘文館 1958
森銑三『井原西鶴』 吉川弘文館 1958

宮本又次『大阪商人』 弘文堂 1959
宮本又次『大阪町人論』 ミネルヴァ書房 1959
宮本又次『大阪人物誌』 弘文堂 1960
宮本又次『大阪商人太平記』4冊 創元社 1960-63
春原源太郎『大阪の町奉行所と裁判』 冨山房 1962
久松潜一『契沖』 吉川弘文館 1963
山本四郎『小石元俊』 吉川弘文館 1967
宮本又次『大阪商人』 中外書房 1968
有働賢造『続・江戸時代と大阪』 中尾松泉堂 1972
宮本又次『大阪繁盛記』 新和出版社 1973
千賀四郎編『歴史の旅・大阪－天下の台所－』 小学館 1974
乾宏巳『なにわ大阪菊屋町』 柳原書店 1977
中野操『大坂蘭学史話』 思文閣出版 1979
小林茂『近世上方の民衆』 教育社 1979
高木俊輔『ええじゃないか』 教育社 1979
作道洋太郎『住友財閥史』 教育社 1979
井上薫『近世の摂河泉』 創元社 1980
牧英正『道頓堀裁判』 岩波書店 1981
岡本良一・原田伴彦・作道洋太郎・松田毅一・渡辺武『大阪城400年』 大阪書籍 1982
武部善人『大阪産業史－復権への道－』 有斐閣 1982
西岡まさ子『大阪の女たち』 松籟社 1982
谷沢永一『なにわ町人学者伝』 潮出版社 1983
松村博『八百八橋物語』 松籟社 1984
北崎豊二『幕末維新の大阪』 松籟社 1984
脇田修『近世大阪の町と人』 人文書院 1986
露の五郎『なにわ橋づくし』 毎日新聞社 1988
西岡まさ子『緒方洪庵の妻』 河出書房新社 1988
大岡昇平『堺港攘夷始末』 中央公論社 1989
大谷晃一『井原西鶴』 河出書房新社 1992
西岡まさ子『緒方洪庵の息子たち』 河出書房新社 1992
大谷晃一『西鶴文学地図』 編集工房ノア 1993
渡辺忠司『町人の都大阪物語』 中央公論社 1993
有坂隆道『山片蟠桃と升屋』 創元社 1993
脇田修『近世大阪の経済と文化』 人文書院 1994
脇田修『平野屋武兵衛，幕末の大坂を走る』 角川書店 1995

大谷晃一『与謝蕪村』 河出書房新社 1996
長井勝正『大和川夜話』 大阪春秋社 1996
小堀一正『近世大阪と知識人社会』 清文堂出版 1996
農山漁村文化協会編『見る・読む・調べる 大阪の歴史力』 農山漁村文化協会 2000

【近・現代】
朝日放送編『大阪史話－近代化うら話－』 創元社 1965
大阪読売新聞社編『実記・百年の大阪』 浪速社 1996-67
毎日新聞社編『大阪百年』 毎日新聞社 1968
大阪大空襲の体験を語る会編『大阪大空襲』 大和書房 1973
大阪・焼跡闇市を記録する会編『大阪・焼跡闇市』 夏の書房 1975
ＮＨＫ大阪放送局編『近代大阪年表』 日本放送出版協会 1983
荒木博『なにわ明治社会運動碑』 柘植書房 1983
小山仁示『大阪大空襲－大阪が壊滅した日－』 東方出版社 1985
宮本又次『近代大阪の展開と人物誌』 文献出版 1986
伊勢参宮本街道編集委員会『現代版・伊勢参宮本街道』 鈴木一男 1988
小山仁示『西淀川公害』 東方出版社 1988
大阪の歴史研究会編『大阪近代史夜話』 東方出版社 1989
小林豊『大阪と近代文学』 法律文化社 1989
小山仁示・芝村篤樹『大阪府の百年』 山川出版社 1991
大阪市土木技術協会『歴史の散歩道－大阪史跡連絡遊歩道－』 清文堂出版 1991
藤本篤『大阪市史物語』 松籟社 1992
渡辺徹編『大阪水平社運動史』 解放出版社 1993
堀田暁生・西口忠編『大阪川口居留地の研究』 思文閣出版 1955
高東宏『大阪遊歩－まちと人と風土－』 大阪春秋社 1955
土屋礼子『大阪の錦絵新聞』 三元社 1955
三輪泰史『占領下の大阪』 松籟社 1996
芝村篤樹『都市の近代・大阪の20世紀』 思文閣出版 1999
産経新聞社編『大阪の20世紀』 東方出版社 2000

■　図版所蔵・提供者一覧

見返し裏　読売新聞社
口絵1上　京都国立博物館
　　下　国(文化庁)保管
　2・3　株式会社大林組
　3上　四天王寺
　　下　宮内庁正倉院事務所
　4　東京国立博物館
　4・5　堺市博物館
　5　静嘉堂文庫美術館
　6　大阪城天守閣
　7上　サントリー美術館
　　下　大阪市立博物館
　8上　神戸市立博物館
　　下　大阪ウォーターフロント開発株式会社
p. 4　栄照寺・大阪市立博物館
p. 7　上田安彦
p. 9　財団法人大阪市文化財協会
p.23　財団法人大阪市文化財協会
p.25　財団法人大阪市文化財協会
p.30　毎日新聞社
p.32　財団法人大阪府文化財調査研究センター
p.38　高槻市教育委員会
p.39　財団法人大阪市文化財協会
p.45　羽曳野市
p.70　財団法人大阪市文化財協会
p.73　大阪狭山市教育委員会
p.75　大阪市史編纂所
p.83　水無瀬神宮
p.89　宮内庁書陵部
p.99　観心寺
p.104　池田宏・京都府立山城郷土資料館
p.108　広海氏
p.109　今西春禎
p.115　京都大学文学部博物館
p.128　宮内庁書陵部
p.143　大阪城天守閣
p.149　大阪城天守閣
p.152　安井氏
p.174　大阪市史編纂所
p.187　大阪市史編纂所
p.191　大阪府教育委員会
p.205　願泉寺
p.212　岩橋信治
p.222　大阪市史編纂所
p.230　大阪市立博物館
p.232　大阪城天守閣
p.235　大阪市史編纂所
p.237　『堺市史』第3巻
p.242　大阪城天守閣
p.245　『上方』幕末維新号(49号)
p.247　神戸市立博物館
p.249　大阪府立中之島図書館
p.250　『ル・モンド・イリュストレ』(ブリュネのクロッキーより)
p.258　花外楼
p.264　『浪華商工技芸名所智様』
p.270　『大阪市大観』
p.271　『第五回内国博覧会写真帖』下
p.277　高石市教育委員会
p.279　『大阪名所新世界写真帳』
p.282　『大阪市大観』
p.283　法政大学大原社会問題研究所
p.292　中瀬常光・枚方市
p.299　日本万国博覧会記念協会
p.301　朝日新聞社
p.302　大阪市史編纂所
p.304　財団法人大阪府泉北センター
p.310　読売新聞社

敬称は略させていただきました。

紙面構成の都合で個々に記載せず，巻末に一括しました。所蔵者不明の図版は，転載書名を掲載しました。万一，記載洩れなどがありましたら，お手数でも編集部までお申し出下さい。